| 台湾研究系列 |

2020 年国家社会科学基金重点项目
“战后初期中共台湾地下党研究（1946—1954）”（20ADJ006）

日本殖民统治时期
台湾共产党再研究

宋帮强　著

九州出版社 JIUZHOUPRESS | 全国百佳图书出版单位

图书在版编目（CIP）数据

日本殖民统治时期台湾共产党再研究 / 宋帮强著
. -- 北京 : 九州出版社, 2022.7
ISBN 978-7-5225-1024-8

Ⅰ. ①日… Ⅱ. ①宋… Ⅲ. ①中国共产党—地方组织—党史—研究—台湾—1931-1945 Ⅳ. ①D235.58

中国版本图书馆CIP数据核字(2022)第114761号

日本殖民统治时期台湾共产党再研究

作　　者	宋帮强　著
责任编辑	习　欣
出版发行	九州出版社
地　　址	北京市西城区阜外大街甲 35 号 (100037)
发行电话	(010)68992190/3/5/6
网　　址	www.jiuzhoupress.com
印　　刷	北京九州迅驰传媒文化有限公司
开　　本	720 毫米 ×1020 毫米　16 开
印　　张	20
字　　数	332 千字
版　　次	2022 年 8 月第 1 版
印　　次	2022 年 8 月第 1 次印刷
书　　号	ISBN 978-7-5225-1024-8
定　　价	88.00 元

目　录

绪 论

一、选题缘由与研究意义

（一）选题缘由

最近笔者在查阅战后初期的中共台湾地下党资料时，赫然发现：1950 年初国民党“保密局”在破获中共台湾地下党组织时，为了清楚地了解它的相关情况，国民党“保密局局长”毛人凤专门向“国防部参谋总长”周至柔致电，请求调阅日本殖民统治时期关于台共方面的档案资料，其电文如下：“查前日治台湾总督府警务局发行之警察沿革志第二编中卷台湾社会运动史一书，……其中记载关于日治时代台湾共产党及各党派结社活动情形确甚详尽，足供案头参考”，“至本局破获共匪台湾省工作委员会一案时，为参考该书所举匪首蔡孝乾、张梗（即张志忠）、简吉、谢雪红、杨克煌等人过去历史，为侦查引证之助。”[①]

周至柔马上向毛人凤回电：

“一、据岗山警察分局刑事组长李勃英 6 月 24 日函略称，彼在岗山警察分局曾接收日政府留下书籍中寻获台共之痕迹，书名为台湾总督府警察沿革志二（中），书面蓝色署一㊙字。今将该书中日治台共组织系统照图抄送奉呈，若要该书时可派可靠人员来岗山警察分局领取等情。

二、经核该件内容虽时过境迁，但仍详明且对蔡孝乾之出处更有明细调查，为求与蔡孝乾案汇辨，有助蔡案发展起见，即请派专人往岗山警察分局将该书取回研究，并配合其他资料综合整理具报。”[②]

---

① 《蔡孝乾档》，台湾省发展委员会档案管理局藏，档案号：0036=0410.9=44904440=1=034=0001。

② 《蔡孝乾档》，台湾省发展委员会档案管理局藏，档案号：0036=0410.9=44904440=1=035=0002。

由上可知，光复初期的中共台湾地下党与日本殖民统治时期的台湾共产党有着非常密切的关系。然而，由于过去台共史料缺乏及政治禁忌太多等原因，以至日本殖民统治时期台共研究工作，进展得非常缓慢，并留下一些似是而非、模糊不清的问题，亟待我们去拨开它神秘的面纱。对此，1981 年 11 月曾任台共二大中央宣传部长苏新说："台湾共产党的历史，在中国历史学上是一个'空白'。我们中国人，从来没有人有系统地写过台湾共产党的历史。原因很简单，①在日本统治时期，日本统治者不允许写，也没有人敢写（公开的）；②国民党到台湾后，国民党人忌讳共产党，比日本人更厉害，有人谈到共产党，就本能地，条件反射地紧张起来，当然更不允许写这样的东西，即使写了，也不能出版；③解放后，在祖国大陆，全面了解台湾共产党的人很少（不论是大陆同胞，或是台胞），而且现在写这样的东西，对祖国的社会主义革命和社会主义建设以及对解放台湾也没有多大现实意义。"①

近年来，随着学术氛围的改善和新史料不断地挖掘，这为台共研究提供了便利。针对台共研究至今还十分薄弱的状况，笔者拟就以日本殖民统治时期台共作为研究对象，期待引起学术界更多地关注、取得更为系统、丰硕、水准更高的成果。

（二）研究意义

1. 学术价值：日本殖民统治时期台共党史是中共党史的重要组成部分，因此，笔者通过对它的研究，可以丰富和发展中共党史的研究。

2. 历史意义：通过研究、整理、还原台共在这一历史时期为反抗日本殖民者统治所进行的历史活动，使后人对这段历史有一个全面、深刻、正确的认识。该主题是对一个在中共党史、中国革命史研究中确实重要却被忽视的领域所进行的拓荒和探索，目的在于唤起学界对这一领域的重视，拓展中共党史和中国革命史研究领域，并能以此缅怀那些在抗日事业上建功立业、忍辱负重的革命英烈。

3. 现实意义：日本殖民统治时期台共的代表人物如谢雪红、翁泽生、简吉等人，他们的抗日活动，却一直极少张扬、鲜为人知。因此，我们应努力传扬台共革命英烈的英雄事迹，这既可还历史以公正和真实，也是当代爱国主义和革命传统教育的重要内容。另外，通过回顾台共遭破坏的过程，从中总结一些

① 苏新：《未归的台共斗魂》，台北：时报文化出版企业有限公司 1993 年版，第 128 页。

带有历史规律性的教训，对现在的党员干部也会引发一些有益的启示。

二、研究现状综述

（一）现有研究成果概况

1. 大陆研究成果概述

虽然日本殖民统治时期台共是中共党史研究的重要对象之一，也受到国内学者的广泛关注，但由于过去台共史料缺乏的缘故，使得大陆学界对台共研究一筹莫展。近年来随着有关台共档案资料和台共领导人及其子女回忆录的整理出版，学界开始涌现少量关于台共研究成果。据笔者视野所及，中国知网上有30多篇以此为主题的论文，专题著作则寥寥无几。

在学术论文方面，关于台共研究的主要成果有：张春英的《民主革命时期台湾共产党与中国共产党关系之研究》(《中共党史研究》2008年第5期)、《共产国际“左”倾错误与日据时期台湾共产党的解体》(《党史研究与教学》2010年第1期）和《共产国际与台湾共产党的创立》(《湖北行政学院学报》2007年第1期)，张春英、蒋宗伟合著的《“彭荣”是谁仍待探究》(《党的文献》2010年第4期)，梁化奎的《指导台湾共产党创建者详考》(《中共党史研究》2013年第6期)，林其泉的《台共的兴亡及其与共产国际、日共、中共的关系》(《台湾研究》1992年第2期)，陈小冲的《“台湾民族论”不能成立——1928年台湾共产党政治大纲拟定过程剖析》(《当代世界与社会主义》1993年第2期）和《一个台湾变节者的“革命”前史——蔡孝乾早期历史探微》(《台湾研究集刊》2017年第6期)，陈小冲、周雨琪合著的《台共成立大会之中共指导者彭荣其人补论》(《台湾研究集刊》2016年第5期)，林浣芬的《历史上的台湾共产党》(《福建师范大学学报（哲社版)》1995年第2期)，徐康的《论日据时期中共与台共之关系》(《重庆大学学报（社会科学版)》2014年第5期)，王键的《出席台共成立大会的中共代表“彭荣”身份辨析》(《北京社会科学》2013年第4期)，易难的《瞿秋白指导建立台湾共产党考辨》(《党的文献》2016年第5期)，周青的《评《谢雪红评传》——别有用心的歪曲》(《台湾研究》1994年第2期)，李随安的《相同的局面，不同的结局——对中国共产党、台湾共产党历史进程的比较》(《温州大学学报（社会科学版)》2014年第5期)，钟健英的《中国革命运动的发展与台湾共产党的成立》(《现代台湾研究》2001年第4期)，乔莉的《日据时期的台湾共产党》(厦门大学2009年硕士毕业论文)，陈琛的《浅析日据时期台湾共产党的内部矛盾与斗争》(厦门大学2012年硕士毕业论文),董闻迪的《台共党员翁泽生与共产国际(1928——1931年)》(黑龙江社会科学院2013年硕士毕业论文),何池的《"彭荣"究竟是谁——试析中共党史上的一桩迷案》(《党史文苑》2004年第6期),肖彪、杨锦和、王炳南、许伟平合著的《"台共"先烈翁泽生》(《党史资料与研究》1985年第3期),王炳南的《台籍女党员谢志坚》(《革命人物》1986年第3期),房建昌的《蔡孝乾与台湾共产党》(《文史精华》1998年第10期),海贝的《历史上的台湾共产党》(《福建党史月刊》1991年第6期),王晋源的《台湾共产党成立始末》(《四川党史》1994年第5期),李友唐的《任弼时指导和参加台湾共产党的成立大会》(《湘潮(上半月)》2014年第11期)等。

在论著方面,台共专题著作有1部,系徐康、吴艺煤合著的《台湾共产党抗日史实》(台海出版社2015年版);涉及台共的著作有10部,主要有:徐康的《台湾同胞抗日人物集》(第1集)(台海出版社2015年版),何池的《翁泽生传》(修订本)(海风出版社2009年版)和《中国共产党指导台湾革命研究》(中国文史出版社2009年版),陈小冲的《日本殖民统治台湾五十年史》(社会科学文献出版社2005年版),杜继东的《台共风云——蔡孝乾红白人生研究之二》(中国社会科学院台湾史研究中心主编:《日据时期台湾殖民地史学术研讨会论文集》,九州出版社2010年版,第117—132页),张春英的《海峡两岸关系史》第二卷(福建人民出版社2004年版),徐鲁航的《台湾人民抗日斗争史》(燕山出版社1997年版),李克世的《谢雪红的真面目》(昆涛出版社2013年版)。

2. 台湾研究成果概述

日本殖民者和国民党在台"白色恐怖"统治时期,由于政治禁忌,台湾学者少有人关注这一主题。1987年台湾"解严"后,政治禁忌随之解除,台湾学者开始涉足这一领域。

在学术论文方面,关于台共研究的主要成果有:孙亚光的《日据时代台共活动始末(1920—1932)》(《共党问题研究》1983年第9期),王玉的《台湾抗日运动的左翼:从"上海纲领"看台湾共产党的建党本质》(《逢甲人文社会学报》2002年第4期),林琼华的《女革命者谢雪红的"真理之旅"》(载《20世纪台湾历史与人物——第六届"中华民国"史专题论文集》,"国史馆"印行2002年版),林淑芬的《日治时期台共对台湾社会运动之影响》(屏东师范学院2003年硕士论文),杨世名的《工会运动与共产主义运动》(台湾政治大学2004

年硕士论文），邱士杰的《台湾社会主义运动的起源及其资本主义论（1920—1924）》（台湾大学2008年硕士论文），黄文源的《苏新的革命道路——一位台共在东亚共产运动的矛盾与困境》（台湾成功大学2010年硕士论文），张献堂的《论简吉与农民运动》（台北市立教育大学2013年硕士论文）。

在论著方面，台共专题著作有3部，分别是卢修一的《日据时代台湾共产党史》（前卫出版社1989年版），简炯仁的《台湾共产主义运动史》（前卫出版社1997年版），陈芳明的《殖民地台湾：左翼政治运动史论》（麦田出版社1998年版）；涉及台共的著作有10部，主要有：裴可权的《台共叛乱及覆亡经过纪实》（台湾商务印书馆1986年版），陈芳明的《谢雪红评传：落土不凋的雨夜花》（前卫出版社1991年版），史明的《台湾人四百年史》（蓬莱岛文化公司1980年版），林炳炎的《林木顺与台湾共产党的创立》（林炳炎出版2013年版），韩嘉玲的《播种集：日据时期台湾农民运动人物志》（简吉陈何文教基金会1997年版），杨渡的《简吉：台湾农民运动史诗》（南方家园文化事业有限公司2009年版），蔡石山的《沧桑十年：简吉与台湾农民运动1924—1934》（远流2012年版），陈福成的《奴婢妾匪到革命家之路：复兴广播电台谢雪红访谈录》（文史哲出版社2014年版），杨碧川的《日据时代台湾人反抗史》（稻乡出版社1988年版），林国章的《民族主义与台湾抗日运动（1895—1945）》（海峡学术出版社2004年版），戚嘉林的《台湾史》第四册（农学股份有限公司1998年版），陈君恺的《狂飙的年代——1920年代台湾的政治、社会与文化运动》（日创社文化2004年版）。

3. 国外研究成果概述

国外进行这一研究的学者主要有美国的弗朗克·S.T.萧、劳伦斯·R.沙里文合著的《台湾共产党的政治历史（1928—1931年）》（《台湾研究集刊》1986年第2期和第3期），日本的向山宽夫著、杨鸿儒等翻译的《日本统治下的台湾民族运动史》（福寿禄兴业股份有限公司1999年版），若林正丈著、台湾史日文史料典籍研读会翻译的《台湾抗日运动史研究》（播种者出版有限公司2007年版），俄罗斯的郭杰、白安娜合著的《台湾共产主义运动与共产国际（1924–1932）研究·档案》（“中央研究院”台湾史研究所2010年版）等。

（二）研究的主要成果及其观点

笔者拟就学界对日本殖民统治时期台共的研究主要成果观点做一简要述评，以期推动台共党史的研究。目前学界主要围绕以下问题展开研讨。

1. 台共整体性研究

为了使学界对台共研究有更清楚地认识，笔者先对台共专著做一简要介绍。目前学界对台共研究的专著有五部，下面就逐一进行简评。

第一部是卢修一的《日据时代台湾共产党史》（前卫出版社 1989 年版），全书共 8 章，约 13 万字。该书分为三部分，第一部分首先阐述日本在台殖民统治的特征和台湾的反日民族主义运动，这些使台湾共产主义发展的历史背景；其次，描述在日本、在中国大陆和在台湾本岛台籍青年所掀起的共产主义思潮，这些思潮为后来的台共建党做了思想准备；最后，针对台共成立的过程、台共的政治方针及组织状态，加以分析和说明。第二部分在阐述了台共的历史演变，包括内部的权力斗争、共产国际干预后的重整，一直到台共的彻底被破坏。第三部分论述台共与共产国际、日本共产党和中国共产党之间的关系，以期在国际共产主义运动的范畴内为台共定位；最后，强调台共在台湾整体政治运动、社会运动中所扮演的角色，以确定台共在这个区域活动上的重要性。

该书基本上是用日本殖民当局所汇编的文件《台湾总督府警察沿革志》对台共作了较深入全面和比较客观、实事求是的研究，它是目前研究台共较高学术水准的专著，为进一步研究台共党史奠定了基础，至今对我们研究仍有很大启发作用。然而，它也有一些不足：首先是作者所研究的台共史料非常有限。由于当时作者在写作时，台共当事人的回忆录、日记等重要史料尚未发掘，使得台共一些重要问题研究（例如“彭荣是谁”仍不甚明了，台共与中共、共产国际的关系亦不够具体等），至今仍然含糊不清。其次是存在着偏重于对这专题的现象研究，而对这种表象背后的本质与规律揭示还不够深。例如台共为什么会发生内讧？作者将原因归结为台共内部谢派和翁派的宗派主义斗争，然而，这实际上是表象，笔者通过研究发现，台共内讧的根本原因是共产国际错误理论（第三时期理论）的指导。最后是有少数错误的观点。例如，针对台共曾经提出“台湾独立”的口号，卢修一认为，台共的目的是将台湾作为一个“独立的国家”存在于国际社会。而笔者通过对当时历史环境的分析，台共提出“台湾独立”，其抗争对象是日本殖民者，目的是要台湾摆脱日本血腥的殖民统治，然后再回到祖国的怀抱，是维护祖国领土完整和民族利益的爱国主义英雄之举。

第二部是简炯仁著的《台湾共产主义运动史》（前卫出版社 1997 年版），全书共 5 章，约 10 万字。该书共五章：第一章台湾共产主义运动的根源，概述当时台湾的殖民社会中，台湾知识分子的民族主义者及共产主义知识分子崛起的

情况；第二章日本共产党台湾民族支部的成立；第三章台共在台重建，叙述了台共刚成立时遭日警的破坏后，如何在台重建及其活动的情况；第四章台共的重组，详述台共内部的派系斗争，如何引发民族主义和共产主义革命策略的大辩论，以及又如何导致 1931 年党的改组；第五章共产运动的倾覆，总结台共最后失败的教训。

该书基本上是用一手史料日本殖民当局所汇编的档案《台湾总督府警察沿革志》、山边健太郎:《现代史资料 22:〈台湾〉(二)》、台共当事人和当时人的访问资料，对台共作了较深入、较全面的研究，具有较高的学术价值。同样，它也存在与卢修一的台共专著相类似的缺陷：一是史料匮乏，该著也说："这些官方资料不是片面就是残缺不全，使我们无法对台湾共产主义运动得到一个完整的概念"[①]。二是存在着偏重于对专题的现象研究，而对这种表象背后的本质与规律揭示还不够深。三是在研究方法上，以主观推断代替史实分析的现象仍多存在。历史研究本应抱着实事求是的原则，而作者却持着强烈的政治意识，借台共研究表达偏激的政治见解。例如台共为什么会失败？作者认为，台共如初生的婴儿，却在来自父权（中共）与母权（日共）的产权争斗中，被中共失手掐死了。这种说法就严重背离了历史的真实。

第三部是陈芳明著的《殖民地台湾：左翼政治运动史论》（麦田出版社 1998 年版），20 万字。该书主要是讨论殖民时期台共的活动历程，先以几个关键人物（谢雪红、林木顺、翁泽生、苏新）的人生经历，来串联和回顾台共建党始末。其中，谢雪红的俄国经验以及接受日共而非中共的领导、林木顺夺取文协领导权逐出连温卿（杨贵也属这派）的行动、翁泽生的上大派以及与瞿秋白的师生关系、苏新在日本留学时的社会科学研究会以及回台后成立"改革同盟"与谢雪红分裂走向激进左翼等等，在此书中有详细的论述。从这些论述里大致勾勒出 1927 至 1931 年间的台湾左翼运动史，且以台共为中心。该书第 193 页提到一些关键点：第一，1927 年台湾文化协会的左右分裂，显示了反殖民运动已注入阶级运动的色彩；第二，1928 年台共的成立，正式把左翼运动带进组织化的阶段，台湾革命与"台湾独立"的主张也至此浮现；第三，1929 年台湾文化协会与台湾农民组合的领导中心，相继落入台共的掌握之中，左翼运动终于达到高峰时期；第四，1930 年台共内部出现"改革同盟"，预告了左翼

---

① 简炯仁:《台湾共产主义运动史》，台北：前卫出版社 1997 年版，第 12 页。

运动的内讧与分裂；第五，1931 年日本政府开始对外展开侵略，对于殖民地台湾的政治运动进行彻底的镇压，台共成员一一遭到逮捕，左翼运动最后被迫宣告沦亡。陈芳明在终章，不断强调的是对台湾左翼运动史的解释权问题，不能落入日本、中共、国民党的手中，实际上以现实来看，日本、国民党已不足为虑，握有解释权的非中共莫属。而这些台共成员在人生的不同阶段与中共密切的关系，更使得台共的活动“笼罩在中共的阴影下”。作者就是要对抗此一强大话语权，试图重新阐释殖民时期台共党史。因此，在行文中，他不断强调台共是“日本共产党台湾民族支部”，有共产国际的正式授权，认为翁泽生等“上大派”篡取了谢雪红的“正牌”领导权，苏新的激进左翼路线“摧毁”了谢雪红的联合阵线。换句话说，陈认为中共不仅没有帮助台共的活动，反而是起了负面作用，造成了台共的分裂。第七章集中讨论台共的 1928 年与 1931 年两个政治纲领，前者在上海出于林木顺之手，后者则是“改革同盟”夺取台共领导权后由翁泽生制定。除了说明 1931 年纲领比 1928 年纲领更激进以外，陈叙述最多的在于两个纲领中共同反映的“台湾民族”与“台湾独立”。他认为虽然 1931 年纲领证明了中共在当时也尊重“台湾民族”与“台湾独立”的主张，但“不了解台湾民族诞生的根源，也不了解台湾独立的目标”，将台湾的殖民地革命与中国的社会主义革命混为一谈，接着认为迄今中共史家仍然在“干涉、破坏、混淆视听”。

由于陈芳明从他的“台独”政治立场出发，任意地去“书写”台共党史，所以这本书无论在史实上还是论点上都普遍存在错误，学术价值非常有限。例如：陈芳明将台共“改革同盟”开除谢雪红党籍夺取领导权的内讧归因于台共“上大派”奉中共中央之命剔除日共系统的谢雪红，完全是出于“台独”偏见的曲解。姑且不论谢雪红是中共党员的事实，单从谢雪红本身就读上海大学，而本为日共党员的苏新与农民组合的赵港等人与中共并无渊源，却也群起反对谢雪红，使谢雪红陷于四面楚歌，孤立无援中，就可得知所谓中共的“上大派”与日共系统的谢雪红对立这种分类法是粗糙不堪，难以说明问题。此外，他还出于“台独”的政治立场，竭力歪曲史实，尽力切割台共与中共的关系，强调台共是日共的“台湾民族支部”，与中共共处于平行、独立、自主的地位，中共“非但无助于台共的发展反而破坏共产国际‘一国一组织’的原则”，力图“控制台共、篡夺台共领导权”，于是“造成台共分裂”，导致台共组织遭到台湾“总督府”的摧毁。实际上，20 世纪 20 年代末随着帝国主义国家内部矛盾的日

趋激烈，共产国际认为无产阶级革命运动的高潮即将到来，应该适时改变以往的斗争策略——将缓和的联合阵线转变为激进的阶级斗争。受到共产国际新思想的影响，在台共内部，党员对于在台湾社会应该走一条什么样的解放斗争道路的问题上出现分歧，从而在党内分成了两派：一派是以谢雪红为代表，他们依然遵循共产国际原联合左翼资产阶级的联合斗争路线；一派是以翁泽生为代表，他们接受共产国际的新革命思想，主张采行排斥资产阶级的阶级斗争路线。路线之争是台湾共产党内部出现矛盾斗争的根本原因。以翁泽生为代表的一部分党员非常不满以谢雪红为核心的台共党中央在岛内的工作开展情况，认为其工作不够积极，党员人数过少，宣传力度不够等，并将谢雪红等人认定为“右倾”机会主义者。谢雪红则认为翁泽生等人不了解台湾的现实情况，但她与共产国际之间的联系不畅通，无法将其对于台湾共产党的发展意见转达给共产国际。担任台湾共产党与中共和共产国际联系的双重联络员翁泽生只是通过抵达上海的台共党员的口头报告来了解台湾，不能全面、深入地掌握台湾社会的信息，更无法提供准确的材料给中共和共产国际作为其指导台共的依据。斗争路线上的分歧和彼此沟通的不畅，逐渐导致台湾共产党内部党员之间的不信任，进而发展到为了实现自己所坚持的斗争路线而开始争夺党的发展的主导权。因而，台湾共产党内部矛盾的外在表现形式是对党的领导权的争夺。面对日本殖民当局严密的社会监控系统，台湾共产党内部由于路线之争而无法在党内达成一致意见，建立一个强有力的领导中心来领导台湾社会的革命斗争运动。最终翁泽生一派的党员将谢雪红等人驱逐出台湾共产党的领导中心，开始在岛内采取激进的斗争策略，暴露党的组织，不久即遭到日警强力镇压，遂告失败。

第四部是俄罗斯的郭杰、白安娜合著的《台湾共产主义运动与共产国际（1924–1932）研究·档案》（“中央研究院”台湾史研究所 2010 年版），约 40 万字。该书主要运用俄罗斯国立社会政治史档案馆典藏的台共的原始档案，全书分为正文和附录两个部分。正文部分为俄文，是两名俄罗斯学者对台共党史的论述；附录部分是由俄文和英文组成的 67 份珍贵的台共解密档案，[①] 主要有林日高的报告、陈德兴的报告、关于台湾共产党活动的报告、台共政治大纲和组织大纲草案、远东局女工作人员与翁泽生、潘钦信的谈话记录、翁泽生致远东局的信、翁泽生关于党内斗争的报告、共产国际致台湾共产主义者的信、谢雪

① 刘伟东:《两国三方通力合作的结晶——〈台湾共产主义运动与共产国际（1924–1932）研究·档案〉中文版问世》,《西伯利亚研究》2011 年第 1 期。

红致共产国际的信和潘钦信致翁泽生的信等。然而，该著对台共成立、兴衰成败做了大量的描述，而作品欠缺问题意识，对史料未做深入的理解及运用，致使著作内容难让读者进行较为深刻的反思。该著除了在史料上有所创新外，“史述”是该著对台共党史的基本认知，基本观点没有新的突破与创新。

第五部是徐康、吴艺煤合著的《台湾共产党抗日史实》(台海出版社 2015 年版)，约 37 万字。该书共分为四章，包括台湾共产党的创立、台湾共产党早期抗日斗争、台湾共产党中期抗日斗争和台湾共产党后期抗日斗争四个部分，呈现日本殖民统治时期台湾共产党为台湾抗日解放运动而奋斗的艰苦历程。该书对台共革命活动做了详细的阐述，能使学界对台共党史有较为系统和完整的了解。

该书使用了大量的一手资料（主体史料为日本殖民当局编撰的《台湾社会运动史——共产主义运动》、俄罗斯国立社会政治史档案馆的《台湾地区共产党》、台共领导人谢雪红、王万得、苏新、杨克煌等人的回忆录）对台共作了较全面深入和实事求是的研究，它是迄今研究台共较高学术水准的专著，为进一步研究台共党史奠定了基础，至今对我们研究仍有很大启发作用。然而，它也有一些不足：绝大多数成果停留在一般史实性的描述，缺乏深入、细致的分析；不同程度上存在着偏重于对这专题的现象研究，而对这种表象背后的本质与规律揭示还不够深。

第六部是国民党官方代表裴可权著的《台共叛乱及覆亡经过纪实》(台湾商务印书馆 1986 年版)，该著先简要叙述了日本殖民统治时期的台共，然后再重点论述光复初期的中共台湾地下党。此书以台共组织为叙述主体并提出批判，认为台共是共产国际与中共的傀儡，其斗争不成熟，组织脆弱而没有力量。尽管如此，台共在国民党眼中，依然是策划阴谋叛乱的一环，这使本书的论述时常出现贬抑的字眼。由于该著的研究动机“主要有三，其一，希望能从这一支叛乱力量的形成与摧毁的过程之中，了解我保防工作人员向其作艰苦斗争的史实，借以加强对匪作战的经验；其二，明了台共在台湾光复后每一段兴衰成败的因素，反照我政府措施的优点和缺点，这相互消长的过程，可以作为我们今后努力与改进的方向，现记载下这一页用无数血汗换来的史实，或许可以供给我们反攻大陆收复失地时在战区工作参考”①，所以该著学术价值有限。

① 裴可权:《台共叛乱及覆亡经过纪实》，台北：台湾商务印书馆 1986 年版，第 2 页。

此外，日本的向山宽夫著、杨鸿儒等翻译的《日本统治下的台湾民族运动史》（福寿禄兴业股份有限公司 1999 年版），该书专门开辟一章论述台共，虽然作者运用《台湾总督府警察沿革志》资料对台共历史事件详细地叙述，但是他没有弄清楚台共党内斗争、共产国际干涉的实质，对发生过的事件基本上没有给予评价。

孙亚光的《日据时代台共活动始末（1928—1932）》（《共党问题研究》1983 年第 9 期），此文采用的是台湾共产党的编年史形式，里面汇集了详细的关于 1928 至 1932 年间的事件之资料，然而，正文中没有包含他对这些事件的评价。

2. 台共的创立

钟健英在《中国革命运动的发展与台湾共产党的成立》（《现代台湾研究》2001 年第 4 期）一文中，主要阐述了 20 世纪 20 年代在祖国大陆各地留学的台籍青年反日革命活动的情况，在祖国大陆革命斗争的影响下，台湾的爱国青年抱着“若要救台湾，非先从祖国着手不可，欲致力于台湾革命运动，非先致力于中国革命成功不能”的理想，投身于波澜壮阔的反帝反封建革命运动；与此同时，他们也把马克思列宁主义传播到台湾岛，从而推动台湾的新文化运动和革命运动的发展，并在斗争中诞生了台湾共产党。

张春英在《共产国际与台湾共产党的创立》（《湖北行政学院学报》2007 年第 1 期）一文中，探讨台湾共产党在筹建和成立过程中，与共产国际的关系，以及台共成立的重大历史意义。该文观点新颖，论述充分，具有重要的参考价值。令人遗憾的是论文大多是采用二手材料（陈孔立:《台湾历史纲要》、陈小冲:《日本殖民统治台湾五十年史》、史明:《台湾人四百年史》）。

上述论文从不同的方面对台共成立的来龙去脉做了较为详尽的论述，使学界对台共成立概况有较为清晰的认识。然而，上述论文也有如下两点不足：首先，不仅没有对台籍青年在日本和岛内共产主义活动进行阐述，而且对台籍青年在大陆的共产主义活动阐述不充分，这样就使得学界对台共成立的起因缺乏完整了解；其次，没有使用俄罗斯国立社会政治史档案馆的《台湾地区共产党》档案资料。

3. 指导台共成立大会的中共中央代表“彭荣”身份考辨

1928 年 4 月 15 日，日本共产党台湾民族支部（即台湾共产党）成立大会在上海举行，中共中央代表彭荣受日共中央委托代为指导这次大会。关于彭荣的真实身份，目前学界有三种不同的说法：“彭荣是彭湃”说，“彭荣是瞿秋白”

说，“彭荣是任弼时”说。

第一种观点认为“彭荣就是彭湃”。张春英、蒋宗伟在《“彭荣”是谁仍待探究》（《党的文献》2010 年第 4 期）论文及简炯仁在《台湾共产主义运动史》（前卫出版社 1997 年版，第 172 页）的著作中，均持该观点。他们论证的史料依据是：台共当事人谢雪红指认彭荣就是彭湃。她说：“解放后，我即听到说彭荣同志就是彭湃同志；那是 1955 年国庆节我到天安门红台观礼时，碰到李立三，他告诉我彭荣就是彭湃。当时，李在上海，他知道彭湃曾被中央派遣去领导台湾共产党的成立大会。1956 年，我去广州视察时，到毛主席的农民运动讲习所参观，在那里，我看到彭湃同志的照片，我认出来他就是当年的彭荣同志。”因为她是台共建党大会的当事人，所以她的说法具有很高的可信度和权威性。

第二种观点认为“彭荣是瞿秋白”。何池教授在《“彭荣”究竟是谁》（《党史文苑》2004 年第 6 期）和易难教授在《瞿秋白指导建立台湾共产党考辨》（《党的文献》2009 年第 4 期）文章中，均持该种观点。他们的理由主要如下：第一，瞿秋白既是中共中央领导人，又是共产国际中国代表团团长，因此，他以双重身份出席并指导台共建党大会，最为适宜；第二，当时瞿秋白在上海，正好有时间出席台共建党大会；第三，大部分台共创立者曾是瞿秋白在上海大学的学生，因此，他出席和指导台共建党大会顺理成章。

第三种观点认为“彭荣就是任弼时”。这一观点具体见梁化奎教授所撰写的论文:《指导台湾共产党创建者详考》（《中共党史研究》2013 年第 6 期）、王键研究员所著的论文:《出席台共成立大会的中共代表“彭荣”身份辨析》（《北京社会科学》2013 年第 4 期）和知名学者陈小冲、周雨琪合著的论文:《台共成立大会之中共指导者彭荣其人补论》（《台湾研究集刊》2016 年第 5 期）。他们论证的主要依据是“共产国际的一份文档（林木顺致共产国际的报告）和蔡孝乾回忆录”资料，进而提出“彭荣是任弼时的化名”的观点。

由于一手史料缺乏，迄今关于“彭荣是谁？”还难以定论。这需要学界发掘新史料，对这一主题进行论证。

4. 台共政治纲领焦点问题评析

20 世纪 20 年代末，台共曾在其政治大纲中提出了“台湾民族”“建立台湾共和国”等焦点问题。虽然这些问题在特定的历史时期有特定历史内涵，但由于这些问题与新中国的统一祖国大政方针相背离，长期以来，这些问题在祖国大陆几乎成为无人敢于涉猎的禁区。“台湾民族论”是现阶段“台独”理论的核心内容之一，它认为“台湾文化在特殊的历史发展进程中，已逐渐超越了同中国的血缘、地缘关系而形成独特的文化，台湾人民已经‘脱中国化’而成为一个与‘中华民族’相平行、相对等、独立的‘台湾民族’，因而要求民族自决权或分离权”。不仅如此，史明、陈芳明等“台独”理论家无视台共反日独立运动认同中国的祖国观念和目标取向，而将这一运动曲解为“台独”的前期历史。为了替这一理论寻找历史依据，“台独”理论家们便搬出了日本殖民统治时期台共的政治大纲。

陈小冲在《“台湾民族论”不能成立——1928 年台湾共产党政治大纲拟定过程剖析》(《当代世界与社会主义》1993 年第 2 期）一文，指出：大陆移民不仅去台的时候是汉族，而且在台湾历史发展的各个时期乃至日本侵占时期，也同样是汉族，从来就没有变异成为所谓的“台湾民族”。由于当时台湾处在日本的殖民统治之下，台湾人民深受日本殖民者的剥削与压迫，根据这一事实，日共机械地照搬列宁的民族殖民地理论，将台湾社会划分为压迫民族与被压迫民族，即日本民族和“台湾民族”。然而，台湾作为日本殖民地，却有着它自身的特殊性（它不是一个独立社会，也不是以独立的国家与民族被殖民地化），台湾是日本帝国主义凭借不平等条约从中国分割出去的，台湾人民是中华民族的一部分，它不同于一般的殖民地人民。日共正是忽视了台湾的特殊性而生搬硬套列宁的民族殖民地理论，从而犯了教条主义的错误。

上述论文对台共政治纲领中的“台湾民族”进行了充分地论证，使学界认识到这些焦点问题在特定的历史时期有特定历史内涵，因此，“台独”分子蓄意扭曲历史，以特定历史条件下台共的“台湾民族”主张作为“独立建国”的依据之一，是错误和徒劳的。

5. 台共与中共的关系研究

张春英在《民主革命时期台湾共产党与中国共产党关系之研究》(《中共党史研究》2008 年第 5 期）一文对台共与中共的关系进行了充分地论证，指出中共对台共成立的帮助、中共对台共革命活动的支持与指导、台湾光复后旧台共党员又再次回到中共队伍。该文是迄今研究台共与中共关系最高水平的学术成果，它对本文创作具有很大的启发作用。

徐康的《论日据时期中共与台共之关系》(《重庆大学学报（社会科学版)》2014 年第 5 期）一文，梳理中共与台共的筹建、台共一大、台共二大的特殊关系，反映中共对台共革命活动给予的重要帮助；当台共与日共联络中断后，台共的革命活动是在中共的领导下开展的，因此，中共“左”倾政治路线和革命策略对台共产生了巨大的影响。该文的新意主要是使用了俄罗斯国立社会政治史档案馆典藏的台共的原始档案。

6. 台共失败的原因

美国的弗朗克·S.T. 萧、劳伦斯·R. 沙里文合著在《台湾共产党的政治历史（1928—1931 年）》（《台湾研究集刊》1986 年第 3 期）一文中认为，台共的失败有四种原因，首先是日本殖民当局的镇压，其次是缺乏民众的支持，再次是共产国际变化不定的路线，使一个台共难以形成稳定的政策，最后是台共内讧是中共一手造成的。

林其泉在《台共的兴亡及其与共产国际、日共、中共的关系》（《台湾研究》1992 年第 2 期）一文中指出，有人将台共失败的原因归咎于台共在组织上对中共的依赖，对此，该文作者不同意这种看法，认为台共失败的原因主要是其在共产国际影响下的“左”倾机会主义。

张春英在《共产国际“左”倾错误与日据时期台湾共产党的解体》（《党史研究与教学》2010 年第 1 期）一文指出，1920 年代末，共产国际提出“第三时期”理论，认为世界出现有利于革命的高潮时期，要求各国共产党向帝国主义发动猛烈地进攻。在共产国际东方局和中共直接指导和影响下，台共党内出现严重的“左”倾错误：将台湾资产阶级视为革命的敌人；将党内持不同意见的同志视为“右”倾机会主义加以打击；为建立苏维埃政权而盲目发动武装起义，这些都严重脱离了台湾的革命实际，结果招来日本殖民者疯狂地镇压，酿成了台共覆灭的悲剧。

7. 台共人物研究

陈芳明在《谢雪红评传：落土不凋的雨夜花》（前卫出版社 1991 年版）著作中，介绍了谢雪红诞生到反日活动、台湾民主自治同盟的筹备和建立、为解放台湾和建立新中国而奋斗、在整风和反右派及“文化大革命”中等内容。详细阐述了台湾共产党与日共、中共之间错综复杂的历史关系，并且深入探讨了台共领导人谢雪红、林木顺、翁泽生与苏新的生平与思想，是一部较具学术水准的有关台湾共产党的研究论著。但是作者的立论同样有较强的意识形态倾向，一些论述与史实不符。例如，将“改革同盟”开除谢雪红党籍夺取领导权的内讧归因于台共党内一些亲中共的党员奉中共中央的命令剔除日共系统的谢雪红一说，就有着相当的曲解意味。

何池在《翁泽生传》（修订本）（海风出版社 2009 年版）著作中，以中国民主革命为历史背景，以台共原始档案和台共领导人回忆录为主要史料，用评传体写法，叙述了台湾爱国志士翁泽生革命传奇的一生。他肩负特殊使命，与林木顺、谢雪红等人在上海创立台湾共产党；他常年奔走于台北、上海、厦门、漳州、香港等地，为指导两岸的革命运动呕心沥血，最后因叛徒出卖而被捕。被押解回台湾后，在日本人的监狱里受尽酷刑仍坚贞不屈，直至最后牺牲。书中披露了许多鲜为人知的史料，并配有数十张珍贵的历史照片。由于该书内容涉及近代以来两岸同胞携手同心，共同反抗日本侵略的历史事实，反映台湾同胞为摆脱日本殖民统治，争取回归祖国所进行的斗争事迹，出版之后引起了两岸学界媒体的共同关注。

杜继东在《蔡孝乾红白人生研究》系列文章中讲到，他少小离家赴上海大学求学，参与创建多个台湾左翼学生团体，是“台湾学生中左倾之代表人物之一”。台湾共产党成立时，他被缺席选为台共中央常委，负责宣传部。上海读书会事件发生后，台共建党重要文件被日警缴获，他因怕遭日警逮捕，擅自脱岗逃到福建而被谢雪红等人开除党籍。1932 年，他进入江西苏区，主持“苏区反帝总同盟”的工作，并随红军长征，是走完长征路的唯一一个台湾人。他在延安曾历任“省苏维埃政府”内务部长、敌工部长等职，是当时中共 53 位重要政治领袖之一。台湾光复后，他奉命潜返台湾，担任中共台湾省工作委员会书记，是中共在台最高领导人，后被捕变节，背叛了他 20 多年来一直追求的共产主义事业。他变节后长期在台湾情报局从事“匪情研究”工作，成为“白区”研究“赤匪”的“专家”。纵观蔡氏一生，可谓跌宕起伏，五味杂陈，他的传奇经历令人惊叹，他的人生起落令人感慨，而他由红而白的巨变，更折射出国共两党斗争的残酷性及个人在激荡的历史洪流中的脆弱性和复杂性。虽然蔡孝乾是一个比较重要的历史人物，但学界对他的研究却很少。为了填补学界关于蔡孝乾研究的不足，因此他分阶段对蔡孝乾的生平事迹进行较为深入的研究，以有助于我们更全面地了解和评价他的红白人生。

陈小冲在《一个台湾变节者的“革命”前史——蔡孝乾早期历史探微》（《台湾研究集刊》2017 年第 6 期）一文中指出，土地革命战争时期，蔡孝乾参与了中央苏区反帝总同盟的创立活动，并在之后的苏区反帝运动中发挥了一定的作用；蔡孝乾之得赴中央苏区，是中共因应大力开展反帝斗争及红五月运动的需要而主动运作的结果，其策划者为时任苏区中央局组织部长任弼时，中共苏区中央局书记周恩来应也给予了指导；然观察蔡孝乾早期历史可以发现，缺乏坚定革命信仰和工作中的被动性，是他最大的特点或弱点，此或为其日后变节行为埋下些许伏笔。

（三）现有研究的不足

综观日本殖民统治时期台共的研究概况，目前台共研究主要有如下三点不足：

第一，绝大部分成果的史料挖掘利用远远不够，仍有大量的资料未被利用，如《台湾日日新报》《日本外务省外交史料》《简吉史料汇编》《林日高史料汇编》《蔡孝乾档案》等资料没有采用。当然，前述的未被时人利用的资料，后人利用的也不够充分，如保存在俄罗斯的《台湾地区共产党》和在日本的《现代史资料 21:〈台湾〉(一)》《现代史资料 22:〈台湾〉(二)》原始档案，仅少量使用。因此造成史实基层不稳，连带地对事件解释与史观立场上就会有所误差。

第二，某些领域的研究尚未展开，研究的视域受到限制。学界只对台共与中共关系进行了探讨，而对台共与日共、共产国际的关系还没有正面论述。目前学界对台共的研究偏重于陈述史学的传统，而对台共的组织结构、党员数量与成分、党务经费研究几乎是空白。

第三，研究的深度不够。绝大多数成果停留在一般史实性的描述，缺乏深入、细致的分析；不同程度上存在着偏重于对这专题的现象研究，而对这种表象背后的本质与规律揭示还不够深。

第四，未充分利用外文资料，尤其是日文资料。日本殖民者留下来关于台共的日文资料相当丰富，如《台湾人关系杂件 台湾人发行之新闻、杂志其他刊行物关系》（日本外务省外交史料馆藏：A.5.3.0.3-4），对日本殖民统治时期台湾人民在中国本土所从事的新闻文宣之抗日活动的档案，整理相当完整。这是全面理清台共党史必不可少的一个要素。然而，目前研究台共党史的学者中，能够娴熟运用日语的学者很少，此种状况如不尽快改变，则此研究中存在的缺陷很难得到弥补。

第五，虽然台湾研究成果较大陆多，但这些研究由于受其立场观点和方法的局限，大多不能用辩证唯物主义和历史唯物主义的方法去全面地、辩证地、客观地分析台共历史。

三、研究思路与研究方法

（一）研究思路

本课题研究将在参考国内外相关成果的基础上，以马克思主义理论为指导，充分挖掘、利用日本殖民者抓捕台共党员审讯口供档案史料、台共领导人回忆录、有关当事人、家属和关系人的口述记录，笔者保持客观求实的态度，在仔细研读原始档案的基础上，对日本殖民统治时期台共成立、革命活动、领导的民众运动、党际关系、组织结构、失败教训进行深入的探讨。在研究过程中凸显问题意识，对新史料反映出的新问题，即以前鲜为人知或知之甚少的问题，尽量搞清楚事情的来龙去脉，以填补以前的研究空白；对以前有争议的问题，通过运用新史料，提出自己的见解；对以前由于资料缺乏所造成的史实上的谬误和错误的结论，根据新史料给予修正。

（二）研究方法

本人力图在挖掘确凿可信并且公开可用史料的基础上，以历史唯物主义和辩证唯物主义为理论指导，采用文献分析法和实证法。

1. 文献分析法。搜集、整理、分析相关文献，充分了解台共研究领域的最前沿文献。

2. 实证法。在充分研究史实的基础上，坚持实事求是的原则，对任何一个问题的研究，详细占有史料；决不断章取义，力求研究客观、公正，不受政治因素的影响。

四、创新与不足

创新：1. 开拓新史源。在大陆已有一些研究成果的情况下，史源的开拓是课题成功的关键。现有成果的一个通病是史源雷同、单一，难免出现学术研究的变相重复。本人在搜集资料时已注意到此点，想方设法另辟蹊径。在寻找前人已用资料之外，留意搜寻前人未用到的有关资料。2. 在理论和方法上有所创新。针对台共党史偏重陈述史学的传统，笔者把课题重点放在台共组织结构的考察与研究上，由过去较单一的历史研究，转向综合运用历史学、政治学、社会学等学科的理论与方法，展开多学科的思考与研究，深化议题的学理意涵，从不同的学科视角观察、探索，试图突破陈述史学的传统框架，使结构史的论述框架得以体现，获得新兴的学术认知。3. 增加新的内容。本人对学界研究不足之处展开充分研究，加大台共与中共、共产国际和日共的党际关系研究，台共对台湾民众运动的影响等研究。

不足之处：1. 台共是一个非常庞大的体系，就笔者的学识而言，很难驾驭，报告可能存在对台共分析深度和力度不够的情况。2. 搜集的资料还不够丰富和全面。如果以后笔者还有机会再去台湾的话，便要搜集更多关于台共方面的史料，并在有关理论水平有所提高的情况下，会竭力争取进一步完善本书。

总之，任何学术研究都是建立在前人研究的基础之上的，因此本书将充分借鉴已有的相关的学术成果及其研究方法，竭力避免重复前人的劳动，尽最大可能去发掘各种已刊和未刊的相关资料，修订和补充前人研究的不足，力图在资料发掘和方法创新上多做努力，尝试对台共进行比较深入的系统性研究。

第一章　台共的诞生

第一节　台湾先进分子在岛内外开展的民族运动

日本在台殖民统治期间，虽然台湾人民备受日本殖民者剥削、压迫和欺侮凌辱，但是台湾人民并没有沉默，他们不畏强暴，不屈不挠地开展了反日的斗争。

一、台胞武装抗日的失利及教训

在日本殖民统治台湾时期，日本人在政治、经济、教育及社会生活各个方面都享有特权，而台湾人民则是被奴役、被统治者，政治上没有发言权，经济上受尽压榨、剥削，社会生活上受尽歧视，完全沦为当时台湾社会的“劣等公民”。然而，台湾人民不甘愿做沉默、温驯的奴隶，他们不畏强暴，为争取自身地解放与日本殖民者展开了一系列英勇的斗争。在1895—1915年前后长达20年的武装抗日运动中，台湾各地民众先后在柯铁、黄国镇、林少猫、简大狮、罗福星、余清芳等抗日志士的领导下，前仆后继，与日本军警展开了殊死战，但因众寡悬殊，这些抗日运动在日军优势兵力镇压下先后失败。尤其是1915年，余清芳领导的噍吧哖起义遭到日本殖民者惨绝人寰的杀戮，当时日军屠杀了3200多名台湾同胞，并逮捕1957人，其中有866人被判处死刑。[①] 噍吧哖事件之后，台湾先进分子从早期武装斗争失败的血的教训中进行反思：在敌我力量对比悬殊的情况下，依靠死拼的武装斗争是无法取得胜利的，于是他们又

① 井出季和太著，郭辉编译：《日据下之台政》卷二，南投：台湾省文献委员会1956年版，第564页。

开始寻找台湾人民解放之路。[①]

1907 年，台湾民族运动领导人林献堂专程拜访流亡日本的著名改良主义者梁启超，向他倾诉日本殖民统治下台湾人民的悲惨命运，“我们处于异族统治下，政治受差别，经济受榨取，法律又不平等，最可痛者，无过于愚民教育”。[②]紧接着，他向梁启超请教改变台湾人民痛苦境况的方法。梁启超回答：“三十年内，中国绝无能力可以救援你们，最好效爱尔兰人之抗英。在初期，爱尔兰人如暴动，小则以警察，大则以军队，终被压杀无一幸免，后乃变计，勾结英朝野，渐得放松压力，继而获得参政权，也就得与英人分庭抗礼了。乃举例说：英国漫画家绘两位爱尔兰人，以一条绳索各执一端，将英国首相绞杀，这意味着爱尔兰人议员在英国会议席虽不多，但处在两大党之间，举足轻重，势固得以左右英内阁之命运，你们何不效之？”[③]梁启超告诫他们切勿轻举妄动，避免无谓地牺牲。林献堂听了梁启超的建议后，深受影响，他自称：“真是妙不可言，自是铭心印脑。”[④]1913 年，林献堂得力助手甘得中在东京留学时，因仰慕革命党人戴季陶的大名，在日本友人板垣退助的介绍下与他会面，并向他痛陈台人处境的惨状，“不知如何而可？”戴季陶告诉他：“祖国现在因为袁世凯行将窃国，帝制自为，为致力讨袁，无暇他顾，灭袁以后，仍须一番整顿，所以在十年以内无法帮助台人。而且日本乃未经过民权思想洗礼的国家，视革命运动如洪水猛兽，绝无同情。君等和革命党人往来，一定会受压迫，未见其利，先受其害。为君等打算，可先觅门径，和日本中央权要结识，获得日本朝野的同情，借其力量牵制台湾总督府的施政，以期缓和他们压力，或者可以减少台湾同胞的痛苦。”甘得中感慨道：“戴先生对台湾的见解，不期竟与任公暗合，可以说是英雄所见略同。而两位先觉，对后辈指导的亲切和筹谋的周密，真有披肝沥胆之慨。”[⑤]林献堂非常赞同他们的建议，“所以他后来从事民族运动，才会采取温和的路线。一则是他自己的性格使然，二则过去惨痛的历史和日本的政治力

① 张深切：《张深切全集》卷 4，台北：文经出版社 1998 年版，第 85 页。

② 蔡培火、林柏寿等著：《台湾民族运动史》，台北：自立晚报丛书编辑委员会 1971 年版，第 4 页。

③ 蔡培火、林柏寿等著：《台湾民族运动史》，台北：自立晚报丛书编辑委员会 1971 年版，第 4 页。

④ 蔡培火、林柏寿等著：《台湾民族运动史》，台北：自立晚报丛书编辑委员会 1971 年版，第 4 页。

⑤ 蔡培火、林柏寿等著：《台湾民族运动史》，台北：自立晚报丛书编辑委员会 1971 年版，第 4 页。

量使他不能不提高警觉。”[①] 此后，林献堂便遵循非暴力、合法抗争的道路，开始了其走上层路线、谋求自上而下迫使日本殖民者改善台湾人民政治待遇的斗争活动。

祖国大陆爆发的辛亥革命、美国总统威尔逊倡导民族自决权、日本“民本主义”运动和朝鲜“三一”独立运动，这些都给岛内外台湾先进分子以很大的刺激。下面就逐一阐述辛亥革命、民族自决权、“民本主义”运动、“三一”独立运动对台胞的影响。

第一是辛亥革命的影响。辛亥革命以前，祖国只是使人泄气的存在，不但不能做台胞的靠山，反足以增加台胞的耻辱，日本人辱骂台胞的口头禅就是“清国奴”，所以一部分台湾留学生在东京，常有一种自卑感，尽可能去掩饰自己的身份，虽然其志可鄙，其心情却是可悯的。然而，辛亥革命的胜利使台湾留学生心中燃起希望的曙光，激发民族意识，消灭自卑感，逐渐增加了对祖国的向心力，同时对祖国的强盛十分有信心，把台湾人民解放出来的期望寄托在未来祖国的强大。因此，出现被称为“祖国派”的台湾留学生，主张回大陆去为祖国的建设效力，俾祖国早日强盛起来，台胞的解救才有希望。[②]

第二是民族自决主义的影响。1918 年 1 月美国总统威尔逊发表十四条和平条件的原则，高唱民族自决权，强调“（被压迫）民族自身有决定自己命运的权利，无论任何人不能干涉民族的生活、教育、道德、习惯、言语或剥夺这些权利。”[③] 这十四条的原则（即民族自决权），其后在巴黎和会上获得了确认，遂使波兰、捷克得以独立。

第三是日本“民本主义”运动的影响。东京帝国大学吉野作造教授（政治学者）于 1916 年在《中央公论》杂志一月号发表《谈宪政本质并论其成功之途》的论文。提倡“民本主义”（应为“民主主义”，吉野因顾虑日本的国体是君主立宪制，和主权在民的民主主义不能两立，所以把它译作“民本主义”。）极受一般知识分子的欢迎，1920 年吉野与福田得三教授（东京商大教师，经济学者）组织黎明会，展开如火如荼的运动，民本主义蔚然成风，台湾留学生耳

① 蔡培火、林柏寿等著:《台湾民族运动史》，台北：自立晚报丛书编辑委员会 1971 年版，第 5 页。

② 蔡培火、林柏寿等著:《台湾民族运动史》，台北：自立晚报丛书编辑委员会 1971 年版，第 76 页。

③ 蔡培火、林柏寿等著:《台湾民族运动史》，台北：自立晚报丛书编辑委员会 1971 年版，第 77 页。

闻目染所受思想上的刺激与启发极大。他们不但做为一种思想学说去接受，进而与这一派民主主义思想家学者接触，很多人受其鼓励及影响。[①]

第四是朝鲜独立运动的刺激。1919 年 3 月 1 日，朝鲜爆发民族独立的大起义，世称“三一”运动。[②]他们的运动虽然终归失败，但其影响则非常深远，尤其对东京的台湾留学生的刺激极为深刻。因为台湾于 1895 年成为日本殖民地，而韩国被日本吞并则在 1910 年，同是日本殖民地，台湾却早 15 年；如论辈份，台湾是先辈，朝鲜则是后辈。但是在政治、经济、财政、教育、待遇等方面，朝鲜竟然后来居上，所以台人常引朝鲜为例，攻击日人统治之不公平。财政上台湾早已自给而朝鲜每年尚需日本国库的补助，经济上台湾资本家的企业，或居民的财富都胜过朝鲜，教育上初等教育普及的程度，据 1925 年 3 月末统计，在朝鲜 1000 人中就学儿童只有 19.6 人，台湾则有 58.6 人，教育程度也是比朝鲜高。然而政治的状态则台湾反不及朝鲜，总督为陆军武官时在台湾有军队指挥权而在朝鲜则没有。官员特别任用的范围，朝鲜较台湾广泛，朝鲜人又被任为总督府的局长暨地方之行政长官或推、检事，自 1920 年以后，其权限竟与日本人同等。但台湾则仅有地方理事官（郡守）三人而已，司法则全然没有。[③]台湾有朝鲜所无的保甲制度之拘束，朝鲜则反有台湾所无的朝鲜人发行之朝鲜语日刊新闻数种，台湾人唯一的日刊新闻《台湾新民报》迟至 1932 年始获准发刊。由上面所举事实已够使台湾人相形见绌，自叹弗如了。

在上述各种因素的影响下，尤其是在世界殖民地半殖民地人民掀起的民族解放运动的影响下，台湾岛内外台湾先进分子开始发动并领导了反抗日本殖民

---

① 蔡培火、林柏寿等著:《台湾民族运动史》，台北：自立晚报丛书编辑委员会 1971 年版，第 77 页。

② “三一”运动的梗概如下：独立运动的主谋者孙兼熙，系天道教教主，平素颇受民众的尊敬，自 1918 年至 1919 年之间，纠合同志，策谋树立独立国，起草独立宣言书，决定散布全朝鲜各道，以激起民众的反应，同时对日本政府、贵众两院、朝鲜总督及出席巴黎和会的各国代表分送独立意见书。又特别对他们素所仰慕民族主义的救星美国总统威尔逊，致送请求援助的请愿书等实践步骤，交由普成高等普通学校校长崔麟负责执行。筹备完成后，依照预定于 3 月 1 日下午 2 点，独立宣言书的签署人 29 人聚集既定场所，发表独立宣言书，由韩龙云宣读，与会人员齐呼“大韩独立万岁”。同时汉城市各学校的学生数千人聚集公园，然后拥至美国领事馆，朝鲜总督府等处高呼“大韩独立万岁”。全韩各地均有同样的骚动，他们虽然没有像样的武器，亦能在全韩 618 处地点与日本军队交锋 847 次。据朝鲜总督府的报告，被日本军队杀死的人数有 7909 人，被检举的嫌犯达 2 万人。蔡培火、林柏寿等著:《台湾民族运动史》，台北：自立晚报丛书编辑委员会 1971 年版，第 80 页。

③ 蔡培火、林柏寿等著:《台湾民族运动史》，台北：自立晚报丛书编辑委员会 1971 年版，第 78 页。

统治的民族运动。

二、台湾先进分子在岛内开展的民族运动

台湾的反日民族运动起源于1914年12月成立的台湾同化会。台湾同化会是由台湾民族运动领袖林献堂和日本自由民权运动领袖板垣退助共同创立，林献堂等台籍人士的目标是：“所谓同化，其实不与之同化，乃掩饰之名词也，其目的是希望日本政府对台人松弛压力，能放宽束缚，俾台人得减轻痛苦而已”。[①]而板垣退助等日人的目的则是“使台湾三百万岛民悦服于王化，终归于浑然一体，成为忠良（日本）国民”。[②]两者可谓同床异梦。然而，就是这样一个所谓的以“同化”为名的团体，却触犯了台湾“总督府”的权威和在台日本人既得利益集团的利益，他们说：“已入会或拟欲入会的大多数人（台湾人），都说加入同化会便可立获参政权，或说可被任用为高级官员，或说可和内地人结婚，或称可自由改废制度，从而可获得各种营利事业的经营权等等。宛如把同化会视为扩张权利的机关。”[③]显然，日本人意识到台湾人参加同化会乃是借同化之名，行改善台湾人政治、经济地位之实，这种枉费心机的做法当然是日本殖民者所不能容忍的，很快同化会就遭到了日本殖民者的取缔，1915年1月26日，台湾“总督府”以同化会干部“危害公安”为由，强制将它解散。[④]

台湾同化会被解散这一事实，使得林献堂等台籍人士认识到，台湾“总督府”的专制统治和日本人对台湾社会政治、经济资源的垄断是台湾人民受压迫的症结所在，台湾总督专制统治的法律依据是所谓的“六三法”[⑤]，日本人作为统治民族在殖民统治机器的后盾下有权决定一切，而台湾人则没有发言权。因此，1919—1920年，彭华英、林呈禄、蔡培火等在东京先后成立了启发会、应声会和新民会等组织，林献堂等台湾士绅也参与其中。他们抨击日本在台的殖民暴政，要求撤废“万恶之源”的“六三法”，给台湾人民自治权。1920年底，“六

---

① 刘明朝：《追思林献堂先生之一生》，林献堂先生纪念集编委会：《林献堂先生纪念集：年谱·追思录》，台北：海峡学术出版社2005年版，第95页。

② 台湾“总督府”警务局：《台湾社会运动史——文化运动》，《同化会的成立及其干部》，台北：海峡学术出版社2006年版，第8页。

③ 台湾“总督府”警务局：《台湾社会运动史——文化运动》，《同化会的成立及其干部》，台北：海峡学术出版社2006年版，第14页。

④ 台湾“总督府”警务局：《台湾社会运动史——文化运动》，《同化会的纷乱和解散命令》，台北：海峡学术出版社2006年版，第17页。

⑤ “六三法”是日本殖民者于1896年以法律第六十三号，赋予台湾总督立法权的法律。

三法”撤废活动进一步发展成为台湾议会设置请愿活动。1921 年 2 月，林献堂发起、组织了台湾议会设置请愿运动，前往东京向日本政府提出“设置台湾议会，将台湾“总督府”的立法权交还给台湾人民”“使台湾的人民能够与日本本国的人民享受平等的待遇”等请求。①他们要求日本统治者承认台湾地位的特殊性，给予台湾人参政权，以特别代议机关台湾议会实施特别立法。不过，台湾地方议会只是日本帝国议会的补充，议会设置运动只是要求在殖民体制内寻求参政权。尽管如此，它毕竟敢于在日本殖民统治下，以公开的方式发起以台湾人为主体的、针对台湾“总督府”专制统治的斗争，其目标固然只是要求有限的地方自治，但它能在一定程度上减轻人民的痛苦，因而得到台湾人民的支持，赴东京请愿者返台时，获得“凯旋将军”式的热烈欢迎。

然而，日本殖民者认为“台湾人民要求设置‘议会’的请愿运动，就是大汉民族的民族运动，也就是反抗日本帝国主义的反动分子。”②因此，日本在台的殖民当局已秘密地对请愿运动制定对策，凡参加这一运动的人，“不论其为当时的公教人员或事业机关团体中的工作人员，多被迫去职，甚或虽无关系而平素言论有同情的表现者，亦被迫去职。其享有特别权利的，如‘阿片’、食盐、烟草、酒等的公卖品的贩卖者，也都被剥夺了权利。另外是对该一运动的讲演会、及支持该运动的文化协会的集会讲演，均加以阻扰，演讲者偶有涉及讽刺，即被临监的警察勒令中止，甚至有被扣押者。”③1923 年 12 月，台湾“总督府”竟然以违反《治安警察法》为名，以“为维持安宁秩序之必要”为由，将“台湾议会期成同盟会”强行解散，并逮捕了蔡培火、蒋渭水等 49 人，制造了轰动一时的治警事件。④与此同时，为了抵消台湾议会设置请愿活动的影响，日本殖民者还于 1921 年扩充台湾“总督府”评议会，表面上给台湾人以参政权，但评议员多是日本官员和资本家，只有几个是投靠日本的台湾人。实际上，评议会只是一个咨询机构，只是台湾人参政的“花瓶”而已。在日本政府及台湾“总督府”的刻意压制下，台湾议会设置请愿活动前后进行 15 次，都在日本议会以“审议未了”“不采纳”的情况下而宣告失败。

哪里有压迫，哪里就有反抗。因为台湾人民在政治上受压迫，在经济上遭

① 杨肇嘉:《杨肇嘉回忆录》，台北：三民书局股份有限公司 2007 年第四版，第 210 页。

② 杨肇嘉:《杨肇嘉回忆录》，台北：三民书局股份有限公司 2007 年第四版，第 192 页。

③ 杨肇嘉:《杨肇嘉回忆录》，台北：三民书局股份有限公司 2007 年第四版，第 196 页。

④ 台湾“总督府”警务局编、王乃信等译:《台湾社会运动史——政治运动》，台北：创造出版社 1989 版，第 58—59 页。

受剥削和在社会上的各种不平等待遇，所以台湾人民的民族意识不但没有在日本殖民者的文化教育政策下被消灭，相反地，台湾青年通过近代的科学教育，接受了新的知识、文化与思想，并寻求摆脱日本殖民统治之路。20 世纪 20 年代初，伴随着台湾岛内民众民族意识的逐步觉醒和岛内知识分子的成长，岛外特别是在宗主国日本首都东京所开展的台湾民族运动浪潮开始影响、波及岛内，两地民族运动趋向合流，并共同在台湾全岛掀起一场波澜壮阔的民族运动新高潮，其具体体现即是台湾文化协会的成立。

台湾文化协会是在留日台湾学生运动与台湾岛内反抗斗争合流的条件下，由以蒋渭水为代表的岛内知识分子、留日学生以及林献堂等士绅共同商议，于 1921 年 10 月成立的。为了避免日本殖民者阻挠，文化协会表面上提出以“助长台湾文化之发展”为宗旨，[①]但其真实目的，是对广大民众进行新知识和文化观念的灌输，实施文化启蒙宣传，唤醒台湾同胞的民族意识，以摆脱日本的殖民统治。诚如文化协会所宣称：“汉民族是保有五千年光荣文化之先进文明人，决不屈服于异民族的统治之下。日本的统治方针，乃在消灭所有汉民族的文化和传统，把她作为经济榨取的对象，完全成为日本的隶属民族，或作为被压迫民族，拟加以压迫拘束，我们应该唤起汉民族的民族自觉，把台湾做为我们的台湾，自己统治自己。为排除屈辱团结起来”。[②]

台湾文化协会成立后，以从事文化启蒙运动为主，全面开展提高台湾民众的文化水平和启发民智的工作。[③]文协通过发行会报，设置报刊阅览所，举办各种演讲会、电影欣赏会、戏剧活动，借此将民族自决、自由民主、社会主义的思想传播给台湾民众，以促进民众的政治觉醒，[④]同时也倡导改善风俗，如吸食鸦片、迷信、铺张浪费、婚葬等社会陋习。在台湾文化协会举办的各种活动中，以“文化演讲会”最具有影响力，这项活动初期只在城市举行，场次有限。从 1923 年下半年起，开始巡回至各乡镇演讲，在 1925—1926 年达到最高潮。据统计，台湾文化协会在 1925 年和 1926 年举行演讲会均是 315 场，1925 年的听

① 台湾“总督府”警务局:《台湾社会运动史——文化运动》，台北：创造出版社 1989 年版，第 191 页。

② 台湾“总督府”警务局:《台湾社会运动史——文化运动》，台北：创造出版社 1989 年版，第 224 页。

③ 俄罗斯国立社会政治史档案馆 // 全宗 495/ 目录 128/ 案卷 6，第 78 页。原件，打字稿，英语。

④ 萧友山、徐琼二:《台湾光复后的回顾和现状》，台北：海峡学术出版社 2002 年版，第 15 页。

讲人数最多，达 11.78 万人，盛况空前。[①] 文化协会的巡回演讲，唤醒了台湾民众的民族意识和抗日意识。每当台湾文化协会举行演讲会时，听众如潮水般汹涌，他们以鸣放鞭炮表示欢迎和喜悦，日本殖民者则如临大敌，以维持治安为由派出大批警察去进行干预和阻挠。台湾文化协会以举办演讲会的方式开启民智做法，使各地警察局深感威胁，以致日本殖民者要求林献堂、蒋渭水联署提出声明书，声明台湾文化协会只是文化团体，不做政治运动为保障 。[②] 文化协会的巡回讲座场次愈来愈多，对群众的影响愈大，再加上演讲会又有宣传“台湾议会设置请愿运动”的举动，日本殖民者无法容忍，于是颁布了《学术讲习会取缔规则》，派出警察在演讲会场监听，如有内容不妥，警方随时可出面制止。违规轻微者，则命令中止演讲；情况严重者，则命令集会解散。以 1926 年的文化演讲会为例，全年 315 场活动，遭到 35 次被解散的命运，而也有 157 次演讲被中止的记录（见表 1-1）。

表 1-1 台湾文化协会演讲会（1923—1926）[③]

年	演讲次数	听众人数	被解散次数	被中止次数
1923	36	21，086	5	19
1924	132	44，050	12	36
1925	315	117，880	7	64
1926	315	112，965	35	157

随着台湾文化协会的影响不断扩大，台湾人民反日民族情绪也不断高涨，引起日本殖民者的警惕，他们立即加强控制和镇压。台湾“总督府”一方面组织辜显荣、林熊征等御用人士成立“公益会”和“有力者大会”等团体，[④] 公然与台湾文化协会相对抗，另一方面则直接运用警察、监狱等暴力机器进行赤裸裸的镇压。台湾文化协会举办的讲演会经常被扣上违反“治安”的罪名而遭到

① 台湾“总督府”警务局:《台湾社会运动史——文化运动》，台北：创造出版社 1989 年版，第 206 页。

② 台湾“总督府”警务局:《台湾社会运动史——文化运动》，台北：海峡学术出版社 2006 年版，第 236 页。

③ 台湾“总督府”警务局:《台湾社会运动史——文化运动》，台北：海峡学术出版社 2006 年版，第 206—207 页。

④ 台湾“总督府”警务局:《台湾社会运动史——文化运动》，台北：海峡学术出版社 2006 年版，第 239—242 页。

禁止，文协负责人被恫吓和拘捕，同时还散布谣言极力挑拨文化协会的内部矛盾，进行分化瓦解。

三、台湾先进分子在日本东京开展的民族运动

一方面日本殖民者在台湾实行民族歧视差别教育，使得台湾学生在岛内很难接收高等教育；另一方面，日本殖民者在台湾实行“同化”政策，将日语定为“国语”，积极奖励台湾学生赴日本留学，因此，台籍学生纷纷赴日留学。到1922年3月，留日的台籍学生已达2400多名。[①]在世界民族自决主义的思潮影响下，他们主张“台湾非台湾人的台湾不可”，[②]并团结起来，为唤醒民族意识，提高台湾人的地位，谋求自由和解放而运动。在日本的台湾留学生在林献堂、蔡惠如的领导下，先后成立各种社团，以争取民族自决为口号，努力开展民族主义的启蒙运动。

（一）声应会

1919年底，蔡惠如与彭华英、林呈禄、蔡培火等留日的台籍学生，和在东京的中国留日学生与知识分子组成的中华青年会干事马伯援（同盟会会员）、刘木琳、吴有容等人联络，取“同声相应”之意，组织成立以亲睦为号召的团体——声应会。[③]其宗旨是：在留学生中将民族自决的思想落实到实践中去。蔡惠如等人与祖国的思想团体保持着密切的联系，并致力于指导台湾青年研究中国语，使用中国年号，称中国为祖国，提高台籍青年学生的反日意识。该团体还与留日的朝鲜学生频繁接触。林呈禄、蔡培火不仅与《亚细亚公论》的主要干部柳寿泉亲密交往，而且经常在《亚细亚公论》投稿，发表反日的言论。[④]

（二）从启发会到新民会

1919年底，蔡惠如与林献堂又在东京召集100多名民族意识已觉醒的台湾留学生，成立启发会，以推动民族主义的启蒙运动。该会成立不久，便改名为新民会，表面上宣称其纲领为“专门研讨台湾所有的应革新事项以图提升其文

---

① 台湾“总督府”警务局:《台湾社会运动史——文化运动》,《东京留学生的民族觉醒》，台北：海峡学术出版社2006年版，第18页。

② 蓝博洲:《日据时期台湾学生运动（1913—1945）》，台北：时报文化出版企业有限公司1993年版，第85页。

③ 台湾“总督府”警务局:《台湾社会运动史——文化运动》,《东京留学生的民族觉醒》，台北：海峡学术出版社2006年版，第19页。

④ 台湾“总督府”警务局:《台湾社会运动史——文化运动》,《东京留学生的民族觉醒》，台北：海峡学术出版社2006年版，第20页。

化”，[①] 实际上则是对台湾人民进行思想启蒙运动，并以合法地谋求民权的伸张为主要工作。1920 年 3 月，新民会主要成员彭华英、王敏川、蔡培火、林呈禄、郑松筠等确定如下三个会务方针：“第一为增进台湾人民的幸福，应进行台湾统治的改革运动。第二为广泛宣传吾人主张，启发岛民，争取同志，应发行机关杂志。第三谋求与中国同志取得联络。”[②] 在这三项方针的指导下，新民会会员不仅参加了“六三法撤废运动”和“台湾议会设置请愿运动”，而且还创办了民族启蒙运动的机关杂志《台湾青年》。与此同时，蔡惠如还率领彭华英、林呈禄等人渡海前往祖国大陆，积极联络国共合作时期的中国国民党左右翼人物，竭力争取他们帮助台胞开展反日民族运动。[③]

（三）东京台湾青年会

新民会大部分会员是学生，而把学生和非学生的干部聚集在同一个团体内，可能会带来行动上的不便。因此，新民会中的学生会员另外组成“东京台湾青年会”，其纲领为“涵养爱乡心情，发挥自觉精神，促进台湾文化之开展”[④]。从此以后，新民会的各种运动都在青年会的名下进行，新民会则隐匿在岛内外民族主义启蒙运动及合法的政治活动的背后，作为青年会的指导团体而长期存在。

在《台湾青年》创刊之前，蔡培火、林呈禄等学生领袖专门拜访了正在东京的“台湾总督”田健治郎，向他表示创办这一刊物纯粹是为了提高台湾文化而已，不会刊登“诽谤施政、扰乱治安的过激言论”，[⑤] 因而获得他的同意。1920 年 7 月，东京台湾青年会开始发行新民会和台湾青年会的机关杂志《台湾青年》，蔡培火担任编辑兼发行人，杂志以在东京留学的台湾学生为对象。创刊时，台湾首任文人总督田健治郎还为刊物题字“金声玉振”，以表示对于台湾留学生推行文化启蒙运动表示理解及祝贺之意。最初《台湾青年》前三期言论温和，而第四期起，内容渐涉及批评台湾“总督府”的施政政策，日本殖民者对这份杂

① 蓝博洲：《日据时期台湾学生运动（1913—1945）》，台北：时报文化出版企业有限公司 1993 年版，第 87 页。

② 蓝博洲：《日据时期台湾学生运动（1913—1945）》，台北：时报文化出版企业有限公司 1993 年版，第 87 页。

③ 台湾“总督府”警务局：《台湾社会运动史——文化运动》，《东京留学生的民族觉醒》，台北：海峡学术出版社 2006 年版，第 24 页。

④ 台湾“总督府”警务局：《台湾社会运动史——文化运动》，《东京留学生的民族觉醒》，台北：海峡学术出版社 2006 年版，第 25 页。

⑤ 蓝博洲：《日据时期台湾学生运动（1913—1945）》，台北：时报文化出版企业有限公司 1993 年版，第 91 页。

志开始转变态度，采取严密审查与镇压的政策。1920 年 10 月《台湾青年》第四号刊登了蔡培火题为《我岛与我等》的言论激进文章，该文号召台湾人民为反对日本的殖民统治，应做好充分地准备，“台湾是帝国的台湾，同时也是我等台湾人的台湾。风雨之前，应做未雨绸缪地准备。我等还是偶尔玩弄刺刀也不错，当然现在并没有这种自由，但如斯的心理准备是绝对需要的。不能用真剑的话，那么不妨用木刀，对它的施展还是同样有用。我等应趁着这个时候，在自由的范围内，为准备达成将来的真实生活，一如既往，我等的智力须要聪敏，同时我等的体力也有加以充实，锻炼的必要。”[①] 因此，这期刊物被禁止发售。《台湾青年》发行的 18 期杂志中，就有 4 期被日本殖民者认为内容不妥而遭到查禁的命运。1921 年 12 月，台湾青年会在东京召开留学生大会，抨击日本殖民者封杀《台湾青年》杂志，要求给台湾人民以言论自由。

1922 年 5 月，为强调这份杂志是属于台湾人的刊物，他们将《台湾青年》更名为《台湾》，以扩大社会影响。《台湾》杂志不仅每期赠阅近 600 份，而且募来的杂志发行资金转用到台湾议会设置请愿运动，因此，到了 1922 年 6 月，该杂志便面临资金枯竭的财政危机。为使该杂志能长远经营，蔡培火、林呈禄决定募集资金，筹组公司。他们四处奔走，募足二万五千圆资本，1922 年 6 月 24 日，在台中成立《台湾》杂志社株式会社，以林幼春为董事长，林呈禄为常务董事，林献堂担任顾问。《台湾》杂志社总部设在东京，在台北设立分社。从此，他们在岛内外便互相呼应，致力于民族主义启蒙运动的发展。[②]

东京台湾青年会初期主要活动是支持“六三法”撤废运动和台湾议会设置请愿运动。1920 年 11 月，台湾青年会召集 200 多名在东京的台湾留学生集会，喊出“给台湾人民自治权！”“撤废法律第 63 号！”等口号。针对新民会干部推动的“六三法撤废运动”，新民会内部也有不同的意见。其中，林呈禄的观点最具代表性。他认为如撤废“六三法”，则无异于接受当局的内地延长主义政策，有损于台湾的特殊性和独立性。受其主张影响，运动的方向遂由撤废“六三法”，转为请求设置台湾议会。运动的诉求是：基于日本立宪政治的精神，应设置台湾议会，将台湾“总督府”的立法权交还给台湾人民。从 1921 年 1 月

① 蓝博洲：《日据时期台湾学生运动（1913—1945）》，台北：时报文化出版企业有限公司 1993 年版，第 91 页。

② 台湾“总督府”警务局：《台湾社会运动史——文化运动》，《东京留学生的民族觉醒》，台北：海峡学术出版社 2006 年版，第 28 页。

起，台湾议会设置请愿团每年都派代表前往东京向日本议会递交请愿书，表达台湾人民要求当家作主的意愿，这一活动持续了多年。在每次的请愿运动中，台湾青年会的会员都推动请愿书的签名联署，并且负责有关请愿委员到东京的宣传运动等工作，在请愿运动中扮演着重要的角色。然而，到了1927年，东京台湾青年会的学生们因为在共产主义思想的影响下转而投向社会科学研究，对台湾议会设置请愿运动也就一致采取反对的态度，不再介入。

从1923年起，每逢暑假，东京台湾青年会还派骨干会员组成夏季演讲团，联络岛内的文化协会，通过文化协会演讲的活动，启蒙台湾人民的民族意识，抨击日本的殖民统治，并致力于唤醒台湾人民的民族意识。[①]

四、台湾学生在祖国大陆各地开展的反日民族运动

20世纪20年代后，台湾学生赴祖国大陆各地留学人数逐渐增多，台籍学生主要集中在北京、上海、厦门和广州四地求学。在祖国大陆学习期间，台籍学生创办各种进步社团，以开展文化学术交流为名，发行刊物，从事各种反日活动，团结在大陆的台湾学生，联络祖国大陆各方面力量，以支持岛内反日民族运动，争取台湾人民的解放。现将各个社团在大陆各地开展反日民族运动概况逐一进行阐述。

（一）在上海的反日民族运动

台湾的留日学生在祖国“五四”爱国运动所掀起的民族革命思潮的影响和推动下，民族意识日渐高涨，学习汉语，使用中国年号，称中国为“祖国”，蔚然成风。1919年底，蔡惠如、彭华英、林呈禄、蔡培火等与当时留居东京的中华青年会总干事马伯援等联合组织了声应会，接着又召集台籍留学生100多人组织了新民会和东京台湾青年会。1920年，为了加强与祖国的联系，蔡惠如、彭华英先后前往上海，与当时的中国国民党和朝鲜民族运动领导人秘密接触。1920年8月，蔡惠如在“中韩互助社”欢迎国民党左派领袖徐谦的集会中发言，抨击日本在台湾的殖民暴政。

1924年1月，国民党第一次全国代表大会在广州召开，大会制定了以打倒帝国主义和国内封建军阀为奋斗目标的革命纲领，确立了“联俄、联共、扶助农工”三大革命政策。在国民党“联俄、联共、扶助农工”的三大政策的影响

① 蓝博洲：《日据时期台湾学生运动（1913—1945）》，台北：时报文化出版企业有限公司1993年版，第97页。

下，在上海的台籍民族主义者蔡惠如、彭华英、许乃昌等人，共同学习共产主义世界观，并且认识到："民族问题是无产阶级革命的总问题之一部分，民族问题的解决只有与无产阶级革命发生关系"[①]才有可能实现。因此，他们把台湾的民族解放运动视为世界反帝革命运动的一部分。

在这样的认识基础上，蔡惠如更把台湾解放的目标放在通过祖国大陆的援助而使"台湾回归中国"。此后，他不仅密切地与散布在各地的台籍民族运动者联络合作；而且不停地接触国民党要员、苏联领事馆，以期通过台湾脱离日本殖民统治的民族解放运动，发展为打倒日本帝国主义的革命运动。

1. 上海台湾青年会

1923 年 10 月，蔡惠如、许乃昌、彭华英团结在上海的台籍学生十多人在南方大学成立"上海台湾青年会"。该会对台湾议会设置请愿运动极表支持，与中国国民党也有联络，"表面上以促进学生的亲睦、进行中外文化的研究为名，但真实目的是打倒日本帝国主义，图谋台湾独立"[②]。该会重要干部分工如下：李孝顺、林尧坤负责会计，许水、游金水负责庶务，许乃昌、谢廉清、施文杞负责文书。1924 年初，"上海台湾青年会"会员发展到 50 多人。

上海台湾青年会自创立以来表现得相当活跃，例如，1924 年 1 月召开上海台湾人大会，出席者除上述该会干部之外，还有连枝旺、陈满盈、甘文芳、张我军等积极分子，与会者均表示反对台湾"总督府"于 1923 年 12 月对台湾议会设置运动的检举，并草拟一份抗议书和一份主旨书寄给日本的总理大臣及其他有关部门，声援治警事件的受难者。[③]5 月 9 日，该会成员不仅参加由中国国民对日外交大会主办的"国耻纪念日大会"，散发"打倒日本帝国主义"的传单，而且号召大陆同胞帮助台湾同胞的反日革命运动，"我台湾被如狼似虎的日本帝国主义者所强夺，360 万的同胞正受着非人道的劫掠与压迫。但现在台湾人已经觉醒了。要与各位握手、团结、打倒共同的敌人日本帝国主义。诸位，为了自由和独立请从速帮助我们台湾人吧"。[④]1924 年 6 月 17 日，该会 40 名

① 蓝博洲：《日据时期台湾学生运动（1913—1945）》，台北：时报文化出版企业有限公司 1993 年版，第 159 页。

② 台湾"总督府"警务局：《台湾社会运动史——文化运动》，台北：海峡学术出版社 2006 年版，第 84 页。

③ 台湾"总督府"警务局：《台湾社会运动史——文化运动》，台北：海峡学术出版社 2006 年版，第 86—87 页。

④ 台湾"总督府"警务局：《台湾社会运动史——文化运动》，台北：海峡学术出版社 2006 年版，第 87 页。

会员在务本英文专科学校召开“反对台湾始政纪念日”的集会，痛骂日本在台湾的殖民统治，叙述台湾民众被压迫的痛苦，并散发题为《勿忘台湾》的宣传单。[①]

1924年5月，一直为该会筹措经费的林尧坤因涉入一桩欺诈案而遭到逮捕，因此，“该会的活动，由于经费困难，顿时陷入停滞”。5月24日，上海台湾青年会干部蔡孝乾等人把该会办事处迁到法租界，并“协商有关机关志的发行，支持台湾议会设置请愿运动，及加强与岛内文化协会合作，争取经费等事项”。[②]当天拟定的青年会干部人选如下：文书部：洪辑德、林维金；总务部：高金义、连枝旺；会计部：王金章、林尧坤；出版部：蔡孝乾。[③]

1924年6月底，上海台湾青年会以“在华台胞反全岛有力者大会”名义，发表反对林熊征、辜显荣等人召开的“有力者大会”的檄文，对“以辜显荣、林熊征为首”的所谓“有力者”进行猛烈地抨击：“你们是受到台湾总督府的特别照顾，而享有特权——诸如鸦片、酒、盐、烟草等，无一不是政府为喂养诸位而供给的资源。直言之，你们不过是台湾总督府所饲养的走狗罢了。你们素来和总督狼狈为奸，剥削我们的自由与膏血。你们又如何能区别有力者和无力者？你们罔顾台湾之大局，毫不顾虑台湾之民意，只以纠合同类走狗为能事，捏造舆论，提供总督府作为压迫民权运动的材料。……我们台湾人的脸被你们彻底丢光了。虽然你们不必爱惜自己的台湾人颜面，但也不要忘记省思一下我们同胞的处境哟！”[④]

1924年11月6日，以蔡孝乾、李孝顺、陈炎田为首的上海台湾青年会干部，在上海闸北召开秋季大会，参加者不仅有50多名会员，而且还有10多名旅沪的台湾人。因受到当地军警的阻扰，大会被迫改为座谈会，继续召开。会上有人提议，青年会的成员不该仅限于学生，“应该改为能广泛包容台湾人的团体”。因这项提议言之有理，所以获得通过，于是大会决定解散“上海台湾青年会”，“重新组织‘旅沪台湾同乡会’”，并推荐蔡孝乾、陈炎田、陈绍馥、林剑

① 台湾“总督府”警务局：《台湾社会运动史——文化运动》，台北：海峡学术出版社2006年版，第88页。

② 台湾“总督府”警务局：《台湾社会运动史——文化运动》，台北：海峡学术出版社2006年版，第89页。

③ 台湾“总督府”警务局：《台湾社会运动史——文化运动》，台北：海峡学术出版社2006年版，第90页。

④ 台湾“总督府”警务局：《台湾社会运动史——文化运动》，台北：海峡学术出版社2006年版，第88页。

英、陈北塘、何景寮、郑进来等人为创会委员。他们四处奔走，募集经费，但由于此时大部分台籍学生热衷于中国共产主义运动，而逐渐放弃了民族自决主义运动，所以旅沪台湾同乡会没有组建起来。[①]

2. 台湾自治协会

1924年5月，蔡孝乾等上海台湾青年会的部分骨干与平社的旅沪台籍人士共同创立了反日色彩更为浓厚的台湾自治协会。因自治协会也设在上海台湾青年会内，所以也可以把它看作是与台湾青年会“同心一体”的运动团体。[②]5月31日，台湾自治协会对外发表成立宣言，发出这样的呼吁：“但愿我台湾人，能从根本唤醒民族的自觉；更乞求我亲爱的中国同胞，帮助我们的自治运动。”[③]6月17日，台湾自治协会在上海务本英文专科学校举办反对台湾“始政纪念日”的演讲会，参加者有10多名台湾学生、几名中国人和外国人，谢雪红、张深切、蔡孝乾、林维金和洪缉洽等人竞相登台，抨击“暴虐的台湾总督政治”，深切同情“在其统治下悲剧的台湾民众”，并诅咒日本殖民者在台湾的“始政纪念日”。协会还印制大量反对“始政纪念日”的传单，在上海散发，“甚而分发到东京、北京、南京、厦门等地，以及岛内各同志的手中”。[④]谢雪红在发言时主张“妇女也得参加革命，支援男人的运动，才容易成功”，激起了全场的喝彩。[⑤]

面对“豺狼成性之下贱日本”对中国“包藏侵略野心”的残酷现实，1924年6月25日，台湾自治协会发表《告中国青年书》，沉重地说道：“我们台湾人，原是亡国之奴隶，本来就没有发言的机会；但旁观者清，忆及幼稚的中国青年子弟，在他们奸恶手段之前，不察觉任何危机而昏睡不醒，不禁要为各位捏一把冷汗了。诸君醒醒吧！觉醒吧！……诸位与其空谈有名无实的、梦幻般的经济绝交，不如以实力贯彻爱国运动，同时帮助我们亡国的台湾同胞所进行的自主独立运动吧。于今诸位若再不觉醒，诸位无疑亦将和我们同样陷于亡国奴隶

① 台湾“总督府”警务局：《台湾社会运动史——文化运动》，台北：海峡学术出版社2006年版，第89页。

② 台湾“总督府”警务局：《台湾社会运动史——文化运动》，台北：海峡学术出版社2006年版，第90页。

③ 台湾“总督府”警务局：《台湾社会运动史——文化运动》，台北：海峡学术出版社2006年版，第90页。

④ 台湾“总督府”警务局：《台湾社会运动史——文化运动》，台北：海峡学术出版社2006年版，第91页。

⑤ 张深切：《里程碑》第1册，台中：圣工出版社1961年版，第159页。

的命运。”[①]

8 月 21 日，台湾自治协会派几名骨干参加上海各反日团体共同主办的市民外交大会，向 800 多名市民“诉说台湾人的悲惨境遇”，并分发题为《警告中华商界诸公》的宣传单，主要内容是“继续与日本作永久性的经济绝交，藉以导致日本势力的败亡”，否则，中国“也将陷入和台湾相同的命运”。[②]8 月 28 日，当全国学生大会筹备会在上海法租界的南洋大学中学部召开时，台湾自治协会也派两名会员参加，到会场散发题为《告诸位学生》的传单，呼吁与会的中国学生，帮助台湾同胞，共同抵抗日本帝国主义，以收复失地。

（二）在厦门的反日民族解放运动

受祖国五四运动和台湾文化协会民族主义启蒙运动的影响，1921 年后，赴祖国大陆留学的台湾学生人数急剧增加，其中大部分人又都在语言、风俗相同的厦门求学。据 1923 年 7 月调查统计，台湾学生在厦门求学者已达 195 人。[③]然而，厦门是日本侵略中国的重要基地，日本当局在厦门的警戒也最为严格，他们以总领馆为中心，附设警察署，遍布巡察与密探。虽然台湾学生在福建厦门就学，也经常处于危险之中，但在厦门的台籍学生还是敢于奋起，接连成立抗日团体，进行抗日宣传活动。

1. 台湾尚志社

1923 年 6 月 20 日，经由嘉义人李思祯（厦门大学学生）的倡议和联络，在厦的 100 多名台湾学生组成了“台湾尚志社”。该社表面上“以互助精神切磋学术，谋求文化的促进”[④]为宗旨，但其真实目的是以民族自决主义为立场，唤醒台湾民众的民族意识，要使台湾摆脱日本的殖民统治。同年 8 月 15 日。台湾尚志社创办机关报《尚志厦门号》，谴责台湾“总督府”的统治方式，以唤醒台湾人民的民族意识。[⑤]1924 年 1 月 30 日，该社为声援岛内因治警事件被捕的议

① 台湾“总督府”警务局:《台湾社会运动史——文化运动》，台北：海峡学术出版社 2006 年版，第 93 页。

② 台湾“总督府”警务局:《台湾社会运动史——文化运动》，台北：海峡学术出版社 2006 年版，第 91 页。

③ 台湾“总督府”警务局:《台湾社会运动史——文化运动》，台北：海峡学术出版社 2006 年版，第 122 页。

④ 台湾“总督府”警务局:《台湾社会运动史——文化运动》，台北：海峡学术出版社 2006 年版，第 122 页。

⑤ 台湾“总督府”警务局:《台湾社会运动史——文化运动》，台北：海峡学术出版社 2006 年版，第 123 页。

会请愿运动者而召开厦门学生大会，揭露日本殖民者镇压台湾议会请愿运动的暴行，同时向东京、台湾及大陆各地寄发宣言书，号召台胞起来抗日。这次大会不仅痛斥“总督拥有立法、行政大权，径自进行独裁政治，为政者不顾台湾之历史、风习，又不与闻岛民之舆论，掠夺人民应有的权利，束缚公众之言论自由，视台湾岛民如奴隶，滥用权威与官势。如大埔林、噍吧哖之大虐杀，彰化募兵事件之大施酷刑等，残虐暴行不知底止，根本无视于人道。近时，又因台湾议会请愿团事件，拘禁许多无辜岛民，企图一手遮天，以阴险手段，妨碍合法请愿运动”[①]等丑恶行径，而且还达成了“反对历代台湾总督之压迫政策”和“反对台湾总督府议会请愿者之非法拘留”两项决议。

2. 厦门中国台湾同志会

1925年4月初，台籍青年郭丙辛、林茂鉾在厦门联合一部分台湾学生与祖国大陆同学，共同创立了“厦门中国台湾同志会”。4月18日，该团体在厦门市内各街道张贴题为《中国台湾同志会在厦第一次宣言》的印刷海报，这篇宣言书指出，当时许多失意的台湾人到了厦门以后，竟因为生计问题而假借日本势力，开办赌场、烟馆、妓院等，扰乱当地的社会秩序，并造成台湾人与当地人的紧张关系。针对日本帝国主义离间台湾民众与大陆民众感情的图谋，他们进行揭露和批判，该会还号召两岸人民团结一致，响应国共两党联合推动的废除不平等条约运动，收回中国的失地——台湾。《第一次宣言》慷慨激昂，今日读来，仍令人热血澎湃：

日本自领台以来，禁止台湾人来往于支那，除极少数人外，甚至连和亲属间的往来，都被禁止。他们以为妨害同胞间的亲爱互助，才是侵略福建的最佳手段。在台湾的竞争失败者，近来渡海到厦门的渐渐增加。由于缺乏求生的途径，遂开办赌场、烟馆、妓女户等，显有扰乱社会秩序的现象。故我们需要对此统筹一个救济办法，务期求得社会的安宁幸福才好。

台湾人不是日本人。纵使排斥日本人，也不该排斥台湾人。台湾人亦是中国人的同胞，亦是厦门人，亦是汉民族。在厦台湾同胞！请诸位绝不要假借日本的势力。诸位该明白本身所属的民族，和自己所处的地位，若为生计，另寻觅其他正业吧！我们同胞正在台湾饱受日本的压迫，应好好去想报仇雪恨的途

① 台湾“总督府”警务局:《台湾社会运动史——文化运动》，台北：海峡学术出版社2006年版，第123页。

径，切勿为日本人所利用。厦门的中国同胞！切勿忘记国耻的日子，且应更进一步，策划收回旧有领土，撤废不平等条约，脱离外国的羁绊，以期成为独立自主的民治国吧。[①]

4 月 24 日，中国厦门台湾同志会又发表第二次宣言，提醒人们勿忘“五九国耻日”，号召各方团结起来，收复旅顺、大连湾、台湾，取消“二十一条”及一切不平等条约。[②]一个多月后，“五卅运动”的革命风暴迅速由上海席卷全国，形成了全国范围的反帝斗争新高潮。远在厦门的中台同志会也不甘落后再次行动，在街头各处张贴题为《留厦台湾学生之泣词》的宣言书。《泣词》中称：“我们台湾人三十年来，在帝国主义日本政府的压迫下，过着痛苦不堪的日子。然而，精神并未麻木，反而受其刺激，愈益奋发，出而谋求本身的解放和幸福。我们是汉民族，是中华民族。我们承继受了满清的压迫，坚持民族主义，移居台湾的祖先遗训，一向思想坚定，又重正义。”“这次，上海的惨杀事件，表示帝国主义者的横暴已达极点。同胞所受的痛苦，和我们现在所承受的，并无两样。因此，以互助合作的精神，来对付压迫者，是理所当然的。”《泣词》呼吁：“同胞们！赶快起来，加强联络、合作、进行排斥日货及罢工，以贯彻主义，期能达成我们的目标。”[③]同年 6 月，该会又以“中国台湾新青年社”的名义，发行机关报《台湾新青年》，抨击日本对台的殖民统治。[④]

3. 闽南台湾学生联合会

1924 年 4 月，因为受到当时祖国大陆学生运动的影响，所以在厦门的台湾学生也倡议将在厦门的台湾各学生团体联合起来组成“台湾学生联合会”。1924 年 4 月 25 至 26 日，厦门大学李思祯、中华中学郭丙辛、厦门大学王庆勋、集美中学翁泽生和洪朝宗、同文书院许植亭、英华书院萧文安等青年学生以及中华中学教员江万里共同发起成立了“闽南学生联合会”，出席来宾及会员计 400 多人，盛况空前。在成立大会上他们演出题为《八卦山》与《无冤受屈》的两

① 台湾“总督府”警务局:《台湾社会运动史——文化运动》，台北：海峡学术出版社 2006 年版，第 125 页。

② 台湾“总督府”警务局:《台湾社会运动史——文化运动》，台北：海峡学术出版社 2006 年版，第 126 页。

③ 台湾“总督府”警务局:《台湾社会运动史——文化运动》，台北：海峡学术出版社 2006 年版，第 127 页。

④ 台湾“总督府”警务局:《台湾社会运动史——文化运动》，台北：海峡学术出版社 2006 年版，第 124 页。

部反日剧，剧本根据彰化北白川宫能久亲王遗迹碑毁损案引发的募兵事件编写，讽刺日本在台的殖民统治，反映台湾同胞遭受日本殖民者压迫和虐待的惨状，以唤醒大家的反日民族意识。不仅如此，他们还高唱《台湾议会请愿歌》，把成立大会活动推向高潮。1924 年 4 月 27 日，闽南台湾学生联合会趁机召开反日演讲会，由各校台湾学生推选的代表依次上台，痛述台湾遭沦陷的殖民历史，以及台湾民众开展的抗日斗争情况。他们的精彩演讲使爱国同胞们产生了共鸣。应邀参加讲演会的《厦声日报》主持人陈沙仑，上台致辞表示对台籍学生爱国行动的支持。从此以后，闽南台湾学生联合会一直持续着活跃的反日运动前线。7 月，当他们获悉台湾的亲日绅士辜显荣、林熊征等人为反对"台湾议会请愿运动"而召开"有力者大会"后，立即印行反对"有力者"的檄文，寄给岛内的所谓"有力者"，以及文协会员与"台湾议会"设置请愿者。11 月 16 日，闽南台湾学生联合会又在"思明教育会馆"召开秋季大会，有 60 多名会员与 10 多名来宾参加。会中，他们纷纷发表有关反日的革命言论。其中，台湾学生代表郭丙辛发表题为《日本管辖后台湾所遭致的惨状》的演讲最具代表性，他开篇即指出："我们家乡台湾，原来是中国的土地，我们原来也是大汉的民族。尽管如此，在三十多年前的中日战争中，因为中国战败，遂把物产丰富、风景如画的台湾，割让给日本，嗣后的日本宛若秦始皇一般，暴虐无道。……我们台湾被统治以来，一切民权悉数被夺，我们有如俎上的鱼肉，任人宰割。就七八年前的噍吧哖事件而言，他们并不充分调查事件真相，只依据少数山贼的蜂起，独断看成是阴谋叛变，惨杀了我好几百名善良的男女老幼。追忆如斯惨绝人寰的往事，吾人不禁有肝肠寸断之感。再说，我台湾的一切物产，理该为我台湾人所有，但自被日本统治后，这些都被剥夺殆尽了"[①]，并号召大家"联合一致，推进民族自治运动，乘机趁势脱离日本政府殖民政策的羁绊，为夺回台湾产业，铲除倭奴的野心而尽力"[②]。

1924 年 5 月，该会还创办一家杂志社——闽南台湾学生联合会共鸣社，刊行《共鸣》杂志，由嘉义籍的庄泗川与张梗（即张志忠）负责组织稿源和发行渠道。《共鸣》创刊号披露轰动全台湾的治警事件真相，报道 1924 年初春台北

① 台湾"总督府"警务局:《台湾社会运动史——文化运动》，台北：海峡学术出版社 2006 年版，第 130 页。

② 台湾"总督府"警务局:《台湾社会运动史——文化运动》，台北：海峡学术出版社 2006 年版，第 130 页。

无产青年团举办抗日爱国活动，遭日本殖民者拘禁的事件。[①]《共鸣》使更多的大陆同胞了解了台湾民众的抗日运动。

（三）在北京的反日民族解放运动

五四运动之前，由于交通、语言、气候、风俗等各种条件的限制，到北京留学的台湾学生很少。然而，随着台湾岛内文化协会民族主义启蒙运动的开展，台湾人民的民族意识也普遍觉醒，到祖国留学的人数也有明显增加的趋势。到了 1922 年时，在北京的台湾留学生人数已达 32 人。

这时候的北京，经历“五四”爱国运动的革命洗礼之后，新文化运动明显地表现出向更深层次发展的趋向，围绕着如何改造社会、改造中国这个中心议题，掀起了巨大的宣传新思想的浪潮，各种社团和期刊，各种社会思潮和改造社会的方案纷纷涌现，形成中国思想界难得一见的百家争鸣的生动局面。在五四运动和各种社会思潮的冲击下，在北京的台籍学生逐渐在认同中华民族的共同意识下，组织各种社团，开展反日的民族解放运动。

1. 北京台湾青年会

为反对日本殖民统治，并期望唤起大陆全体人民对台湾问题的关注，1922 年 1 月在北京各高校学习的 32 名台湾学生，发起组织了“北京台湾青年会”。该会以“谋求会员间的互相理解，奖励中国文化的研究”为宗旨，[②]由北京大学学生范本梁（嘉义）、刘锦堂（台中市，后改名王悦之）、林炳坤（海山郡）、郑明禄（苗栗郡）、陈文亮等五人发起，主要成员有：北大台生黄兆耀、林子明、林飞熊、林瑞胆（雾峰）、林松寿（板桥）、蔡惠如（清水）、吴子瑜（台中）、林焕文（竹东郡）、廖景云等。它另聘祖国大陆六位社会名流为名誉会员：蔡元培（北京大学校长）、梁启超（前财政总长）、胡适（北京大学教育长）、林长民（前司法总长）、李石曾（北京大学教授）及王励齐（王法勤，参议院议员），以求扩大影响力。[③]该会成立后，不仅创办发行《会报》期刊，以宣扬中国文化，并将其散发给岛内和日本东京的台胞，而且还联络岛内“文化协会”会员，支

① 台湾“总督府”警务局:《台湾社会运动史——文化运动》，台北：海峡学术出版社 2006 年版，第 132—133 页。

② 台湾“总督府”警务局:《台湾社会运动史——文化运动》，台北：海峡学术出版社 2006 年版，第 117 页。

③ 台湾“总督府”警务局:《台湾社会运动史——文化运动》，台北：海峡学术出版社 2006 年版，第 115—116 页。

持当时的民族主义启蒙运动和台湾议会设置请愿运动。[①]1923年12月，台湾“总督府”以“违宪”为由，将“台湾议会期成同盟会”强行解散，并将所有的关系人物全数加以逮捕，史称“治警事件”。当这个消息传到北京后，1924年3月5日，北京台湾青年会马上举行“华北台湾人大会”，摇旗呐喊，隔海声援。大会发表题为《华北台湾人大会宣言》，痛斥日本殖民者残暴统治，要求台湾民众联合全世界被压迫的弱小劳苦大众，共同奋斗，推翻一切强权及不合理的制度。其主要内容如下：“我们全体华北台湾人大会已全体决议，以实力支援弱小稚嫩的台湾民选议会请愿团及其期成同盟勿使诸位先锋，能够进行激烈的以暴抗暴的大众运动。并和她们协力，向全世界暴露日本帝国的毒辣政治，同时联合各地同志，共同推翻一切强权，摧毁一切不自然的制度”。[②]

2. 韩台革命同志会

1923年，就读于北京世界语专门学校的台湾宜兰人张鸣（原名张钟铨）和朝鲜留学生吴基星，集合了10多名台湾和朝鲜青年，组织一个反日革命团体“韩台革命同志会”。其中，台湾学生以居住泉郡会馆的为主，他们是北大学生洪炎秋、朝阳大学学生李金钟、北京高等警官学校学生吕茂宗、北高师附中学生杨克培等人。由于韩、台双方成员对是否将暴动及暗杀列为行动纲领发生争执，加之财务困难，最终在不到一年的时间里无声结束。据洪炎秋在《杨肇嘉回忆录序》中记述：“这批同志，志虽相同，而境况却大为悬殊。台湾同志大都是席丰履厚的‘膏粱子弟’，而韩国同志则多是赤手空拳的‘亡命之徒’，性格上已经格格不入；每次开会，茶点、便餐等费，又要仰给于台湾同志；这是小事，最大的争执，还在于行动纲领的拟定，韩国同志列暴动、暗杀为主要手段，而台湾同志则以两地情况不同，韩国毗邻大陆，举动失败，容易逃亡，而台湾则四面环海，日人可以瓮中捉鳖，不该做无谓的牺牲，因而引起了很大的争论。台湾同志经过集议，认为要解救台湾，除了参加祖国的建设，等祖国强大起来，由祖国来收复以外，自求摆脱，是十分困难的，因此决定解散这个会。这个会原定每月开会一次，由两方轮流召集，等到轮到台湾方面召集时，就以无期延期的手段，使它无疾而终。”[③]1927年吴基星在武汉参加游行，和杨克培一同被

① 台湾“总督府”警务局：《台湾社会运动史——文化运动》，台北：海峡学术出版社2006年版，第115页。

② 台湾“总督府”警务局：《台湾社会运动史——文化运动》，台北：海峡学术出版社2006年版，第121页。

③ 杨肇嘉：《杨肇嘉回忆录》，台北：三民书局股份有限公司2007年第四版，第4—5页。

日警抓去，杨克培被送回台湾，他则被送回朝鲜。[①]

3. 新台湾安社

1924 年，范本梁和许地山决意以北京的台湾留学生为中心，自行组建了"新台湾安社"，并提出激烈地反日政治主张："欲维持台湾民族之生存，必须驱逐日本强盗。而欲驱逐日本强盗，除暴动革命以外别无他途"，该组织的反日革命手段有五点："（一）暗杀台湾总督及其余官公吏。（二）暗杀日本全国性重要人物及官吏。（三）暗杀特务走狗及欺国贼民之辈。（四）暗杀资本家及特权阶级。（五）破坏敌人之一切设施。"该组织试图透过不断的暗杀与反复暴动，"以期达成台湾民众革命之成功"。[②] 然而，范本梁在北京的组织工作，并没有得到太多的旅居北京的台湾人支持。究其原因，一方面是谢廉清、谢文达等人在思想上已倾向共产主义；另一方面是其他人在性格上就和范本梁不投合，遑论共事。他还创办《新台湾》期刊，发刊之初，关锦辉、谢廉清、林阿谟等人仍然协助范本梁。杂志的印刷则和北京安社机关志一起委托北大出版部。每期刊行 500 份左右，密送给在北京、厦门与日本东京、京都等地的台湾留学生，以及岛内的同情者。《新台湾》第 3 期所载的《台湾革命运动方法》一文公开宣示了新台湾安社"目的肯定手段"的革命主张：

> 将日本人欺凌台湾人的惨状诉之于大众，使三百六十万同胞自觉猛省，杀台湾民众之凶敌日本人，打破日本之强盗统治，破坏一切不合理的制度与组织，以期实现没有压迫、没有剥削、自由平等的新台湾，牺牲吾身以供同胞之血肉。
>
> 同胞们，不要忘记巴枯宁在里昂受审时所唤出的二事和虚无党的一语。二事者，一、脑中之思想与枪里的子弹；二、一颗爆炸的炸弹胜于十万本书籍的传播。一语者，"目的肯定手段"。[③]

所谓"目的肯定手段"，当年主张以暴力的激烈手段刺杀当政者，并破坏国家军政公共设施的无政府主义者，以此作为革命信条。他们这种"为达目的不择手段"的激烈主张，为他们赢得了"虚无党"的通称。

---

① 杨肇嘉：《杨肇嘉回忆录》，台北：三民书局股份有限公司 2007 年第四版，第 5 页。

② 台湾"总督府"警务局：《台湾社会运动史——无政府主义运动、民族革命运动、农民运动》，台北：海峡学术出版社 2006 年版，第 4 页。

③ 台湾"总督府"警务局：《台湾社会运动史——无政府主义运动、民族革命运动、农民运动》，台北：海峡学术出版社 2006 年版，第 5 页。

1926 年 3 月奉系军阀占领北京后，对共产主义者和无政府主义者进行血腥屠杀。为了避免灾祸，7 月范本梁遂离京返台，至此，在北京展开的台湾无政府主义运动的第一波——新台湾安社，也就随之沉寂结束。[①]1927 年他被日本殖民者逮捕判刑，抗日战争时期死于台湾狱中。

4.《少年台湾》月刊

1926 年 5 月初，“台湾新文学运动的奠基者”张我军在翻译完日本社会主义者山川均《弱小民族的悲哀》（1926 年 5 月 16 日起在《台湾民报》第 105 号至 115 号连载），8 月 11 日，张我军带着 4 本刚出版的《台湾民报》（第 113 号至 116 号），到鲁迅寓所拜访鲁迅，并且悲愤地向鲁迅诉说：“中国人似乎都忘记了台湾了，谁也不大提起。”鲁迅先生当时就像受了创痛似的，有点苦楚，但口上却道：“不。那倒不至于的。只因为本国太破烂，内忧外患，非常之多，自顾不暇了，所以只能将台湾这些事情暂且放下。”1927 年初，鲁迅先生赴广州中山大学任教。台籍青年张月澄（又名张秀哲）几次登门，向他请教，请求为他的译作《国际劳动问题》作序。鲁迅先生对台籍青年在祖国大陆的抗日斗争深表同情，慨然应允。1927 年 4 月 11 日，鲁迅先生写道：“正在困苦中的台湾的青年，却并不将中国的事情暂且放下。他们常希望中国革命的成功”，“总想尽些力，于中国的现在和将来有所裨益，即使是自己还在做学生。”[②]一番劝勉，对张我军、张月澄等人立志从事抗日斗争起到了十分重要的作用。

1927 年 1 月，由北师大学生张我军、北大学生宋文瑞、苏芗雨、洪炎秋等台湾青年共同创办了《少年台湾》月刊，致力于对台湾民众的启蒙和对日本殖民统治的抨击。创刊目的是“把祖国时时所发生的情状，介绍给岛内同胞”，以推动台湾社会的进步；“又把岛内时时所发生的事实，介绍给祖国的人士”，以免彼此产生隔膜与误会。[③]这就在日本占领下的台湾同北洋军阀盘踞下的北京之间，架起一座沟通两岸同胞思想的文字桥梁。该刊出了几期后，因缺乏经费而濒临停刊，当时碰巧文化协会评议员施至善从台湾到北京旅游，得知刊物《少年台湾》经济困难，马上捐赠大洋百元，使该刊物渡过难关。然而，该刊物终

① 台湾“总督府”警务局:《台湾社会运动史——无政府主义运动、民族革命运动、农民运动》，台北：海峡学术出版社 2006 年版，第 5 页。

② 《而已集·写在〈劳动问题〉之前》,《鲁迅全集》第 3 卷，人民文学出版社 1981 年版，第 425 页。

③ 台湾“总督府”警务局:《台湾社会运动史——文化运动》，台北：海峡学术出版社 2006 年版，第 264 页。

因筹资困难，而且刊物寄到台湾又常遭日警没收，最后只好任其夭折了。

（四）在南京的反日民族解放运动

1925 年五卅运动后，反帝斗争的风暴迅速席卷全国。南京也同样举行了有几万甚至十几万人参加的反帝集会和示威游行。在南京的台湾学生也就在这样的反帝风暴中着手进行反帝运动的组织与实践。

1.中台同志会

在南京的台湾留学生吴丽水（罗东人），他先就读爆海暨南大学中学部，后在南京读新智中学及东南大学中学部，1925 年 9 月他与同乡李振芳二人在南京相识，交谈甚欢，且热衷于共产主义思想。他们二人乃废寝忘食地共同努力学习共产主义的革命方法，为此二人放弃学业，纠合同志，对于台湾的解放运动特别深加讨论，最后他们做出了“为解放台湾除了起来革命而争取台湾独立之外别无他途”的结论。于是吴丽水、李振芳开始创建反日革命团体。1926 年 3 月 21 日，他们同中山中学的教师文化震、赵作霖、陈君起、胡锡奎等人，召集中山中学“教师及学生为首约四十名左右的同志”，成立中台同志会，“广泛分发成立宣言及规约，致力于台湾革命的宣传煽动，争取同志，发展会务工作”。其成立宣言称：“本会工作的第一步，将是唤起两地民众，对实际要求事项的认识，使对本会将来抱有希望，首先，期使中台两地民众，完全脱离日本帝国主义的羁绊；然后，促使中台两地民众，重新发生密切的政治关系。对台湾本地的民族，拟以一律平等的原则，来树立互相间的友好关系。”[①] 大会选出 13 名委员，任命文化震为主任委员，李振芳为副主任委员，唐宏涛为财政部长，曾鲁为组织部长，蓝焕呈为侨务部长。

中台同志会成立后，立即将其成立之宣言书及简章等资料寄发上海、厦门、东京、台湾等地，招劝各地青年学生加入。1926 年 5 月，中台同志会吸收上海大学附属中学蓝焕呈（罗东人）、上海大学学生翁泽生、蔡孝乾、何景寮等人为会员，并与厦门的郭丙辛、黄和气等人取得联系，另并获东京商业学校学生蓝阿婴（罗东人）为同志。[②] 中台同志会的主要公开活动是对两个中国近现代史的重要日子进行纪念，一是袁世凯卖国“二十一条”的“国耻纪念日”。二是 6

① 台湾“总督府”警务局：《台湾社会运动史——文化运动》，台北：海峡学术出版社 2006 年版，第 137 页。

② 台湾“总督府”警务局：《台湾社会运动史——文化运动》，台北：海峡学术出版社 2006 年版，第 141 页。

月 17 日所谓台湾始政纪念日的“台耻纪念日”，中台同志会的参加者将这两大活动视为纪念、时刻不可忘却国恨家仇。[①]1926 年 6 月 17 日。中台同志会举行集会，发表《中台同志会六一七纪念告民众书》，控诉日本殖民者在台的残暴统治，号召台湾人民团结起来，进行武装抗日。

1926 年 7 月，杨如松、黄天海（宜兰人）、吴丽水、蓝焕呈、陈招松、李振芳等人趁暑假返台之际，在台湾岛内设置分部，并于 7 月 23 日在罗东李振芳宅相聚议事。[②]然而，他们的反日活动早为台湾“总督府”、日本驻厦门领事馆及警视厅等单位所侦知。日本殖民当局乃于 7 月 31 日展开检举逮捕，全案经审，黄天海、杨如松、陈招松、蓝阿婴等四人免诉，日方并于 1927 年 5 月宣判吴丽水、李振芳各处惩役三年，蓝焕呈惩役二年。[③]

第二节　台湾先进分子在各地的共产主义活动

20 世纪 20 年代中期以后，在共产主义思潮的影响下，台湾进步知识青年将目光转向了社会主义，开始接受马克思主义，投身于以推翻日本殖民统治为目标的民族革命活动。在这一过程中，台湾马克思主义知识分子队伍开始形成。台湾知识分子接触社会主义和马克思主义的途径主要是日本和祖国大陆。

一、台湾先进知识青年在日本的共产主义活动

19 世纪末 20 世纪初，社会主义思潮开始传入日本，各种宣传社会主义的报刊书籍在日本纷纷涌现，受此影响，日本的青年学生纷纷组织社团、出版刊物，研究和宣传社会主义思想和马克思主义。尤其是俄国十月革命后，马克思主义在日本广泛传播，社会主义运动在日本方兴未艾。1918 年 11 月东京大学学生成立“新人会”以研究马克思主义。1920 年 11 月，以堺利彦、山川均和无政府主义者大杉荣等为首，联合组成了日本社会主义者同盟。1921 年起，日本各地相继成立了马克思主义小组，如堺利彦发起的“无产社”，山川均、德田

① 台湾“总督府”警务局:《台湾社会运动史——文化运动》，台北：海峡学术出版社 2006 年版，第 144 页。

② 台湾“总督府”警务局:《台湾社会运动史——文化运动》，台北：海峡学术出版社 2006 年版，第 153 页。

③ 台湾“总督府”警务局:《台湾社会运动史——文化运动》，台北：海峡学术出版社 2006 年版，第 155 页。

球一、渡边政之辅等成立的“水曜会”，市川正一等领导的“无产阶级社”，高津正道等创立的“晓民会”等。[①]1922年7月，日共秘密建党。1923年又成立“全国学生联合会”（1924年改为“学生社会科学联合会”），该组织实际上是日共的外围组织。在日本共产主义运动的影响下，在留日台湾学生当中，逐渐涌现了一批从事共产主义活动的先进分子。

在留日台湾学生当中，彭华英和黄登洲是较早为社会主义思潮所吸引的人。1921年他们在日本明治大学就读期间，与激进的社会主义者堺利彦、山川均、高津正道等人频繁接触，并加入他们所组成的晓民会组织，参与各种演讲会或研究会的宣传活动，同时登记为日本社会主义同盟的盟员。[②]1920年8月，彭华英在《台湾青年》发表了《台湾有妇女问题吗》一文，指出妇女问题与劳工问题是当时社会最紧要的议题，但东亚社会，尤其是台湾，仍未脱陋习，两性关系大有改进之必要。1921年5月又在《台湾青年》上发表《社会主义之概说》的文章，介绍俄国十月革命成功以来，社会主义在世界各国的发展、社会主义的精神与目标、国家社会主义的衰退与共产主义的兴起，[③]并在台湾学生中广泛宣传社会主义思想。他特别与朝鲜左翼分子及中国学生联系，因而受到日警的严密监视，1921年7月，彭华英被迫前往上海从事共产主义活动。

1923年后，在日本社会主义思潮的冲击下，东京台湾青年会中台湾留学生日大生许乃昌（彰化）、帝大生商满生（台南）与高天成（台南）、中大生黄宗垚、日大生杨贵（新化）、日大生杨云萍（七星）、专修生林朝宗（新庄）及印刷工林聪（新丰）等人逐渐倾向共产主义。其中许乃昌于1922年在上海大学就读，因表现突出，1924年被中共推荐去苏联的莫斯科东方大学学习。1925年6月，他来到东京，负责发展台湾学生的共产主义运动。1926年1月，他们在东京台湾青年会之下，另行组成台湾新文化社，宣传共产主义。1927年4月底，这批人在许乃昌的倡导下在东京台湾青年会之下秘密组织了“社会科学研究部”，研究和探讨有关马克思主义的书籍和文献，培养东京台湾留学生马列主义和群众运动的人才，同时其成员接受东京大学研究马克思主义的团体——“新人会”和“无产青年同盟”的思想影响并和日共取得了联系。他们利用假期返回台湾，

① ［日］日本共产党中央委员会编：《日本共产党六十年》上册，北京：人民出版社1986年版，第12页。

② 台湾“总督府”警务局：《台湾社会运动史——共产主义运动》，台北：海峡学术出版社2006年版，第2页。

③ 彭华英：《社会主义之概说（上）》，《台湾青年》1921年5月15日，第50—57页。

组织演讲会，宣传社会主义思想。[①]

1927 年 4 月 20 日，台湾青年会的部分成员商满生、高天成、黄宗垚、林朝宗等 30 名知识青年在许乃昌的倡导下在东京台湾青年会之下又秘密成立“社会科学研究部”，指出：“我们应怎样来看混沌的现代社会的所有问题和一切现象？又应怎样来对应它呢？我们应怎样看待所面临的民族问题、殖民地问题，或切身的我台湾之总督独裁政治所包藏的阴谋，并且又应怎样来对应它呢？本研究部的使命，便在于忠实地、科学地来分析究明这些和我们有密切关系的各种问题。”[②] 社会科学研究部在台湾青年会的掩护下，采取类似共产党的活动方式，每周举行一次秘密会议，研究和讨论有关共产主义的书籍文献。他们一方面与日本左翼学生组织——帝大新人会、无产青年同盟、学生社会科学联合会关系密切，还与日共建立了联系；另一方面，与台湾岛内的进步组织文化协会、农民组合、左翼的各工会取得联系，并利用假期返回台湾，与这些团体一起举办演讲会、纪念会等活动，宣传马克思主义。[③] 平时，研究部的成员每个礼拜都在东京柏木或神田秘密集会一次，研究马克思主义理论和社会主义思想。[④]

在众多从事共产主义活动知识分子当中，苏新也是其中最突出的一位。早在 1923 年，苏新在台南师范学校读书时，他就秘密参加了受“五四”运动影响的台湾文化协会，由于领导学生举行罢课，反对日本奴役台湾人民，而被学校当局开除。1924 年他被迫离开台湾到日本留学。苏新在大成中学就读时，即因阅读进步书籍而与日共学生运动干部广濑氏和藤田勇结成好友，后来在他们的影响下而加入日共外围组织“学生联合会”。1927 年至 1929 年任台湾文化协会驻东京代表，发行兼主编该会机关报《台湾大众报》，领导在日本的台湾留学生的学生运动。1928 年参加日共，并参与台共的筹建工作。[⑤]

1924 年，19 岁的杨逵为了探求新思想，也为了躲避家中安排的童养媳，便从台南二中退学，东渡日本，勤工俭学。白天打工送报，晚上在日本大学攻读

① 台湾“总督府”警务局：《台湾社会运动史——文化运动》，台北：海峡学术出版社 2006 年版，第 38 页。

② 台湾“总督府”警务局：《台湾社会运动史——文化运动》，台北：海峡学术出版社 2006 年版，第 39 页。

③ 台湾“总督府”警务局：《台湾社会运动史——文化运动》，台北：创造出版社 1989 年版，第 44 页。

④ 台湾“总督府”警务局：《台湾社会运动史——文化运动》，台北：创造出版社 1989 年版，第 41 页。

⑤ 苏新：《未归的台共斗魂》，台北：时报文化出版企业有限公司 1993 年版，第 363 页。

文学艺术。杨逵留日之时，正是马克思主义在全球范围盛行之时，当时的日本共产主义运动、工人运动、农民运动正如火如荼地展开。处于殖民地命运的年轻杨逵与台湾的留日学生共同追求台湾的解放之道，他们组织读书会、研究马克思主义，进而参加劳工运动、四处演讲、发传单、攻击日本帝国主义统治与资本家的剥削。[①]1927 年农民组合的简吉与赵港赴日说明台湾农民运动的情况，并邀请留日台湾学生返台参加已如火如荼发展的农民组合运动。于是 1928 年杨逵遂由日返台。他曾担任台湾农民组合的教育部长与组织部长。他四处演讲、组织农民。后因竹林争议事件，分别在竹山、小梅、朴子、麻豆、新化、中坜等地先后被捕八次。

1926 年林兑在日本大学中学校学习期间受到同住者林朝宗、林添进影响，开始对社会主义产生兴趣，崇拜列宁，憧憬共产主义社会，共同讨论社会主义问题，阅读山川均、堺利彦等人著作和《唯物史观》《无产者新闻》等左翼书籍。1927 年 4 月加入台湾青年会左翼组织“社会科学研究部”，[②]1928 年 4 月加入台湾共产党。

二、台湾先进知识青年在祖国大陆的共产主义活动

1921 年 7 月，中国共产党成立。1924 年 1 月第一次国共合作以后，祖国大陆革命运动蓬勃发展。1925 年，中国发生五卅惨案，中国工农运动迅速发展，祖国大陆都弥漫在革命气氛和共产主义运动当中，身处其境的台湾学生，无不深受感染。其中有一部分台湾学生在中共的影响下，开始由民族主义者成长为马克思主义者，而从事共产主义活动的主要以上海和广州两地的台籍青年最为活跃。

（一）在上海的共产主义活动

20 世纪 20 年代初，中国共产主义者罗豁不仅让一些台籍和朝鲜籍的知识青年寄宿在他法租界霞飞路的家里，而且还教导他们学习共产主义。在罗豁的共产主义思想的影响下，1924 年 3 月，在朝鲜籍的卓武初、吕运亨、尹滋英和台籍的彭华英、蔡炳耀（蔡惠如长子）提议下，他们和林尧坤、许乃昌、张沐

① 韩嘉玲:《播种集：日据时期台湾农民运动人物志》，台北：简吉陈何基金会 1996 年版，第 103 页。

② 柳书琴:《荆棘之道：旅日青年的文学活动与文化抗争》，台北：联经出版事业股份有限公司 2009 年版，第 175 页。

真、游金水等人组织成立了以“研究现代学术，介绍世界思潮，以图人类互助之实现”为宗旨的、跨国性的团体“平社”，[①]重视发行杂志《平平》旬刊，向台湾人民和朝鲜人民宣传共产主义。在《平平》创刊号的发刊词中，他们宣称：“我们不只是要批评现代的政治，而且以实现下面两事为我们的共同目标。第一，我们是依靠我们的努力来消灭这些不合理的现象，另行建设多数人所要求的社会。第二，消除形成现代经济制度下之盗匪社会的根本原因，改造一个阶级垄断经济利益及自由的现有制度，使其能普遍为一般民众公平地享有。”[②]他们反对卑躬屈膝式的台湾议会设置请愿运动，1924 年 4 月，许乃昌在《从台湾议会到革命运动》一文，向林献堂明确地表达了反对“台湾议会设置请愿运动”的意见：“你们想在日本法律容许的范围内，在台湾另设一个立法机构，亦即‘台湾议会’，来处理台湾的一切政策和法律。其代表者并将这议案递向日本国会，叩头屈膝，请求允准者，已达三次，但极端的日本资本主义，对台湾剥削的恶势力却愈益增加不已。终于，上述的叩头请愿运动，只落得招来主要分子 28 名入狱的下场。其间毫无慈悲可言。”“我台湾同胞！诸位于今还热衷于台湾议会的请愿运动吗？可以休矣，但愿诸位不要再被岛田三郎一派的伪君子所欺蒙了。台湾议会实际上不会带来任何好处，今后再用数百颗头颅叩地哀求，其结果还是一样的。要求日本帝国主义施舍我们些微的幸福，无疑是缘木求鱼、水中捞月。”[③]这就直接否定了林献堂等稳健派以设置台湾议会来达到台湾自治的斗争方略，因此，平社主张用革命的方式推翻日本殖民统治，它强调“殖民地台湾的民族解放运动必须团结所有的阶级，对外联合日本的革命人民，以及东亚的被压迫民族，打倒共同的敌人——日本帝国主义；然后再团结世界弱小民族，打倒资本主义，完成世界革命！”[④]

1924 年 10 月和 1925 年 3 月，许乃昌、谢廉清分别前往莫斯科东方大学学习。学成归来后，他们便开始发展台湾共产主义运动。许乃昌回来不久即前往东京，谢廉清则往返北京、上海、厦门、和广州等地活动，组织左翼的台湾学

① 蓝博洲：《日据时期台湾学生运动》，台北：时报文化出版企业有限公司 1993 年版，第 221 页。

② 蓝博洲：《日据时期台湾学生运动》，台北：时报文化出版企业有限公司 1993 年版，第 222 页。

③ 台湾“总督府”警务局：《台湾社会运动史——文化运动》，台北：创造出版社 1989 版，第 99 页。

④ 蓝博洲：《日据时期台湾学生运动》，台北：时报文化出版企业有限公司 1993 年版，第 228 页。

生。谢廉清与蔡孝乾、陈炎田等共同组织“赤星会”，发行机关报《赤星》，研究和宣传共产主义思想。[①]1925年12月20日，蔡孝乾、彭华英、许乃昌、何景寮、王庆勋等人联络上海大学、暨南大学、大夏大学、南洋医科大学等学校的台湾留学生，按照中国的“全国学生联合会”模式，在大夏大学创建“上海台湾学生联合会”。然而，由于当时“大夏大学被视为共产主义的巢穴，公安局的取缔极为严厉”，他们不得不把“场所迁移至法租界南光中学”，匆匆举行了成立大会。参加会议的有100多名台湾学生，10多名中国人和朝鲜人，由“蔡孝乾、何景寮两人担任司仪”。[②]从此以后，这个学生组织取代了上海的其他台湾人组织，吸引上海的左翼台湾人纷纷加入进来，“对于在中国发展的台湾共产主义运动而言,这象征着一个新阶段的开始”[③]。它“随着中国学生运动的兴衰，或向前发展，或停滞沉寂，并随着运动的进程而逐渐加深其共产主义的思想倾向，为台湾本岛的共产主义运动铺路。”[④]

1925年爆发的“五卅”运动，使上海的台湾学生直接接受了这场反帝反封建革命风暴的洗礼。在此前后，有一批台湾青年许乃昌、蔡孝乾、翁泽生、谢雪红、林木顺、洪朝宗、庄泗川、谢玉叶、陈其昌等人就读于中共和国民党左派联合创办的红色大学——上海大学。中共早期许多著名领导人、理论家，如瞿秋白、任弼时、恽代英、施存统等都在该校任职和任教。在中共的影响下，就读于“上大”台湾学生开始信仰共产主义。其中翁泽生于1925年4月进入“上大”社会系学习，他在“上大”社会系主任瞿秋白的教导下而确立共产主义世界观。1925年7月，他在反帝风暴中由“上大”中共党支部书记高尔柏介绍加入中共党组织。[⑤]同年7月，在中共党组织的安排下，林木顺和谢雪红也由杭州调到上海，进入上海总工会和赤色救济会工作。[⑥]“五卅”惨案发生后，上海掀起了大规模的反帝爱国运动，林木顺和谢雪红也积极投身于这个运动，喊

① 台湾“总督府”警务局:《台湾社会运动史——共产主义运动》,《岛外的初期共产主义运动》，台北：创造出版社1989年版，第3页。

② 台湾“总督府”警务局:《台湾社会运动史——文化运动》，台北：创造出版社1989年版，第109页。

③ 卢修一:《日据时代台湾共产党史，1928—1932》，台北：前卫出版社2006年版，第38页。

④ 蓝博洲:《日据时期台湾学生运动》，台北：时报文化出版企业有限公司1993年版，第159页。

⑤ 何池:《翁泽生传》，福州：海风出版社2004年版，第79页。

⑥ 谢雪红口述，杨克煌笔录:《我的半生记》，台北：杨翠华（杨克煌之女）出版1997年版，第167页。

出了“打倒帝国主义”“打倒封建主义”“打倒军阀”“废除不平等条约”“收回台湾”等响亮的口号。[①]经过斗争的锤炼，1925 年 8 月，谢雪红在中共党员黄中美的介绍下加入了中共党组织。[②]之后，中共党组织推荐她与林木顺于同年 9 月进入“上大”社会系学习。[③]以后这批人都成为台共的主要创建人。

（二）在广州的共产主义活动

广东不仅是革命先行者孙中山的故乡，也是中国国民革命的大本营。自 1924 年 1 月第一次国共合作以后，祖国大陆都弥漫在革命气氛当中，身处其境的台湾学生，无不深受激励。尤其是处在大革命中心的广州台湾学生，“目击中国革命党人，谋国之诚；益深感被压迫于日帝国主义下之台湾同胞，非从事革命运动，将无由达到民族解放之目的。”[④]1926 年 6 月，正在为筹建广东台湾学生联合会而奔走的岭南大学台湾学生张月澄（又名张秀哲），发表了一篇名为《台湾痛史，一个台湾人告中国同胞书》的文章，内容激昂沉痛，历述台湾沦为日本暴虐统治之苦况，请求祖国大陆，尽最大力量，拯救孤独无援的台湾同胞，文章说到：

一八九五年台湾四百万同胞，被满清政府卖给日本帝国主义者做奴隶了……我们的历史尽是由台湾民族革命运动的血写成的，这部史也堪称为远东弱小民族解放的惨史。

我台湾的爱国青年，为反抗日本而起的革命运动，前后达十四次，日本的残虐，造成了世界革命史上未曾有的大惨案。我们回想过去革命同志的牺牲流血的惨史，这一伤痕永远难忘。如今已到一九二六年，我们依然受尽日本帝国主义的蹂躏、压迫、摧残……他们的毒计日甚一日，现在正采取政治、经济、文化，三种侵略手段，将要吞灭台湾……亲爱的中国同胞，请试看他们侵略的一斑……

最近台湾民众的解放运动——在日本帝国主义铁蹄下的台湾民众，自欧战后已觉醒起来，台湾民报刊载着青年男女的革命思想，为自由奋斗，痛骂日本政府，逐渐扩大民族革命运动的战线。他们的中心问题，是在于争取政权，其

① 谢雪红口述，杨克煌笔录:《我的半生记》，台北：杨翠华出版 1997 年版，第 166 页。

② 谢雪红口述，杨克煌笔录:《我的半生记》，台北：杨翠华出版 1997 年版，第 174 页。

③ 谢雪红口述，杨克煌笔录:《我的半生记》，台北：杨翠华出版 1997 年版，第 176 页。

④ 台湾省文献委员会:《台湾省通志稿——抗日志·革命篇》，台北：海峡学术出版社 2002 年版，第 242 页。

手段是在于策动设置台湾议会，转而鼓舞革命领袖……

亲爱的同胞，台湾四百万同胞正受着日本的压迫，台湾四百万同胞所受的压迫，等于中国人全体的受压迫。我们必须努力反对日本帝国主义者，觉悟以红红的热血洗雪……这亦即是中国民族解放的革命运动。……

中国同胞们，请你们尽最大的力量，拯救处在帝国主义万重压迫之下孤独无援的四百万同胞吧。①

张月澄讲述他写这篇文章的动机："因我在中国数年来，感觉当时一般的祖国民众对台湾问题，对台湾的同胞，都似乎忘记了样子，对我们台湾人，像对异种民族一样，对台湾一切都觉得了很隔阂的模样。所以我想借这个机会来对祖国的同胞发出了若干的呼声！同时也希望祖国的有志者积极出来替我们台湾的民众出力，援助我们台湾的解放运动。"②

与张月澄同校的历史系学生杨成志，于同年6月5日发表《看了（一个台湾人告中国同胞书）以后》一文，亦刊登于《民国日报》，予以声援。1926年6月25日，张月澄将题名《勿忘台湾》书稿送给郭沫若，请他帮忙写一序言。当时郭沫若正在广州整理行装，准备参加北伐战争，百忙之中翻阅书稿后，慨然答应书写序言。他在序言中写道："台湾静让给日本已经三十几年了，我们听见朝鲜有独立运动，印度有不合作同盟，独不曾听见台湾有什么革命的历史。台湾人是我们嫡系的同胞，被割让了之后，难道把祖国忘记了吗？""明心君有一天来找我，把他作的《一个台湾人告中国同胞书》给我看。我看了才豁然大悟，我们是把我们台湾的同胞误解了。台湾人不是不革命，是革命的消息没有传播出来呀！"郭沫若高度赞扬了"我们嫡系的同胞"的爱国主义精神；称赞张月澄的"勇敢"，并殷切表示："我希望他本着大无畏的精神，以后更努力地介绍，努力宣传，以蔚成台湾民众的彻底革命。"③

1926年12月，在大革命的影响下，广东的台湾学生代表郭德金、吴拱照、杨春锦、张深切、张月澄、洪绍潭、林文腾、谢文达等20多人在中山大学集会，在中山大学校长戴季陶的指导下，举行"广东台湾学生联合会"的成立大会。在这次大会上，洪绍潭强调成立该会的目的是台湾人民起来革命打倒日本

① 张深切：《张深切全集》卷1，台北：文经出版社1998年版，第319—320页。

② 张秀哲：《"勿忘台湾"落花梦》，新北：卫城出版社2013年版，第73页。

③ 张深切：《张深切全集》卷1，台北：文经出版社1998年版，第1页。

帝国主义。[①]1927年3月27日，为使“广东台湾学生联合会”的革命意识更加清楚，同时又能广泛吸收台湾学生以外的台籍人士参加，于是，他们将“广东台湾学生联合会”改名为“广东台湾革命青年团”，并“以打倒台湾的日本帝国主义，完成民族革命为目标。”[②]当时“广东台湾革命青年团”主要会员名单如下：

总务部：部长谢文达

宣传部：部长张深切

部员：李肇基（台北人）、陈凤珠、林剑亭（斗六人）、黄怀生（台南人）、蒋明生（彰化人）、吴文身（台南人）、简金木（台南人）

外交部：部长张月澄（台北人）

部员：郭英才（南投人）、郭德金、林万振（台中人）

财政部：部长洪绍潭

部员：郑汉臣（新竹人）、张逸霞（台中人）

庶务部：部长陈辰同（台北人）

部员：陈旺枞（宜兰人）、张文进（丰元人）、李清文、林仙汉

调查部：部长廖启甫

部员：郭金印、林仲节（北斗人）。[③]

该团还于4月1日创办机关报《台湾先锋》，进行反日革命宣传工作。该创刊号不仅在卷首有孙中山肖像和遗嘱，而且里面的内容还有戴季陶的《孙中山与台湾》演讲稿和中共党员施存统、安体诚、任卓宣等人的文章。[④]

该青年团中很多团员如杨春锦、陈辰同、林文腾等，曾就读于“黄埔军校”而致力于中国共产主义运动。1927年6月下旬，“广东台湾革命青年团”被国民党右派视为左翼组织而将其解散。1927年8月，“广东台湾革命青年团”主

① 台湾“总督府”警务局编，王乃信等译：《台湾社会运动史——文化运动》，台北：创造出版社1989版，第159页。

② 台湾“总督府”警务局编，王乃信等译：《台湾社会运动史——文化运动》，台北：创造出版社1989版，第161页。

③ 台湾“总督府”警务局编，王乃信等译：《台湾社会运动史——文化运动》，台北：创造出版社1989版，第160—161页。

④ 戴季陶：《孙中山与台湾》，《台湾先锋》（创刊号）1927年4月1日，第1—2页。

要领袖张深切、郭德金和林文腾等人在祖国大陆先后遭日警逮捕，并押回台湾拘禁。[①] 青年团虽然解散，但是大部分团员为祖国和台湾的解放事业而奋斗的理想没有改变。其中有不少人如张茂良、杨春松、吴拱照、郭德金等人，一出监牢就立即参加了台共党组织。[②] 因此，日本殖民者认为："广东台湾学生联合会，似乎亦为在支那各地的台湾人留学生，因受支那革命运动的影响而组成的团体之一。将希望寄托于支那民族革命的发展，以打倒台湾的日本帝国主义，完成民族革命为目标。组织的当前目的是，先形成革命势力的母体，呼吁四百万台湾本岛人，提高其民族革命意识，由于组织的地点是蒋介石实行北伐的根据地，共产党势力最猖獗的广东，因而，共产主义的影响，以及对革命的旺盛热情，自然与其他地方大异其趣。台湾学生联合会，不久便把名称改为革命青年团，且在被检举而组织崩溃后，其团员个个成为共产主义者，或参与台湾共产党的创立，或加盟为党员，对本岛共产主义运动，扮演了重要的角色。"[③]

三、台湾先进知识青年在台湾岛内的共产主义活动

文化协会成立后，在日本和中国从事共产主义活动的台湾留学生与这个组织经常保持联系，这批学生通过文化协会把共产主义思想带回到台湾。社会主义思潮刺激着文化协会的激进干部，使得当时台湾岛内的知识青年开始注意和研究马克思主义，台湾的共产主义活动开始高涨起来。

（一）社会问题研究会和青年组织

20世纪20年代初期，彭华英、谢文达等在祖国大陆从事共产主义活动时，文化协会干部连温卿在台北与他们保持联系而逐渐倾向于共产主义。1923年，在孙中山决定采取了"联俄联共"政策并推进国共合作之后，蒋渭水等文化协会领导干部受其影响而开始关注共产主义。在社会主义思潮的冲击下，文化协会以连温卿、蒋渭水等为首的一批骨干人物思想日趋激进。1923年7月，蒋渭水、石焕长、连温卿、谢文达等人发起成立"社会问题研究会"，研究苏联革命及劳工、农民问题，尤其是"研究无产阶级解放运动之理论及战术，以此对其

① 台湾"总督府"警务局:《台湾社会运动史——文化运动》,《广东台湾革命青年团的检举》，台北：创造出版社1989年版，第183页

② 台湾"总督府"警务局:《台湾社会运动史——文化运动》,《广东台湾革命青年团的检举》，台北：创造出版社1989年版，第183页。

③ 台湾"总督府"警务局:《台湾社会运动史——文化运动》,《广东台湾革命青年团的检举》，台北：创造出版社1989年版，第183页。

领导下的青年加以宣传、煽动”。台湾“总督府”称其“对于当时的民族主义统一运动战线，逐渐的酿成了无产阶级运动抬头的机运。”[①]台湾“总督府”以违反出版规定为由，命令它解散。尽管遭到禁止，但研究会的活动使得岛内有关社会革命思想的讨论开始传播起来。

1923年7月30日，台北市太平公学校举办同学会时，厦门集美中学“留学”回台湾的翁泽生在同学会上不顾日方的阻挠，用闽南语讲：“同学会乃台湾人同学之同学会，而非日本人或学校职员之同学会，因此使用台语乃是理所当然的”，“台湾人青年要觉醒奋起，努力夺回被夺去的权利。”[②]眼看局面无法控制，日籍校长不得不宣布散会，草草结束校友同学会。1923年8月，翁泽生、洪朝宗联络蒋渭水、王敏川等倡议成立“台北青年会”，遭到台湾“总督府”的禁止。[③]9月，青年会成员不顾禁令另外成立“台北青年体育会”和“台北青年读书会”，这两个组织经常集会，研究社会问题和讨论各种思潮，并开展共产主义的准备工作。[④]1924年11月，这两个革命团体为了避免再次被台湾“总督府”所取缔，他们便使用“台北无产青年”的名称，以打破陋习为名进行共产主义宣传。[⑤]在文化协会的指导下，全岛各地依照台北的例子纷纷成立类似的青年会组织。

1924年5月，连温卿参加在东京举行的世界语学会并认识日共领袖山川均，受其影响，逐渐成为一个坚定的劳农共产主义者。返台后，他召集台北和彰化的“无产青年”，极力分发日共支持的《无产者新闻》和《前进》杂志，宣传共产主义。[⑥]1924年11月及1925年1月，“台北无产青年”先后两次举办“打破陋习大演讲会”，宣传反帝反封建和社会主义新思想，翁泽生、洪朝宗因抗拒日警入场，而被日警逮捕，以“妨碍执行公务罪”，拘留3个月。“台北无产青年”

---

① 台湾“总督府”警务局:《台湾社会运动史——文化运动》,《岛内社会主义思想的渗透》，台北：创造出版社1989年版，第244页。

② 台湾“总督府”警务局:《台湾社会运动史——无政府主义运动、民族革命运动、农民运动》，台北：海峡学术出版社2006年版，第11页。

③ 台湾“总督府”警务局:《台湾社会运动史——文化运动》，台北：创造出版社1989年版，第248页。

④ 台湾“总督府”警务局:《台湾社会运动史——文化运动》，台北：创造出版社1989年版，第252页。

⑤ 台湾“总督府”警务局:《台湾社会运动史——文化运动》，台北：创造出版社1989年版，第252页。

⑥ 台湾“总督府”警务局:《台湾社会运动史——文化运动》，台北：创造出版社1989年版，第244—245页。

不畏殖民当局，频频举行活动，1925年1月，开始筹备列宁纪念日，5月，又准备举行国际劳动节示威游行，这两个计划都因日警的干涉而未能如愿。[①]1926年6月17日，“台北无产青年”趁着日本人庆祝“始政纪念日”的机会，举行演讲会和室外集会，强烈谴责日本对台湾的殖民统治，因此，其成员洪朝宗、王万得、潘钦信、高两贵、胡柳生等人遭日警逮捕拘留。[②]

（二）台湾黑色青年联盟

原本就读台北一中的小泽一，在暑假期间返日，接触到在“东京黑色青年联盟”近藤宪二、岩佐作太郎的日本无政府主义者，1926年10月从东京返回台北，后联络台北无产青年王万得、周和成、王诗琅、洪朝宗及彰化无产青年吴沧洲、蔡祯祥等人，于台北成立“台湾黑色青年联盟”，并分发各种革命如《告青年》《列宁的革命运动》等小册子，[③]主张无政府主义的暴力革命：“…自由不是给予的东西，而是应该强夺的东西！我们以直接行动为获得人类自由的手段；暴力可行，暗杀、暴行、恐怖行动最好。我们誓言死在黑旗之下。”[④]

台湾黑色青年联盟以既成的台北无产青年派为基础扩大组织，在短短期间内组织已遍布于全台。“中南部宣传队”以周和成、黄白成枝、王万得、林见财、谢赖登为主干，在1926年12月巡访新竹（陈金城）、嘉义、朴子、东石、凤山（谢赖登）、屏东（黄石辉，洪石柱）、潮州、东港、高雄等处，宣传革命并扩大组织。1927年1月2日，王万得、高两贵、周大启、蔡孝乾、陈炭等聚会于彰化陈金懋宅，决定召集各地无产青年设立以产业为类的劳动工会，在该联盟的指导下宣传主义和并致力于革命实践运动，并委任以下各人为各地区负责人，即台北：高两贵；彰化：洪朝宗、蔡孝乾、陈炭、周天启；嘉义：张栋。[⑤]黑色青年联盟成员在台北的洪朝宗、高两贵、王万得，彰化的陈炭、陈金懋、潘炉、谢涂、谢有丁、郭炳荣、蔡祯祥、林朝辉、黄朝宗、杨松茂等人在连温卿、

① 台湾“总督府”警务局：《台湾社会运动史——文化运动》，台北：创造出版社1989年版，第253页。

② 台湾“总督府”警务局：《台湾社会运动史——文化运动》，台北：创造出版社1989年版，第253页。

③ 台湾“总督府”警务局：《台湾社会运动史——无政府主义运动、民族革命运动、农民运动》，台北：海峡学术出版社2006年版，第17页。

④ 台湾“总督府”警务局：《台湾社会运动史——无政府主义运动、民族革命运动、农民运动》，台北：海峡学术出版社2006年版，第18页。

⑤ 台湾“总督府”警务局：《台湾社会运动史——无政府主义运动、民族革命运动、农民运动》，台北：海峡学术出版社2006年版，第19页。

王敏川的指导下加入台湾文化协会，此股力量促使文化协会转向，使得文化协会在思想、组织及行动上均“左”倾化。

1927 年 1 月 31 日，日本警察在检查“东京黑色青年联盟”近藤宪二的台湾的往来书信中发现有台湾组织“黑联”之字眼，因而逮捕台北的王诗琅、周和成及彰化的吴沧洲，又在凤山农民组合员谢赖登处发现“台湾黑色青年的宣言书”。因此，1927 年 2 月 1 日，日本警方开始对“台湾黑色青年联盟”进行大逮捕行动，共逮捕有关人员 44 人，小泽一被判徒刑二年六个月，王诗琅及吴沧洲均被判徒刑一年六个月，吴松谷被判徒刑一年，其中周和成病亡狱中。[①]这些经过无政府主义的理念洗礼的青年知识分子，竟如脱缰之马，任警察逮捕与阻挠，都不能减其对革命的热情，其后，各奔前程，蔡孝乾、洪朝宗、高两贵、王万得等加入台湾共产党，周合源、林斐芳、张乞食等成立孤魂联盟，陈炭、蔡桢祥等成立台湾劳动互助社，在新组织下继续从事革命工作，全力以赴。

（三）第一线读书会的活动

在岛内，台湾农民组合和文化协会的共产主义运动及其影响，逐渐普及于岛民，尤其是青年知识阶层，但此现象大致局限于台湾青年中间。然而，随着日本共产主义运动的蓬勃及经济不景气的影响，在日本青年中间，共产主义的团体亦普遍出现。这些团体与文化协会、农民组合等的干部及日本社会主义团体取得联系后，展开了初步的活动。最初出现的是第一线读书会——赤色俱乐部。

1928 年 6 月 3 日，第一线读书会正式成立，其宗旨为“以研究马克思资本论及时事问题为目的。”[②]其成员有松本武夫（铁道部职工）、菱川贯一（专卖局雇员）、中村熊雄（无业）、户高康忠（内务局土木课雇员）、桥本武夫（铁道部职工）、宫田威（铁道部职工）等 14 名会员，他们在台北古亭町设立集会所，每晚研究共产主义，而且他们还组织赤色俱乐部，一方面在岛内与台湾文化协会、农民组合干部保持联系，另一方面还与日本共产主义者密切接触。[③]

① 台湾“总督府”警务局:《台湾社会运动史——无政府主义运动、民族革命运动、农民运动》，台北：海峡学术出版社 2006 年版，第 20 页。

② 台湾“总督府”警务局:《台湾社会运动史——共产主义运动》，台北：创造出版社 1989 年版，第 7 页。

③ 台湾“总督府”警务局:《台湾社会运动史——共产主义运动》，台北：创造出版社 1989 年版，第 6 页。

第三节　台共建立的经过

一、共产国际酝酿并筹划台共的建立

共产国际和苏联为了打破帝国主义的包围，摆脱在世界的孤立地位，以及巩固新生的苏维埃政权，迫切需要在东方各国建立友好的国家关系和寻求联合的力量。于是，共产国际根据列宁民族和殖民地理论和世界形势的基本格局，决定把自己的活动范围由欧洲国家进一步扩展到东方殖民地半殖民地国家，并于 1920 年共产国际二大至 1922 年共产国际四大期间，制定和完善了东方革命的战略策略，即要求东西方革命运动相互支持，结成强大的反帝统一战线。具体来说，提出了殖民地民族解放运动是世界无产阶级革命的同盟军；共产国际和无产阶级政党应当支持殖民地国家的民族解放运动；东方各殖民地半殖民地国家，既要与苏联及资本主义国家的无产阶级结成紧密联盟，又应当同本国的资产阶级民主派结成联盟，并须保持自己的独立性等重要思想。共产国际就是运用这一东方战略来指导被压迫民族的革命运动的。

1920 年 7 月，在共产国际第二次大会上，大会通过了列宁起草的《关于民族与殖民地的纲领》，把被压迫民族与殖民地的解放运动当为共产国际一项重要任务。列宁说："所有共产党必须给予其国内革命解放运动实际的援助；如果该国已成立共产党的话，不管采取何种形式的援助，都必须要与该国共产党协商。殖民地母国的工人，有义务积极援助那些财政上无法自主的落后殖民地的革命运动。"① 同时大会还责成"各国共产党必须直接帮助附属国或不平等民族和殖民地的革命运动。"②1922 年 1 月，东方民族大会特别强调必须重视在亚洲的被压迫民族与殖民地的革命运动。1922 年 7 月，由布哈林起草日共成立大会上讨论通过的《日本共产党纲领草案》之中，明文规定："撤退驻在朝鲜、中国、台湾和库页岛等地的一切（日本）军队。"③1922 年 11 月在共产国际第四次大会上，大会通过了一项《东方问题的纲领》。纲领规定："殖民地母国的各国共产党必须担负起殖民地无产阶级革命运动，在组织上、精神上、物质上给予各种援助

① 《列宁全集》第 31 卷，北京：人民出版社 1959 年版，第 127 页。

② 《列宁全集》第 31 卷，北京：人民出版社 1959 年版，第 128 页。

③ 日本共产党史资料委员会编，林放译：《共产国际关于日本问题方针、决议集》，北京：世界知识出版社 1960 年版，第 4 页。

的任务。”[①]1926 年 3 月共产国际进一步指示，“殖民地母国与殖民地的工人运动必须结合起来，同时对于遭受民族的与阶级的双重压迫的解放斗争，必须给予充分的、无条件的支持。”[②]1926 年 12 月日共第三次代表大会通过了《日本共产党纲领》当中，明文规定：“以促进日本统治下的殖民地独立为党的任务”。[③]共产国际认为：“从中国与日本返回的（台湾）共产主义青年已经展开了工作，不过他们欠缺组织。为了达到成功的目标，有绝对必要应该立即成立共产党。”因此，“日本的无产阶级，首先当然就是日本共产党，被要求必须来协助民族解放运动，并与当地的工人运动密切合作。首先需进行自决观念的理论宣传，最终是要对那里的军队与日本工人进行工作，并协助在那里组织共产党，日本共产党在这里被赋予重要的任务需要完成。”[④]1927 年 5 月至 8 月，日共中央在莫斯科召开会议，这次大会不仅清算“福本主义”，而且共产国际还在 1927 年 7 月 15 日通过由布哈林起草的《关于日本问题的纲领》13 项，其中有一项“殖民地的完全独立”，确立了共产国际对受压迫民族及殖民地解放运动的具体理论依据。1927 年 9 月，共产国际执委片山潜讲道：“日本无产阶级必须援助在日本帝国主义统治下的殖民地人民的革命斗争，要帮助台湾无产阶级建立共产党。”[⑤]这样日共帮助台籍革命者建立共产党组织遂成了日本共产党的重要使命，为此，共产国际还将谢雪红和林木顺介绍给渡边政之辅等日共领导人认识。对此，谢雪红说：“过了几天，片山同志叫我和林木顺到他住所和渡边政之辅同志见面人士，这是组织有意的安排。当时已决定由渡边负责领导组织台湾共产党。”[⑥]1927 年 11 月，共产国际下令日共组织成立“台湾民族支部”，[⑦]于是，筹建台共的议题浮出水面。

① [日] 市川正一著，田舍译：《日本共产党斗争小史》，北京：世界知识出版社 1954 年版，第 41 页。

② 史明：《台湾人四百年史》，台北：蓬莱岛文化公司 1980 年版，第 574 页。

③ 史明：《台湾人四百年史》，台北：蓬莱岛文化公司 1980 年版，第 575 页。

④ 第 2 号文件：《日本帝国主义枷锁下的台湾》，俄罗斯国立社会政治史档案馆 // 全宗 495/ 目录 128/ 案卷 14，第 103—104 页。副本，打字稿，英语。

⑤ 谢雪红口述、杨克煌笔录：《我的半生记》，台北：杨翠华出版 1997 年版，第 219 页。

⑥ 谢雪红口述、杨克煌笔录：《我的半生记》，台北：杨翠华出版 1997 年版，第 220 页。

⑦ 《亘内台华组织运动　彼等活动实不得默许之　台共被告判决理由》，《台湾日日新报》（汉文）1934-07-02 第 8 版。

二、台湾共产党成立前夕的准备工作

为推动台湾反日革命运动的发展，中共中央专门从上海大学选出几个台籍中共党员赴苏联莫斯科东方大学学习，有意识地培养台湾革命运动骨干分子，为中共在台湾创立党组织做准备。当时谢雪红等人都被赋予这一神圣使命，她说："1925 年 10 月间，黄中美同时向我、林木顺和林仲梓三人宣布：党命令我们赴苏联莫斯科东方大学学习；他说党派我们赴苏学习是为了培养干部，考虑将来帮助台湾的同志在台建党。"①

1925 年 11 月 20 日，在中共的推荐下，林木顺与谢雪红由上海赴苏联莫斯科东方大学留学，为中共在台建党做准备。然而，共产国际就在此时也注意到殖民地台湾的革命问题，"为培养台湾革命运动的未来骨干，决定把中国共产党派赴东方大学学习的学员中的几个台籍青年，有意识的从中国班调到日本班参加学习。"② 共产国际为什么这样做？对此，当事人谢雪红起初也迷惑不解，后来才知道："第三国际考虑到我们以后的任务是要回台湾建党，又因台湾是日本帝国主义统治下的殖民地，所以，决定把我们转到日本班学习，对以后党的筹备方便有利。"③ 由于台湾当时是日本的殖民地，为开展台湾的革命工作，需要与日共取得密切联系。1927 年，日共代表在共产国际的领导下讨论日本问题时，也提到日本工人阶级有责任积极援助殖民地人民的民族解放问题。根据共产国际第五次大会的决议，世界共产主义运动的划分，以"一国一党"为原则，而台湾当时是日本的殖民地，所以共产国际决定由日共中央负责领导筹建台共的工作。④ 既然共产国际已对此做出了布置，那么作为共产国际一个支部的中共，也只好听从这一安排。

1927 年 9 月，在莫斯科学习的林木顺、谢雪红被共产国际介绍给日共领袖德田球一、渡边政之辅等人，与日共建立直接联系。⑤ 随后共产国际把台共建党的任务交给了当时正在莫斯科学习的台籍中共党员林木顺和谢雪红。1927 年 10 月，谢雪红、林木顺在莫斯科被日共领袖、共产国际执委片山潜召见，片山潜

---

① 谢雪红口述、杨克煌笔录：《我的半生记》，台北：杨翠华出版 1997 年版，第 183 页。

② 杨克煌：《台湾人民民族解放斗争小史》，武汉：湖北人民出版社 1956 年版，第 129—130 页。

③ 谢雪红口述、杨克煌笔录：《我的半生记》，台北：杨翠华出版 1997 年版，第 200 页。

④ 杨克煌：《台湾人民民族解放斗争小史》，武汉：湖北人民出版社 1956 年版，第 130 页。

⑤ 古瑞云：《台中的风雷：跟谢雪红在一起的日子里》，台北：人间出版社 1990 年版，第 135 页。

正式代表共产国际向他俩传达了筹建台共的决定，该决定如下："共产国际决定命令谢飞英（即谢雪红）、林木顺回国组织'台湾共产党'，由谢飞英负责，林木顺协助。'台共'组织工作由日共中央负责指导和协助，这个任务已委托给来莫斯科开会的日共中央代表团了，台湾是日本帝国主义殖民地，日本本国的无产阶级应帮助殖民地台湾的革命运动。由于现在许多情况还搞不清楚，台共组织成立后暂时作为'日本共产党台湾民族支部'，通过日共中央间接接受共产国际的领导，待将来才直接接受共产国际的领导。台共建党的基层人员，可要求日共党和中共党的组织介绍各该党的台湾籍党员来做骨干。党成立后，谢飞英和林木顺两人要去日本东京，在日共中央的领导下进行工作。"①

为了完成这一历史使命，1927 年 11 月，林木顺与谢雪红带着共产国际建党的指示回到上海之后，开始与国内各地以及台湾地区、日本的革命同志（其中包括一部分中共党员和日共党员）联系，准备建党。中共中央为了配合完成共产国际所部署的这项重大任务，不仅将正在上海的台籍中共党员翁泽生介绍给林木顺和谢雪红，而且还指示翁泽生协助他们筹建台共。他们一起商议筹建"台共"的问题，一致认为，为了加强对台湾革命运动的领导和扩大台湾的革命力量，需要联络在大陆、台湾地区和日本的台籍共产党员，共同创建台共。经商议，由林木顺、谢雪红去日本和日共中央联系；由翁泽生和中共中央联系，负责联络在大陆和台湾地区的共产党员，并组织成立"台湾青年读书会"，为台共的成立输送人才。

1927 年 11 月中旬和 12 月上旬，林木顺和谢雪红应日共中央召集先后前往东京，接受日共中央的指导，向渡边等人提出有关台湾的报告。1928 年 1 月，渡边政之辅以林木顺提供的资料为基础，撰写了经日共中央通过的台共"政治大纲"与"组织大纲"。② 日共领导人佐野学在被捕后的讯问书中说："1927 年 12 月底 1928 年 1 月初，一位台湾人同志来拜访渡边，就民族支部的形式交换意见。我与那位同志会面，渡边以那位同志所提出来的资料为基础，撰成了政治、组织纲领草案，我也就政治纲领草案交换了意见。"③ 与此同时，林木顺、谢雪红经日共中央委员井之口正雄介绍而与台籍日共党员苏新取得联系，向他了

① 谢雪红口述、杨克煌笔录：《我的半生记》，台北：杨翠华出版 1997 年版，第 223 页。

② 《亘内台华组织运动　彼等活动实不得默许之　台共被告判决理由》，《台湾日日新报》（汉文）1934-07-02 第 8 版。

③ ［日］山边健太郎：《佐野学予审讯问调书》，《现代史资料 20〈社会主义运动〉七》，东京：みすず书房 1968 年版，第 253 页。

解台籍留日学生的情况，并商量成立“马克思主义小组”，准备为台共的成立输送人才。随后，林木顺与社会科学研究部的部分成员苏新、陈来旺（成城学院）、林添进（日本大学）、何火炎（早稻田大学）组成马克思主义小组，筹备台共建党工作。[①]1928年1月底，林木顺、谢雪红在日本的各项工作完成后，马克思主义小组派其代表陈来旺与林木顺、谢雪红一起返回上海参与台共的建党工作。

为了尽快培养成立台共所需的干部人才，翁泽生担当起组建“台湾青年读书会”的重任。1927年11月底，翁泽生与上海台湾学生联合会左派青年江水得、林松水、张茂良、刘守鸿、杨金泉等人成立“台湾青年读书会”，在翁泽生的主持下，一边在读书会注意培养人才，一边发行读书会机关报《屋内刊》，向在上海的台籍革命青年宣传共产主义。即使这样，翁泽生也深感人才缺乏，因此要求当时在台湾的林日高、洪朝宗、蔡孝乾和在厦门的潘钦信、在广州的王万得，前往上海参加台共的建党工作。蔡孝乾和洪朝宗因在台湾正筹备《大众时报》的出版而无法离开台湾，[②]最后，王万得、林日高、潘钦信于1928年2月上旬抵达上海。[③]

1928年2月初，林木顺和谢雪红自东京返回上海后，经翁泽生的介绍认识了一批曾加入中共或共青团的台籍青年——当时在台湾的有：林日高、洪朝宗、庄春火、蔡孝乾、李晓芳、庄泗川等人；在厦门的有潘钦信等人；在广州的有王万得等人。[④]他们立即从两方面开始进行台共的筹建工作：一方面开始物色参加建党大会的对象；另一方面讨论由日本带回的政治大纲和组织大纲，并制定有关工运、农运、妇运以及赤色救援会等具体的方针政策。1928年2月，谢雪红等人在翁泽生住所召集了一次会议，决定成立了“台共”筹备会，成员有林木顺、谢雪红、翁泽生、王万得、谢玉叶（翁泽生之妻）、潘钦信、陈来旺。会议决定林木顺为召集人，和中共中央保持联络的由谢雪红担任，庶务性的工作由潘钦信、陈来旺负责，林木顺、翁泽生等人负责对带回来的政治大纲和组织大纲进行修订。大会还决定每天下午开会一次，学习和讨论文件，起草工人运动、农民运动提纲（分别由林木顺、王万得负责），青年运动提纲（由翁泽生负

① 苏新:《未归的台共斗魂》，台北：时报文化出版企业有限公司1993年版，第141页。

② 台湾“国防部军事情报局”:《蔡孝乾讯问笔录》,《蔡孝乾档》，台湾省发展委员会档案管理局藏，档案号：0036/0410.9/44904440/2/001/0011。

③ 台湾“总督府”警务局:《台湾社会运动史——共产主义运动》,《台湾共产党组党经纬》，台北：创造出版社1989年版，第9页。

④ 谢雪红口述、杨克煌笔录:《我的半生记》，台北：杨翠华出版1997年版，第230页。

责）、妇女运动提纲（由谢玉叶负责），赤色救援会提纲（由谢雪红负责）。[①]到4月上旬，繁忙的筹备工作各项任务已基本完成。

在林木顺、谢雪红、翁泽生等人筹备台共期间，虽然日共中央高度重视台共的建党工作，并派日共领导锅山贞亲前往上海准备指导台共的成立大会。然而，由于此时日共正全力准备1928年国内的大选，而没有时间和精力指导台共成立大会，所以日共委托中共援助及指导台共成立的一切事宜。当事人谢雪红说："在我们回上海的第三天，锅山贞亲也来到上海，他是代表日共中央准备来领导台共的成立大会。又过了三四天，国领同志也从日本来上海。他的任务是要立即赴苏联，顺道来向锅山传达日共中央的决定，要锅山把台共成立大会的领导任务委托给中共中央，然后即时回日本去，因为，日共正要全部投入日本第一次普选的政治斗争。当时，锅山了解台共党的具体纲领需要做很多修正，建党的筹备也还需相当长的时间，因此，他把这些情形告诉中共中央，并把成立大会的任务委托给中共中央后，于1928年2月15日左右回国了。"[②]为此，日共中央还指示林木顺、谢雪红："台湾共产党暂时以'日本共产党台湾民族支部'之名义组党；日本共产党目前因为选举斗争而忙碌，有关组党事宜应请求中国共产党的援助及指导。"[③]据此，共产国际东方局派出中共代表彭荣与朝鲜共产党代表吕运亨，共同协助台共的建党工作。[④]

1928年4月13日，在中共中央代表彭荣的提议下召开了"台湾共产主义者积极份子大会"，把它作为台共建党的预备会，出席者林木顺、谢雪红、翁泽生、谢玉叶、陈来旺、林日高、潘钦信，上海读书会的积极份子张茂良、刘守鸿、杨金泉等十一人。会议决定在4月15日召开"建党大会"，同时审议修正并通过了从东京带回来，由日共领袖渡边政之辅所拟定的政治大纲与组织大纲（原为日文由翁泽生翻译为汉文）以及有关工人运动、农民运动、青年运动、妇人运动、红色救援会等问题的计划与工作方针。

三、台湾共产党成立大会

1928年4月15日，根据"积极份子大会"的决议，在中共中央代表彭荣

① 王万得：《王万得回忆录》，北京：台盟中央资料室，第10页。

② 谢雪红口述、杨克煌笔录：《我的半生记》，台北：杨翠华出版1997年版，第243页。

③ 台湾"总督府"警务局：《台湾社会运动史——共产主义运动》，《台湾共产党组党经纬》，台北：创造出版社1989年版，第9页。

④ 谢雪红口述、杨克煌笔录：《我的半生记》，台北：杨翠华出版1997年版，第224页。

所定的上海法租界内，罗勃神父街与霞飞路交叉口的金神甫照相馆二楼召开了“台共成立大会”，出席会议成员：中共中央代表彭荣、朝鲜共产党代表吕运亨和台籍党员代表林木顺、谢雪红、翁泽生、林日高、潘钦信、陈来旺、张茂良共九人。[①]

大会由谢雪红主持，中共中央代表彭荣在大会上做指导性发言。彭荣在会上介绍了中国大革命概况及其失败的经验教训，提醒台共应该警惕对资产阶级的妥协，避免中共曾经犯下的“右倾机会主义”错误。他说：“因中国资产阶级还存有反帝国主义力量，所以共产党当在其势力微弱时与其合作是正确的。然而，共产党因为不了解革命形势一旦开始发展资产阶级就会投降反动阵营的必然性，再一个就是把武汉的国民党误认为是小资产阶级的政党，以致犯了与其妥协并任其镇压工人罢工及农民运动的重大错误。”[②] 他指出台共是在远离台湾的环境下成立的，在台湾革命运动中还没有基础，还没有在工农大众中扎根，因此，台共成立后党员要尽可能回台开展工作。[③] 他还说，台共党员目前缺乏工农阶级，以后要极力吸收工农群众入党。[④]

依据大会议程，首先由林木顺致开会辞，郑重宣布台共的成立。他说：“今天在上海白色恐怖笼罩之下，将在台湾革命史上担负起重大使命的台湾共产党即告成立。我们对于台湾革命具有最高意义且最令人欢欣的共产党的成立，应以满腔热诚来祝福它，并以浑身的力量来使它能如铁一般的坚强起来，勇敢的、猛烈的向一切敌人宣战。”[⑤] 他还就日共因参加普选，后来又遭到“三·一五”大检举，无法前来出席大会做了说明。

大会的第一项议程是审议并通过政治纲领等各种文件和选举台共第一届中央委员会。

在林木顺报告成立大会的准备经过，陈来旺报告有关会计事务之后，大会对政治纲领、组织纲领及其他议案进行审议。在审议当中，关于外围组织的大

---

① 台湾“总督府”警务局：《台湾社会运动史——共产主义运动》，《台湾共产党组党大会》，台北：创造出版社 1989 年版，第 10 页。

② 台湾“总督府”警务局：《台湾社会运动史——共产主义运动》，《台湾共产党组党大会》，台北：创造出版社 1989 年版，第 12 页。

③ 中共党史人物研究会编：《中共党史人物传》第 27 卷，西安：陕西人民出版社 1986 年版，第 151 页。

④ 谢雪红口述、杨克煌笔录：《我的半生记》，台北：杨翠华出版 1997 年版，第 252 页。

⑤ 台湾“总督府”警务局：《台湾社会运动史——共产主义运动》，《台湾共产党组党大会》，台北：创造出版社 1989 年版，第 11 页。

众党问题有一些意见被提出（是利用既成的民众党或文化协会为大众党，还是以农民组合为基础而重新组织大众党，结果是决定以文化协会与农民组合为基础，将来再把文化协会改组为外围的大众党），其他，除了有少许的修改及彭荣提议把工人运动提纲再行研讨之外，大体都是以原案议决通过。

随后，大会选举产生台共第一届中央委员会。林木顺、洪朝宗、庄春火、蔡孝乾、林日高当选为中央委员（洪、庄、蔡三人因无法离台赴会，缺席获选）。谢雪红、翁泽生当选为候补中央委员，林木顺、林日高、蔡孝乾为中央常委。①

会议在 15 日开了一整天，这天通过的政治纲领对当时在日本帝国主义统治下的台湾的政治、经济情况做了分析，并指出当前台湾人民革命的性质是台湾无产阶级领导的、反对帝国主义和封建主义的资产阶级革命，这个革命是推翻日本帝国主义在台湾的统治的民族革命和实行土地改革、消灭封建剥削制度的民主革命；革命的对象是日本帝国主义和封建地主阶级。②

大会的第二项议程是台共中央委员进行分工和审议通过了《台湾共产党成立宣言书》。

4 月 18 日，台共召开建党后的第一次中央委员会，会议选举委员长，委员进行分工负责。其结果如下：

中央委员

林木顺：中央常任委员，中央常任委员会书记长，负责组织部

林日高：中央常任委员，负责妇女部

蔡孝乾：中央常任委员，负责宣传部

庄春火：负责青年运动部

洪朝宗：负责农民运动部

候补中央委员

翁泽生：驻上海，中共联络员

谢雪红：驻东京，日共联络员

东京特别支部负责人：陈来旺

① 台湾“总督府”警务局：《台湾社会运动史——共产主义运动》，《台湾共产党组党大会》，台北：创造出版社 1989 年版，第 13 页。

② 杨克煌：《台湾人民民族解放斗争小史》，武汉：湖北人民出版社 1956 年版，第 130 页。

预定潜入岛内四名工作者：林木顺、林日高、潘钦信、谢玉叶。[①]

4月20日，台共中央委员会再次集会，讨论台共建党宣言并起草感谢中共协助的信函。

会议经过认真审议，通过了《台湾共产党成立宣言书》，该宣言指出："台湾共产党是以马克思列宁主义为武装而行动的革命政党，……她是真正为工人阶级的利益，为工人阶级的最后解放对日本帝国主义及一切压迫阶级做殊死战者。"[②]宣言提出了台共长远奋斗目标是"推翻资本主义社会，建立无产阶级专政，建设共产主义社会。"[③]台共当前的主要任务是"推翻日本帝国主义，完成民族革命，为最大多数的工农、小市民、贫农群众建设革命政府。"[④]宣言还号召："工人、农民及所有被压迫的民众团结起来，在台湾共产党的领导下，打倒日本帝国主义，打倒封建残余势力，实现民族民主革命的成功。"[⑤]

在致中共的信函中，强调台湾人民对中共的支持及指导台共建党活动表示感谢，并希望将来能继续获得这种支持。信中说："中央鉴：台湾共产党在四月十五日宣布成立。于成立大会时，承蒙中央代表列席参加，得以聆听中央代表所做有关中国革命的过去与现阶段情势之报告，尤其中央代表将中国革命的经验与殖民地革命应特别注意的要点，十分详细地指示我们，使大会的全体同志对中国革命能更加深刻地认识，进而对将来的台湾革命获致极大的教训。大会的全体同志谨致诚挚的谢忱并表示接受。"[⑥]

至此，台共成立大会就顺利闭幕了，于是"日共台湾民族支部"（台共）正式诞生了。

自1895年以来，台湾人民为反抗殖民压迫、争取民族的解放与日本帝国主

① 台湾"总督府"警务局:《台湾社会运动史——共产主义运动》,《台湾共产党的组织、纲领及诸政策》，台北：创造出版社1989年版，第92页。

② 台湾"总督府"警务局:《台湾社会运动史——共产主义运动》,《台湾共产党组党宣言书》，台北：创造出版社1989年版，第95页。

③ 台湾"总督府"警务局:《台湾社会运动史——共产主义运动》,《台湾共产党组党宣言书》，台北：创造出版社1989年版，第95页。

④ 台湾"总督府"警务局:《台湾社会运动史——共产主义运动》,《台湾共产党组党宣言书》，台北：创造出版社1989年版，第96页。

⑤ 台湾"总督府"警务局:《台湾社会运动史——共产主义运动》,《台湾共产党组党宣言书》，台北：创造出版社1989年版，第97页。

⑥ 台湾"总督府"警务局:《台湾社会运动史——共产主义运动》,《致中国共产党中央的信》，台北：创造出版社1989年版，第98页。

义进行了不屈不挠的斗争，但都壮志未酬。台湾人民的革命斗争在经过长期的艰难曲折探索之后，1928 年 4 月，台湾人民终于有了以马克思主义先进理论武装起来的工人阶级政党——台共。台共的诞生，是近代以来台湾社会进步和革命发展的必然结果，是台湾社会政治、经济等各种因素相互作用、发展的必然结果，是近代台湾历史选择的必然结果。台共的成立，不但使灾难深重的台湾人民有了可以信赖的组织者和领导者，而且给台湾的民族解放运动带来了光明和希望。同时，它使殖民地半殖民地的民族解放运动与世界无产阶级社会主义革命更紧密地结合起来，壮大了世界无产阶级社会主义革命队伍。从此，台共为实现台湾人民的解放，以反帝反封建为纲领，开始了不屈不挠、艰苦卓绝的斗争历程，台湾革命由此便进入了崭新的发展阶段。

第四节　指导台共建党大会的中共中央代表“彭荣”身份再辨

1928 年 4 月 15 日，日本共产党台湾民族支部（即台湾共产党）成立大会在上海举行，中共中央代表彭荣受日共中央委托代为指导这次大会。[①] 关于彭荣的真实身份，目前学界有三种不同的说法：“彭荣是彭湃”说，“彭荣是瞿秋白”说，“彭荣是任弼时”说，由于基础史料的欠缺、模糊，迄今还难以定论。本文现根据新挖掘的档案史料“彭荣在台共建党大会的报告”，并结合台共当事人谢雪红的回忆，就此作一考辨，疏误之处，祈予指正。

一、对“彭荣是谁”三种不同观点的评析

关于彭荣是谁？学界有三种不同的观点，现将这三种观点评析如下：

第一种观点认为“彭荣就是彭湃”。简炯仁在《台湾共产主义运动史》（前卫出版社 1997 年版，第 171 页）的著作中和张春英、蒋宗伟在《“彭荣”是谁仍待探究》（《光的文献》2010 年第 4 期）论文中，均持该观点。简炯仁论证的依据是日共领导人佐野学审讯口供和彭荣在台共建党大会上的报告。负责指导台共工作的日共领导人佐野学在接受日警审讯时招供称：“有一位名叫彭荣的中共中央委员参加了台共建党大会。”“后来，我到上海时，彭荣曾向我说明有关

① 台湾“总督府”警务局：《台湾社会运动史——共产主义运动》，台北：创造出版社 1989 年版，第 10 页。

台共建党大会的情况，并强调，由于日共无法协助台共的成立，所以中共就义不容辞地就近帮助了。”[①] 据此，简炯仁认为彭荣既是中共中央委员，又应该与日本左派人士很熟。接着，他自称在细读“彭荣在台共建党大会上的报告”基础上，认为“彭荣是一位中国农村革命的支持者，甚至曾经亲自参与多次农民武装暴动”。[②] 于是，简炯仁得出了“彭荣是彭湃”的结论。然而，他在论证过程中并没有使用“彭荣在台共建党大会上的报告”这一重要史料，因此，人们无法获知彭荣从事农民运动等相关信息，也就很难信服“彭荣是彭湃”的结论。“彭荣是谁”还有待学界使用“彭荣在台共建党大会上的报告”这份史料和其他新史料做进一步考证。张春英、蒋宗伟在论证上述观点的史料依据是：台共当事人谢雪红指认彭荣是彭湃。她说：“解放后，我即听到说彭荣同志就是彭湃同志；那是 1955 年国庆节我到天安门红台观礼时，碰到李立三，他告诉我彭荣就是彭湃。当时，李在上海，他知道彭湃曾被中央派遣去领导台湾共产党的成立大会。1956 年，我去广州视察时，到毛主席的农民运动讲习所参观，在那里，我看到彭湃同志的照片，我认出来他就是当年的彭荣同志。”[③] 因为她是台共建党大会的当事人，所以她的说法具有很高的可信度和权威性。虽然谢雪红指认彭荣就是彭湃，但是这一说法只是一个孤证，并无其他一手史料佐证。因此，“彭荣是彭湃”这一说法却不能成定论，还有待学界继续研讨。

第二种观点认为“彭荣是瞿秋白”。何池教授在《“彭荣”究竟是谁》(《党史文苑》2004 年第 6 期）和易难教授在《瞿秋白指导建立台湾共产党考辨》(《党的文献》2009 年第 4 期）文章中，均持该种观点。他们的理由主要如下：第一，瞿秋白既是中共中央领导人，又是共产国际中国代表团团长，因此，他以双重身份出席并指导台共建党大会，最为适宜；第二，当时瞿秋白在上海，正好有时间出席台共建党大会；第三，大部分台共创立者曾是瞿秋白在上海大学的学生，因此，他出席和指导台共建党大会顺理成章。由于上述学者在论证时不是从一手史料出发，而是凭主观推测，因此，他们得出的结论很难令人信服。实际上，瞿秋白与彭荣并非是同一个人。台共建党骨干谢雪红不仅认识瞿秋白，而且还多次与彭荣见面。1925 年 8 月至 10 月，她在上海大学社会学系求学期间，瞿秋白就是其社会学系的老师，因此，谢雪红是认识瞿秋白的。她

① [日]山边健太郎:《现代史资料 20》，东京：みすず书房 1968 年版，第 236 页。

② 简炯仁:《台湾共产主义运动史》，台北：前卫出版社 1997 年版，第 171 页。

③ 谢雪红口述、杨克煌笔录:《我的半生记》，台北：杨翠华出版 1997 年版，第 253 页。

说："这时候，我住在闸北商务印书馆斜对面，楼上前部分是工会干部住处，我住在屋后的'亭仔间'。由'亭仔间'后窗往外看，可以看到瞿秋白和杨子华的家，当时，他们的打扮像富户人，不许我们同他们讲话。瞿秋白住家后面是吴志清和她爱人的住家——听说刘少奇、李维汉也都住在那里。"① 另外，在台共建党大会及前后，谢雪红与彭荣曾有三次重要会面。第一次见面是 1928 年 4 月 13 日台共建党筹备会，日本警方根据被捕的台共党员审讯口供称："（这天）根据中国共产党代表之提议，……以台湾共产主义者积极分子大会之名召开会议。出席者以中国共产党代表彭荣为首，包括了林木顺、谢氏阿女（即谢雪红）、翁泽生、……等 11 名。"② 关于他们当时见面的细节，谢雪红清楚地讲道："1928 年 4 月 13 日——台共成立大会的两天前——中共联络员带我和林木顺到预定做为成立大会会址的地方，去见一个中共党的领导人。联络员介绍他时，说：'这是彭荣同志，中共中央派来的……。'接着彭荣同志说：'中共中央受日共中央的委托，派我来领导台共的成立大会'。……那天，我们谈话的时间比较长，也谈得比较详细。"③ 第二次见面是台共建党大会，日本档案资料笼统地提道："（这天）出席者有中国共产党代表彭荣，朝鲜共产主义者代表吕运亨，以及林木顺、翁泽生、林日高、潘钦信、陈来旺、张茂良、谢氏阿女（即谢雪红）等 9 名。……中国共产党代表彭荣则发表了训示性演讲，由谢氏阿女翻译。"④ 谢雪红则详细地说："大会开始首先由彭荣同志讲话，接着由我和林木顺作筹备建党经过情形的报告，……随后就进行（台共中央委员）无记名投票选举。……谢雪红、翁泽生均得票少，……开票中，我看到彭荣同志感到意外和吃惊的表情；他还对我说，明天要和我及林木顺谈话。"⑤ 第三次见面是 1928 年 4 月 17 日谢雪红和林木顺当面听取彭荣的指示。谢雪红说："1928 年 4 月 17 日下午，我和林木顺一起又到大会会址去见彭荣同志，他给我们的指示是：'台共党员几乎是知识分子，真正工农出身的分子很少，……今后应该在实际工作中注意大力吸收工农分子

---

① 谢雪红口述、杨克煌笔录：《我的半生记》，台北：杨翠华出版 1997 年版，第 173 页。

② 台湾"总督府"警务局：《台湾社会运动史——共产主义运动》，台北：创造出版社 1989 年版，第 10 页。

③ 谢雪红口述、杨克煌笔录：《我的半生记》，台北：杨翠华出版 1997 年版，第 249 页。

④ 台湾"总督府"警务局：《台湾社会运动史——共产主义运动》，台北：创造出版社 1989 年版，第 10—11 页。

⑤ 谢雪红口述、杨克煌笔录：《我的半生记》，台北：杨翠华出版 1997 年版，第 251—252 页。

入党”。[①] 在台共建党时期，她与彭荣有过三次密切而重要的接触，因此，她对彭荣已留下很深刻的印象；加之她在上海大学求学时就已认识瞿秋白，不会在认定“彭荣是谁”的问题上出错。

第三种观点认为“彭荣就是任弼时”。这一观点具体见梁化奎教授所撰写的论文:《指导台湾共产党创建者详考》(《中共党史研究》2013 年第 6 期)、王键研究员所著的论文:《出席台共成立大会的中共代表“彭荣”身份辨析》(《北京社会科学》2013 年第 4 期）和知名学者陈小冲、周雨琪合著的论文:《台共成立大会之中共指导者彭荣其人补论》(《台湾研究集刊》2016 年第 5 期)。他们论证的主要依据是“共产国际的一份文档（ 林木顺致共产国际的报告）和蔡孝乾回忆录”资料，进而提出“彭荣是任弼时的化名”的观点。林木顺在致共产国际的报告中提到“在成立大会席上除了台湾代表以外，还有中共中央派了任△△同志领导我们的大会”。[②] 因为他用三角符号代替中共中央代表的名字，所以令人无法判断彭荣的真实身份。林木顺还声称“台共一大后发生了逮捕事件，他同任弼时、佐野学商讨了自己的下一步行动”。[③] 而台共领导人蔡孝乾回忆说，1924 年任弼时“曾任上海大学俄文教授和共产国际东方部联络工作”，[④] 这两则史料虽然都提到了任弼时，但都没有说明彭荣与任弼时的关系，“彭荣是谁”还需要更进一步的史料来说明，否则，其结论令人难以信服。实际上，彭荣不是任弼时，其根据如下：第一，林木顺在台共建党大会的致辞中就明确地指出彭荣是工农运动的领导者，现将其讲话摘录如下：“大会承蒙中国共产党派遣代表参加，并得以接受中国共产党的援助与指导……中国共产党代表将以其长期领导工农的奋斗经验教导我们。”[⑤] 而这个时期任弼时是在共青团工作，并没有领导工农运动革命斗争实际经验。[⑥]1950 年 10 月 27 日任弼时病逝后，中共中央

① 谢雪红口述、杨克煌笔录:《我的半生记》，台北：杨翠华出版 1997 年版，第 252 页。

② 俄档 / / 全宗 514 / 目录 1 / 案卷 461，第 12 页。引自 [俄] 郭杰、白安娜，李随安、陈进盛译:《台湾共产主义运动与共产国际（1924-1932）研究·档案》，台北：“中央研究院”台湾史研究所 2010 年版，第 69 页。

③ 俄档 / / 全宗 514 / 目录 1 / 案卷 461，第 12 页。引自 [俄] 郭杰、白安娜，李随安、陈进盛译:《台湾共产主义运动与共产国际（1924-1932）研究·档案》，台北：“中央研究院”台湾史研究所 2010 年版，第 69 页。

④ 蔡孝乾:《台湾人的长征记录》，台北：海峡学术出版社 2002 年版，第 50 页。

⑤ 台湾“总督府”警务局:《台湾社会运动史——共产主义运动》，台北：创造出版社 1989 年版，第 11 页。

⑥ 中共中央文献研究室编:《任弼时年谱》，北京：中央文献出版社 2004 年版，第 24—85 页。

在《任弼时简历》中概述了他在这一时期在共青团工作经历："1924年，任弼时同志回上海，参加中国共产主义青年团的工作，1925年担任青年团中央组织部长。同年，在青年团的第三次全国代表大会上被选为青年团中央委员。1926年任青年团中央代理书记。1927年青年团第四次大会，任弼时同志继续被选为青年团中央委员，并任团中央书记；在同年中国共产党的第五次全国代表大会上，被选为党的中央委员。这时候，党内发生陈独秀的机会主义，任弼时同志领导青年团与这个机会主义路线进行斗争，积极拥护党的革命路线。"[①] 因为当时林木顺明确指出彭荣有长期领导工农运动革命经验，而任弼时只有长期领导共青团工作经验，所以彭荣与任弼时不是同一个人，也就是说彭荣不是任弼时。第二，台共建党当事人谢雪红已指认彭荣是彭湃（此史实已阐述，不再赘述），而不是任弼时。实际上，谢雪红是认识任弼时的，理由是：1950年10月27日任弼时病逝后，谢雪红作为"任弼时治丧委员会"重要成员参与操办他的丧事。[②] 如彭荣是任弼时的话，那她就不会指认"彭荣是彭湃"。

二、彭荣在台共建党大会上的报告印证了谢雪红的"彭荣即彭湃"说法

目前学界研究台共的档案史料主要有三种：第一种是台湾"总督府"警务局编的《台湾社会运动史——共产主义运动》（台北：创造出版社1989年版）档案；第二种是由俄罗斯郭杰、白安娜合编的《台湾共产主义运动与共产国际（1924–1932）研究·档案》（台北："中央研究院"台湾史研究所2010年版）中的档案；第三种是由日本学者山边健太郎汇编的《现代史资料22：〈台湾〉（二）》（东京：みすず书房1971年版）档案。因为前两种档案史料都被翻译成中文，所以这两种史料已被学界广泛引用。然而，第三种史料《现代史资料22：〈台湾〉（二）》未被翻译成中文，而绝大多数台共研究者日语水平有限，因此，它很少被学界引用。可是恰恰就在《现代史资料22：〈台湾〉（二）》第6章（共产主义运动）第2节（台湾共产党检举的概要）中完整地收录了中共中央代表彭荣在台共建党大会的报告，这份报告是来自日本内务省警保局保安课搜缴的台共建党大会文件，该报告全文约6000字。这份报告最大的特点能充分反映彭荣的身份，现将能反映其身份特征的三点内容翻译并总结如下：

其一，他是中共领导层成员之一。中共中央代表彭荣在报告中谈道："考虑

---

① 中共中央：《任弼时简历》，《光明日报》1950年10月28日，第1版。

② 《任弼时同志治丧委员会成立》，《人民日报》1950年10月29日，第1版。

到这次报告的时间限制，我会尽力详细说明以下几点：中国革命的经过，现阶段的情形及中国共产党所采用的战略、战术。”①“但在此时（大革命后期），中国共产党犯了极大的错误。这个错误并不是此时才发生的，从以前就开始有了，只是当时还没到明显表露出来的地步。然而，错在哪里呢？把武汉的国民党当作是工农、小资产阶级联合体的政党。当时武汉的国民党中仍有多数具有资产阶级意识的分子存在，这些人既对南京国民政府心存不满而表现出反抗，又对武汉国民政府辖区下的工农运动的发展也很不满意。当时中国共产党对资产阶级的让步，对小资产阶级的妥协，放弃对资产阶级的进攻，还把它当作是工农、小资产阶级联合体，并任由其对罢工和农民运动进行压制。”②根据报告内容，彭荣讲述了当时只有中共领导层才知道的中共革命大政方针，可见他是中共领导层成员之一。对此，台共建党大会见证人谢雪红也明确提出：彭荣是中共领导人。③

其二，他是海陆丰革命运动的亲历者。报告中，彭荣继续说：“南昌起义之后，湖南、江西的起义仍在进行，广东的农民起义也如火如荼，占领了海丰、陆丰之后在那里建立了更为坚固的苏维埃政权。现在海陆丰的县城被敌人夺回，但农村依然在农民的掌控之中，并向潮汕、海陆丰的北方发展。”“广东起义仍在进行，海陆丰仍在农民的掌握中。”④可见，彭荣十分了解海陆丰革命运动的真实情况，这说明他是海陆丰革命运动的亲历者。

其三，他是农民运动领导者。彭荣谈道：“要发展农民斗争，就必须依靠农民的自身力量没收地主的土地。因此，就制定了农民起义的政策”，“江西、湖北的农民运动也正在不断地进行着，而且占领的几个县都建立了苏维埃政权。江苏北部的农民也举行了起义，在江南也有着苏维埃政权。山东省的农民开始反抗地主及苛捐杂税。东三省通化的农民也起来对抗军阀。河南也紧接着发起了起义，山西、陕西的农民也开始反抗军阀。如今农民起义遍地开花，由此可

① ［日］山边健太郎：《现代史资料22：〈台湾〉（二）》，东京：みすず书房1971年版，第246页。

② ［日］山边健太郎：《现代史资料22：〈台湾〉（二）》，东京：みすず书房1971年版，第248页。

③ 谢雪红口述、杨克煌笔录：《我的半生记》，台北：杨翠华出版1997年版，第249页。

④ ［日］山边健太郎：《现代史资料22：〈台湾〉（二）》，东京：みすず书房1971年版，第249页。

见，共产党的决策是非常正确的。”[①] 在大会上，台共建党骨干林木顺邀请彭荣分享他领导工农运动的革命经验。彭荣在报告中讲述了农民运动革命方针，还介绍了全国各地农民运动概况。这说明彭荣是农民运动的领导者。

在中共领导层中，能同时符合上述三点身份特征的人只有彭湃一人。彭湃既是中共中央政治局委员，又是海陆丰革命运动的领导人和著名的农民运动领袖。可以说，彭荣在台共建党大会上的报告完美佐证了谢雪红关于“彭荣是彭湃”的说法。不仅如此，谢雪红还曾经专门强调：“彭湃同志在 1926—1927 年间是领导海陆丰斗争的领袖，著有《海陆丰苏维埃》，此书于 1928 年 4 月在上海出版铅印本，和台湾共产党同时诞生。”[②] 这一史实与台共建党大会上彭荣所做报告高度一致，进一步印证了“彭荣是彭湃”的观点。

三、“彭荣是彭湃”符合史实

为进一步求证“彭荣是彭湃”这一观点的真实性与逻辑性，我们有必要了解彭湃的革命经历，并比较分析彭湃和彭荣在革命问题上观点的一致性。

彭湃（1896—1929），广东省汕尾市海丰县人。[③] 为了探求救国救民的真理，1917 年他前往日本东京留学，先在东京的成城学校预科学习日语和补习课程，[④] 经过一番努力后，1918 年 9 月，他考进日本著名高等学府——早稻田大学。[⑤] 在日本留学期间，他开始接触和接受社会主义。他不仅参加本校学生发起组织的“建设者同盟”，研究社会主义各种学说，而且还同日本知名的社会主义运动者高津正道、堺利彦、近藤荣藏等人密切往来。[⑥] 俄国十月革命取得胜利后，他仔细研读《共产党宣言》等马列主义经典著作，并认识到只有社会主义才能救中国。[⑦]1921 年 5 月，他回国后在广州马上加入中国社会主义青年团，[⑧]1924 年 4 月由团员转为中共党员。[⑨]1921 年 6 月后，他相继发起组织了“社会主义研

---

① ［日］山边健太郎：《现代史资料 22：〈台湾〉（二）》，东京：みすず书房 1971 年版，第 249 页。

② 谢雪红口述、杨克煌笔录：《我的半生记》，台北：杨华翠出版 1997 年版，第 253 页。

③ 郭德宏编著：《彭湃年谱》，北京：中共中央党校出版社 2007 年版，第 1 页。

④ 郭德宏编著：《彭湃年谱》，北京：中共中央党校出版社 2007 年版，第 22 页。

⑤ 郭德宏编著：《彭湃年谱》，北京：中共中央党校出版社 2007 年版，第 27 页。

⑥ 郭德宏编著：《彭湃年谱》，北京：中共中央党校出版社 2007 年版，第 38 页。

⑦ 郭德宏编著：《彭湃年谱》，北京：中共中央党校出版社 2007 年版，第 39 页。

⑧ 郭德宏编著：《彭湃年谱》，北京：中共中央党校出版社 2007 年版，第 45 页。

⑨ 郭德宏编著：《彭湃年谱》，北京：中共中央党校出版社 2007 年版，第 185 页。

究社”和“劳动者同情会”，传播社会主义思想。[①]他在《告同胞》一文中明确提出要进行社会革命，就必须消灭原有的私有财产制度，为实现社会主义而奋斗。[②]

他既是著名的农民运动领袖，又从事一些工人运动。1922年初，他就认识到占人口绝大多数的农民在中国革命中的重要性。同年6月，他开始深入到海丰的乡村，发动、团结全县各地农民，成立农会组织，[③]领导农民闹革命，并同当地的封建地主阶级、封建剥削制度进行了一连串的斗争。由于他领导农民运动方法得当、措施得力，迅速掀起了海丰农民运动的高潮。1923年元旦，他领导创建了拥有10万会员的海丰县总农会，担任总会长。[④]1923年4月，因为农民已认清农会是代表他们利益的组织，所以陆丰、惠阳等县农民也纷纷成立农会。[⑤]1923年5月，他将海丰、陆丰、惠阳等地的农会串联在一起扩展为“惠州农民联合会”，各县分设县联合会；[⑥]同年7月，农会组织又扩大到惠来、普宁、潮安等县，于是彭湃将“惠州农民联合会”改组为“广东省农会”，当选为执行委员长。[⑦]1924年第一次国共合作开始后，根据中共党组织的安排，他先后出任国民党中央农民部秘书和广东省党部农民部部长，[⑧]并担任共青团广东区委农工委员。1924年7月至1925年底，他在广州农民运动讲习所担任第一届和第五届主任并兼任历届农讲所教员，讲授《海丰及东江农运状况》等课程，系统传授开展农民运动的经验，为广东以及全国培养了一大批农民运动骨干。[⑨]1926年1月，他写的《海丰农民运动报告》开始在国民党中央农民部主办的《中国农民》上连载，成为指导全国农民运动的重要文献。[⑩]到1926年5月广东省第二次农民代表大会时，全省农会会员接近63万人，占当时全国农会会员总人数的2/3，[⑪]这使广东成为全国农民运动的中心。1926年11月，中共中

① 郭德宏编著:《彭湃年谱》，北京：中共中央党校出版社2007年版，第46—48页。
② 郭德宏编著:《彭湃年谱》，北京：中共中央党校出版社2007年版，第50页。
③ 郭德宏编著:《彭湃年谱》，北京：中共中央党校出版社2007年版，第85页。
④ 郭德宏编著:《彭湃年谱》，北京：中共中央党校出版社2007年版，第107页。
⑤ 郭德宏编著:《彭湃年谱》，北京：中共中央党校出版社2007年版，第124—125页。
⑥ 郭德宏编著:《彭湃年谱》，北京：中共中央党校出版社2007年版，第127页。
⑦ 郭德宏编著:《彭湃年谱》，北京：中共中央党校出版社2007年版，第129页。
⑧ 郭德宏编著:《彭湃年谱》，北京：中共中央党校出版社2007年版，第248页。
⑨ 郭德宏编著:《彭湃年谱》，北京：中共中央党校出版社2007年版，第199—201页。
⑩ 郭德宏编著:《彭湃年谱》，北京：中共中央党校出版社2007年版，第259页。
⑪ 叶佐能著:《彭湃与海陆丰根据地》，北京：中共中央党校出版社2011年版，第156页。

央正式设立农民运动委员会，以毛泽东为书记，彭湃等为委员。①1927年3月下旬，彭湃离开广州到达武汉，参加了湘、鄂、赣、豫农民协会代表和河南农民自卫军代表在武昌举行的联席会议。会议决定成立中华全国农民协会临时执行委员会，彭湃当选为秘书长，他与毛泽东、方志敏等人共同担负起领导全国农民运动的重担。②与此同时，他也十分重视工人运动。1923年5月下旬，他派人在海城、汕尾、妈宫等地的工人中开展活动，组织基层工会。③1924年5月，他在广州曾化装成人力车工人，深入到人力车工人中宣传，发动他们组织起来，反对车主、工头和包租人的剥削和压迫。1924年6月他领导成立广州市人力车第一协作社。④

他是中国共产党早期重要领导人之一，并创建了海陆丰革命根据地。1927年4月27日至5月9日，中国共产党第五次全国代表大会在武汉召开，大会批评陈独秀犯了忽略同资产阶级争夺领导权的右倾错误，彭湃出席大会，并当选为中共中央委员。⑤大革命失败后，为了反抗国民党政府的屠杀，1927年7月，改组后的中共临时中央决定在南昌发动武装起义，并成立了以周恩来为书记，彭湃、李立三、恽代英等为委员的中共前敌委员会。⑥中共前敌委员会原计划7月30日举行起义，但由于张国焘的阻扰，起义时间被迫推迟到8月1日凌晨0点。南昌起义爆发后，起义军迅速占领南昌，并成立了以共产党员为核心、有国民党左派人士参加的革命政权——“中国国民党革命委员会”，彭湃被推选为革命委员会委员和农工运动委员会委员。⑦1927年8月7日，中共中央在汉口召开紧急会议，决定实行土地革命，以武装暴动来反抗国民党的屠杀，号召发动农民举行秋收起义作为当前的主要任务；彭湃虽然没有参加会议，但被选为中共中央临时政治局委员。⑧面对敌人重兵的围攻，他随南昌起义部队南下广东，突破国民党军的多重防线，进入潮汕地区。1927年9月24日，他在汕头领导成立了东江工农自卫军总指挥部，统一指挥潮汕工农武装，支援南昌起义

① 郭德宏编著:《彭湃年谱》，北京：中共中央党校出版社2007年版，第306页。
② 郭德宏编著:《彭湃年谱》，北京：中共中央党校出版社2007年版，第319页。
③ 郭德宏编著:《彭湃年谱》，北京：中共中央党校出版社2007年版，第126页。
④ 郭德宏编著:《彭湃年谱》，北京：中共中央党校出版社2007年版，第195页。
⑤ 郭德宏编著:《彭湃年谱》，北京：中共中央党校出版社2007年版，第324页。
⑥ 郭德宏编著:《彭湃年谱》，北京：中共中央党校出版社2007年版，第330页。
⑦ 郭德宏编著:《彭湃年谱》，北京：中共中央党校出版社2007年版，第331页。
⑧ 郭德宏编著:《彭湃年谱》，北京：中共中央党校出版社2007年版，第332—333页。

军在汕头、揭阳的战斗。[①]1927年10月底，海陆丰工农群众举行第三次武装起义，夺取了海丰和陆丰两县的政权。[②]11月中旬，在中共中央临时政治局委员彭湃的领导下，陆丰和海丰两县相继召开工农兵代表大会，民主通过施政纲领，分别产生了陆丰和海丰两县工农兵苏维埃政府（通称海陆丰苏维埃）。[③]他以中共中央代表的身份在大会上作《政治报告》，号召海陆丰农民实行土地革命，没收分配土地，坚决镇压地主豪绅的反抗。[④]11月下旬，中共东江特委在海丰县城成立，彭湃任书记，负责领导海丰、陆丰、紫金、惠阳、普宁、惠来等县的土地革命和政权建设。[⑤]12月11日，广州起义爆发，彭湃未能参加起义，但仍被推选为广州苏维埃政府人民土地委员。[⑥]广州起义失败后，他继续领导广州起义余部在海陆丰地区坚持斗争。海陆丰苏维埃政权的存在和发展引起国民党军阀的极大恐慌，他们纠集重兵对新生的苏维埃政府进行围剿。1928年2月29日、3月1日陆丰和海丰县城相继被敌军攻占，而中共东江特委则被迫撤到附近的农村。1928年3月7日，中共东江特委在《关于大安公平汕尾之战给省委报告》中称："海陆丰两县的苏维埃政权仍旧存在，继续行使职权，海丰的迁到梅陇，陆丰的迁到新田，并通电全省说明海陆丰苏维埃政权并未给敌人消灭。"[⑦]此后，由于敌强我弱，力量悬殊，彭湃只得将海陆丰苏维埃政府撤出县城，转入农村坚持斗争。3月中旬后，彭湃奉命离开海陆丰革命根据地，对此，他的母亲周凤在《湃的小史》中讲道："1928年3月1日，反革命派由广州分三路进攻海陆丰。我军退入山区，作坚壁清野之策略，与敌人作长期斗争。红军主力集中朝面山南岭一带为根据地。日余间，湃与许玉磐、郑志云同往潮汕工作后接省委之召，赴港转上海工作。"[⑧]

除了革命经历，彭湃在革命问题上的观点，也同彭荣所做报告的内容十分契合。首先，彭湃和彭荣均指出无产阶级是反帝国主义运动的主力军。1926年2月，彭湃《在广东省农民协会欢迎省港罢工工友大会上的欢迎词》中说："欢

---

① 叶佐能著：《彭湃与海陆丰根据地》，北京：中共中央党校出版社2011年版，第282页。

② 叶佐能著：《彭湃与海陆丰根据地》，北京：中共中央党校出版社2011年版，第283页。

③ 叶佐能著：《彭湃与海陆丰根据地》，北京：中共中央党校出版社2011年版，第287—290页。

④ 郭德宏编著：《彭湃年谱》，北京：中共中央党校出版社2007年版，第344页。

⑤ 郭德宏编著：《彭湃年谱》，北京：中共中央党校出版社2007年版，第366页。

⑥ 郭德宏编著：《彭湃年谱》，北京：中共中央党校出版社2007年版，第370页。

⑦ 叶佐能著：《彭湃与海陆丰根据地》，北京：中共中央党校出版社2011年版，第421页。

⑧ 叶佐能编：《彭湃研究史料（上）》，北京：中共中央党校出版社2007年版，第29页。

迎我们反帝国主义的急先锋，最亲爱的省港罢工工友。”“我们罢工已有八九月了，是胜利吗，抑或是失败呢？可分为三面：（一）对内，自省港罢工之后，肃清一切反革命势力，统一了广东，使广东实业，渐渐发展起来；建筑黄埔商港，使广东的经济能独立。这是罢工工友在内造出来的。（二）对外，自省港罢工后，帝国主义被我们工友这次之打击，已成为致命伤的帝国主义了。（三）对中，从前无论那一个人，都说到我工人是没有用的东西，有眼都看不起我工人了。……自经这次罢工后，能把自己的地位抬高起来，使到各界都知道我们工人的力量”。[①] 彭荣在台共建党大会的报告中说：“五卅运动爆发后，全中国的无产阶级勇敢地加入了反帝国主义阵营。香港、广东的大罢工以及全国各地工人的反帝国主义运动便是真实写照。”“此时中国无产阶级已然是反帝国主义运动的主力。”[②] 其次，彭湃和彭荣都主张进行土地革命。大革命失败后，1927 年 10 月彭湃发表《土地革命》一文，指出：“无产阶级要推翻帝国主义、军阀和资产阶级的掠夺与压迫，解除全中国大多数人的痛苦，只有实行土地革命”，并提出“一切土地归农民”“一切武装归工农”“一切政权归工农兵代表会”“土地革命成功万岁”等口号[③]。同年 11 月，彭湃在海丰县工农兵代表大会上再次呼吁：“我工人农民兵士也觉悟起来了，我们要解除痛苦，惟有团结起来，夺回一切政权，实行土地革命！”“我们要能够免受一切痛苦，更要起来拥护中国共产党，实行土地革命；因为土地革命，是共产党目前的第一件要紧的工作。”[④] 彭荣在台共建党大会的报告中同样提出：“第三时期无产阶级努力地领导工农群众参加革命，解决土地问题。中国革命是在工农群众基础之上，逐步建立起来的。在中国共产党领导下，农民参加了土地革命。”“要发展农民斗争，就必须依靠农民的自身力量没收地主的土地，因此，就制定了农民起义的政策。”[⑤]

作为中共领导层成员、海陆丰革命运动领导人和农民运动领袖，彭湃的革命经历和革命观点，从史实和逻辑上均与彭荣在台共建党大会上所做的报告高度吻合。

---

① 《彭湃文集》，北京：人民出版社 2013 年版，第 201—202 页。

② ［日］山边健太郎：《现代史资料 22：〈台湾〉（二）》，东京：みすず书房 1971 年版，第 249 页。

③ 《彭湃文集》，北京：人民出版社 2013 年版，第 293—295 页。

④ 《彭湃文集》，北京：人民出版社 2013 年版，第 296—297 页。

⑤ ［日］山边健太郎：《现代史资料 22：〈台湾〉（二）》，东京：みすず书房 1971 年版，第 249 页。

综上所述，彭荣就是彭湃。与此同时，我们通过上述考证可知：研究历史要“有一分证据说一分话”，如同法官判案，必须掌握充分的证据，并使各个证据之间形成合理的逻辑关系。因为是凭证据说话，所以研究历史依靠的是搜集证据、分析证据和论证证据关系的能力，而不是看学者能提出怎样新颖的观点。历史研究的生命力在于证据（史料），研究历史要坚持无证不立论，切记过度推理和主观臆想。只有这样，我们在史料运用上才能避免以讹传讹和史实失误。

四、中共中央代表彭荣在台共建党大会的报告（全文）①

考虑到这次报告的时间限制，但我会尽力详细说明以下几点：中国革命的经过，现阶段的情形及中国共产党所采用的战略、战术。

中国反对帝国主义的民族解放运动由来已久，以前的反对帝国主义运动，是在缺乏优秀组织的背景下开展的群众运动。由于没有先进的政党来领导群众进行反帝国主义运动，例如1900年代的义和团运动，同样是解放运动，但最终没能发展成为全国性的解放运动。缺乏无产阶级领导的群众运动，最终只会以失败告终。

之后的话题，会围绕1919年五四运动至今，较为大众的系统的革命运动而展开。主要分为三个时期。（一）1919年五四运动至1925年五卅运动的时期。（二）1925年五卅运动至1927年国共合作分裂的时期。（三）1927年国共合作分裂至今的时期。

第一时期的革命发展特点是，中国的民族资产阶级受西欧革命思想的影响，中国知识分子和小资产阶级受苏俄革命的巨大影响，从而引发革命运动。与此同时，日本帝国主义对中国发起猛烈地进攻，以残暴和残酷的手段，对中国的政治、经济和文化进行侵略。例如二十一条，可视为日本帝国主义对中国侵略最野蛮的条例，因此中国的反帝国主义运动瞬间被点燃。虽然当时中国的无产阶级尚未成为反帝国主义的中坚力量，但中国的无产阶级毅然奋起，加入反帝国主义的阵营，例如香港海员大罢工、京汉铁路工人大罢工等，是中国无产阶级与小资产阶级联合发动反帝国主义运动的实证。此外，中国共产党于1921年成立，这时期的特点是，领导者并非中国的无产阶级，而是一般的小资产阶级、自由主义者和知识分子。

① ［日］山边健太郎：《现代史资料22：〈台湾〉（二）》，东京：みすず书房1971年版，第246—251页。

此时，中国共产党已经开始领导中国革命。中国共产党为了发展革命力量，与当时仍是反帝国主义力量的中国资产阶级建立了革命统一战线。1924 年，中国共产党与国民党合作，同时工农群众也纷纷加入国民党，使国民党成为工人阶级、农民阶级、城市小资产阶级和民族资产阶级的联盟。虽然此时中国的无产阶级并未成为革命的领导者，但中国的民族资产阶级也尚未取得领导权。

中国共产党以个人身份加入国民党后，与国民党建立了革命统一战线。此时的国民党内部组织结构已发生改变，因受苏俄革命的影响，和接受中国共产党政策的原因，国民党自身发生巨大变化，毅然提出反帝国主义的口号。中国共产党与国民党合作后，努力发展国民党基础，而广东革命发展的形势就是其真实写照。虽然当时全国革命尚未激化，中国民众尚未投入伟大的革命斗争中，中国无产阶级也未曾建立起健全的组织，但反帝国主义的口号早已在民众中普遍传递开来。此时中国共产党并非群众组织，尚未成为中国革命的领导者。

1925 年，上海工人发动了大规模的经济斗争，与帝国主义相对抗。此时中国无产阶级已然是反帝国主义运动的主力。

五卅运动的最大意义就是反帝国主义运动。五卅运动爆发后，全中国的无产阶级勇敢地加入了反帝国主义阵营。香港、广东的大罢工以及全国各地工人的反帝国主义运动便是真实写照。第二时期，最显著的是，中国无产阶级成为国民革命主力军。

中国无产阶级成为革命主要力量之后，小资产阶级和学生组成的革命力量逐渐减少。五卅运动后，中国资产阶级已意识到中国无产阶级发展壮大对自身的威胁，从而积极地参与到反帝国主义运动中，并占据领导地位。当时上海的工、学、商与资产阶级的地位不相上下，在无产阶级的领导下，成立了工、学、商联盟，并针对帝国主义斗争提出了 27 个条件。上海的大资产阶级并未参加此次会议，而上海总商会提出的 23 个条件，大部分是妥协的内容。这是中国资产阶级为了把持领导权而提出的，反映出资产阶级的妥协性。这是革命发展到一定阶段时，资产阶级向反动势力靠拢的有力证据。今后，台湾在革命运动中须提高这方面的警惕。

第二时期，中国无产阶级与资产阶级已发起对领导权的争夺。中国无产阶级的力量与日俱增的同时，领导农民投身革命当中。另一方面，中国资产阶级对无产阶级发动猛烈进攻，因而引发了国民党内部的斗争。国民党内，资产阶级与无产阶级对抗已是既成事实。如戴季陶反对阶级斗争，提出全面革命的主张。足以体现，对于无产阶级的发展，资产阶级已产生警惕性和紧迫感。虽然还未公然对无产阶级发动攻击，但对无产阶级的领导地位的压迫却是无孔不入。1926 年 3 月 10 日，蒋介石的反动行为，以及对共产党提出种种条件，皆是攻击无产阶级的行径。

此时，中国共产党虽未能引导资产阶级积极地参与到革命当中，但也清楚资产阶级是反帝国主义的一股力量。为了将中国资产阶级捆绑在反帝国主义的统一战线上，为了资产阶级的进步和对外发展，中国共产党帮助其扫清了广东省的反动派，并为北伐工作打下了坚实的基础。

大革命时期，中国共产党带领工农群众参加革命，因此，北伐战争能胜利推进。当北伐军抵达武汉时，武汉工人成为反帝国主义最大力量，并在当地市民的支持下，收回了汉口的英租界。当北伐军到达上海时，上海的工人在共产党的领导下发动武装革命，并且不费一枪一弹，击败张宗昌部队，从而进入上海。这足以体现工人阶级力量的伟大，也让资产阶级感受到工人阶级力量的强大。

然而，蒋介石在到达上海之后迅速地解除了工人武装力量，并对工人领袖进行大屠杀。这是资产阶级和无产阶级相对立的体现，也是资本主义投入反动阵营的主要证据。

蒋介石在上海、南京的反动行为，使武汉的部分国民党及军阀与其产生冲突。武汉国民党内以小资产阶级为首，提出与中国共产党合作的主张。中国共产党也同样期待与之合作，于是成立以工、农、小资产阶级为主的联盟。

但在此时（大革命后期），中国共产党犯了极大的错误。这个错误并不是此时才发生的，从以前就开始有了，只是当时还没到明显表露出来的地步。然而，错在哪里呢？把武汉的国民党当作是工、农、小资产阶级联盟的政党。当时武汉的国民党中仍有多数具有资产阶级意识的分子存在，这些人既对南京国民政府心存不满而表现出反抗，又对武汉国民政府辖区下的工农运动的发展也很不满意。当时中国共产党对资产阶级的让步，对小资产阶级的妥协，放弃对资产阶级的进攻，还把它当作是工、农、小资产阶级联盟，并任由其对罢工和农民运动进行压制。然而，武汉国民政府重蹈了蒋介石的覆辙，向我等展开了进攻，开始对湖南的工农群众进行大屠杀，并压制工农运动。此外，受蒋介石叛变革命的影响，武汉国民政府也随之叛变革命。1927 年 7 月，国共合作全面破裂，中国资产阶级和小资产阶级成为反动阵营的一员，革命篇章从此落幕。第二时期的最大特征是：中国无产阶级成为最大的革命势力，从中国资产阶级手中夺取革命的领导权。中国资产阶级投向反动势力阵营，成为中国革命的大敌。中国共产党犯了机会主义的错误。这是今后台湾、朝鲜革命中应吸取的最大教训。

国共合作破裂后，武汉的国民政府及国民党与南京的国民政府及国民党联合起来对工农群众进行压迫，屠杀作为工农领袖的共产党，取消反帝国主义口号，与帝国主义者狼狈为奸，彻底向革命势力进攻。此时，英国提出要“和共产国际做斗争”，与苏联的斗争进入白热化，国民党政府于此时宣布与苏联断交，并采取极端的惨无人道的白色恐怖政策，对工农群众进行压迫和屠杀，其惨烈尤甚于北方军阀。国共合作破裂后，中国共产党采取了新的策略，意识到中国革命的发展，必须全面领导工农阶级。此时中国共产党采取了相当正确的策略，而且中国共产党意识到中国革命并非简单的民族解放运动，必须通过中国革命向社会主义转变。并不是说中国革命在分裂之后改变性质，同样如今并非社会主义革命的时期。只能说此时的中国革命是反帝国主义，解决土地问题，民族革命的时期，仍可视为民主主义革命。

第三时期无产阶级努力地领导工农群众参加革命，解决土地问题。中国革命是在工农群众基础之上，逐步建立起来的。在中国共产党领导下，农民参加了土地革命。为了改变政权性质，而不得不成立工农兵苏维埃组织。但此苏维埃与俄国苏维埃是不尽相同的。

当时俄国正处于无产阶级专政时期，而中国解决了农村土地问题之后，中国革命更趋向于社会主义革命。这是分裂之后，中国共产党的政策走向。

要发展农民斗争，就必须依靠农民的自身力量没收地主的土地。因此，就制定了农民起义的政策。政策落实之后，于七月发动了武装性质的南昌起义。然而，中国共产党更希望以叶挺、贺龙为首的起义能带动农民起义，开展非武装性质的农民起义。同时也期待叶挺、贺龙的军队进入广东之后，在当地建立革命大本营。事与愿违，叶挺、贺龙犯了较大错误，① 在广东发动的农民起义遭受失败。

南昌起义之后，湖南、江西的起义仍在进行，广东的农民起义也如火如荼，占领了海丰、陆丰之后，在那里建立了更为坚固的苏维埃政权。现在海丰、陆丰的县城虽被敌人夺取，但农村仍然在农民的掌控之中，并不断地向潮汕、海

① 这里的错误是指：叶挺、贺龙将南昌起义部队转移到广东后，没有同当地的农民运动相结合，实行土地革命以发动广大农民群众，创建农村革命革命根据地。

陆丰的北方发展。

去年九月，湖南爆发了秋收起义，并没收了土地。此次起义未能带动广大群众，夺取胜利果实，如今起义仍在持续。江西也在同一时间发动了起义。

当广东农民起义仍在进行中，又爆发了广州起义。此次起义以夺取广东全省的政权为目的，以工农兵为主体的人民群众勇敢地投身到革命之中。但帝国主义者和反动军阀也联合起来，向革命势力发起进攻。无论是主观上还是客观上，这次起义以失败告终。但对全国工农群众产生了巨大影响，连军阀的士兵也受到了影响，全国工农兵对起义热情高涨。

广东起义仍在进行，海陆丰仍在农民掌握中，海南也掀起了起义的浪潮。我们掌控了湖南的数个县，并建立了苏维埃组织。江西、湖北的农民运动也正在不断的进行着，而且占领的几个县都建立了苏维埃政权。江苏北部的农民也举行了起义，在江南也有着苏维埃政权。山东省的农民开始反抗地主及苛捐杂税。东三省通化的农民也起来对抗军阀。河南也紧接着发起了起义，山西、陕西的农民也开始反抗军阀。如今农民起义遍地开花，由此可见，共产党的决策是非常正确的。

城市的工人运动受到国民党反动势力的打压。国民党获取对城市的统治，但对城市里无产阶级领导下的革命是非常恐惧，因此加大了对城市工人的压迫。虽然城市革命势力并未像农村一样得以发展，但不意味着中国的无产阶级没有掌握革命的领导力量，只是城市工人一如既往地缺乏成长的土壤。城市工人的生活日益坚苦，国共合作时期努力争取到的条件，已悉数被反动政府夺回。工资减少，劳动时间增长，失业的恐慌和白色恐怖，将工人压迫到不得不与反动势力决一死战的地步。秘密发展工人运动，投身农村，支援农民革命，积极地为城市的革命活动做准备。这在广州、汉口、上海等各城市颇为明显。

一方，国民政府对工农群众的屠杀，以及工农革命因素的影响下，士兵们逐渐有“左”倾的倾向。湖南方面，绝大多数的士兵投入革命队伍，参与到农民革命之中。实际上，士兵的革命化是值得我们关注的。小资产阶级在反动政府统治下，被苛捐杂税所压迫，在混战不断的环境下，对统治阶级产生动摇，推翻国民政府的诉求非常强烈。

这是动摇国民政府根基，体现共产党政策的正确性的根据。而近来共产党决定以两湖、江西、广东四省为中心发动革命，看来这是正确的决策。因此中国共产党决定持续这样的革命状态。

现在，中国的反动统治阶级内部已经分裂。宁汉合流之后，虽然他们双方达成共识，决定发动对无产阶级的进攻，但其内部的冲突仍旧严峻。最近蒋介石和广西派的冲突更加激化，看来战争将会在不久之后爆发。现在，蒋介石为凝聚人气而高唱北伐口号，但手中并未掌握打倒奉系军阀的力量，而内部的矛盾日益扩大，财政方面也不足以支撑到完成北伐。虽说蒋介石得到日本帝国主义的援助，但显然援助的力度是有很大的限制。

无论如何，北方的张作霖比蒋介石更加堕落，直接沦为日本帝国主义的走狗。蒋介石与广西派之间的冲突无法解决，所以蒋介石的北伐，不过是为了缓和与广西派的争斗。即使北京是蒋介石必将进攻之地，但蒋介石、广西派、冯玉祥、阎锡山之间，必然会因争夺地盘而陷入混战。

由此可见，统治阶级早已丧失巩固统治的力量，工农力量却日益壮大。中国共产党的党员已经达到八万人，共产主义青年团也有五万人之多。从客观上，工农兵的发展形势是较好的。这也说明了中国无产阶级是领导中国革命的唯一选择。

如今，统治阶级并非无法与工农力量对抗，而是无法推行新的政策。

从客观形势来讲，中国革命已颇为成熟。目前的问题是，共产党内部是否团结一致，是否能领导工农兵开展如此伟大的斗争。

今天，我的报告因时间的缘故，只能简单地谈及大致的内容。但如报告所述，殖民地、半殖民地的革命，只有联合工农群众开展斗争才能获得最终胜利。革命初期，小资产阶级发挥了巨大作用，但革命的发展到了一定程度，资产阶级必然与无产阶级争夺领导权，并以消灭无产阶级为主要目标。因为资产阶级具有反帝国主义力量，所以共产党在本身势力微弱时与其合作尚属正确。但对于革命发展至某一阶段后资产阶级必然投入反动阵营之道理缺乏理解，因此将武汉的国民党误认为小资产阶级政党，与其妥协，并任其实行压制罢工和农民运动等，犯了最大的错误。

但中国共产党最大的失误，是犯了机会主义的错误。

从中国革命的历程来看，资产阶级的革命性是非常有限的。今后台湾的革命必须充分意识到这点，决不能重蹈中国共产党的机会主义错误的覆辙。

反帝国主义运动的发展，民族革命是不可或缺的。但共产党领导工农群众向社会主义革命发展，实行土地革命，扫清封建势力。共产党还需与无产阶级紧密联合，建立以工农为主体的势力，成为革命的领导者，才能推动革命的发展。

鄙人的报告非常简短，但希望诸君在台湾的革命当中，吸取中国革命的经验教训。台湾革命不能走入犯机会主义的误区，这就是鄙人报告的最大目的所在。

第二章　台共命运多舛

第一节　台共第一次遭破坏与党的重建

一 、上海读书会事件

（一）上海读书会事件起因

在台共筹建期间，谢雪红、林木顺、翁泽生联络一批在沪的台籍学生，在宝兴路秘密成立“台湾学生读书会”指导他们学习马克思主义理论，为台共培养后备干部。[①] 读书会会员一边学习革命理论，一边还与中共、朝鲜共产党联络，积极参加各种纪念会和反日集会活动。1927 年底，台湾学生读书会为了声援朝鲜共产党被捕事件，而以“全台湾总督独裁政治打倒大会”的名义，散发了一份呼吁朝鲜人民起来反抗的传单。而这份传单不慎落入日本驻上海总领事馆警察署的手中，这样，上海台湾读书会就引起了上海日本领事馆的注意，随后日警就暗中监视他们的行动。

1928 年 3 月 1 日，在上海的“大韩民国临时政府”举行了反抗日本殖民统治的“三一”运动纪念仪式，上海台湾学生读书会的几名成员也参加了这项纪念活动，张茂良代表“在日本帝国主义高压下呻吟的台湾人民”，向朝鲜革命民众致辞。张茂良首先站在国际主义的立场说明：“朝鲜的革命纪念日不只是朝鲜同胞的纪念日而已，它同时也是全世界被压迫民族的纪念日。”接着他就分析了“三一”运动以来“日本帝国主义终致崩溃的必然性”。他特别强调“三一”革命运动的教训是：“朝鲜独立运动倘要成功，只有以无产阶级和农民先锋，率领一切反抗日本帝国主义的民众，并紧紧地和全世界所有无产阶级与被压迫民众

① 蓝博洲：《日据时期台湾学生运动》，台北：时报文化出版事业公司 1993 年版，第 165 页。

携手合作，才能达成。而且，它绝对必须在列宁主义的旗帜下，有组织、有规律地展开才可以。”最后，他高呼“打倒日本帝国主义！打倒世界的帝国主义！日本、台湾、中国、朝鲜的革命大众紧紧团结！朝鲜独立万岁！世界革命万岁！”①

1928年3月8日，为了纪念国际妇女节，上海台湾学生读书会成员陈美玉等，以“台湾妇女解放同盟旅华支部”的名义，印制了纪念日宣言书，寄发给以上海台湾学生联合会及朝鲜人团体。该宣言书称：“这一天，是我们全世界被压迫妇女共同团结在第三国际的旗帜下，向压迫阶级宣战的一个日子。”妇女们“已不能再忍受‘三从四德’鸦片般的陈腐道德思想，也不能信赖现代资产阶级虚伪矫饰的文明”。妇女们“必须团结，用红色共产主义把自己武装起来，握紧武器，以国际性的团结力量，开拓进路”。妇女们的“解放，只有依靠劳动军的决战才是可靠的”。最后，她呼吁：“中国、台湾、日本及全世界被压迫的妇女们联合起来！打倒日本帝国主义！打倒国际帝国主义！拥护中国革命！拥护苏维埃联邦！台湾民族革命成功万岁！”②

（二）上海读书会事件经过

日本警察署不仅探悉上海台湾学生读书会成员参加各种反日集会活动，而且还获得林木顺等人频繁聚会准备秘密建立抗日组织的情报，因此，日本警察署决定对“上海台湾学生读书会”开始实行抓捕行动。第一次是在1928年3月12日，日本领事馆的警察会同中国警察冲进宝山路协兴里107号（读书会会址），逮捕读书会成员黄和气（高雄旗山人）、江水得（潮州人）、陈美玉（台北人）；翁泽生及其他上海台湾读书会成员及时搬家而得以脱险。随后，读书会会址迁至法租界辣斐德路389号（谢雪红宅）。第二次是在3月31日，日警在共同租界逮捕陈粗皮（北斗人），这两次逮捕都是在台共建党之前进行的。第三次是在4月25日凌晨，日警在法国警察的协助下在法租界辣斐得路389号逮捕张茂良（竹山人）、谢雪红（彰化人）、杨金泉（台北人）、林松水（南投人）、刘守鸿（潮州人），在缉捕过程中，林木顺侥幸自屋顶脱逃。然而，日警却搜走了台共建党的各种秘密文件（结党大会议事录，大会宣言，政治、组织两项纲

① 台湾“总督府”警务局：《台湾社会运动史——文化运动》，《上海台湾学生联合会和读书会》，台北：创造出版社1989年版，第111页。

② 台湾“总督府”警务局：《台湾社会运动史——文化运动》，《上海台湾学生联合会和读书会》，台北：创造出版社1989年版，第114页。

领，其他各部门之运动纲领），[①] 至此日警就发现了台共建党的事实。

日警将谢雪红等5人分别押上5辆警车，送到法国领事馆。按照当时的上海租界规定，在各租界实施逮捕行动，必须向租界的领事馆办理相关手续。因此，谢雪红等人暂时被留在法国领事馆，关进用铁栅栏围起来的小牢内。他们彼此看得见，也完全能听清楚相互的谈话。谢雪红趁机与同志们套口供，看守他们的越南籍警察听不懂他们的谈话，没有干涉。谢雪红回忆道：

我心想从敌人当时说要捉谢女士这点，说明敌人进行这回的逮捕是没有作过充分准备的、是仓促的，不然对“谢女士”这个名字就会发生怀疑。谢女士这个名字与读书会的记录有关，在记录上谢女士是指谢玉鹃（即谢玉叶）。由此判断，整个逮捕行动同读书会遭破坏是相关联的，也从而推断敌人来围捕我们之前，可能还不知道有关台湾共产党的存在。[②]

谢雪红判断此次逮捕与上海台湾读书会的活动有关。为使台共的损失降到最低，谢雪红让同志们把被搜出台共文件的责任推到林木顺身上。既然携带台共文件的林木顺已经逃脱，而被捕者均不知情，那么，日警不可能获得更多台共的情况。

谢雪红与大家统一口径：其一，他们在闸北青云路天授里20号的房子因读书会事件被抄，不敢回去，正四处寻找新住所时，在法国公园碰到谢雪红，于是借居谢宅。其二，如果被问及台湾共产党的事，必须否定与台共的关系。其三，不清楚台共文件之事，并统一对存放文件的台湾人外貌特征的描述。其四，万一日警发现文件中有张茂良的笔迹，张要说明是台湾人付钱让他抄写的，否认知晓台共的存在。[③] 谢雪红为应付日警讯问，做了缜密的安排，甚至不放过任何一个可能被问及的细节，她处理危急情况的沉着冷静和机智果敢可窥一斑。

中午时分，日警在法国领事馆办好移交手续，把谢雪红等人转押到日本领事馆的拘留所，并禁止他们相互交谈。接下来，日警对谢雪红等人进行单独审讯。

① 台湾“总督府”警务局：《台湾社会运动史——共产主义运动》，台北创造出版社1989年版，第99页。

② 谢雪红口述、杨克煌笔录：《我的半生记》，台北：杨翠华出版1997年版，第268页。

③ 谢雪红口述、杨克煌笔录：《我的半生记》，台北：杨翠华出版1997年版，第268页。

第一次审讯谢雪红时，日警问及姓名、台湾的住址、职业、在上海情况等。谢雪红虚虚实实地编造一番。她叙述了童养媳和被卖为妾的身世，由于不愿继续忍受被蹂躏的生活，来到上海，后来又去杭州找同乡。谢雪红提供的两条“线索”引起了日警的注意：在杭州期间，曾得到任职于杭州银币厂的张振雨关照；结识杭州营业女中学生吴碧玉，吴于 1927 年年底赴日本留学。日警在杭州银币厂调查，证实确有张振雨其人。其实，在两个月之前，林木顺和林松水兄弟陪从台湾来的父亲林德裕游览杭州时，曾去拜访过张振雨，并参观杭州银币厂。谢雪红了解上述经过，故编造与张振雨的关系。另外，日警可能查到“吴碧玉”在日本的入境记录，在谢雪红的行李箱中也发现了几张“吴碧玉”的名片。[①] 当时，谢雪红用“吴碧玉”的化名进行活动，日警证实“吴碧玉”的存在，但是，他们做梦也没想到“吴碧玉”就是谢雪红。

几日后，日警第二次审讯谢雪红。这次的话题是台湾共产党，谢雪红矢口否认与台共的关系。日警让谢雪红看台共文件，她佯装看不懂；让她读台共文件，她又故意读错别字。谢雪红说，审讯室的窗外就是黄浦江，她曾想过抱着那些台共文件跳入黄浦江，毁掉日警掌握的台共证据，因担心日警将文件打捞上来，反而弄巧成拙，放弃了这个想法。接下来，不出谢雪红所料，日警详细讯问携带纸盒（内装台共文件）找张茂良的台湾人外貌、衣着，甚至用哪只手提纸盒等细节，谢雪红按照先前与同乡们沟通好的内容，对答如流。张茂良等人也没有露出任何破绽。日警没找到谢雪红等人与台共有关系的任何证据。

5 月初，日警第三次提审谢雪红。当日警出示 1925 年谢雪红、林木顺赴莫斯科前夕与朋友们的合影时，谢雪红十分吃惊。谢雪红猜测这张照片可能是日警逮捕林松水，从林在草屯的老家搜查到的。照片应该是其父林德裕带回台湾的。[②] 照片上印有这样几个字：欢送留苏纪念。日警怀疑谢雪红去过苏联。

谢雪红回忆道：“敌人指着那张相片问我：‘你去过苏联没有？’我即答：‘当年我和别人准备要去苏联，朋友们就欢送我们，又去集体拍照。当时，我不但要去苏联，还要去法国，人家就给我写了许多介绍信……听人说去苏联念书不要钱，到法国当‘华工’也可以免费念书。所以，我都去志愿报名，殊不知都要通过考试，我没有文化考不上，结果都去不成；而又受了人家的欢送，去不

---

① 谢雪红口述、杨克煌笔录：《我的半生记》，台北：杨翠华出版 1997 年版，第 272 页。

② 谢雪红口述、杨克煌笔录：《我的半生记》，台北：杨翠华出版 1997 年版，第 273 页。

成不好意思才跑到杭州去了，也和那些人不相往来了……”[①]

虽然这张照片给谢雪红惹了大麻烦，但机智的谢雪红仍然瞒过了日警。日警认为一个连小学都没有读过的台湾妇女，要出国留学简直就是天方夜谭。

由于日本领事馆搞不清楚读书会与台共的关系，只得把被捕的九人押回台湾，由台北地方法院进行审判。在审讯期间，由于日警掌握情报所知与台共有关的主要人物林木顺、翁泽生未遭逮捕，而被逮捕的 9 人均否认与台共有关，结果，谢雪红、黄和气和陈美玉因证据不充分而被释放。1929 年 5 月 21 日，张茂良等 6 人则以“与翁泽生及其妻谢玉叶共同拟以否认日本帝国的台湾统治权、促使台湾独立、变革我（日本）国体，且否认私有财产制度，以期实现共产主义社会为目的，而组织上海台湾学生读书会”的罪名，以违反《治安维持法》而提起公诉，台北地方法院宣判：杨金泉有期徒刑 3 年；张茂良有期徒刑 2 年 6 个月；林松水有期徒刑 2 年；刘守鸿有期徒刑 2 年；江水得有期徒刑 1 年 6 个月；陈粗皮有期徒刑 1 年，林松水、刘守鸿、江水得、陈粗皮获缓刑 4 年的处分。[②]后来，杨金泉、张茂良经上诉后，改判 2 年，发监服刑，这样上海读书会事件才宣告结束。

（三）上海读书会事件后果：台共组织被打散和日警控制的强化

刚成立仅 10 天的台共就遭到极为沉重的打击。4 月 25 日的第三次读书会事件，打乱了台共一大的人员分工安排，原来依照党大会及中央委员会决定之党机关的构成、人员的安排、活动的展开等的预定计划，也因此无法正常进行。原本应该赴日本东京联系日共中央的谢雪红被日警遣送回台。而应该在台湾领导台共开展革命工作的林木顺，由于身份暴露而不得不留在大陆，直到牺牲，再没有回到台湾。不仅如此，1928 年 5 月 19 日，已经回台的林日高即在台北与三位缺席获选的委员庄春火、蔡孝乾、洪朝宗等四人会合讨论，认为上海读书会事件后，日警搜索有扩大的形势，决定暂时停止一切党的活动，观望经过情形，且状况紧迫时应各自采取适当行动自行逃避等。同年 5 月底，他们就上海读书会事件又在淡水秘密聚会并达成一致意见：应高度关注日警的动静，有危险时可逃难到对岸祖国大陆，再等待革命的机会。[③]然而，1928 年 8 月底，

---

① 谢雪红口述、杨克煌笔录：《我的半生记》，台北：杨翠华出版 1997 年版，第 273 页。

② 台湾“总督府”警务局：《台湾社会运动史——共产主义运动》，台北：创造出版社 1989 年版，第 100 页。

③ 台湾“总督府”警务局：《台湾社会运动史——共产主义运动》，台北：创造出版社 1989 年版，第 100 页。

由于已经返台的潘钦信、谢玉叶和在岛内的蔡孝乾、洪朝宗四人感觉危机日增，为避免被捕，不经组织的允许而在台湾北部后龙港乘秘航的民船逃往厦门。[①]有关谢玉叶、洪朝宗、潘钦信、蔡孝乾逃亡的情形，台共前中央委员庄春火有如下的描述："蔡孝乾本来也被派回台湾工作，好像负责总务，回彰化时刚好遇到'黑色联盟'事件，无政府主义分子被检举蔡孝乾也被牵连，但因事实上蔡孝乾并未参与，遂无罪释放。被释后，蔡孝乾打算赴上海。在启程前，洪朝宗去找他，通知大检举的消息。……洪朝宗在搭火车时，无意间撇见车长室桌上有一份文件，上面写着'大检举'三个大字，洪朝宗潜入车长室翻看，赫然发现自己大名也在其上除通知蔡孝乾外，又通知潘钦信、陈玉叶（应是谢玉叶之讹）。潘钦信和陈玉叶本来回来台湾要开始工作，听到洪朝宗说大检举，马上由布袋逃出去。后来这些人都被谢雪红开除党籍。"[②]

在逮捕台共党员之后，日本政府在其本土及国外都加强了治安上的措施，以强化对各种左翼运动的控制。《治安维持法》在 1928 年 6 月 29 日修改后，加入死刑的处罚，这个法律早在 1925 年便已施行于台湾。1928 年 7 月，东京警视厅扩充特别高等警察为全国性的组织，由内务省集中管理，以便监视各地的社会运动。成千上万的特务人员因此被派往本国各地区工作，并与各地区地方警察密切地合作，他们的情报都送往内务省处理。日警不仅严密监视台湾和朝鲜的民族运动，而且还特别注意在上海、伦敦、海参崴等地的共产主义者和反日革命志士的活动。为钳制台湾人民的思想，1928 年 7 月，台湾"总督府"也在台湾创设了高等警察制度，在台湾"总督府"设专任事务官 2 名，增设保安课，在各州设高等警察课，以"警视"为课长，在台湾与日本、祖国大陆来往船只上派有日警，并在祖国大陆口岸派驻警察官，以防止台湾与日本、祖国大陆的思想联系和阻止"犯人"的潜逃。[③]不仅如此，台湾的特高警察还负责监控台湾所有的左翼运动与民族主义运动，台湾和其他地方的航运交通也因此加强了。这些作法后来成为渡边政之辅在台湾死亡的起因，后文将会讨论到。

① 蔡孝乾:《台湾人的长征记录》，台北：海峡学术出版社 2002 年版，第 3 页。

② 张炎宪、高淑媛:《一位老台共的心路历程——庄春火访问记录》,《台湾史料研究》2 号（台北：吴三连台湾史料基金会，1993），第 87 页。

③ 盐见俊二:《日据时代台湾之警察与经济》，见王晓波:《台湾的殖民地伤痕新编》，台北：海峡学术出版社 2002 年版，第 202—203 页。

二、台共中央的重建（1928 年 11 月）

上海台湾读书会事件对台共而言是一个致命的打击，但是谢雪红获得释放，却开启了台共一个新的局面。

1928 年 6 月 2 日，谢雪红获释后，回台中她二姐家暂时落脚。1928 年 6 月 5 日，台共中央常委林日高由台北赶往台中与谢雪红取得联系，他们交换台共有关情况。首先，林日高告诉谢雪红岛内台共中央工作近况。1928 年 5 月 15 日，他找到蔡孝乾、庄春火、洪朝宗等人，向他们传达了台共一大召开的情况和通过的各种纲领、决议以及当选的中央委员会成员的职务任命及分工情况，这一安排被大家所接受。他们决定要分头开展革命工作，然而，潘钦信和谢玉叶返台后，告诉他们谢雪红等人被捕的消息且日警有扩大搜捕的趋势，于是，他们就暂时停止革命活动。对此，林日高说："我于 4 月下旬回台湾后，向蔡孝乾、庄春火、洪朝宗等人作了传达，又吩咐蔡去向李晓芳、庄泗川传达。不久，潘钦信和谢玉叶也回台，情况起了变化，因为他们告诉我，你们在上海被捕的消息，大家认为案件还未明朗化，暂时不要动，等待案件澄清后再说"。[①] 与此同时，谢雪红也向林日高汇报她们被捕的经过情况，她说："我们被捕的事和读书会案件有关联，张茂良送你去码头时可能被敌人跟踪了，又有个女人来问我们要不要雇佣娘姨，……林木顺回家时看到有人盯梢，即转来我们处过夜，翌晨敌人就来包围了，……林木顺得以脱逃，但党的文件全部落入敌人的手中。幸亏敌人先把我们带到法国领事馆去，在那儿我们有充分的时间套好口供，因此，大家都否认和那些文件有关系，只是文件中有张茂良的笔迹，可能张会有点麻烦，但是敌人只知道党员在大陆，……我们留苏的欢送纪念相片也被敌人搜到了，不过我到过苏联之事被我完全否认掉了，照片中有林木顺，他恐怕逃避不了，……总之，党的存在是暴露了，不可避免地要增加我们工作上的许多困难，幸亏党的组织并未暴露，案件也大概就这样结束了，……我们可以开始工作，希望大家按照第一次中央委员会的决定展开工作"。[②] 于是，谢雪红和林日高协商决定：首先是按照台共第一次中央委员会的决定开展工作；其次是根据林日高的提议，林木顺因身份暴露不能回台，由谢雪红补为正式中央委员；最后是由林日高去召集台共第二次中央委员会，讨论领导机构的部分变动，通

---

① 谢雪红口述、杨克煌笔录：《我的半生记》，台北：杨翠华出版 1997 年版，第 269 页。

② 谢雪红口述、杨克煌笔录：《我的半生记》，台北：杨翠华出版 1997 年版，第 269—270 页。

报谢雪红等人被捕的经过情况，以及对形势发展的估计等。[①]

1928 年 6 月 10 日，台共一届第二次中央委员会在台北大桥淡水河畔召开，参加者有台共中央委员林日高、蔡孝乾、庄春火、洪朝宗四人，谢雪红因刚释放，目标太大，容易引起日警的注意，故未出席这次会议。会议主要内容如下：林日高向大家报告谢雪红等人被捕的情况，估计日警不会再扩大搜捕，并转达谢雪红的意见，希望大家必须按照台共第一次中委会的决定开展工作。此时，未参加台共建党大会的蔡孝乾、庄春火、洪朝宗都一致赞同，愿意执行台共所分配的任务。鉴于林木顺不能回台工作，一致同意递补谢雪红为正式中央委员，并推选林日高为台共中央委员会委员长。然而，1928 年 8 月，蔡孝乾、洪朝宗、潘钦信和谢玉叶因害怕被日警逮捕，便擅自脱岗逃往福建。

1928 年 8 月下旬，在台湾仅存三名中委谢雪红、林日高和庄春火在台北秘密召开台共一届第三次中委会。这次会议主要内容是：第一，将擅自脱岗逃跑的蔡孝乾、洪朝宗、潘钦信和谢玉叶开除出党，并提交日共中央批准；第二，发展台共党员的主要对象，应为台湾农民组合和台湾文化协会的核心成员，以及上海读书会事件和广东台湾革命青年团事件的被捕者[②]；第三，因台共党员少，很难在岛内开展革命工作，所以台共请求日共中央将在日本的台籍日共党员调回来参加矿山、铁路方面的工作；第四，会议决定大力开展在台湾文协、农民组合中的活动，要把这两个在台湾群众中有基础、有影响的组织，改造成为党的外围团体；第五，决定由谢雪红、杨克培出资，在台北开设“国际书局”，作为台共中央的机关驻地；第六，派林日高赴东京向日共中央汇报台共工作，听取日共对台共重建工作的指示。[③]

由于上海读书会事件的破坏，以及台共中央委员蔡孝乾、洪朝宗暂时离台，使重建岛内台共中央成为当务之急。1928 年 8 月底，林日高赴日本东京，见到刚抵东京不久的台共中央书记长林木顺。日共中央和台共中央书记长林木顺对岛内台共的重建工作指示如下：

其一，岛内台共中央设一个秘书局，负责领导党的活动。重要的政治问题，由日共中央和驻东京的台共中央代表解决。秘书局要听从东京方面的命令，成员由 3 人组成，每月开 6 次会议。其余的台共中央同志以特派员的身份，到各

---

① 谢雪红口述、杨克煌笔录：《我的半生记》，台北：杨翠华出版 1997 年版，第 270 页。

② 谢雪红口述、杨克煌笔录：《我的半生记》，台北：杨翠华出版 1997 年版，第 278 页。

③ 谢雪红口述、杨克煌笔录：《我的半生记》，台北：杨翠华出版 1997 年版，第 278—279 页。

基层建设党的支部。

其二，重新整理各地各级机关的联络关系，设立联络专门委员。

其三，党员的活动必须统一。当前，台共最主要的工作要在大工厂积极建立党的支部。党应该尽量扩大台湾各抗日团体的党团组织规模，使其与党的指导机关发生密切关系，改变6月至9月的紊乱关系。

其四，暂时不发行党的中央机关报，由岛内台共中央秘书局发行一份具有吸引力和号召团的刊物，在东京发行台共中央的政治通信。

其五，台共要提出布尔什维克（即共产主义）的口号，对台共中央工作不积极提出警告，台共中央有"败北主义"倾向，要在工作中自动纠正。[①]

林日高携林木顺的指示回到台湾。1928年10月6日，林日高、谢雪红、庄春火秘密召开台共中委会，按照上述新指示着手岛内台共的重建工作。10月下旬，林木顺在东京向台湾同志发出改组岛内台共中央的紧急命令。11月初，日共中央的指示抵达台湾后，谢雪红、林日高和庄春火再次召开中委会，将谢雪红补为中央委员。[②]三人做了下述决定：

1. 蔡孝乾、洪朝宗、潘钦信、谢玉叶四人放弃职务逃亡中国，开除这四位机会主义者的党籍。

2. 吸收杨克培、杨春松为新党员。

3. 分配中央委员会职务：

书记长兼组织部部长——林日高

劳工运动部兼宣传煽动部部长——庄春火

其余事务负责人——谢雪红[③]

由于林木顺未如约返台，而林日高虽被任命为台共书记长，但事实上党的领导权掌握在谢雪红手中。因此，由林木顺担任书记长的台共第一阶段至此宣告结束。

---

① 林民威（林木顺）:《台湾共产党组织的经过和现状》，1928年11月26日，林炳炎:《林木顺与台湾共产党的创立》，台北：林炳炎出版2013年版，第294页。

② 台湾"总督府"警务局:《台湾社会运动史——共产主义运动》，台北：创造出版社1989年版，第107页。

③ 台湾"总督府"警务局:《台湾社会运动史——共产主义运动》，台北：创造出版社1989年版，第107页。

第二节　台共内讧

一、党的更生运动与松山会议

（一）党的更生运动

虽然1928年11月台共中央由谢雪红、林日高、庄春火三人组成，但在1929年初以前，只空有这个领导机关，缺乏坚强的实质组织，也没有几个党员。在日本“四·一六”事件发生之前，苏新、萧来福受台共东京特别支部的委派而回台开展革命工作，庄守也在被日警释放后返回台湾；曾经在祖国大陆参加中共或共青团的王万得、吴拱照、刘守鸿也相继返台，并成为台共党员；文协和农组的骨干也陆续入党，这样，不仅台共党员数量有所增加，而且台共的影响力也日益增强。[①]1929年世界经济危机日益严重，世界各地的无产阶级运动蓬勃发展，这种客观形势对停滞不前的台共发展相当有利。为了推动台共革命运动的发展，1929年10月，谢雪红、林日高、庄春火在国际书局集会，召开中央委员会，讨论当时的形势并重新分配职务，并做了如下决定：

首先，台北市内地区由王万得当负责人，基隆地区的负责人为苏新；

其次，关于大众团体内的活动：文化协会党团由吴拱照、庄守负责，农民组合党团由杨春松、赵港负责；

最后，重新分配中央委员会职务，宣传煽动部由谢雪红负责，劳工运动部由庄春火负责，组织部由林日高负责。1930年3月，任命刘守鸿为高雄地方负责人，负责该地方的工会组织及其他一切党活动。[②]

由上面的台共人事安排可以看出，台共已展开全岛从南到北的活动，并强化台共对左翼组织的控制力量。日本在2月12日对农组干部及成员的压制，增加了农组成员对台共的同情与依附。因此，农组中的党支部也增强了活动，党的控制地位逐步建立。文协中的党支部同样地也建立了领导地位。1929年11月文协第三次大会开幕时，连温卿——这位民主社会主义分子、日共党内丧失主要地位的山川主义派忠实信徒——的力量已被围绕在王敏川周围的“上大派”

① 台湾“总督府”警务局:《台湾社会运动史——共产主义运动》，台北：创造出版社1989年版，第109页。

② 台湾“总督府”警务局:《台湾社会运动史——共产主义运动》，台北：创造出版社1989年版，第110页。

所超越，终于遭到文化协会的除名。至此，台共在文协的领导权也确定了下来。

1929 年底，台共已经控制了读书会和青年会等组织，并进行社会科学研究会的工作——特别是在马克思主义的研究和宣传工作方面，以便从中征募党员。1930 年下半年，社会科学研究会的组织日益扩展，依照 1931 年逮捕台共事件后日警的调查，当时已有 17 个与台共有关的组织，其中大多数在谢雪红的影响下活动。

为了确保党的发展，台共对于所谓的右翼改良主义的团体，如台湾民众党以及由民众党分裂出去并于 1929 年 8 月另外成立的温和派“台湾地方自治联盟”，采取了批斗和反对的态度。在台共的领导下，文协、农组及左翼工会的干部在文协彰化支部集会，组成“打倒反动团体斗争委员会”，以巡回演讲的方式“谴责”并“揭发”右派改良主义者。这样的活动聚集了相当数目的支持者。

台共党员同时出版杂志：包括谢雪红、杨克培、郭德金出版的《台湾阵线》，王万得联合周合源、陈两家、张朝基和江森钰等五人合创的《伍人报》，由于日本殖民者检查尺度甚为严厉，所以实际上都被禁止出版。

（二）松山会议

经过“四·一六”事件，不仅日共遭到日警毁灭性打击，而且与日共保持密切联系的台共东京特别支部也遭到彻底破坏，这样，台共与日共联络就完全中断。于是，1929 年 11 月，台共中央决定派遣林日高前往上海，通过台共驻上海的联络员翁泽生与中共中央或共产国际东方局取得联系，接受其指示以便台共开展下一步的革命工作。①

林日高因有事而延迟出发日期，直到 1930 年 4 月 15 日才由台湾出发前往上海。其后不久，上海翁泽生派遣传信人魏某至谢雪红处，要求挑选两名优秀劳动者赴上海出席国际劳动组合联盟第五届大会。②于是谢雪红挑选农民组合干部陈德兴、工人干部林朝宗于 7 月出发赴上海，林朝宗因被日本密探监视，未达目的地便折回，仅陈德兴一人奔赴上海。③

先行渡沪的林日高于 4 月 16 日进入厦门，会晤 1926 年以来在厦门担任海员组合指导工作的中共党员黄天送。透过黄，于 4 月 22 日与潘钦信及谢玉叶见

① 台湾“总督府”警务局：《台湾社会运动史——共产主义运动》，台北：创造出版社 1989 年版，第 110 页。

② 台湾“总督府”警务局：《台湾社会运动史——共产主义运动》，台北：创造出版社 1989 年版，第 111 页。

③ 杨克煌：《我的回忆》，台北：杨翠华出版 2005 年版，第 82 页。

面，由他们手中取得翁泽生的上海地址。4月25日赴上海，于5月10日抵达上海与翁泽生见面。5月20日他向翁泽生报告台共在岛内活动的概况，并讲述来沪的使命。[①] 当翁泽生得知台共中央在岛内革命工作进展缓慢，非常不满意台共表现，因此，他说："台湾的党几乎与大众脱离而没有活动，以目前看来，有如研究性团体，应加以根本的改革。"而且，"台湾的客观诸情势已有显著变化，故党的诸方针亦必须加以检讨。"[②] 为了向共产国际东方局报告，翁泽生要求林日高写台湾的政治、经济、工农运动、文化协会的具体情况和台共活动情况的报告书。林日高完成报告后滞留在上海等候上级的指示。期间，翁泽生的态度及一位来访的自称中共党员在与其会晤时的冷漠令其失望，原已对党的活动颇感倦怠的林日高，此番更形动摇，也逐渐造成脱离的倾向，乃数次催促翁泽生交付指令，结果，中共中央派人告诉林日高："最近将派人赴台湾，（共产国际远东局）指令拟由其人传达，你可先行返回台湾。"[③] 林日高失望之余于7月返台，向谢雪红报告上海之行，不久他宣布退党，而庄春火也随后发表声明脱党。[④]

1929年下半年，台共党员人数逐渐增加，台共活动也日趋活跃。与此同时，激进的年轻党员中担任赤色工会组织运动、农民组合、文化协会的指导工作者，对谢雪红等中央委员的活动不充分、不活泼，消极态度渐渐感到不满。这种不满情绪逐渐在党内扩大，并发展为对中央委员的不信任。而这时林日高、庄春火相继脱党，台共中央委员仅剩谢雪红一名。谢雪红对林日高、庄春火的脱党既无任何处置，党员又久未聚会，联络活动方针也没有确立。照此下去，台共将会名存实亡。因此，在共产国际东方局的正式指示到达前的一段期间，为协议暂定方针，谢雪红乃通知王万得等人共同协议方针。

1930年10月27日至10月29日，谢雪红在台北市郊松山召开台共中央委员会扩大会议。出席这个会议的有杨克煌、吴拱照、苏新、赵港、庄守、王万得等人，他们商议了一条台共临时指导方针。首先谢雪红开门见山说明召开此次会议的原因："近期内第三国际远东局拟派员来台，归台后原应召开党的正式

① 台湾"总督府"警务局:《台湾社会运动史——共产主义运动》，台北：创造出版社1989年版，第111页。

② 台湾"总督府"警务局:《台湾社会运动史——共产主义运动》，台北：创造出版社1989年版，第111页。

③ 台湾"总督府"警务局:《台湾社会运动史——共产主义运动》，台北：创造出版社1989年版，第111页。

④ 台湾"总督府"警务局:《台湾社会运动史——共产主义运动》，台北：创造出版社1989年版，第111页。

大会，决定新方针及成立诸机关事宜，惟因三名中央委员中，林日高、庄春火两名脱党之故，在大会召开前，为决定暂定方针乃召开本会议。”接着，她说台共无法发展的原因是“官宪（指日本当局）的弹压，党员的不活泼、中央机关的怠慢”。[①]

王万得报告台北的工友协助会、台湾机械工联合会及台湾工友总联盟的情况，台北地方赤色工会组织运动的发展概况；赵港就农民组合的活动，吴拱照就文化协会的活动，庄守就高雄地方工会组织运动，苏新就有关北部矿山工会及交通运输工会组织运动的情况，分别提出报告。[②]有关工运的报告，批评党对于工会组织运动缺乏一定的方针，放任党员个别行动，造成工运停滞不前。最后会议做成以下的决定：

1. 任命指导劳工运动的负责人——王万得及苏新。党应该确立一条指导路线，以团结工会组织。

2. 建立或扩大农组支部，使它们成为独立的组织，并准备参加未来的“赤色总工会”。

3. 文协已无工农分子，实际上已成为小市民阶级的大众斗争团体，党应该改变它的组织性质。

4. 开除林日高、庄春火的党籍，中央委员缺额等下次大会再予补全。[③]

5. 决定再派人到上海，与翁泽生和东方局联系，并请求派人返台召开大会，重新建立党的领导机构及决定今后的方针任务，至于如何派人和如何打报告，由谢雪红负责。[④]

经此松山会议后，党员依据上述方针活动，显得十分活泼。党员数目亦渐次增加。台共的更生，于此呈现其端倪。

---

① 台湾“总督府”警务局:《台湾社会运动史——共产主义运动》，台北：创造出版社 1989 年版，第 111 页。

② 台湾“总督府”警务局:《台湾社会运动史——共产主义运动》，台北：创造出版社 1989 年版，第 112 页。

③ 台湾“总督府”警务局:《台湾社会运动史——共产主义运动》，台北：创造出版社 1989 年版，第 113 页。

④ 苏新:《未归的台共斗魂》，台北：时报文化出版企业有限公司 1993 年版，第 45 页。

二、台共内讧的起因：谢雪红对共产国际“左”倾指示的抵制

1928 年 11 月，台共中央在谢雪红的领导下，在台湾岛内积极地开展活动。虽然谢雪红的合法斗争路线在台湾的革命实践中取得了显著的成效；然而，对共产国际来说，谢雪红的做法是属于“关门主义”，过于保守，背离了共产国际“左”倾的进攻路线。这样，以谢雪红为首的台共中央就激起了共产国际的强烈不满，被共产国际斥责为机会主义。为了确保共产国际路线在台湾的贯彻，因此，共产国际要求台共中央进行党的改革工作。

1930 年 12 月，中共中央领导人瞿秋白在上海会见台共干部翁泽生时，转达共产国际东方局对谢雪红领导的台共中央“机会主义”路线的批评，他说：“依据东方局最近所提，台湾党陷入了机会主义的错误，党员欠缺积极性，党组织非常幼稚，与成立当时无甚差别。而党的活动迟滞，呈现出无法遂行革命指导任务的状态”。[①] 瞿秋白依据共产国际“第三时期”理论，向台共指出：台湾已经出现了革命高涨的形势。他说：“因为资本主义经济组织日见深刻化，将全世界卷入于经济恐慌（危机）里，资本主义国家在经济性危机深刻化的同时，政治危机亦增大，革命运动的潮流已见高涨，日本帝国主义亦不能免于这种倾向而陷入大的经济恐慌”。“日本帝国主义为巩固对台湾的统治，势必更残酷地榨取工农。因此，台湾的工农群众在政治上、经济上的痛苦亦必加剧升高，在台湾工农群众之间也必然地会激发出革命的斗争。……伟大的革命斗争显然即将爆发。”[②] 为了迎接台湾革命高潮的到来，因此，他要求“台湾的党应召集临时大会，检讨党过去的方针，确立正确的新方针，而在大会之前应促使一般党员由机会主义的谬误中觉醒，在实践斗争的过程中克服机会主义的谬误。”[③] 接着，瞿秋白进一步就台共的政治问题、组织问题、工运问题、农民问题、青年问题、少数民族等问题，提出了中共中央的具体意见。由此可知，中共中央自台湾共产党成立以来，即使在十分艰难的环境中，仍然时刻关注着台湾的革命斗争，仍然把指导台共和台湾革命作为自己的重要责任。

几天后，共产国际东方局负责人就台共改革之事，正式向翁泽生、潘钦信

① 台湾“总督府”警务局：《台湾社会运动史——共产主义运动》，台北：创造出版社 1989 年版，第 114 页。

② 台湾“总督府”警务局：《台湾社会运动史——共产主义运动》，台北：创造出版社 1989 年版，第 115 页。

③ 台湾“总督府”警务局：《台湾社会运动史——共产主义运动》，台北：创造出版社 1989 年版，第 115 页。

下达指示："最近东方局拟送正式指示至台湾。在这之前，可先行返回台湾，将共产国际的意见传达于一般党员，使能进行积极活动，在活动过程中克服过去的谬误，将党导入布尔什维克的正道。东方局的指令到达后，应即行召开大会，依据共产国际的指示，确立政治方针，强化指导部。俟此等任务遂行一段落之后，将诸项调查资料以及更详细的状况加以汇集，提出报告。"①

当时，正好台湾农民组合中央委员陈德兴路过上海，准备赴海参崴参加第五次太平洋劳动会议，因迟到而错过此次会议，因此，他不能前往海参崴，只好返台，翁泽生就委托他顺手带回共产国际东方局的一项指示——要台共加以整顿，停止关门主义的作法。翁泽生交代陈德兴："先将（共产国际东方局的）意旨传达予谢氏阿女（谢雪红）并怂恿党的改革，倘阿女不表同意或持反对意见时，则向王万得、赵港等报告，令他们准备党的改革"。②

1930 年 12 月 20 日，陈德兴回到台湾后，遵照翁泽生的交代，在国际书局找到谢雪红，向她传达共产国际东方局的指示。然而，谢雪红认为，陈德兴传达的这项指示是"对台湾情况无知者的妄论，令人无法肯定其为共产国际东方局的指令，恐系翁泽生等人分裂主义的阴谋"，③因此，她拒绝接受。陈德兴万般无奈，只好照预定计划向王万得等传达该项指示，从而引发了台共党内激烈的斗争。据王万得后来的回忆："这样，陈德兴就依照翁泽生的指示——如果谢雪红接受批评就把随身带来的文件交给谢雪红。如果她不接受，就去找王万得、苏新、赵港等人，贯彻中共中央和远东局的指令。第二天早晨，陈就来五人报社找我。"④苏新也说："1930 年底陈德兴从上海回台湾，谢雪红派他到我的地方（矿区）工作。陈当时对我说：'东方局和中共中央认为，台湾党犯着右倾机会主义和关门主义的错误，应该很快纠正这些错误，大胆地、慎重地展开群众日常生活的斗争，而在这种斗争中组织群众，这样方能够在群众中建立党的基础。'陈德兴又对我说：'翁泽生吩咐我回台后尽量说服谢雪红，使她能够认识到过去党的错误（当然这并不是谢一个人的错误，而是整个党的错误），能够接受新的

---

① 台湾"总督府"警务局：《台湾社会运动史——共产主义运动》，台北：创造出版社 1989 年版，第 115 页。

② 台湾"总督府"警务局：《台湾社会运动史——共产主义运动》，台北：创造出版社 1989 年版，第 116 页。

③ 台湾"总督府"警务局：《台湾社会运动史——共产主义运动》，台北：创造出版社 1989 年版，第 116 页。

④ 王万得：《王万得回忆录》，北京：台盟中央资料室，第 13 页。

任务。如果谢仍然不接受，那么你可以去找王万得、赵港、苏新等商量，在党内积极分子之间进行贯彻远东局和中共中央指令，为二大召开做准备工作，我按翁的吩咐，与谢谈了很多，但没有效，她还责问我是不是也跟翁泽生一起反对她。没有办法，只好和你及王万得商量这个问题。’之后我们就到台北找王万得商量。”①

找到王万得之后，他们觉得这个问题太大了，不能只由两三个人的意见来处理台湾党组织的这个问题，最后他们决定召开各地党组织及群众团体的党组织负责人来开会讨论。

谢雪红很快就发现陈德兴、苏新与王万得等人暗中串联，而当时台共的纪律是严禁这种“横的联系”的，于是，她找王万得过来谈话：“陈和苏找你有什么事？”他说：“陈德兴在上海时，翁泽生叫他回来时对台共进行批判，如果台共中央不接受批评时，可在党内进行党的领导机构的改革活动。”②他还说：“翁泽生叫陈德兴对台共中央进行批评的内容是：‘台共犯了右倾机会主义的路线错误’，其事实是：1. 台共党组织的关门主义，没有向群众敞开大门，党组织没有‘布尔什维克化’；2. 野蛮的高山族人民都起来举行起义了，党还不敢发动文明的汉人实行起义（即武装暴动）。”③最后，王万得又对谢雪红说：“陈德兴回来向你提出这些批评，但你不接受，因此，他找我来了，要进行党领导机构的改革工作。”④她听完之后，感到非常意外，谢对王说：“陈德兴并没有向我提起这种批评，如果他提出批评也不是我个人的事，我一定留他来和大家讨论这些问题。……我怎么会马上叫他到矿山工作呢？”“林日高以一个党的负责人前去上海都没有听过这些问题，陈是做为工人身份去的，回来时他只告诉我在上海极为无聊，没做什么事，我也相信了”。⑤事后，谢雪红感觉事态严重，于是又再叫王万得来谈。王仍说：“陈对你进行批评，但你不接受，我们即按照上海的指示，开始改革的工作了，成立了一个‘改革同盟’。”⑥谢对王说：“你们这样做是在党内组织党，是分裂党的行为，是错误的”。但王却说：“我们做的是根据上

① 苏新：《未归的台共斗魂》，台北：时报文化出版企业有限公司1993年版，第46—47页。
② 杨克煌：《我的回忆》，台北：杨翠华出版2005年版，第93页。
③ 杨克煌：《我的回忆》，台北：杨翠华出版2005年版，第93页。
④ 杨克煌：《我的回忆》，台北：杨翠华出版2005年版，第93页。
⑤ 杨克煌：《我的回忆》，台北：杨翠华出版2005年版，第93页。
⑥ 杨克煌：《我的回忆》，台北：杨翠华出版2005年版，第93页。

海的指示，不会错。”①

三、共产国际“左”倾指示酿成了台共组织上的分裂

由于当时台共还处于幼年时期，在政治上、思想上还很不成熟，台共党内都普遍存在着对共产国际的盲目崇拜和对共产国际指示神圣化的错误倾向，所以他们对共产国际指示奉若神明，对其指示教条地、不加分析地、忠实地去执行。1930 年底，陈德兴前往台北《五人报》报社向王万得传达共产国际指示，王万得当即表示遵照共产国际指示，进行党的改革。

1930 年 12 月 27 日，王万得认为谢雪红在党的改革问题上无法合作，便错误地避开了持不同意见的谢雪红台共中央，召集赵港、苏新、陈德兴、庄守、吴拱照等人在台北市王万得的住所召开会议，传达陈德兴带回的中共中央和共产国际东方局的指示，讨论台共改革的意见，在会上大家就党的改革工作达成了一致意见，并决定由苏新（矿山工会组织负责人）、萧来福（交通运输工会组织负责人）赵港、陈德兴（农民组合党团负责人）、庄守（南部地方负责人）、吴拱照、王万得（文化协会党团负责人）7 位同志进行党的改革准备工作，由陈德兴负责与各地党员联络。②

1931 年 1 月 27 日，前述七位党员在王宅秘密集会，召开党的改革运动讨论会。首先陈德兴报告会见谢雪红并将共产国际东方局的指示向其传达的经过；王万得则报告陈德兴带回共产国际东方局指示的内容，并在这次会议中指责以谢雪红为首的台共中央犯了下列“机会主义”错误：“组织上的封闭主义”“政治上的不动主义”“没有建立党的机关及发展党的支部”“党员没有过组织生活，不了解党的政治纲领和党的各种政策”“党各级机关与党团的界限不明确”“上级机关对于下级机关与党团工作的领导不足”。③大会决定贯彻共产国际指示，结束谢雪红的“关门主义”路线，确定了台共要更加积极地开展各项活动的“激进主义”路线。通过了改革党的各种暂定方针，主要内容是：

---

① 杨克煌:《我的回忆》，台北：杨翠华出版 2005 年版，第 94 页。

② 台湾“总督府”警务局:《台湾社会运动史——共产主义运动》，台北：创造出版社 1989 年版，第 117 页。

③ 台湾“总督府”警务局:《台湾社会运动史——共产主义运动》，台北：创造出版社 1989 年版，第 118—119 页。

1. 总方针

清算党的上述机会主义的错误，积极地激发工农群众的日常斗争，在斗争过程中吸收勇敢而认真的分子进入党内。打破党的宗派主义，使党员认识此种错误，而以承认此种错误者为改革同盟员。

2. 工会组织运动（苏新提案）

提案的要旨为进入大工厂、铁道、港湾、矿山等，打破以往的小团体倾向，进行积极的工会组织运动，迈向台湾赤色总工会。为此应召开全岛工人运动代表者会议，构成台湾赤色总工会组织准备委员会，做为工会组织运动的统一指导部。

3. 关于农民运动方针（陈德兴提案）

将农民组合的基础重新组织在贫农上，设法扩大支部的再建，使农业无产阶级组织“农业工会组织准备会”，并使其参加总工会的组织。

4. 文协解散运动

在理论上，解散文化协会是正确的。惟现在总工会、反帝国主义同盟尚未成立，要即时解散实不可能。应考虑到解散后如何将文协各人员妥予安排出路，始可实行解散。

5. 反帝同盟组织事宜

赵港主张“使农民组合提倡反帝同盟的组织”，然而，反帝同盟指导权之掌握，实非劳动者莫属。但现在台湾的工会组织极为微弱，即使组织反帝同盟，劳动阶级也无法掌握其领导权。故其前提条件应先集中全力于总工会的组织运动。

6. 关于青年运动问题

共产青年同盟的组织亦极重要，但其领导权非由劳动者掌握不可。故应特别对青年工人提出切实的要求，激发其日常斗争，将其吸收入工会的青年部，又将农村青年争取进入农民组合青年部，然后再进行共产青年同盟的结成。①

大会决定与原有的党中央领导机关断绝关系，自行成立了台共新的中央领导机构——“改革同盟”，并选出了由王万得、苏新、赵港、陈德兴、萧来福五人组成的临时中央委员会，后三位又同时担任中央常务委员的职务。台湾共划

① 台湾“总督府”警务局:《台湾社会运动史——共产主义运动》，台北：创造出版社 1989 年版，第 120—121 页。

分为五个工作地区，三个地区由党派遣特别代表负责，其余两个地区由党中央委员会直接领导。并决定了东区（宜兰、花莲港、台东）负责人为卢新发、北区（台北、新竹）中央直辖、中区（台中）负责人詹以昌、南区（台南）负责人刘守鸿、高雄区（高雄、澎湖）负责人刘守鸿。这次大会以后，以王万得为首的“改革同盟”不仅掌握了台共大权，而且更加积极地推行共产国际“左”倾进攻路线，从而使得台共的“左”倾错误开始泛滥开来。[①]

这样，台共就正式分裂为以王万得为首的“新中央”和以谢雪红为首的“旧中央”两派。不仅如此，“改革同盟”还以台湾农民组合的名义发表了《关于台北国际书局同人反动的声明书》，揭发“最近国际书局同人突然反动了，其行为实比统治阶级更甚”，列举其“反动”的事实：“将我们寄给他们的文件随意放置于书局，并公然于书局公开，有数份因此被统治阶级带走。”“对统治阶级的白色恐怖、残酷的追索，视为我们左倾过激所致。”[②]“改革同盟”认为“国际书局同人的行为已破坏我农组，欲阻碍我整体的台湾农民运动。咸认为是欲阻碍现阶段台湾全体革命运动的最恶劣的反动行为”，因此，“我台湾农民组合代表200多万农民群众，彻底地向他们宣战、揭露”。[③]而以谢雪红为代表的国际书局对于“改革同盟”的声明，也针锋相对地予以回击，发表了《对台湾农组声明书的声明》，认为农组声明“系出于三五堕落干部的辛辣手段所为”。[④]“最近于战线上有数名堕落干部占据大众团体的地位，利用其地位完全行个人的野合而无视组织原则，中伤同志，革除勇敢的同志的职位，致战线引起纷乱，替敌人造成进攻机会。此乃数名堕落干部的罪恶，谨此衷心希望各同志：一方面站在阶级的立场上勇敢地向统治阶级斗争，同时也对堕落干部进行斗争。如此始能巩固我们的组织，竭尽我们的力量与敌人斗争。”[⑤]在论战中，双方对立情绪进一步增大，接着就互相瓦解对方，互相争取群众和竞争发展新党员，至此

① 台湾“总督府”警务局:《台湾社会运动史——共产主义运动》，台北：创造出版社1989年版，第122页。

② 台湾“总督府”警务局:《台湾社会运动史——共产主义运动》，台北：创造出版社1989年版，第133页。

③ 台湾“总督府”警务局:《台湾社会运动史——共产主义运动》，台北：创造出版社1989年版，第136页。

④ 台湾“总督府”警务局:《台湾社会运动史——共产主义运动》，台北：创造出版社1989年版，第134页。

⑤ 台湾“总督府”警务局:《台湾社会运动史——共产主义运动》，台北：创造出版社1989年版，第134页。

台湾党组织已经分裂。

针对王万得等人分裂台共中央的行为，谢雪红通过正常渠道向共产国际东方局、中共中央反映。在“改革同盟”成立之后，谢雪红写信到上海诘问翁泽生：“陈（指陈德兴）回来（指回台）后，对本人仅说在上海受冷遇一事而已，但对其他人则说，带回中共中央委员所交代反对阿女（指谢）、清算机会主义的任务。且说曾出席国际劳动组合联盟大会，实情到底如何呢？”[①]接着她还向中共中央上诉：“陈对党负责人的本人不提一言，自称是中共中央部的提议而标榜反机会主义，并公言要成立党内组织，遂聚集知识分子出身的同志形成团体，称为改革同盟，树立指导机关，引发宗派的斗争。而翁泽生成为其团体一员，派遣使者王溪森至台湾策动”。[②]为此，翁泽生于1931年3月和5月两次受到中共中央的严格审查，他说：“中共中央组织部长就上述各点审问过我，我断然否认与改革同盟有任何关系。我说若有疑问可叫陈德兴来此，如由该人口中判明本人确有涉入，本人甘愿接受任何制裁。”“同年5月重被交付中共审查委员会，审问是否派遣过使者王溪森（回台），经我说明不是为改革同盟的工作而派遣回台的。因此，大致上似已消除对我的怀疑。”[③]中共中央认真对待了谢雪红的“控告信”，严格地对翁泽生进行两次审查，这表明中共中央对谢的“控告”是十分重视的，但审查结果清楚表明翁泽生与“改革同盟”没有关系，而且还反对成立“改革同盟”。他在这件事情上是清白的，是谢雪红误解甚至带有诬陷成分。因此中共中央恢复了翁泽生的工作。

“改革同盟”成立以后，各地方的干部都回去原来的工作岗位，等待东方局派人来召开大会。陈德兴负责把他回去以后所发生的一切事情报告翁泽生。翁泽生接到报告以后，与瞿秋白同志研究这个问题，而发现“改革同盟”犯了原则性错误，违背党的组织原则。因此，翁泽生到福建找蔡孝乾（当时在漳州）和潘钦信（当时在厦门）商量如何处理。结果调潘钦信到上海与翁泽生准备召开大会及纠正错误所需要的文件。[④]为了阻止台湾党更大的混乱，于1931年4

① 台湾“总督府”警务局:《台湾社会运动史——共产主义运动》，台北：创造出版社1989年版，第132页。

② 台湾“总督府”警务局:《台湾社会运动史——共产主义运动》，台北：创造出版社1989年版，第132页。

③ 台湾“总督府”警务局:《台湾社会运动史——共产主义运动》，台北：创造出版社1989年版，第132页。

④ 苏新:《未归的台共斗魂》，台北：时报文化出版企业有限公司1993年版，第48页。

月派潘钦信为代表，带东方局对台湾党的指示《告台湾共产主义者书》《中共中央致台湾同志书》《台湾共产党新纲领》及二三种学习文件回到台湾。

1931年4月，潘钦信从厦门返台，向岛内同志传达中共中央和远东局要求解散"改革同盟"的意见。潘钦信返台后，立即召集"改革同盟"的主要干部王万得、萧来福、苏新等（当时陈德兴、赵港、吴拱照已被捕，没有参加），传达上海的指示，并指出"改革同盟"的原则性错误，命令解散。当时潘钦信所指出的主要内容是："翁泽生同志并不是叫你们另外组织领导机构，由上而下去进行党的改造工作，而是大会之前一方面检讨过去的工作，另方面展开群众的组织和斗争，用这样的方法来教育一般党员，提高党员的水平，准备迎接大会，在大会上由下而上批评领导，以达到改造党的目的。"[①] 然而，当时王万得、苏新等人由于思想水平和政治水平低，未能理解这个精神。

关于如何召开大会的问题，苏新与王万得、潘钦信之间也交换了意见，他认为"应该叫谢雪红他们参加，显然他们是绝对少数。但王、潘认为，估计谢雪红他们绝不会承认过去的错误来接受新的任务。既然如此，他们参加大会也不能解决问题。这样，这次大会的内容及今后党的方针任务被他们知道是危险的，对今后的工作将有很大的障碍。其次，谢已在上海及台湾被捕过两次，日本政府可能已经知道谢是党的领导人之一，叫她出席也是很危险。当时，我对台湾党领导机构的情形及干部之间的关系不甚了解，也就没有坚持自己的意见"。[②]

四、台共二大确立了"左"倾进攻路线

由于谢雪红领导的台共"旧中央"对共产国际指示的拒不执行，因此，在共产国际看来，台共"旧中央"不但应在政治上受到谴责，而且应在组织上作根本变更，以确保台湾革命严格按照共产国际所指引的路线前进。为此，共产国际东方局专门派潘钦信为代表回台指导台共二大的召开。

1931年5月31日至6月2日，台共二大在共产国际东方局代表潘钦信的主持下，在台北淡水郡八里庄观音山麓正式召开。[③] 潘钦信在会中首先报告东

---

① 苏新：《未归的台共斗魂》，台北：时报文化出版企业有限公司1993年版，第48页。

② 苏新：《未归的台共斗魂》，台北：时报文化出版企业有限公司1993年版，第48页。

③ 台湾"总督府"警务局：《台湾社会运动史——共产主义运动》，台北：创造出版社1989年版，第163页。

方局的指导意见及中共的友好建议，然后指出："党已陷入极端的机会主义的谬误。故必须清算此错误，根本地改变党，以确立党的新政治方针。"台共改革的方针是"为对党的机会主义根源的小资产阶级基础的清算，将党的机会主义的错误由实践上去认识，激发工农的日常斗争，在其过程中争取工人及贫农入党，巩固党的无产阶级基础，以确保党的布尔什维克化"①。潘钦信同时指出，"改革同盟"是为了实行第三国际的指令而组织的"党中党"，虽然政治动机正确，但它还是违反党的组织原则，这就是为什么"改革同盟"应该解散的原因。②这次大会的主要内容是：（1）清算党过去的错误（"改革同盟"也在内）；（2）讨论和通过党的新政治纲领；（3）讨论和通过对工人运动、农民运动和其他群众运动的方针任务；（4）通过《接受中共中央的提议的决议案》；（5）通过开除谢雪红、杨克培、杨克煌的党籍；（6）选出新的中央委员会，中央委员有：王万得、潘钦信、苏新、刘守鸿、颜石吉五人；候补委员有：萧来福、简娥二人，大会结束后，再由中委之中选出王万得、潘钦信、苏新三人为常委，构成"书记局"，以王万得为书记，下面设组织部和宣传部，以潘钦信为组织部长，苏新为宣传部长。工人运动负责人：萧来福，农民运动负责人：颜石吉，中部地区负责人：詹以昌，南部地区负责人：刘守鸿，东部地区负责人：卢新发，北部地区：由中央委员会直接领导。③

这次大会秉承共产国际东方局的意旨，一方面把忠实于共产国际的台共"改革同盟"领导人王万得等人扶植上台，而将不听从共产国际指示的台共"旧中央"领导人谢雪红等人开除出党；另一方面还照搬共产国际"第三时期"理论，通过了台共新的政治纲领，将共产国际"第三时期"理论及相关指示进一步目标化、具体化和行动化。台共二大通过的新的政治纲领，接受了共产国际东方局关于台共应实现"布尔什维克路线"的建议。这个纲领与1928年台共通过的革命纲领相比，在革命策略等方面有很大的变化。如对台湾资产阶级的分析，不加区分地笼统认为"目前的台湾资产阶级明显地违背了民族利益，并且公然与帝国主义妥协。他们不仅不再成为一股革命力量，相反地，他们却构成

① 台湾"总督府"警务局：《台湾社会运动史——共产主义运动》，台北：创造出版社1989年版，第164页。

② 台湾"总督府"警务局：《台湾社会运动史——共产主义运动》，台北：创造出版社1989年版，第164页。

③ 台湾"总督府"警务局：《台湾社会运动史——共产主义运动》，台北：创造出版社1989年版，第164—165页。

革命的障碍”。[①] 因此，“我们应向民族改良主义与社会民主主义施以坚强的斗争，排除民族改良主义与社会民主主义在群众中的影响。”[②] 为此，他们还提出了在无产阶级领导下“建立工农民主专政的苏维埃政权”的口号。[③] 此外，台共新中央还无视台湾革命中敌强我弱的基本事实，主观的认为，日本帝国主义已陷于大恐慌之际，台湾革命高潮已经到来，现在应该是主动出击的时候。因此，台共当前的任务“应该是把握各种机会，抓住工人与资本家、农民与地主、士兵与长官的大小冲突，激发群众的日常斗争，在斗争中反对民族改良主义、社会民主主义、机会主义，扩大党在群众中的政治影响，吸收群众集合在党的政治口号的周围，领导工人、农民在工厂与农村实行猛烈的阶级斗争，建立无产阶级在农民运动中的领导权，扩大并巩固工农的革命组织，力求革命的均衡发展，以武装暴动颠覆帝国主义的统治，树立工农民主政权”。[④] 台共二大以后，台共在共产国际“第三时期”理论直接指导和影响下，出现严重的“左”倾错误。

第三节　台共再次遭破坏与重建的努力

一、台共再次遭破坏

随着谢雪红旧中央的失势和王万得新中央的崛起，台共出现了新的形势。1931 年 2 月，台共在以王万得为代表的激进派主持下，由“关门机会主义”转向“开门激进主义”。在台共激进派的努力下，台共活动的确开创了新的局面：不仅台共党组织发展很快，党员遍布全台各劳工部门，控制了各群众组织的领导权，而且群众性运动、群众性斗争，迅速而普遍地展开，如在台北发动了印刷工人的罢工，并且采取了“占领工厂”的激烈行为；在罗东发动了蔗农对日人制糖公司的斗争，及罗东街房屋租借人对日人地产公司的斗争；又在高雄铁工厂、水泥工厂、铁道部工人之间，散发传单，公开进行工会组织工作；在领

① 台湾“总督府”警务局:《台湾社会运动史——共产主义运动》，台北：创造出版社 1989 年版，第 176 页。

② 台湾“总督府”警务局:《台湾社会运动史——共产主义运动》，台北：创造出版社 1989 年版，第 159 页。

③ 台湾“总督府”警务局:《台湾社会运动史——共产主义运动》，台北：创造出版社 1989 年版，第 175 页。

④ 台湾“总督府”警务局:《台湾社会运动史——共产主义运动》，台北：创造出版社 1989 年版，第 184 页。

导上也开始注意党员的教育问题，由宣传部油印文件（如东方局对台湾党的指示，台湾党的新纲领，第二次大会对各种群众运动的方针任务的决议及其他重要文件等），作为党员的学习材料。[①] 在这些斗争和工作中，台共逐渐地在群众中生了根，革命局面正在初步打开。因此，苏新说："如果没有再犯新的错误和日本帝国主义大规模的破坏，台湾党的改造和更生是可以期待的。"[②]

表面上看来，台湾抗日斗争形势一片大好，但台共这些激进的做法，使台共的各级组织和进步团体不断暴露在敌人面前，给敌人逮捕革命群众造成了便利的条件和机会。1931 年 3 月 10 日——日本陆军纪念日，日本殖民者在台湾举行首次防空演习，青年读书会成员王日荣趁机在台北散发"反对帝国主义战争"的传单，结果遭到日本警察的逮捕。日本警察抓住线索，又先后逮捕林式镕、林殿烈等人，并在台共党员张朝基家搜获大量"改革同盟"和台共二大文件，至此日本警察已掌握了台共党组织的全部情况。

1931 年 6 月至 11 月，日本殖民者在全岛展开对台共的大搜捕行动，谢雪红、王万得、苏新、林日高、杨克培、潘钦信等大批台共党员和被怀疑为与台共有关的人员都陆续被捕，一共逮捕 107 人，其中有 49 人被判处 2 至 15 年有期徒刑。[③]

二、台共重建的努力

台共中央遭到破坏后，其外围团体的文化协会、农民组合也受到影响，无法正常活动。1931 年 8 月 9 日，未逮捕的台共党员（农民组合干部简吉、陈昆仑、陈结与文协干部张茂良、詹以昌等人）在台中文化协会本部秘密召开"台湾赤色救援会组织协议会议"，商量党的重建工作。这次会议做出四项重要决定：第一，党的活动要继续，不可停顿；第二，调查尚未遭逮捕的党中央委员并与之联系，派党员前往祖国大陆，设法与中共中央或共产国际东方局取得联系，并依据其指示重建台共中央；第三，将文化协会的会员与农民组合的组合员吸收到即将成立的台湾赤色救援会，通过救援活动来进行重建党组织及训练无产阶级大众；第四，迅速成立台湾赤色救援会筹备委员会，并出版机关刊物。

---

① 苏新：《未归的台共斗魂》，台北：时报文化出版企业有限公司 1993 年版，第 49 页。

② 苏新：《未归的台共斗魂》，台北：时报文化出版企业有限公司 1993 年版，第 49 页。

③ 台湾"总督府"警务局：《台湾社会运动史——共产主义运动》，台北：创造出版社 1989 年版，第 195 页。

会议一致推选张茂良为台湾赤色救援会筹备委员会的主席，陈昆仑为书记，推选简吉、张茂良、陈昆仑为中央负责人。①

依据8月9日决议，简吉、陈昆仑、张茂良、詹以昌开始秘密地往返各地，一方面与文协、农组成员取得联系，另一方面向他们传达指示，并征询他们的意见。詹以昌在与台共中央常委苏新取得联系后，商量解散文化协会并组织赤色救援会。为此，1931年9月4日晚，简吉、颜锦华、陈结、陈昆仑（以上为农组成员）、王敏川、张茂良、詹以昌、吴丁炎（以上为文协成员）在文化协会本部召开台湾赤色救援会筹备委员会，决定取消文化协会，组织台湾赤色救援会。大会决定了赤色救援会的组织方针：（一）中央机构的设置；（二）地方机构的设置，即每十人组成一个班，每五个班组成一个队，每个班和队分别设置一名负责人；再由队的负责人组成地方委员会，待全岛都设立地方性的组织后，再召开大会，选出中央机构的成员。同时，大会决定暂时由简吉为筹备委员会的负责人，简吉、张茂良、陈昆仑等三人为筹备委员会常任委员，简吉、张茂良、詹以昌、陈昆仑、李明德、吕和布、吴丁炎等七人为筹备委员。大会还任命了各地方负责人，具体情况如下：李振芳（罗东）、江赐金（台北）、颜锦华（台中）、王敏川（彰化）、张信义、郭荣昌（丰原）、詹以昌（员林）、张茂良、陈神助（竹山）、李明德（嘉义）、林锐（麻豆）、苏清江（新营）、陈结、林龙（竹崎）、吕和布（屏东）、张玉兰（高雄）、吴丁炎（北港）、汤接枝（雾峰）等。②

依据1931年9月4日台湾赤色救援会筹备委员会的决议，各地方负责人立即展开组建救援会地方机构的活动，对会员及救援金的获得有相当的成绩，具体情况如下：（一）陈结在竹崎组织了11个班80人的赤色救援会；（二）陈结还在小梅组织了7个班45人的赤色救援会，并为赤色救援会筹集到28元的经费；（三）林锐在曾文、北门组织了4个班24人的赤色救援会，为赤色救援会筹集到140元的经费；（四）李明德在嘉义组织了3个班17人的赤色救援会；（五）吴丁炎在北港组织了5个班35人的赤色救援会，为赤色救援会筹集到47元的经费；（六）吕和布、张玉兰在高雄组织了12个班的赤色救援会；（七）陈

① 台湾“总督府”警务局：《台湾社会运动史——共产主义运动》，《台湾赤色救援会组织运动的抬头》，台北：创造出版社1989年版，第236页。

② 台湾“总督府”警务局：《台湾社会运动史——共产主义运动》，《台湾赤色救援会筹备委员会的组成》，台北：创造出版社1989年版，第240—241页。

结在台中组织了8个班的赤色救援会；（八）郭荣昌在丰原组织了4个班20多人的赤色救援会；（九）吕朝枝在农民组合本部组织了1个班7人的赤色救援会；（十）汤接枝在雾峰组织了1个班的赤色救援会。另外，黄赐金在台北，李振芳在罗东也竭力进行救援会组织工作。[①] 另外，黄赐金在台北，李振芳在罗东也竭力进行救援会组织工作。

随着台湾赤色救援会组织工作的进展，日本警察开始注意台湾赤色救援会，并暗中进行调查。1931年9月，日警在台南州嘉义郡小梅庄发现一本救援会的宣传资料《三字集》，循此进行深入调查。11月，逮捕了在台中州竹山郡散发同种传单的林水福。日警得知这些宣传资料是由陈神助和陈结在台南州嘉义郡竹崎庄印刷的。根据林水福的供述，日警发现并没收了《二字集》《三字集》及《真理》杂志800多份。日警还在台中州竹山郡阿里山中逮捕了资料的刊印者陈结。根据调查，日警发现这些行为都与台共有关系，于是台南州派出中村特高股长率领部下到嘉义，在郡警察的协助下，发起了全面的搜查逮捕，于12月抓到逃到嘉义的陈神助。经过审讯，得知他们的活动是台湾赤色救援会组织活动的一部分。根据他们的供述，又在陈神助的住处收缴了大量的文书和宣传印刷器具。之后，日警又对台南州进行了搜查，在基隆逮捕了吴丁炎。[②] 随后赤色救援会的文协与农组成员纷纷落入日警手中，被捕人数高达310人，其中150人被移送法院，有53人出庭受审，其中包括文协领袖王敏川、农组领袖简吉，以及这两个组织的主要负责人和成员。在这53人当中，有8名涉及台共案件而被分开审判，其余45人被指控参加赤色救援会活动，分别被判处2至7年的有期徒刑，具体判刑情况如表2-1：[③]

---

① 台湾“总督府”警务局:《台湾社会运动史——共产主义运动》,《台湾赤色救援会组织准备运动》，台北：创造出版社1989年版，第243—247页。

② 台湾“总督府”警务局:《台湾社会运动史——共产主义运动》,《台湾赤色救援会检举的始末》，台北：创造出版社1989年版，第273页。

③ 台湾“总督府”警务局:《台湾社会运动史——共产主义运动》,《台湾赤色救援会检举的始末》，台北：创造出版社1989年版，第274—276页。

表 2–1

姓名	教育程度	是否为党员	身 份	刑期	姓名	教育程度	是否为党员	身份	刑期
陈昆仑	中等	是	农组中央委员	5 年	曾百川	初等		农组员	2 年
颜锦华	中等	是	农组中央书记	4 年	许启明	初等		文协员	2 年
王敏川	高等		文协中央委员长	4 年	李鹿	初等		农组员	2 年
张玉兰	中等	是	农组支部委员	4 年	孙叶兰	初等		农组员	2 年
黄石顺	中等	是	农组中央委员	5 年	廖晨茂	初等		农组员	2 年
张火生	初等	是	农组支部委员	4 年	李万春	初等		农组员	3 年
张行	初等	是	农组中央委员	6 年	黄任葵	初等		农组员	2 年
李明德	初等	是	文协中央委员	死亡	陈锡珪	中等			2 年
姜林小	无	是	农组中央委员	4 年	沈君	初等		农组员	2 年
汤接枝	初等	是	农组中央常委	6 年	许登此	初等		农组员	4 年
吴丁炎	初等	是	文协中央委员	7 年	魏连春	初等		农组员	2 年
张庚申	初等	是	文协中央委员	3 年	姜林朝清	无		农组员	3 年
谢少塘	初等		文协支部委员	2 年	吴博	初等		文协员	3 年
吕赛	初等		农组员	3 年	张溜	初等			3 年
陈越	初等		农组员	4 年	黄春生	初等		文协员	死亡
蔡添丁	无			2 年	姜林海鹅	初等		文协员	2 年
张卜	初等			2 年	姜林德鸿	初等		文协员	2 年
张笨	初等			2 年	尤份	初等		文协员	2 年
吴沈旺	初等		农组员	2 年	吕朝枝	初等		文协员	不起诉
杨顺利	初等		农组支部委员长	2 年	詹瑞婴	初等		农组员	4 年
陈文质	无	是	农组支部委员	4 年	吕和布	初等	是		4 年
林锐	初等		农组支部委员	3 年	林春	初等		农组员	2 年
林水福	初等		农组员	2 年					

至此台湾岛内的台共党员几乎全部被捕，日警岛内大搜捕台共行动至此告

一段落。日本殖民者从缴获的台共材料掌握了台共在上海成立的经过，了解在上海还有翁泽生、林木顺等台共重要成员以及台湾反帝同盟的诸多成员，于是发出抓捕通缉令，让驻上海的日本领事馆协助抓捕，大搜捕行动从岛内推进到上海，从 1931 年 7 月起至当年年底，陈炳誉、董文霖、高水生等多名上海台湾反帝同盟骨干被捕。最后一个被捕的台共干部翁泽生，时为 1933 年。这次大抓捕行动，不仅台共党组织遭到彻底破坏，而且台共的外围团体台湾农民组合和文化协会也被取缔。1935 年 7 月，赵清云、褚阮进、张作任、孙古平与中国共产党建立了联系，准备再次从事台共的重建工作，但是被日本驻厦门的领事馆逮捕。1937 年 9 月 8 日，他们被判刑：赵清云、褚阮进，每人被剥夺自由三年半；张作任，被剥夺自由两年半；孙古平，判监禁一年。[①] 从此，台湾反日革命运动进入持续十几年的低潮。

① 林炳炎：《林木顺与台湾共产党的创立》，台北：林炳炎出版 2013 年版，第 257 页。

第三章　台湾共产党政治纲领焦点问题评析

日本殖民统治时期，台共曾在其政治大纲中提出了“台湾民族”“台湾独立”“建立台湾共和国”等焦点问题。虽然这些问题在特定的历史时期有特定历史内涵，但由于这些问题与新中国的统一祖国大政方针相背离，因而，这些问题成为几十年来争论的焦点和敏感问题，长期以来，这些问题在大陆几乎成为无人敢于涉猎的禁区，至今这一领域的研究仍是一片空白。近年来，随着学术界研究环境的日益宽松，使得台共政治纲领焦点问题研究成为可能。为了使人们对上述问题有所认识，笔者就台共政治纲领中的“台湾民族论”和“台湾独立”的真实内涵作一论述。

第一节　“台湾民族论”不能成立

“台湾民族论”是现阶段“台独”理论的核心内容之一，它认为台湾文化在特殊的历史发展进程中，已逐渐超越了同中国的血缘、地缘关系而形成独特的文化，台湾人民已经“脱中国化”而成为一个与“中华民族”相平行、相对等、独立的“台湾民族”，因而要求民族自决权或分离权。为了替这一理论寻找历史依据，“台独”理论家们便搬出了日本殖民统治时期台共的政治大纲。

“台独”理论家史明在《台湾人四百年史》一书中写道：“因台湾共产党是以‘台湾民族’为台湾革命的出发点，所以台湾的殖民地民族解放运动就不可能成为中国革命的一部分，也不是日本革命的一部分，而是单独成为一系统及一单位的‘台湾革命’。”[①] 另一位“台独”理论家陈芳明则在《殖民地台湾》一书中说：“台湾民族的存在，是在历史的压迫过程中塑造起来的。外来的侵略与

① 史明：《台湾人四百年史》，台北：蓬岛文化公司 1980 年版，第 582 页。

威胁愈强烈的话，台湾民族意识就越巩固。台共的1928年纲领，正是反映了这样的历史现实。因此，有关台湾民族发展的回顾，在台共第一份政纲中占有相当重要的分量。因为，台湾民族的追求生存与尊严，是台共所强调的革命主要任务。”[①] 看来，如何看待台共的“台湾民族论”主张，已成为我们批驳“台独”言论时亟待解决的重大课题。

一、台共政治纲领中的“台湾民族论”不能成立

将台湾人民单独分列出来作为一个民族的提法，的确曾出现在1928年台共成立时的政治大纲中，该大纲是这样表述“台湾民族”的产生和发展历程的：“台湾的最初住民是野蛮人，（即）所谓的生蕃。在16世纪的前半期，西方的先进国家荷兰开始占领这个蕃岛的南部，西班牙则占领北部。这就是台湾殖民地历史的序幕。17世纪60年代，被满清打败的郑成功率兵东渡台湾，把那些为数甚少的荷兰人和西班牙人逐出岛外。其后，生蕃逐渐受到压迫，土地渐受剥夺，终于全部为汉人逐入深山里。因此，台湾土地被郑氏家族及其部属分割占有。此后由中国南方移居台湾的汉人与日俱增。所谓台湾民族，就是由这些中国南方移民渡台后而产生的。”[②] 此后，台湾社会经过清、日本的统治阶段，开始从封建制度向资本主义制度过渡。台湾封建制度崩溃的关键，在于清末台湾与西方先进各国开始进行贸易，促使岛内商业资本逐渐抬头。台湾被割让给日本时，“台湾民主国”的抵抗行动，事实上是由资本主义化的中地主、商人和激进武士联合领导的。日本统治后，资本主义支配整个台湾社会；台湾资本家必须依赖日本资本主义而存在，使得民主革命未能完成，而封建色彩也还有残余。总之，“台湾民族经过这样的历史阶段，在特殊的经济发展过程中被培养长大”。[③] 应当说，台共政治大纲中有关“台湾民族”的论述缺乏根据，不能令人信服。它对台湾历史发展的叙述，支离破碎，不成体系，而且有很多错误。

什么是民族？这是我们辨析台湾汉人是不是形成一个单独的“台湾民族”，必须弄清的理论出发点。目前国内外学术界有各种不同的民族概念，因此，我们有必要讨论一下有关“民族”定义的问题。

---

① 陈芳明：《殖民地台湾》，台北：麦田出版股份有限公司1998年版，第237页。

② 台湾“总督府”警务局：《台湾社会运动史——共产主义运动》，台北：创造出版社1989年版，第24—25页。

③ 台湾“总督府”警务局：《台湾社会运动史——共产主义运动》，台北：创造出版社1989年版，第26页。

1. 近代国内外资产阶级学者和政治家对“民族”定义的表述。1851 年，意大利学者马齐提出，民族是“具有土地、起源（即有“血统”的含义）、习惯、语言的统一，以及生命和社会意识共同一致的人类的自然社会”。[①] 这是目前人们知道的最早的民族定义。它在一定程度上是符合实际的，但不全面，而且过于含糊宽泛：一个民族内部“生命”怎能一致？一个民族内各阶级阶层的社会意识又怎能一致？把民族说成是“自然社会”，是把民族这一社会历史现象错看成自然现象（这是 19 世纪资产阶级民族学理论的普遍错误之一），又把民族这一范畴混同于社会这一范畴（后者指以共同物质生产活动为基础而相互联系的人类生活共同体）。1852 年，瑞士法学家布伦奇里提出民族八特质说。他说：“民族特质有八：其始也同属一地；其始也同一血统；同其肢体形状；同其语言；同其文字；同其宗教；同其风俗；同其生计，由这八种因素相结合，并传之子孙，久而久之，则成为民族。”[②]1905 年，汪兆铭提出民族六要素说：“民族云者，人种学上之用语也，……其条件有六：一同血系（此最条件、虽因移住婚姻，略减其例），二同语言文字，三同住所（自然之地域），四同习惯，五同宗教（近世宗教信仰自由，略减其例），六同精神体质。此六者皆民族之要素也。”[③]1924 年孙中山在《三民主义》一文中提出了民族“五种力说”。他说：“我们研究许多不同的人种，所以结合成种种相同的民族的道理，自然不能不归功于血统、生活、语言、宗教和风俗习惯这五种力。这五种力，是天然进化而成，不是武力征服得来的。”[④] 以上所列的布伦奇里、汪兆铭、孙中山提出的民族定义，虽然有合理的方面，但也有不合理的方面。他们都把“血统”作为民族的基本要素，有的还作为最重要的因素，都把“宗教”作为民族的基本要素之一，又有的把“肢体形状”也作为民族的基本要素之一。这是他们在观察认识民族方面的共同的缺陷。民族不是血统组织，而是以地缘关系为基础的人们共同体。宗教对某些民族来说，的确是一个重要的特点，但是，一个民族的人不一定都信仰宗教，信仰宗教的那一部分人，也不一定都信仰一种宗教；信仰同一宗教

---

① 吴仕民、王平：《民族问题概论》，成都：四川出版集团、四川人民出版社 2007 年版，第 4 页。

② 梁启超：《政治学大家布伦奇里之学说》，《饮冰室文集》卷五说二，上海：广智书局 1905 年版，第 51 页。

③ 精卫（汪兆铭）：《民族的国民》，《民报》1905 年第 1、2 期合刊，见《辛亥革命前十年间时论选集》卷二上册，北京：生活·读书·新知三联书店 1963 年版，第 83 页。

④ 《孙中山选集》下卷，北京：人民出版社 1981 年版，第 620—621 页。

的不一定是一个民族。民族与种族是有区别的，不能混同，不能把种族的特征作为民族特征。因此，他们提出的民族定义，虽然在定义内容的完整性方面做了努力，但都不能作为科学的民族定义。

2. 第二国际机会主义者对“民族”定义的表述。第二国际后期（20 世纪初），奥国社会民主党内的机会主义者卡·伦纳尔和奥托·鲍威尔等人为了“论证”他们的“民族文化自治”理论，提出了非常混乱、模糊的所谓民族定义。伦纳尔说：“民族是思想相同和语言相同的人们的联盟”，是“由一群现代人组成的、和‘地域’无关的文化共同体”。[①] 鲍威尔认为，共同的语言不是民族的必要特点，没有共同语言也能组成为民族。他说：“民族就是相对的性格共同体”，“民族就是那些在共同命运的基础上形成了共同性格的人们的全部总和”，[②] 它不一定和共同地域、语言以及经济生活相联系。他们的所谓民族定义的核心问题是，把民族性格、民族文化同它所产生的根源即民族的生活条件、周围环境等物质基础和具体的历史条件割裂开来，使民族脱离它赖以产生和存在的根基，从而把民族变成某种一成不变的、永远存在的、神秘而不可捉摸的东西。因此，这种民族就不是活的行动着的民族，而是在实际生活中不存在的“纸上”的民族。不难看出，伦纳尔和鲍威尔的民族定义是一种唯心主义的理论。

3. 斯大林对“民族”定义的表述。长期以来被人们普遍接受的，是斯大林于 1913 年在《马克思主义和民族问题》中提出的“民族”定义：“民族是人们在历史上形成的一个有共同语言、共同地域、共同经济生活以及表现于共同文化上的共同心理素质的稳定的共同体。”[③] 即民族是由共同语言、共同地域、共同经济生活及共同心理素质四个基本特征结合而成的。斯大林还指出：“实际上并没有什么唯一的民族特征，而只有各种特征的总和。”[④] 这个定义是以资本主义民族为定义的对象（1929 年又把社会主义民族也包括在与此基本一致的定义之内），归纳了民族的基本特征，曾对俄国（苏联）和世界各国无产阶级政党和社会主义国家认识和处理民族和民族问题方面起过重要作用。我们认为，斯大林民族定义，既讲到了形成民族的经济基础因素，又包括了上层建筑方面的因素，还包括了地理条件和语言等自然和社会现象方面的因素，比较完整地概括了民

① 《斯大林全集》第 2 卷，北京：人民出版社 1953 年版，第 295 页。
② 《斯大林全集》第 2 卷，北京：人民出版社 1953 年版，第 296—297 页。
③ 《斯大林全集》第 2 卷，北京：人民出版社 1953 年版，第 294 页。
④ 《斯大林全集》第 2 卷，北京：人民出版社 1953 年版，第 298 页。

族这个客观事物的基本特征。然而，斯大林民族定义中强调四个基本特征必须同时具备才能构成民族的观点，没有充分考虑民族产生和发展过程及其复杂性，没有充分反映民族的社会内容和社会结构。因此，这个定义具有一定的局限性，并不完全适用于中国。

4. 中共对“民族”定义的表述。2005 年 5 月，在中央民族工作会议上，中共中央从中国实际的出发，将中国历史和现实灵活地同斯大林的民族理论相结合，对民族概念做出了新的阐释：“民族是在一定的历史发展阶段形成的稳定的人们共同体。一般来说，民族在历史渊源、生产方式、语言、文化、风俗习惯以及心理认同等方面具有共同的特征。有的民族在形成和发展的过程中，宗教起着重要的作用。”[①] 中共在关于构成民族六个共同特征的定义，是在总结中国和世界民族理论的实践经验的基础上，既继承了斯大林民族定义的合理成分，又合理借鉴国内外关于民族的论述而提出的，可以说是集中国、世界的民族理论之大成。构成民族六个共同特征的理论，表现出几方面独特性：第一，与针对资本主义上升时期形成的资本主义民族或现代民族的斯大林民族定义的四个特征理论相比，更加宽泛，更侧重于人类社会发展中从部落发展而来的民族，可涵盖现今的绝大多数民族。第二，与特别强调血统、宗教等要素的民族定义相比，更加注重民族的地缘、生产方式、文化等诸要素，更加合理地确认族源和宗教的作用。第三，与强调文化、心理等要素的民族定义相比，更加注重历史渊源、生产方式更加合理地确认诸要素的整体性和诸要素之间的关系。这个定义准确地阐述了民族这个人们共同体的内涵，具有科学的严谨性和普遍的适用性。

由上分析可知，在上述各种不同的民族定义当中，笔者认为，2005 年 5 月，在中央民族工作会议上，中共中央表述的“民族”定义最为科学。

下面我们根据中共的民族定义对台湾是否存在“台湾民族”进行分析。

从历史渊源上看，当时的台湾人，除少数民族之外，都是大陆汉族移民及其后裔。早在宋元时期，大陆汉族移民就已经开始陆续移居台湾，尤其是到了明清时期，大陆出现了四次向台湾大规模的移民高潮。这四次移民潮的主体是来自福建的闽南人和广东的客家人，他们通过垦猎、商贸、随军、避战、婚嫁等方式陆续迁入台湾，并在台湾繁衍后代。这一点可以从台湾的人口构成中看

---

① 本书编写组：《中央民族工作会议精神学习辅导读本》，北京：民族出版社 2005 年版，第 29 页。

出来，据1926年日本人进行的“台湾在籍汉民族乡贯别调查”可知，当时岛内汉人共有3751600人，占台湾总人口数的88.4%。其中祖籍来自福建省的汉人合计3116400人，祖籍来自广东省的汉人合计586300人，祖籍来自闽粤以外诸省的汉人合计48900人。[①]这些具体数字不仅说明了台湾汉人与大陆汉人是同源一脉的血缘关系，而且还说明台湾汉人在台湾总人口中占绝对的多数。虽然台湾汉人历经几次外国殖民统治，但是与外国人通婚而带有外国人血统的则为数极少，根本改变不了他们的汉族血统。即使那些极少数与外国人通婚而带有外国人血统的台湾汉人后裔，只要还居留在台湾的土地上，那么他们便笼罩在台湾汉人的文化氛围与语境之中，也会逐渐被台湾汉人所融合。

从生产方式上看，大陆移民将大陆原有的生产技术和工具带到台湾。明朝后期，在汉族人民大量移居台湾之前，台湾社会还处于原始经济形态，生产水平十分低下，尚未进入铁农具和牛耕阶段。然而，这时大陆东南沿海地区已进入封建社会后期，农业生产工具、生产技术等已进入较先进阶段。明郑时期以来，随着大陆移民大批迁入台湾，他们把大陆先进的生产方式广泛地传播到台湾各地。在农业方面，他们不仅引进了大陆先进的生产工具——铁犁、牛只、种子，而且还将制糖所需的蔗苗、熬糖技术、熬制樟脑、种桑养蚕技术以及各种水果种植技术传入台湾。在手工业等方面，他们也将诸如冶铁、晒盐、造船、制瓦、烧炭、造币等祖国大陆的先进生产技术和工艺广泛引入到台湾。晒盐技术的传入，使台湾一反过去“煮海为盐”、“苦涩难堪”、产量低的窘况，所产盐不仅“色白而咸”，而且“用功甚少”，产量大为提高。制瓦技术的传入，结束了台湾砖瓦来自大陆的局面，为修造衙署，建筑学校、庙宇，以及改善民居提供了保证。

从语言上看，台湾汉人所使用的语言是与闽粤两省一样的闽南话和客家话。明清以来的闽粤汉族移民，从其移出并带来了汉语的闽南方言和客家方言，成为台湾汉人的通用语，并且一直沿用至今。数百年来，闽南方言和客家方言无论在语音形态还是语言的内部结构上都没有发生多大变化，也没有演化成为另一种方言。今天台湾的闽南话和泉州、漳州、厦门一带的闽南话之间已有细微差别，但彼此交谈并没有什么困难。这种状况就如同泉州腔和漳州腔之间，虽然有一点差别，但都属于闽南话；客家话的情况也是一样。不仅如此，台湾使

① 台湾总督官房调查课:《台湾在籍汉民族乡贯别调查》，台北：台湾时报发行所1928年版，第4—5页。

用的文字也是和大陆主要文字一样的方块汉字，所不同的是，台湾现在仍使用繁体竖排字，大陆则使用更加方便的简体字。

从风俗习惯上看，台湾汉人的生活习俗、岁时节庆与大陆祖籍地基本一致。在衣、食、住方面，台湾与大陆东南沿海地区没有什么不同。旧时，台湾居民所需衣物，多从大陆内地输入，纺织多自江浙，布匹来自闽南，羽毛则从粤东运来。台湾地区的饮食习俗与福建较为相近，以稻米为主食，番薯为辅食，兼吃面食等。烹调多汤汁、调味喜甜、清淡鲜美，做菜讲究使用老汤。台湾住居的样式，多沿袭闽南漳、泉式样，建筑材料也大多来自福建，木料多采自福建闽江上游，砖瓦则取自漳、泉，住居的内部安排也与大陆基本相同。台湾民间婚、丧、喜、庆的礼仪、音乐、饰物乃至棺木、冥纸等，与闽、粤两省几乎一模一样。台湾汉族移民的岁时节庆，如清明扫墓祭祖；端午吃棕（粽）子、插蒲艾、赛龙舟；中元节（农历七月十五日）放水灯；中秋吃月饼、赏月亮；重阳登高赏菊；春节贴春联、给压岁钱；元宵赏灯、吃汤元等，都与源自大陆祖籍地的节庆相同。因此，《东瀛识略》说："台民皆徙自闽之漳州、泉州，粤之潮州、嘉应州，其起居、服食、祀祭、婚丧，悉本土风，与内地无甚殊异。"①

从文化上看，台湾文化实质就是汉文化的延伸。明清以来，大陆汉人大量移居台湾，必然将汉文化带到台湾。明郑时期，郑经在咨议参军陈永华的建议下，将大陆的教育和科举制度移植到台湾。郑氏政权在台湾建孔庙，设"太学"，办学校，聘请大陆通儒者赴台执教；参照大陆科举制度，每三年举行一次"州试"，州试入选者再经府试、院试，考中者入太学，太学生每三年一大试，择其成绩优秀者入朝为官。汉文化在郑氏政权的扶植下，在台湾得到了较大的发展。清朝统一台湾后，汉文化在台湾又得到了进一步的发展和普及。台湾地方政府依照大陆学制，设府学、县学，民间则设立社学、义学、私塾、书院。所有这些学校，祀孔孟、尊理学，灌输儒家思想；以"明大义、端学规、务实学、崇经史、慎交游"作为学生治学为人的准则；教学内容都由浅入深地授以《三字经》《论语》《大学》《中庸》《孟子》等儒家经史典籍。到19世纪中叶，台湾与大陆在文化上完全融为一体。1895年日本殖民者侵占台湾后，虽然竭力压制汉文化，强制推行"同化"政策，试图以日本文化取而代之；但是台湾汉人冒着生命危险，以各种形式传承汉文化：一是办书房以传儒学，二是结诗社以砺气

---

① 丁绍仪：《东瀛识略》，台北：大通书局有限公司1995年版，第32页。

节，三是开鸾堂以崇儒教，四是建祠堂以显宗族。结果，这些做法不仅使日本殖民者以日本文化来取代汉文化的阴谋破产，而且使汉文化在台湾得到了较好的保存和沿袭。至今，台湾民众的待人处事仍然是以儒学的伦理道德为基本准则。

民族心理认同是指该民族成员普遍具有的对本民族归属和感情依附的稳定的心理特征。当他们与其他民族接触的时候，往往从民族政策、民族利益等角度来观察并比较本民族与其他民族的待遇、差异，一旦自我感觉本民族的利益受到挤压，他们就会从内心深处产生相对受到压抑和排挤的感觉。这时，他们的民族心理认同就十分强烈。[①]在弄清了民族心理认同概念之后，我们不难发现，移居台湾汉人的心理中都有强烈的祖根意识。在艰苦的拓垦岁月里，大陆汉族移民思乡恋家之情，通过对祖先的祭拜，使自己的心灵得到慰藉。他们的后人也通过祭祖来表达自己缅怀祖先、眷恋故土的强烈情感。特殊的移民经历，使得移民及其后裔尤为注重自己的家族源流，表现出强烈的寻根意识和浓厚的宗族乡土意识。在台湾，随着人口的繁衍，许多姓氏渐渐发展为大族，他们仍然按照家乡的传统习俗，族亲聚居，乡亲为邻，在聚居地按照祖宗的习俗，修族谱，建祠堂，沿用祖籍的郡望、堂号，标榜自己的渊源流派，以示饮水思源，不忘宗亲故土。日本殖民统治时期，日本殖民者强制进行的以灭绝汉民族文化为目的的殖民同化政策，激起了台湾汉人的反抗，更是将原乡意识发展成为包容更加广泛的民族意识、祖国意识，祖根已不仅是家族的、原乡的祖根，而且是民族的、祖国的祖根。对此，1939 年，日本殖民者也不得不承认："关于本岛人的民族意识问题，关键在其属于汉民族系统。汉民族向来以五千年的传统民族文化为荣，民族意识牢不可拔。属于此一汉民族系统的本岛人，虽已改隶四十余年，至今风俗、习惯、语言、信仰等各方面却仍沿袭旧貌；由此可见，其不轻易抛除汉民族意识。且其故乡福建、广东二省又和本岛只有一衣带水之隔，双方交通频繁，且本岛人又视之为父祖坟墓所在，深具思念之情，故其以支那为祖国的情感难于拂拭，乃是不争之事实。"[②]

从宗教信仰上看，台湾各地大小寺庙林立，供奉的孔子、关公、禹王、鲁班、妈祖、城隍等，无一不是中华圣贤。明清以来，大陆汉人大量移居台湾，

① 高永久：《论民族心理认同对社会稳定的作用》，中南民族大学学报（人文社会科学版），2005 年第 5 期。

② 台湾"总督府"警务局：《台湾社会运动史——文化运动》，《序说》，台北：创造出版社 1989 年版，第 2—3 页。

途中风波险阻，新土瘴病肆虐、野兽横行，严重危及生存。在巨大的环境压力之下，移民往往携带祖籍寺庙的香火、符签，乃至地方和家族的守护神，以求保佑。平安抵台后，便立庙设祭，并在此后不断回乡拜谒祖庙，增修扩建。于是，大陆本来就神出多源的宗教和民间信仰便随同移民足迹所到之处，传遍全岛。他们还在聚居地建造庙宇，供奉的就是其在祖籍地所供奉的神，如妈祖就是他们普遍信仰供奉的。此外，他们还供奉祖籍地一些带有明显地域色彩的神，如客家人供奉三山国王，惠安人供奉灵安尊王，南安人供奉广泽尊王，同安人供奉保生大帝，安溪人供奉清水祖师，漳州人供奉开漳圣王等。他们还通过“分香”，将保护神从大陆请到台湾，如台湾各地的龙山寺，其神像就都是从福建晋江安海“分灵割香”请来的。至今台湾民众在举行宗教活动时，上香、献酒、磕头等祭拜仪式，与大陆闽粤两省完全相同。

由上分析可知，明末以来移居台湾的闽粤汉人，在抵达台湾垦辟荒野的同时，也把他们原先固有的语言、生产方式、汉文化、风俗习惯、宗教信仰带到了台湾，并世代相传。大陆移民不仅去台的时候是汉族，而且在台湾历史发展的各个时期乃至日本殖民统治时期，也同样是汉族，从来就没有变异成为所谓的“台湾民族”。对此，日本驻台湾军司令松井石根的1935年一则讲话更可佐证，他说：“五百万岛民是汉民族，在过去拥有相当悠久的历史和文化，现在虽因台湾归日本领有而成为日本国民，但他们根本的思想、文化，依然沿袭着汉民族的方式。如今，他们的祖先坟墓，中流以上者，均在福建、广东。去年广东发表的华侨调查，便将广东渡来属台湾籍民者均视为华侨。因此，居住在台湾者，无论是福建人或是广东人，今天表面上虽说是日本国民，但由于其历史的原因，大部分人却并未怀有这种心理。尤其是岛民大部分为福建人，广东人是少数，从福建来的人，脑子中根深蒂固的观念就是：台湾是福建的领土，是福建人亦即汉民族的土地。故而其风俗习惯等等，仍旧沿袭汉民族多年的历史传统，且认为他们的衣、食、住等所有方面，并不比日本差，自己甚至还占有优势。当然，伴随着一般文化的进步，衣、食、住的状态渐渐产生着变化，然而，上述观念却牢不可拔。语言方面也是如此，今日虽极力奖励‘国语’（日语），但要将他们当中固有的汉民族语言去掉，却不是一件容易的事。”[①] 由此可见，日本侵略者虽然处心积虑地想使台湾汉人变成日本国民，但也不能否认台

① ［日］松井石根：《台湾统治四十年的回顾》，《东洋》（特辑号）昭和十年，第113—114页。

湾汉人就是汉民族的一部分。

既然“台湾民族论”违背历史和现实，那么，它怎么会出现在1928年台共的政治大纲中呢？我们认为，“台湾民族论”是日共照搬列宁的民族殖民地理论的产物。

二、台共政治纲领中的“台湾民族论”是日共照搬列宁的民族殖民地理论产物

俄国十月革命胜利以后，列宁及其领导的共产国际十分关注东方各国民族解放运动。为了摧毁帝国主义的殖民体系，组成国际反帝统一战线，列宁站在世界无产阶级革命的战略高度，提出了殖民地民族解放运动是世界无产阶级革命的同盟军，共产国际和无产阶级政党应当支持殖民地人民的民族解放运动等重要内容的民族殖民地理论。这一理论成为共产国际指导东方革命的理论基础。

1920年7月，在共产国际第二次大会上，大会通过了《关于共产国际第二次代表大会的基本任务的提纲》，决定将被压迫民族与殖民地的解放运动作为共产国际一项重要任务。因此，大会不仅要求“各国共产党必须直接帮助附属的或没有平等权利的民族和殖民地的革命运动”①；而且还要求各殖民宗主国的共产党，“都必须无情地揭露‘本国的’帝国主义者在殖民地所干的勾当，不是在口头上而是在行动上支持殖民地的一切解放运动，要求把本国的帝国主义者从这些殖民地赶出去，教育本国工人真心实意地以兄弟般的态度来对待殖民地和被压迫民族的劳动人民，不断地鼓励本国军队反对对殖民地人民的任何压迫。”②1922年11月，在共产国际第四次大会上，大会通过了《东方问题纲领》。该纲领规定：“殖民地母国的各国共产党必须担负起殖民地无产阶级革命运动，在组织上、精神上、物质上给予各种援助的任务。”③1927年7月，共产国际通过了由布哈林起草的《关于日本问题的纲领》，该任务纲领共13项，其中规定“(日本)共产党必须与日本的殖民地的解放运动建立紧密的联系，并给予他们一切思想上和组织上的支持。”④台共就是在上述背景下，由殖民宗主国的日共

---

① 《列宁全集》第39卷，北京：人民出版社1986年版，第163页。

② 《列宁全集》第39卷，北京：人民出版社1986年版，第201页。

③ [匈]贝拉·库恩：《共产国际文件汇编》第一册，北京：生活·读书·新知三联书店，1965年版，第451页。

④ [日]日本共产党史资料委员会编、林放译：《共产国际关于日本问题方针、决议集》，北京：世界知识出版社1960年版，第24页。

协助成立的。

1927年12月，日共中央就台共成立之事，专门召集台共建党骨干林木顺和谢雪红前往东京，对他们的建党工作进行指导。1928年1月，渡边政之辅、德田球一等日共领袖以林木顺、谢雪红提供的资料为基础，共同起草了台共的“政治大纲”与“组织大纲”，[①]然后交给了林木顺和谢雪红，并告诉他们以“日共台湾民族支部”的名义成立台共。于是，日共起草的台共政治大纲就到了台共创始人的手中。对此，日共领导人佐野学在被捕后的讯问书中也说：“1927年12月末或1928年1月初，一位台湾人同志来拜访渡边，就民族支部的形式交换意见。我与那位同志会面，渡边以那位同志所提出来的资料为基础，撰成政治、组织纲领草案，我也就政治纲领草案交换了意见。”[②]由此可知，台共重要的政治大纲和组织大纲的拟定是在日共指导之下完成。1928年4月15日，台共在上海正式成立，会上讨论通过的政治大纲，已由翁泽生翻译成白话文。后来，日本警视厅出示的证据也表明：“关于台湾民族问题的政治纲领，在（日共干部）市川正一那里发现的‘政治大纲草案’，与去年（1928年）4月上海总领事馆检举台湾共产党之际所没收的‘政治大纲’内容几乎相同。”[③]也就是说，台共政治大纲基本上只是日共提供的政治大纲草案的转译而已。由此可见，所谓的“台湾民族论”，其始作俑者，并不是台共，而是日共。“台独”分子宣称台共是“台湾民族论”的发明者，显然是有悖于历史事实的。

日共为什么会在台共纲领中提出“台湾民族”的观点？我们认为，这主要是受了列宁的民族殖民地理论的影响。在帝国主义时代，由于欧美列强压迫其他民族已成为普遍现象，因此，列宁提出了将全世界划分为压迫民族和被压迫民族两大阵营的重要思想。他说：“帝国主义的特点，正如我们所看到的那样，就是现在全世界已经划分为两部分，一部分是人数众多的被压迫民族，另一部分是少数几个拥有巨量财富和强大军事实力的压迫民族”[④]。为此，他告诫国际共产主义者，特别是拥有殖民地国家的共产党人，不应忘记“殖民地人民也是民

① 谢雪红口述、杨克煌笔录：《我的半生记》，台北：杨翠华出版1997年版，第236页。

② ［日］山边健太郎：《佐野学予审讯问调书》，《现代史资料20〈社会主义运动〉（七）》，东京：みすず书房1968年版，第253页。

③ ［日］山边健太郎：《现代史资料22〈台湾〉（二）》，东京：みすず书房1971年版，第137页。

④ 《列宁全集》第39卷，北京：人民出版社1986年版，第229页。

族，谁容忍这种‘健忘精神’，谁就是容忍沙文主义”。[1]当然，就绝大多数殖民地、半殖民地民族国家来说，列宁将世界划分为压迫民族与被压迫民族的论断无疑是正确的。由于当时台湾处在日本的殖民统治之下，台湾人民深受日本殖民者的剥削与压迫，根据这一事实，所以日共机械地照搬列宁的民族殖民地理论，将台湾社会划分为压迫民族与被压迫民族，即日本民族和“台湾民族”。然而，台湾作为日本殖民地，却有着它自身的特殊性（它不是一个独立社会，更不是以独立的国家与民族被殖民地化，不像殖民地朝鲜、印度那样），台湾是日本帝国主义凭借不平等条约从中国分割出去的，台湾人民是中华民族的一部分，它不同于一般的殖民地人民。日共正是忽视了台湾的特殊性而生搬硬套列宁的民族殖民地理论，从而犯了教条主义的错误。由于台共是日共的一个民族支部，忠实执行日共的各项指示是它的义务，这就是台共接受日共提供政治大纲中的“台湾民族论”主张的缘由所在。

1980年，台共领导人苏新在其未发表的遗稿《关于“台独”问题》一文中，以当事者的身份，解释并说明了当年台共政治纲领中“台湾民族”所指为何？他说：“我们这里说的‘台湾民族’，指的是居住在台湾的‘汉民族’和‘高山族’，并不是指别的什么‘台湾民族’。因为世界各民族中，不论是政治学上，或人类学上，从来也没有听说过有什么‘台湾民族’这个名词。”[2]为了避免人们对1928年台共政治纲领中“台湾民族”的说法误解，1931年，台共再重新制定政治纲领时，便取消了“台湾民族”的说法。对此，苏新又说：“‘台湾民族独立’这个词，严格推敲起来，在字义上可能会引起误解，被误认为是指一种民族叫做‘台湾民族’的独立。所以我们第二次（1931年纲领）讨论这个纲领的时候，作了一些修改，把‘台湾民族独立’改为‘台湾独立’，删去‘民族’二字。”[3]

台湾人民作为中华民族的一分子，无论过去或是现在，都没有变异成为所谓的“台湾民族”。“台湾民族论”是日共生搬硬套列宁的民族殖民地理论而制造出来的，并不符合台湾的社会实际。日共提出“台湾民族论”的本意，是为了帮助台湾人民争取民族（日本帝国主义侵占台湾地区的中华民族）解放，是

① 《列宁全集》第28卷，北京：人民出版社1990年版，第157页。

② 苏新：《未归的台共斗魂》，台北：时报文化出版企业有限公司1993年版，第263—264页。

③ 苏新：《未归的台共斗魂》，台北，时报文化出版企业有限公司1993年版，第264页。

针对殖民宗主国日本帝国主义而不是中国，“台独”分子有意套用日共“台湾民族论”来叫嚣“台湾独立”，分裂祖国，显然是对历史的歪曲或无知。

第二节　“台湾独立”的真实内涵

20世纪20年代末30年代初，台共为了反抗日本的殖民统治，曾经在台共政治大纲中提出了“台湾独立”“建立台湾共和国”等斗争口号。然而，一些“台独”理论家却往往无视台共反日独立运动认同中国的祖国观念和目标取向，而将这一运动曲解为“台独”的前期历史，并把这些斗争的口号加以断章取义的篡改和歪曲，妄图以此为自己分裂祖国的罪恶图谋寻找历史的根据，混淆视听，欺骗民众。

1989年“台独”学者卢修一在《日据时期台湾共产党史》一书中写道：“1972年初，我在巴黎一个偶然的机会里，看到了日本人山边健太郎主编的两本有关日据时期台湾政治运动的史料集，赫然发现20年代的台湾人组织了共产党，而且在距离今天的六十年之前，就已经提出了台湾独立、建立台湾共和国的明确主张。这个发现非常有刺激性也非常有意义，因为那个时候，我的政治理念已经很清楚地指向同样的目标。……希望能把六十年前的这段台湾历史，跟现代的台湾人追求自由解放的运动做一个结合。”①另一位“台独”理论家陈芳明则在《殖民地台湾》一书中说：“而台共则提出‘台湾民族’、‘台湾革命’、‘台湾独立’的主张。即使是从今天的眼光来看，台共的政治纲领仍然具有强烈的震撼性。从1920年代迄今，台湾社会发展的方向，几乎就是沿着塑造台湾民族、台湾独立的路线前进。”②为了澄清事实，笔者愿秉承以史为证的史学原则，征引相关的历史文献资料，对台共政治纲领中的“台湾独立”的真实内涵做出科学的诠释和评价。

一、台湾共产党提出“台湾独立”主张的历史背景

19世纪末，当资本主义发展到帝国主义阶段，帝国主义列强掀起了瓜分世界的狂潮，亚、非、拉美等许多国家和地区先后沦为欧美列强的殖民地。20世纪初，世界领土已被少数帝国主义列强瓜分完毕，整个世界已经划分为两部分：

---

① 卢修一：《日据时期台湾共产党史》，台北：前卫出版社1989年版，自序。

② 陈芳明：《殖民地台湾》，台北：麦田出版股份有限公司1998年版，第216页。

一部分是经济落后、人数众多的被压迫民族，另一部分是少数拥有巨额财富和强大军事实力的压迫民族。全世界形成了极少数大国对世界大多数居民实行殖民压迫和金融扼制的帝国主义殖民体系。殖民主义、帝国主义的疯狂掠夺和剥削，使得殖民地、半殖民地国家和地区经济发展停滞，人民生活极端困苦，帝国主义同被压迫民族之间的矛盾成为当时的基本矛盾之一。于是，反对帝国主义的民族解放运动便成为帝国主义时代一股强大的历史潮流。

面对世界被压迫民族的苦难，列宁站在时代的前列，从当时世界民族殖民地问题及沙皇俄国民族矛盾尖锐的现实状况出发，在《民族问题提纲》《论民族自决权》《社会主义革命和民族自决权》《关于自决问题的争论总结》等一系列文章中，提出了“民族自决权”原则。在不同时期，他一贯将民族自决权解释为被压迫民族有同压迫民族完全分离的权利，有成立独立民族国家的权利。1913 年，列宁在《民族问题提纲》一文中指出：“对我们纲领中关于民族自决的那一条，除了从政治自决，即从分离和成立独立国家的权利这个意义上来解释以外，我们决不能作别的解释。”[①]1914 年，列宁在《论民族自决权》中强调：“所谓民族自决，就是民族脱离异族集合体的国家分离，就是成立独立的民族国家。”[②]“从历史——经济的观点看来，马克思主义者的纲领中所谈的‘民族自决’，除了政治自决，即国家独立、建立民族国家之外，不可能有什么别的意思。”[③]1916 年 3 月，列宁在《社会主义革命和民族自决权》中又再次强调：“民族自决权只是一种政治意义上的独立权，即在政治上从压迫民族自由分离的权利。具体说来，这种政治民主要求，就是有鼓动分离的充分自由，以及由要求分离的民族通过全民投票来决定分离问题。因此，这种政治民主要求并不就等于要求分离、分裂、建立小国，它只是反对任何民族压迫的斗争的彻底表现。”[④]

20 世纪初，帝国主义的世界殖民体系已经建立，压迫民族和被压迫民族的矛盾更加尖锐。帝国主义对殖民地的掠夺和压迫，势必激起被压迫民族人民的反抗。而被压迫民族的解放斗争，必然会加剧和扩大整个资本主义世界的危机，它是从帝国主义的后方打击帝国主义，动摇帝国主义统治基础的伟大力量，是无产阶级革命的可靠同盟军。对于被压迫民族争取解放的斗争在推翻国际帝国

① 《列宁全集》第 23 卷，北京：人民出版社 1990 年版，第 329 页。
② 《列宁全集》第 25 卷，北京：人民出版社 1988 年版，第 225 页。
③ 《列宁全集》第 25 卷，北京：人民出版社 1988 年版，第 228 页。
④ 《列宁全集》第 27 卷，北京：人民出版社 1990 年版，第 257 页。

主义总斗争中的重大革命作用，列宁作了充分的估计。他认为，“作为反帝斗争中的一个独立因素的弱小民族，是帮助反帝的真正力量即社会主义无产阶级登上舞台的一种酵母、霉菌”[①]，殖民地半殖民地民族解放斗争是“世界一般民主主义（现在是一般社会主义）运动中的一个局部”[②]。因此，列宁要求无产阶级政党必须支持被压迫民族的解放运动，1915 年，他在《和平问题》一文中指出：“压迫民族（英、法、德、日、俄、美等国）的任何一个社会党人如果不承认和不坚持被压迫民族有自决权（即自由分离权），他实际上就不是社会主义者，而是沙文主义者。”[③] 不仅如此，他还进一步强调：“社会党人不但应当要求无条件地、无代价地立即解放殖民地，——而这个要求在政治上的表现只能是承认自决权；社会党人还应当最坚决地支持这些国家的资产阶级民主的民族解放运动中最革命的分子，帮助他们举行起义，——如有机会，还要帮助他们的革命战争——，反对压迫他们的帝国主义列强。”[④]

在列宁的民族自决权原则影响下，日共坚持无产阶级国际主义，坚决支持日本殖民地人民的自决权利，尽力使日本殖民地（如台湾、朝鲜）脱离日本宗主国而独立。1922 年 7 月，日共在成立大会上讨论通过的《日本共产党纲领草案》，虽然没有关于殖民地问题的专门论述，但在对外关系方面提出了“放弃一切对外干涉的企图”“撤退驻在朝鲜、中国、台湾和库页岛等地的一切军队”[⑤]的要求。1926 年 12 月，日共第三次代表大会通过了《日本共产党纲领》当中，明文规定：“以促进日本统治下的殖民地独立为党的任务。”[⑥]1927 年 7 月，共产国际通过了由布哈林起草的《关于日本问题的纲领》，该任务纲领共 13 项，其中一项是推动“殖民地完全独立”[⑦]。正是在共产国际推动“殖民地独立”的要求下，因此，1928 年台共政治大纲中和 1931 年台共政治大纲中就分别出现了“台

① 《列宁全集》第 28 卷，北京：人民出版社 1990 年版，第 54 页。

② 《列宁全集》第 28 卷，北京：人民出版社 1990 年版，第 38 页。

③ 《列宁全集》第 26 卷，北京：人民出版社 1988 年版，第 316 页。

④ 《列宁全集》第 27 卷，北京：人民出版社 1990 年版，第 263 页。

⑤ ［日］日本共产党史资料委员会编、林放译：《共产国际关于日本问题方针、决议集》，北京：世界知识出版社 1960 年版，第 4 页。

⑥ 史明：《台湾人四百年史》，台北：蓬莱岛文化公司 1980 年版，第 575 页。

⑦ ［日］日本共产党史资料委员会编、林放译：《共产国际关于日本问题方针、决议集》，北京：世界知识出版社 1960 年版，第 25 页。

湾民族独立、建立台湾共和国”[①]和“颠覆（日本）帝国主义统治、台湾独立”[②]的主张。

二、台共政治纲领中“台湾独立”主张的真实内涵

“台独”，从字面上解释，就是“台湾独立”的简称。然而，我们要真正认清“台独”的本质，就要根据当时的历史背景来分析，一是看它主张从哪里分离出去；二是看它分离出去要干什么。只有这样，我们才能对“台独”本质有准确的把握，从而分清它是爱国的还是卖国的，把“台独”理论家从历史中寻找存在合理性的企图真正击破，才能有利于人们准确有力地与“台独”分子进行坚决的斗争。

下面笔者拟从三方面来对台共政治纲领中“台湾独立”的真实内涵进行分析：

第一，台共政治纲领中“台湾独立”主张的目的就是为了团结广大的台湾人民，打倒日本帝国主义。1980年，台共领导人苏新在《关于“台独”问题》一文中，以当事者的身份，就当年台共主张“台湾独立”的目的做了说明。他说：“当年，台湾是日本的殖民地，日本人是统治民族，台湾人是被统治民族。日本人对台湾人民的政治压迫、经济剥削、民族歧视非常残酷。当时的台湾，阶级矛盾和民族矛盾，两相比较，民族矛盾是主要矛盾。当年，我们是这样分析台湾社会的。所以把当年的台湾革命的性质规定为：反对帝国主义和封建主义的‘民族民主革命’，目的是‘打倒日本帝国主义’、‘台湾独立’。……而且经过实践证明：‘打倒日本帝国主义’、‘台湾独立’是最符合当年台湾各阶层人民的要求，是当年台湾革命运动最广泛的统一战线的最集中的政治口号。这个口号，除了大地主、大资本家、汉奸外，台湾的民族资产阶级、中产阶级、小资产阶级、工人、农民以及一般劳动者，都可以接受。”[③]

第二，台共政治纲领中“台湾独立”主张的实质是根据无产阶级革命理论指导下的民族解放思想，要使台湾从日本殖民统治下独立出来，建立“台湾苏维埃共和国”。对此，苏新对台共“台湾独立”的主张做了明确的解释。他说：

---

① 台湾“总督府”警务局：《台湾社会运动史——共产主义运动》，台北：创造出版社1989年版，第14页。

② 台湾“总督府”警务局：《台湾社会运动史——共产主义运动》，台北：创造出版社1989年版，第170页。

③ 苏新：《未归的台共斗魂》，台北：时报文化出版企业有限公司1993年版，第265页。

"当时的所谓'独立'，当然是指'脱离日本帝国主义的统治'，自己成为'独立的国家'。当年共产国际领导下的任何殖民地的革命斗争都是采取这个方针的。"①由于当时中国处在国民党反动统治之下，所以台共无法提出台湾归还中国的主张，而只能接受共产国际的指示，制定了台湾民族民主革命的政治纲领，提出"打倒日本帝国主义""台湾独立""建立台湾共和国和苏维埃政权"等口号。

第三，台共政治纲领中"台湾独立"主张的最终目标取向是回归中共领导下的中国。众所周知，甲午战后，台湾的殖民地化，不是以一个独立社会，更不是以独立的国家与民族被殖民地化；而是作为中国的一部分而割让出去的殖民地。因此，台湾和其他殖民地有所不同，就在于它不曾亡国，而隔海遥企着一个残破半殖民地化了的、具体存在的祖国。这是殖民地台湾和世界上当时许多殖民地不同的重要历史特质。因此，台湾的民族解放运动，不是恢复原未曾存在的"独立"这样一个问题，而是祖国复归的问题。既然如此，那么台共为什么没有在政治纲领中提出台湾复归中国的口号呢？对此，苏新说："打倒日本帝国主义以后，台湾应不应该归还中国，旧台共的人并不是没有考虑过。问题是：台湾要归还什么样的中国？打倒日本帝国主义，这是革命，但革命以后，建立什么样的政权，这才是重要的，是建立地主资产阶级政权，还是建立工农政权？当时，整个中国正由地主买办资产阶级和帝国主义代理人蒋介石统治着，中国人民正在进行'打倒国民党'的人民革命战争。在那样的情况下，在台湾的共产党人能提出'台湾归还地主资产阶级统治的旧中国吗'？当时，旧台共只能提出'支持中国共产党'（即拥护打倒蒋介石），'拥护中国革命'。至于台湾能不能归还中国，什么时候归还中国，那是中国革命成功以后的事情。但思想上是有'台湾归还中国'的准备。因此，建立政权时就考虑到采取和'中华苏维埃政府'同样的建制（第二个纲领），这一点非常重要。"②

由上分析可知，1895 年台湾的殖民地化，并不是一个来自独立民族的殖民地化。台湾在日帝下的殖民地化，是中国在帝国主义时代全面半殖民地、半封建化的总过程的殖民地化。因此，殖民地台湾的反日民族、民主斗争的历史，是全中国反对帝国主义和反对封建主义的斗争历史的重要组成部分。由于当时祖国大陆处在反共的国民党政府反动统治之下，所以台共无法提出台湾回归祖

① 苏新：《未归的台共斗魂》，台北：时报文化出版企业有限公司 1993 年版，第 265 页。

② 苏新：《未归的台共斗魂》，台北：时报文化出版企业有限公司 1993 年版，第 266 页。

国的主张。为了将台湾从日本帝国主义的殖民统治下解救出来，台共根据列宁民族自决权原则，结合台湾的实际情况，在政治纲领中提出了“台湾独立”的口号，其目的是要打倒日本帝国主义，希望借此先自我解放，然后，待中共在大陆的革命取得胜利后，再回归祖国。这一主张是适应这一特定历史时期、特定历史任务的需要，是中华民族解放事业的重要组成部分，是实现祖国统一的必要步骤。它与今天“台独”分子叫嚣的“台独”是“两股道上跑的车”，从内容到实质都是完全不同的。当年加入台共，后移居美国的郭德钦先生，1986 年曾就台共当年“台湾独立”提出的口号与今日“台独”主张的本质区别发表过谈话，他说:“我们本想联合中国的革命力量来反抗日本，但中国本身军阀割据，内战不已，所以转而想利用当时国际上盛行的‘殖民地独立’的思潮，想联合各弱小民族，反抗日本帝国主义，使台湾先从日本殖民统治下独立出来再回归中国。他们（指今日的‘台独’运动）的想法，是和我们当时的想法不一样的。他们经常曲解我们的提法，而且他们自己的目标是不可能达到的，因为他们自己没有力量，如果借外国的力量，那到头来也是再次沦为人家的奴隶，哪里是独立！”[①]1989 年编译台共档案史料创造出版社就明确指出:“当年台共的独立口号，实际上只是共产国际所订全球殖民地解放运动的共同题目之一，乃为了深化帝国主义内部危机而发出的策略性诉求。因此，台共人士的独立口号，再加朝鲜共产党的独立口号，目的同在于瓦解日本帝国主义的殖民地支配体制，而与其中华民族意识毫无抵触。在日本统治当局的了解中，此一情形（即中华民族意识）始终清晰而确定。沿革志中的资料颇能显示出这一点。”[②]因此，一些“台独”分子妄图把水搅浑，企图从台共政治纲领中捞到稻草，为其“台独”活动制造舆论，其阴谋是永远不能得逞的。

那么，当时中共对台共政治大纲中“台湾独立”的主张采取了什么态度呢？据我们现在掌握的资料来看，中共既没有正式声明赞同，也没有正式表示反对。20 世纪 20 至 30 年代，在整个国际共产主义运动中，把马克思主义教条化，把共产国际的决议和苏联经验神圣化的倾向十分严重，当时还处于幼年期的中共的主要领导人对共产国际的决议当然只能忠实地执行。由于台共的政治

① 郑新河:《少时驰正义，老来话沧桑——访旅美台胞郭德钦先生》,《台声》，1986 年第 6 期。

② 台湾“总督府”警务局:《台湾社会运动史——文化运动》，台北：创造出版社 1989 年版，第 4 页。

大纲是日共依据共产国际指示精神起草的，作为共产国际的一个支部的中共对此当然不能反对。同样，台共作为日共的民族支部，不折不扣地执行上级党组织的决议，也是它的义务。另外，在当时的历史条件下，日本殖民者对台湾的占领，有不平等的《马关条约》作为护符，积贫积弱而陷于军阀混战旋涡的中国，既无力收复台湾，又不能公开提出对台湾的领土主权要求。因此，中国大陆和台湾的革命者，充其量只能希望台湾尽早摆脱日本帝国主义的殖民统治，实现自由解放。至于脱离日本殖民统治后台湾的前途那是下一阶段事情，而此后国际国内局势的发展变化，也不是他们所能预料得到的。这一时期中共和台共在台湾民族解放运动中的主要目标，集中于摆脱台湾的殖民地地位，其他一切的策略、主张，都不过是为达到这一目标的手段罢了，他们支持日共所提供的政治大纲内容的出发点，亦仅此而已。到了抗日战争时期，中国正式对日宣战，公告废除中日间包括《马关条约》在内的所有不平等条约后，打倒日本帝国主义，收复祖国领土台湾，便公开成为他们真正唯一的抉择。

三、台共党员用行动再次证明了“台湾独立”主张的真实内涵

台共政治纲领中的“台湾独立”主张实质是指台湾摆脱日本帝国主义统治的“独立”，并非要从祖国、从中华民族大家庭之中“独立”出去，也不是将台湾置于国民党反动统治之下，而是希望借此先自我解放，然后，待中共在大陆的革命取得胜利后，再回归祖国。以谢雪红、林木顺、翁泽生、苏新、杨克煌等为代表的台共党员用自己的壮丽言行毫不含糊地证明了这一点，并为之奋斗终身。

1925 年 5 月，五卅反帝爱国运动爆发，谢雪红、林木顺等台湾爱国青年在杭州积极投身于此项运动。当杭州的爱国群众愤怒地提出了“收回租界”“收回领事裁判权”“取消一切不平等条约”等反帝口号时，可是竟然听不到一句收复台湾的呼声，因此，谢雪红便按捺不住满腔爱国爱台的激情，与林木顺一起给《浙江日报》写信说：“爱国同胞啊！岂不是把台湾给忘了？为什么只提出收回租界、收回海关、收回领事裁判权、收回一切不平等条约，而却没有提到要收回台湾啊？”[①]第二天，该报就刊登了“不忘，不忘，不忘……”的大字标题回应了谢雪红与林木顺的这封信。此后，无论在报刊、宣传单、墙报，还是在游

① 谢雪红口述、杨克煌笔录：《我的半生记》，台北：杨翠华出版 1997 年版，第 169 页。

行的小旗帜上，宣传口号都增加了“收回台湾”这一条。[①] 这充分说明了谢雪红、林木顺等人在参加反帝斗争过程中，已自觉地把台湾的命运与祖国的命运紧紧地联系在一起，并坚定而鲜明地维护了台湾属于中国领土这一重要原则立场。1930 年 3 月，当中共参与指导下的台湾青年团在上海大夏大学召开大会时，台共负责人翁泽生在会上提议进一步组织在上海的台湾青年学生，“使其参加中国的反帝国主义斗争，并施予实践的训练，以社会科学研究来提高他们对理论的掌握，唤起他们特别注意台湾问题，并加强其组织，一方面支持中国的革命运动，同时亦以培养台湾的革命斗士为目的。”[②] 这表明台共已将台湾的民族解放运动与大陆的民族解放运动联为一体。

1932 年 4 月，台共在日警全面镇压中溃灭。除个别台共党员逃亡大陆之外，绝大多数台共党员都被捕入狱。1945 年，抗战胜利后，台湾在《开罗宣言》的基础上回到了祖国怀抱。此时相继出狱的老台共党员不仅没有人主张“台湾独立”，而且都纷纷反对战后分离主义“台独”运动。1947 年，老台共党员在对台湾前途问题上的鲜明态度再一次证明了这一点。1947 年 3 月，谢雪红、杨克煌等老台共党员为了推翻国民党在台湾的反动统治，在台中领导了“二·二八”起义。起义失败后，1947 年 7 月，他们到了香港，组织了“台湾问题研究会”，在当时关于台湾前途的大辩论中，战后“台独”势力的代表廖文毅提出台湾应由“国际托管，公民投票”的主张，妄图把台湾从中国分离出去。在这一关键时刻，在这一大是大非面前，以谢雪红、杨克煌、苏新为首的一批老台共成员奋起痛击，先后发表了《新台湾》《明天的台湾》《自治与正统》《美国阴谋托管，台人坚决反对》《提防台奸》《台湾人民之出路》《愤怒的台湾》等文章，揭露、抨击廖文毅等“台独”分子的“台湾国际托管”和“台湾独立”政治阴谋，坚决主张台湾应回归新中国，恢复历史上台湾属于中国一个省份的地位，接受中共的领导，坚决维护祖国的统一。

1948 年 5 月，苏新用邱平田的笔名，在《台湾人民之出路》一文中，对廖文毅等“台独”分子搞分离主义“台独”运动进行了猛烈地抨击。他说：“依靠美帝争取台湾独立，这一条道路，不但不能解放台湾，反而帮助美帝夺取台湾，促进台湾成为美帝的殖民地。而且在中国人民的反帝反封建斗争进入了新阶段

① 谢雪红口述、杨克煌笔录：《我的半生记》，台北：杨翠华出版 1997 年版，第 169 页。

② 蓝博洲：《日据时期台湾学生运动》，台北：时报文化出版企业有限公司 1993 年版，第 177—178 页。

的时候，在美帝授意之下，阴谋台湾独立，这是分裂中国人民的民族统一战线，破坏台湾解放运动的反动行为。这条道路是台湾资产阶级和地主阶级，以及一些亲美分子和政治流氓，为了达成他们的野心的道路。这条道路的上面，还铺装得相当可观（如一些改良主义和社会主义的政策），但道路下面暗设着许多陷阱，这是台湾人民的死路。”① 不仅如此，他还号召台湾人民在中共的领导下，进行新民主主义革命。他说：“我们相信，团结在毛泽东先生的新民主主义革命的旗帜之下，和全国人民连结在一起，配合大陆的人民战争，在台湾彻底地进行反美、反蒋的斗争，彻底地消灭美帝的侵略和蒋政权的统治，建立民主的省自治政府，彻底地实行土地改革，消灭一切的封建剥削，——这才是台湾人民的出路。这就是新民主主义的道路。”②

1948 年 12 月，当美国看到国民党政权的灭亡已无法挽救的时候，便图谋分离台湾，支持廖文毅等“台独”分子，搞所谓“台湾国际托管”和“台湾独立”运动。对此，以谢雪红为首的老台共成员陆续发表了许多声明、宣言、谈话，揭露、抨击美帝在台湾策划的所谓“托管台湾”“台湾独立”的政治阴谋。1949 年 6 月 13 日，谢雪红就美帝国主义妄图吞并台湾、策划“台湾独立”的阴谋发表谈话，痛斥“台湾地位尚未确定”的谎言，她说：“有史以来，台湾就是中国领土的一部分，台湾人民也是中华民族的一部分。收复台湾，曾是中国人民多年来反对日本帝国主义的斗争的重要目的之一。中国人民有权收回被侵占的领土，台湾回归祖国版图是理所当然的，而且《开罗宣言》《波茨坦公告》均有明文规定。所谓在对日和约未签订前台湾的地位尚未确定，不过是侵略者卑鄙的谎言而已。我们要警告妄想吞并台湾的帝国主义分子：谁要想用武力来侵占台湾，来奴役台湾人民，中国人民必将用对付日本侵略者的方法去对付他们。”她还说：“台湾人民的愿望和美国所收买的那些民族败类的叫嚣完全相反。台湾人民 50 年来前仆后继的流血斗争，其目的就是摆脱日寇的奴役，重回祖国的怀抱。台湾人民目前的革命目标是推翻美帝走狗国民党的反动统治，废除美帝国主义在台湾的一切侵略特权，在统一的中华人民民主共和国的大家庭中实现台湾人民的地方民主自治，建设新民主主义的新台湾。台湾人民将全力协助

① 苏新：《未归的台共斗魂》，台北：时报文化出版企业有限公司 1993 年版，第 232 页。
② 苏新：《未归的台共斗魂》，台北：时报文化出版企业有限公司 1993 年版，第 232 页。

中国人民解放军解放台湾。”[1]这充分表现了其强烈的爱国主义精神和维护祖国统一的坚定立场。朝鲜战争爆发后，1950年6月27日美国总统杜鲁门命令第七舰队开赴台湾海峡，以阻止中国人民解放军武力解放台湾。谢雪红很快对美国的侵略行动表示了极大的愤慨和猛烈地抨击，1950年6月29日，她发表题为《要求全国同胞奋起制止美帝侵略台湾》书面谈话，她说："帝国主义战败的贼魁杜鲁门二十七日的声明，和他的喽啰部队在台湾海峡的出没，十足暴露了美国帝国主义一贯的侵略方针。……所以全国人民，特别是台湾同胞应该一齐奋起，起来响应周总理的号召，以我们人民的力量来制止'美国帝国主义在东方的新侵略'，以人民的力量来保证'台湾属于中国'这个'永远不能改变'的事实。"[2]

由老台共党员发起组织的台湾民主自治同盟（简称台盟）积极响应中共"五一"号召，参加新政协活动，筹建新中国，并致力于新中国统一大业的工作之中。1948年4月30日，中共中央向各民主党派、各人民团体及社会贤达发出"召开政治协商会议""成立人民联合政府"的"五一"号召。1948年5月7日，台盟立即发表《告台湾同胞书》，积极响应和拥护中共的"五一"号召。1949年3月，台盟负责人谢雪红、杨克煌、苏新、王天强等人离港北上，到北平参加全国性的政治活动。1949年6月15日，谢雪红以中国青年联合会副主席的身份参加了中国人民政治协商会议筹备会议。会议决定，台盟以一个党派单位参加新政协。[3]1949年9月21日，谢雪红、杨克煌、王天强等五人作为正式代表出席中国人民政治协商会议第一届全体会议，参与制定《中国人民政治协商会议共同纲领》和组建中央人民政府的工作。1949年9月23日，台盟中央主席谢雪红在中国人民政治协商会议第一届全体会议上发言时，说："这次召开的新政治协商会议，以及由这个会议将要组织起来的中央人民政府，将要宣告成立的中华人民共和国，是完全根据中国人民的要求和利益而产生出来的。670万台湾人民，300多年来反对荷兰、西班牙、日本等异民族的侵略压迫，和反对国民党反动派的封建买办统治，不断作流血牺牲的斗争，也就是为了这个目的。全台湾省人民完全拥护这个全国人民民主统一战线组织的中国人民政治

① 谢雪红：《痛斥美帝侵台阴谋，谁想用武力侵略台湾，中国人民必将用对付日本侵略者的方法去对付他们！》，《人民日报》1949年6月14日，第1版。

② 谢雪红：《要求全国同胞奋起制止美帝侵略台湾》，《人民日报》1950年6月30日，第3版。

③ 台盟史略编委会：《台盟史略》，北京：台海出版社1997年版，第8页。

协商会议，完全支持这个由工人阶级领导的、以工农联盟为基础的、人民民主专政的中华人民共和国中央人民政府，并完全同意这个中国人民政治协商会议的共同纲领。”最后她提出：“我们要求全国人民积极生产，积极支持前线，迅速解放台湾，解放全中国。”[①] 新中国成立以后，谢雪红、王万得、苏新、潘钦信等一批老台共党员共同致力于新中国统一大业的工作之中。1950 年 9 月 18 日，谢雪红又发表名为《台湾是中国的领土，决不容美国侵略者染指！》重要谈话，她说：“台湾是中国的领土，台湾人民是中国的人民。我们台湾人民自始至终要求重归祖国怀抱，和祖国同胞共同生活，反对任何人为的分离，这是铁一般的事实，决不是任何人所能否认，也不是任何力量所能改变的。尤其在今天全国大陆已基本上解放，祖国人民已有了自己的政权，和开始享受美好生活的时候，台湾省人民返回祖国的愿望即更加迫切，意志亦更加坚决，绝不是像杜鲁门之类的谎言与威胁所能歪曲或阻止得了的。……六月二十七日杜鲁门的声言，不过是将其原定侵略台湾的阴谋计划公开暴露与进一步行动罢了。美帝国主义者派遣其海空军侵入台湾，企图以武力来阻止我们解放台湾，不但是直接侵犯我领土主权，危害全国人民、尤其是台湾省人民的利益，彻底破坏联合国宪章的罪恶行为，并且是企图进一步实现其侵占我台湾省的阴谋。中国人民，尤其是台湾省人民，有权要求美国政府必须立即自台湾撤出其一切武装军队，并加紧努力来支援解放台湾，击破美帝侵略的野心与阴谋。台湾民主自治同盟代表我台湾省全体人民的意志与愿望，坚决支持中华人民共和国中央人民政府外交部周恩来部长历次所作的关于美国政府侵略台湾的声明和抗议。台湾省人民以无比愤慨的情绪，誓必加紧团结起来，为反对美国侵略，为消灭蒋匪帮的反动统治和争取台湾的早日解放而奋斗到底。”[②]

在台共反日独立运动中所产生的“台湾独立”主张，是鉴于台湾从中国分割出去，成为日本统治的殖民地的事实，作为台湾的民族解放运动第一步提出来的。这个目标所反对的客体与近代中华民族运动反对的客体都是日本帝国主义，是当时最符合台湾各阶层人民的政治诉求。台共党员的壮丽言行也对台共的“台湾独立”主张做了最清楚的注解，其最终目的是“驱逐日帝，脱离其统治归返社会主义中国”。对此，前“台盟”中央主席蔡子民在《台湾近代民族解

① 仝祥顺：《台湾民主自治同盟卷》，石家庄：河北人民出版社 2001 年版，第 310 页。

② 谢雪红：《台湾是中国的领土，决不容美国侵略者染指！》，《人民日报》1950 年 9 月 18 日，第 1 版。

放运动》一文中说："台共幸存者在台湾光复后从没有人主张台湾独立，台共领导人如谢雪红、王万得、苏新、潘钦信等都在新中国参加台湾和大陆的统一事业。这也说明台共不是中国民族分离主义者，而是站在无产阶级革命的反日民族解放立场的。"[①] 因此，"台独"分子蓄意扭曲台共历史，作为告别中国，建立"台湾共和国"的历史根源是徒劳的。

① 蔡子民：《台湾史志》，北京：台海出版社1997年版，第128页。

第四章　台共对台湾民众运动的影响

第一节　台共对台湾文化协会活动的影响

20世纪20年代，台湾文化协会是台湾近代民族运动中影响力最大、群众基础最广泛的一个团体，在反抗日本殖民统治的斗争中起过积极的作用。然而，由于台共在领导文化协会工作犯有严重“左”倾错误，最后导致文化协会被日本殖民者所取缔，使台湾民族解放运动遭受重创。关于台共对台湾文化协会有怎样的影响？迄今笔者尚未见到学界有专题探讨，虽然有个别学者曾从侧面涉及此事，但也是语焉不详。[①]有鉴于此，笔者拟根据台湾“总督府”警务局主编的《台湾社会运动史——文化运动》和俄罗斯国立社会政治史档案馆库存的《台湾共产党》档案资料，就此做一尝试性探讨，文中如有不当之处，敬请方家指正。

一、台共成立前夕，台湾文化协会活动概况

第一次世界大战后，世界政治格局和思想潮流发生了深刻的变化：民族自决原则广泛传播，各国民族运动此起彼伏，爱尔兰独立运动、祖国大陆的五四运动、朝鲜独立起义、俄国十月革命以及日本国内民主运动的兴起，无不给予岛内外台湾知识分子以极大的刺激。在民族自决主义和民主主义等思想潮流的冲击下，台湾民族资产阶级和知识分子，开始发动并领导了反抗日本殖民统治

① 相关研究参见林柏维:《台湾文化协会沧桑》，台北：台原出版社1993年版；黄颂显:《台湾文化协会的思想与运动》，台北：海峡学术出版社2008年版；黄英湖:《试论台湾文化协会的分裂》，厦门大学硕士论文1985年；黄成:《台湾文化协会评析》，中国人民大学硕士论文1999年；郭晓平:《台湾文化协会与抗日民族解放运动》，《文史杂志》1989年第1期；郭颖颖:《谈日据时台湾文化协会中的路线之争》，《北方文学》（下半月）2012年第10期，等。

的民族运动。1921年10月17日，台湾各界人士在台北静修女子学校举行了文化协会成立大会，与会的知识精英和青年学生300多人，大会推举林献堂为总理，杨吉臣为协理，蒋渭水为专务理事，以及理事41名，创立会员共1032人。[①]在文化协会成立之初的千余名会员中，包含了各阶层人士，既有地主资产阶级的代表人物林献堂、杨吉，也有许多进步学生和部分劳动群众，其中青年知识分子居多数。

为了避免日本殖民者阻挠，文化协会表面上提出以“助长台湾文化之发展”为宗旨，[②]但其真实目的，是对广大民众进行新知识和文化观念的灌输，实施文化启蒙宣传，唤醒台湾同胞的民族意识，以摆脱日本的殖民统治。诚如文化协会所宣称：“汉民族是保有五千年光荣文化之先进文明人，决不屈服于异民族的统治之下。日本的统治方针，乃在消灭所有汉民族的文化和传统，把她作为经济榨取的对象，完全成为日本的隶属民族，或作为被压迫民族，拟加以压迫拘束，我们应该唤起汉民族的民族自觉，把台湾做为我们的台湾，自己统治自己。为排除屈辱团结起来。”[③]

台湾文化协会成立后，以从事文化启蒙运动为主，全面开展提高台湾民众的文化水平和启发民智的工作。[④]文协通过发行会报，设置报刊阅览所，举办各种演讲会、电影欣赏会、戏剧活动，借此将民族自决、自由民主、社会主义的思想传播给台湾民众，以促进民众的政治觉醒，[⑤]同时也倡导改善风俗，如吸食鸦片、迷信、铺张浪费、婚葬等社会陋习。在台湾文化协会举办的各种活动中，以“文化演讲会”最具有影响力，这项活动初期只在城市举行，场次有限。从1923年下半年起，开始巡回至各乡镇演讲，在1925—1926年达到最高潮。据统计，台湾文化协会在1925年和1926年举行演讲会均是315场，1925年的听

① 台湾“总督府”警务局:《台湾社会运动史——文化运动》，台北：创造出版社1989年版，第188页。

② 台湾“总督府”警务局:《台湾社会运动史——文化运动》，台北：创造出版社1989年版，第191页。

③ 台湾“总督府”警务局:《台湾社会运动史——文化运动》，台北：创造出版社1989年版，第224页。

④ 俄罗斯国立社会政治史档案馆//全宗495/目录128/案卷6，第78页。原件，打字稿，英语。

⑤ 萧友山、徐琼二:《台湾光复后的回顾和现状》，台北：海峡学术出版社2002年版，第15页。

讲人数最多，达 11.78 万人，盛况空前。[①] 文化协会的巡回演讲，唤醒了台湾民众的民族意识和抗日意识。每当台湾文化协会举行演讲会时，听众如潮水般汹涌，他们以鸣放鞭炮表示欢迎和喜悦，日本殖民者则如临大敌，以维持治安为由派出大批警察去进行干预和阻挠。台湾文化协会以举办演讲会的方式开启民智做法，使各地警察局深感威胁，以致日本殖民者要求林献堂、蒋渭水联署提出声明书，声明台湾文化协会只是文化团体，不作政治运动为保障 。[②] 文化协会的巡回讲座场次愈来愈多，对群众的影响愈大，再加上演讲会又有宣传“台湾议会设置请愿运动”的举动，日本殖民者无法容忍，于是颁布了《学术讲习会取缔规则》，派出警察在演讲会场监听，如有内容不妥，警方随时可出面制止。违规轻微者，则命令中止演讲；情况严重者，则命令集会解散。以 1926 年的文化演讲会为例，全年 315 场活动，遭到 35 次被解散的命运，而也有 157 次演讲被中止的记录（见表 4-1）。

表 4-1　台湾文化协会演讲会（1923—1926）[③]

年	演讲次数	听众人数	被解散次数	被中止次数
1923	36	21，086	5	19
1924	132	44，050	12	36
1925	315	117，880	7	64
1926	315	112，965	35	157

随着台湾文化协会的影响不断扩大，台湾人民反日民族情绪也不断高涨，引起日本殖民者的警惕，他们立即加强控制和镇压。台湾“总督府”一方面组织辜显荣、林熊征等御用人士成立“公益会”和“有力者大会”等团体，[④] 公然与台湾文化协会相对抗，另一方面则直接运用警察、监狱等暴力机器进行赤裸裸的镇压。台湾文化协会举办的讲演会经常被扣上违反“治安”的罪名而遭到

① 台湾“总督府”警务局:《台湾社会运动史——文化运动》，台北：创造出版社 1989 年版，第 206 页。

② 台湾“总督府”警务局:《台湾社会运动史——文化运动》，台北：创造出版社 1989 年版，第 236 页。

③ 台湾“总督府”警务局:《台湾社会运动史——文化运动》，台北：创造出版社 1989 年版，第 206—207 页。

④ 台湾“总督府”警务局:《台湾社会运动史——文化运动》，台北：创造出版社 1989 年版，第 239—242 页。

禁止，文协负责人被恫吓和拘捕，同时还散布谣言极力挑拨文化协会的内部矛盾，进行分化瓦解。

台湾文化协会发展的转折点乃出自内部的分裂。20 世纪 20 年代，正是中国、日本政治局势发生深刻变化的时期，1921 年中国共产党诞生，1922 年日本共产党接着成立，1923 年中国共产党与国民党结成统一战线，采取了“联俄、联共、扶助农工”三大政策，随后北伐战争取得胜利。所有这些都给了岛内外台湾知识分子以极大的刺激，在大陆的台籍学生纷纷建立如平社、台湾学生联合会等组织，“左”倾色彩十分浓厚。在岛内，有连温卿等人组织的社会问题研究会，翁泽生、洪朝宗等人组织的台北青年会，蔡孝乾等人组织的彰化无产青年派等等，一大批青年的思想急剧“左”倾。尤其是连温卿的社会问题研究会与山川均保持密切联系，“研究无产阶级解放运动之理论及战术，以此对其领导下的青年加以宣传、煽动”。台湾“总督府”称其“对于当时的民族主义统一运动战线，逐渐地酿成了无产阶级运动抬头的机运”。[①]

在岛内外与日俱增的共产主义思想和国共合作的国民革命的影响下，台湾的民族主义运动发生了新的变化。原本保持完整统一的民族运动战线文化协会，由于在民族运动发展方针路线上有所分歧，文化协会内部就逐渐分化成三派。这三派分别是：以林献堂、蔡培火为中心的所谓“改良主义派”，受日本国内民主运动的影响，主张进行文化启蒙来合法地实现民族自决，为文协右翼；以蒋渭水为中心的所谓“民族主义派”，受孙中山的民族主义思想的影响，主张结合工农大众来达成民族自决，为文协的中间派；以连温卿、王敏川为中心的所谓“社会主义派”，主要受日本、中国无产阶级社会主义革命运动的影响，主张阶级斗争，以期争取台湾民族解放，最后达到阶级解放，为文协左翼。[②] 由于蔡培火将文化运动局限于文化的范畴，蒋渭水谋求的是以农工为基础的全民运动的路线，连温卿则主张无产阶级应占民族运动的主导地位，[③] 所以三者之间的对立逐渐明显起来。

随着文化协会会员的“左”倾，文化协会的宗旨成了争论的问题。文化协会的左派、各地无产青年组织都主张台湾文化协会的“方向转换”，把“文化协

① 台湾“总督府”警务局：《台湾社会运动史——文化运动》，台北：创造出版社 1989 年版，第 244 页。

② 苏新：《未归的台共斗魂》，台北：时报文化出版企业有限公司 1993 年版，第 101 页。

③ 台湾“总督府”警务局：《台湾社会运动史——文化运动》，台北：创造出版社 1989 年版，第 254 页。

会的主要任务，从改良主义或民族主义的启蒙运动转为社会主义的政治斗争，即，台湾文化协会不仅是文化团体，而且是一个政治团体”。① 围绕着台湾文化协会的“方向转换”问题，原有的三派展开了尖锐斗争。1927 年 1 月，文协召开临时代表大会，左派代表连温卿、王敏川等在斗争中取得领导权；林献堂、蒋渭水等旧文协干部则退出文协，台湾文化协会正式分裂。②1927 年 7 月，蒋渭水、林献堂等旧文协干部建立了“台湾民众党”。台湾民众党成立后，民族主义派与改良主义派的矛盾日益加剧，最后改良主义派退出“台湾民众党”，并于 1930 年 8 月建立了“台湾自治联盟”。至此，台湾的民族运动在组织形式上也分为三派，即连温卿、王敏川代表的台湾文化协会（左派）、蒋渭水代表的台湾民众党（中派）、林献堂代表的台湾自治联盟（右派）。③

1927 年 10 月 14 日新文协在台中召开第一届全岛代表大会，出席代表 117 人，来宾 7 人，旁听 15 人。大会专门发表声明取消“文协不从事政治活动”的保证，并提出“对警察当局暴压的反对”等 16 项决议；④ 明确宣布“文协永远是农、工、小商人及小资产阶级的战斗团体”，⑤ 其任务在于“促进实现大众文化，使农民、工人成立组织，使小商人、小资本家团结”。⑥ 这样，新文协由以前的民族主义启蒙文化团体转变成为无产阶级大众文化团体。大会还发布了宣言书，号召台湾人民向日本殖民者发动进攻：“醒来吧！奋起吧！台湾民众们！台湾社会已具备着使我们的运动迅速进展的必要条件。时代已经启开了广阔的战场，逼迫我们前赴激烈的战斗。前进的号音，久已喧骚在我们耳边，前进吧！前进！！”⑦

新文协一面排除中间派、右翼旧干部势力，一面积极吸收与之持相同观点的青年学生，并在各地举办盛大的演讲会，以扩大影响。尤其利用暑假返台的

① 苏新：《未归的台共斗魂》，台北：时报文化出版企业有限公司 1993 年版，第 102 页。

② 台湾“总督府”警务局：《台湾社会运动史——文化运动》，台北：创造出版社 1989 年版，第 256 页。

③ 苏新：《未归的台共斗魂》，台北：时报文化出版企业有限公司 1993 年版，第 103 页。

④ 台湾“总督府”警务局：《台湾社会运动史——文化运动》，台北：创造出版社 1989 年版，第 280—281 页。

⑤ 台湾“总督府”警务局：《台湾社会运动史——文化运动》，台北：创造出版社 1989 年版，第 277 页。

⑥ 台湾“总督府”警务局：《台湾社会运动史——文化运动》，台北：创造出版社 1989 年版，第 278 页。

⑦ 台湾“总督府”警务局：《台湾社会运动史——文化运动》，台北：创造出版社 1989 年版，第 278 页。

赴日本或大陆求学的台湾学生，组织巡回讲演团，极力传播阶级斗争和反日思想。1927 年，新文协在岛内举办了 271 场演讲会，参加听众近 11 万人，民众参与的规模，超越旧文协的时代，然而也因为演讲人用激烈的态度抨击日本在台湾的暴政，结果演讲会多次遭到日警中止和解散。这 271 场演讲会，受到命令中止的次数高达 591 次，而情节严重被命令解散的演讲会也达 42 次。[①] 台湾"总督府"愈打压，新文协的演讲会，愈激起民众热情参与，终于导致更大规模的冲突，而爆发了新竹事件。1927 年 11 月 3 日，新文协在新竹举办的演讲会与取缔的警察发生冲突，造成两名新文协新竹支部干部被捕。新文协展开声援，11 月 27 日在新竹再举行声援演讲会，却遭警察命令解散。新文协干部率群众前往郡役所（市政府）抗议，警察立即以骚扰罪逮捕 109 人，事后有 71 人被判有期徒刑。[②] 文协主要干部郑明禄（中央常务委员）、林冬桂（中央常务委员）、林碧梧（中央常务委员）、张信义（中央常务委员）、张乔荫（中央委员）等人均被处以 10 个月监禁处分，直到 1928 年 8 月才获释放。[③]

1927 年初，文协分裂后，林献堂退出文协的活动，连温卿等左翼主导了文协的活动。这时新文协的主张是组织工人、农民团结小商人和小资产阶级，提高一般民众的觉悟，促进大众文化的实现。但在实际行动上新文协则采取了更为激进的做法，日警指责文协活动："概为对资本主义制度及帝国主义支配的攻击、弱小民族与无产阶级之解放等问题，以本岛民众作对象煽动其团结，谴责本岛统治，且鼓励和官宪抗争，如其一旦受到解散集会或中止言论之命令时，即煽动听众造成反抗气势，或连日彻夜在数个地方连开演讲会反抗当局的取缔，或向取缔官厅提出抗议书，并分送岛内外友谊团体、新闻杂志社等。"[④] 不仅如此，在文协的指导下，台湾经常发生抗议日本殖民当局的事件，如 1928 年 5 月的台南墓地事件是新文协领导台湾民众运动的典型事例。1928 年 5 月，台南市政府为配合昭和天皇登基，计划征用一块墓地作为体育场，遭到当地民众的强烈反对。文协联络反对者进行抗议，结果迫使台南市政府放弃征用墓地。然而，

---

① 台湾"总督府"警务局：《台湾社会运动史——文化运动》，台北：创造出版社 1989 年版，第 298 页。

② 台湾"总督府"警务局：《台湾社会运动史——文化运动》，台北：创造出版社 1989 年版，第 306 页。

③ 台湾"总督府"警务局：《台湾社会运动史——文化运动》，台北：创造出版社 1989 年版，第 316 页。

④ 台湾"总督府"警务局：《台湾社会运动史——文化运动》，台北：创造出版社 1989 年版，第 296 页。

台南市协议会台籍协议员刘杨名却反对政府让步，因而他受到台南文协会员批评与人身攻击。台南市警署借题发挥、大动干戈，先是逮捕洪石柱、侯北海、庄孟侯、谢水、白锡福、杨勤镇等文协台南支部会员，然后又有意扩大事态，以该事件“系在文化协会指导下有计划的实行”为由，又逮捕王添登、蔡国兰、李开、郭松 4 人，接着又以“藏匿罪犯”为名，逮捕王敏川（中央常务委员）、连温卿（中央常务委员）、连七、周荣福、林江龙 5 人。[①]

文协的反日活动冲击着日本殖民统治的基础，因而日益成为台湾“总督府”欲剪除的心头之患。为了打击文协，日本殖民者采取一系列抓捕文协干部的行动，到 1928 年 6 月，逮捕了新文协几乎所有的主要领导人。这使得其他文协干部人人自危，蔡孝乾、洪朝宗、翁泽生、蔡火旺、王万得等被迫先后逃往大陆，“一时间，文化协会内完全没有指导干部，活动完全停顿下来”。[②]1928 年 8 月以后，文协干部相继出狱，重整旗鼓，准备召开第二次代表大会，对新文协进行整顿，以挽回这种衰势。

二、台共对台湾文化协会的影响

（一）台共逐步掌握台湾文化协会的领导权

台湾文化协会在当时的台湾反日运动中，曾经作为反日各阶层人民联合战线，起过很大的作用，在台湾群众中有相当高的威信，是当时规模最大、影响最广的文化政治组织，同时，该会已经在接受马克思列宁主义的进步知识分子的领导之下，而且几年来在与日本殖民者的斗争中，已经获得了“合法”的地位。因此，1928 年 4 月，台共在上海建党时，非常重视台湾的新文化协会组织，它在建党大会上所通过的政治决议中，就提出了对新文协的方针：“尽全力吸收反抗日本帝国主义的所有革命势力，以工人、农民为中心建立一个反帝国主义大同盟。工人、农民各阶级的联合体——大众党的组织——为不可或缺者。目前必须利用文化协会将它加以组织，借以扩大共产党活动的舞台。亦即一方面克服文化协会的幼稚病，吸收工农先进份子及青年份子参与文化协会；另一方面极力暴露民众党的欺瞒政策，促使在他们指导下的群众左倾，逐渐改造文化

① 台湾“总督府”警务局:《台湾社会运动史——文化运动》，台北：创造出版社 1989 年版，第 307 页。

② 台湾“总督府”警务局:《台湾社会运动史——文化运动》，台北：创造出版社 1989 年版，第 316 页。

协会使其成为革命联合战线的中心，在一定时期使成为大众党的组织。”[①] 台共要想完成组织大众党的任务，就必须先取得新文化协会的领导权，使之成为台共的外围团体。1928 年 10 月，台共在岛内建立中央机关后，便马上派其骨干党员吴拱照、庄守参加文协，积极地在新文协中开展工作，以加强对它的影响。

1929 年 8 月，文协在第三次代表大会即将举行时，曾广泛征求有关文协的改革意见。吴拱照认为，将文协置于党的指导下的好机会已到，便向台共中央领导人谢雪红、林日高报告文协的情况，请求台共中央的指示。台共中央则依据上海纲领所制定的文化协会对策，决定寄送有关文化协会的改革意见书，准备进行活动并促使文协采用。该意见书主要内容如下：“文协应为小市民、学生阶层的大众团体，做为台湾无产阶级解放运动之一翼。目前的活动是提倡打倒民众党之口号，暴露社会民主主义的欺瞒性，以贡献岛内无产阶级运动之统一战线，因此强调，要做为一个强固的中央集权组织而进行再建运动。”[②] 吴拱照接受该意见书之后，将之交付文协中央，并准备付诸实施。

1929 年 10 月，吴、庄两人作为新文协党团负责人，根据台共的指示起草了新文协章程修改案与行动纲领案。1929 年 11 月 2 日，新文协在彰化召开中央委员会议，出席的中央委员有张信义、林碧梧、王敏川等 14 人，农组领袖赵港、简吉、颜锦华等 5 人参与旁听，大会推选陈昆仑为议长，郑明禄为书记，审议有关修改会则的“本部案”（即张信义、林碧梧提案）和“彰化支部案”（吴拱照、庄守根据台共指示所起草的提案）。大会在文协内台共党员和农民组合干部的影响下，通过了“彰化支部案”，而将“本部案”否决，接纳台共的改造方案，从而确立了台共在思想上对文协的领导地位。[③]1929 年 11 月 3 日文协三大基本上按照台共的精神修改了会则，并吸收台共党员吴拱照、郭常、吴丁炎、张道福、庄守、王万得等人进入文协中央领导机关，文协事实上已成为台共外围组织。[④]1931 年 1 月 5 日文协四大公开宣布支持台湾共产党，文协正式

① 台湾“总督府”警务局:《台湾社会运动史——共产主义运动》，台北：创造出版社 1989 年版，第 34 页。

② 台湾“总督府”警务局:《台湾社会运动史——文化运动》，台北：创造出版社 1989 年版，第 333 页。

③ 台湾“总督府”警务局:《台湾社会运动史——文化运动》，台北：创造出版社 1989 年版，第 334 页。

④ 台湾“总督府”警务局:《台湾社会运动史——文化运动》，台北：创造出版社 1989 年版，第 336 页。

成为台共外围组织，通过其日常斗争，成为执行台共政策的大众团体。[①]

（二）台湾文化协会在台共影响下出现严重的“左”倾错误

文协成为台共外围组织后，由于受到台共“左”倾思想的影响，文协出现了严重的“左”倾错误，其主要表现如下：

1. 实行打击台湾民众党、台湾地方自治联盟的“左”倾政策。

1925 年 12 月，毛泽东在《中国社会各阶级的分析》中说：“谁是我们的敌人？谁是我们的朋友？这个问题是革命的首要问题。中国过去一切革命斗争成效甚少，其基本原因就是因为不能团结真正的朋友，以攻击真正的敌人。革命党是群众的向导，在革命中未有革命党领错了路而革命不失败的。我们的革命要有不领错路和一定成功的把握，不可不注意团结我们的真正的朋友，以攻击我们的真正的敌人”。[②] 虽然台共反日决心异常坚定，但谁是我们的敌人，谁是我们的朋友这个革命的首要问题却往往分辨不清。在台湾革命依靠力量问题上，台共错误地将整个台湾资产阶级视为革命的对象，他们认为“（台湾资产阶级）明显地背叛民族利益公然与帝国主义妥协。如今，台湾资产阶级非但不属于革命的力量，相反更成为革命的障碍物”。[③] 由于台共把台湾民众党、台湾地方自治联盟定性为资产阶级党派，所以台共把他们当成“革命的最大危险敌人”，主张要将他们一律打倒。在台共的影响下，新文协也强调：“台湾‘民众党’已经表露出它的反动性格，台湾岛内的革命斗争经历也证明它并不是反抗帝国主义的推动力量，反而是革命的障碍。因此，当前台湾革命运动最急迫的任务，是尽一切力量攻击‘民众党’，并以‘打倒民众党”与“反对民族改良主义’为口号，将被欺骗的群众带回到革命阵线上来。……唯有对‘民众党’与它的改良主义思想展开无情的斗争，台湾的革命运动才能将遭受欺骗的群众带回革命阵线，才能够强化反帝斗争的阵营。因此，当前台湾革命运动最急迫的任务，是集中革命力量与打倒‘民众党’。”[④]“我们的解放运动已变成国际无产阶级解放运动的一环之现在，左右翼社会民主主义者之辈，愈来愈有意识地变得反动化。

---

① 台湾“总督府”警务局：《台湾社会运动史——文化运动》，台北：创造出版社 1989 年版，第 369 页。

② 毛泽东：《毛泽东选集》第 1 卷，北京：人民出版社 1991 年版，第 3 页。

③ 台湾“总督府”警务局：《台湾社会运动史——共产主义运动》，台北：创造出版社 1989 年版，第 176 页。

④ 俄罗斯国立社会政治史档案馆 // 全宗 495/ 目录 128/ 案卷 6，第 84 页。原件，打字稿，英语。

如台湾民众党、台湾地方自治联盟等反动团体，以‘台湾议会请愿’、‘台湾地方自治’等的诉求，更加露骨地欺骗广大的工农无产市民、青年学生，想要使其永远成为资本主义社会的奴隶。”因此，“我们文协亦正在与工农牢固地结合，不断地跟这些反动势力展开抗争。……打倒反动的台湾民众党、台湾地方自治联盟等一切反动团体！打倒左翼社会民主主义者！”[①]“坚决反对地方自治联盟的资产阶级改良主义者；台湾民众党是台湾革命最危险的敌人；我们必须与他们全力战斗，特别要与‘左’派的民族改良主义者展开战斗。”[②]

日本殖民统治时期台湾由于其殖民地社会性质，在日本殖民者专制政权机器的庇护下，无论政治、经济还是教育、文化等等所有方面，作为统治民族的日本人和日本资本都占据了主导地位，台湾人民处于被压迫、被剥夺的境地。因此，台湾社会的主要矛盾是台湾人民与日本殖民主义的矛盾，台湾人民开展民族运动的主要对象是日本殖民统治者、日本资本家及其帮凶或“协力者”，这是日本殖民统治时期台湾人民反抗斗争的主流。然而，除了民族矛盾之外，台湾社会同样存在着阶级矛盾，存在着资产阶级与工人阶级、地主阶级与农民阶级的矛盾，日本殖民统治时期的台湾社会阶级和阶级斗争是客观存在的事实，只不过是受民族矛盾这一主要矛盾的制约，阶级矛盾居于次要的地位，服从于民族矛盾的需要罢了。

虽然欧洲的资产阶级进入20世纪开始腐朽没落，但是这时的台湾民族资产阶级才刚刚形成，正处于上升阶段。台湾民众党、台湾地方自治联盟不满日本的殖民统治，反对日本殖民者的民族歧视，积极起来要求改变这种不合理的状况，是一个具有革命性的阶级。无可讳言，在民族资产阶级中，存在着以林献堂、蒋渭水为首的，他们不敢推翻日本在台湾的殖民统治，达到台湾人民的彻底解放，而只是企图在日本的统治体制下设立台湾议会，达到台湾的自治，以改善台湾人民的痛苦境况，在民族运动中表现出一定的动摇性和不彻底性。虽然如此，我们也绝不应该把他们视为“民族败类和反动分子”，把他们与辜显荣之类的汉奸等同一类，一起作为反对和打击的对象，对他们采取简单、粗暴的行为，把他们排斥于反日民族统一战线之外，而应该团结他们，对他们做耐心

① 台湾“总督府”警务局:《台湾社会运动史——文化运动》，台北：创造出版社1989年版，第399—400页。

② 俄罗斯国立社会政治史档案馆 // 全宗495/ 目录128/ 案卷10，第61页。原件，手稿，英语。

细致的工作，帮助他们克服动摇性和不彻底性，和他们结成牢固的民族统一战线。“然希望合作者乃鉴于台湾现在状态，民智尚低，搞分裂，各自工作，恐有鹬蚌相争、渔人得利之撼。……所以为了期待有效性，不如以斗争性富裕的为前卫，斗争性小者为后援，一如出征军人与在乡军人。此时之目的，勿云有产阶级之民主主义，亦勿云无产阶级之民主主义。总而言之，为获得民主主义之运动，岂有不能再合作之理”。[①] 然而，新文协采取民族斗争与阶级斗争并重的方针政策，在实践斗争中采取反帝反封建与反资产阶级的革命路线，“四面出击”、“树敌过多”，结果使自己陷于孤立无援的境地。对于新文协破坏统一战线的行为，林献堂甚为痛心地说：“最遗憾者，则新文协系不时攻击民众党系、自治联盟，作兄弟阋墙，而又不能外御其侮，殊为可惜。”[②]

2. 错误地变合法抗争为激进的非法斗争，加速了自身的灭亡。

台共激进派为实现其急于推翻日本殖民者的理想，对于敌我力量对比的悬殊，对于革命的长期性、复杂性、艰巨性缺乏明晰而坚定的认识。“他们对农组、工会、文协等的指导不去追求合法性的指导，却专喊非合法之途径，叫嚣合法主义即机会主义。”[③] 在台共激进派的影响下，文协的活动逐渐强化其非法斗争的倾向。1928 年 10 月 31 日，新文协举行了第二次全岛代表大会，不仅将五角星中带有镰刀锤头相互交叉的红色会旗公然带入会场，而且还提出“对反动政府的暴压对策”的议案，因而遭到日警的镇压，日警当场逮捕 16 名文协重要干部并解散集会。[④] 在日本殖民者白色恐怖统治之下，新文协不但不去组织有秩序的退却，反而主张冒险进攻，不顾一切地公开进行无产阶级运动国际纪念日和始政纪念日的斗争。1929 年 3 月 18 日，在台共中央委员庄春火的指导下，新文协林朝宗、周宗远等 30 多人召开纪念无产阶级运动讲座会，目的在于以 1871 年 3 月 18 日法国巴黎公社的成立与 1918 年 11 月 17 日苏俄革命成功的经验为例，号召新文协必须成立政治性组织，联合日本、朝鲜、台湾被压迫阶

① 连温卿:《台湾政治运动史》，台北：稻乡出版社 1988 年版，第 189—190 页。

② 林献堂:《灌园先生日记（五）1932 年》，台北:“中央研究院”台湾史研究所筹备处 2003 年版，第 356 页。

③ 台湾“总督府”警务局:《台湾社会运动史——共产主义运动》，台北：创造出版社 1989 年版，第 130 页。

④ 台湾“总督府”警务局:《台湾社会运动史——文化运动》，台北：创造出版社 1989 年版，第 318—319 页。

级同盟合作，推翻日本帝国主义的统治。[①]1929年6月17日，台共党员王万得指导文协台北支部连温卿等人，制作并散发反对日本殖民者战斗檄文："所谓始政纪念日也者，是在34年前之今日，日本帝国主义侵略台湾，实施总督独裁政治，把我们当作奴隶而加以榨取，并屡次对我们大众横加残虐的纪念日。故我们不仅要绝对反对始政纪念日及日益痛苦的现况，更须高喊下列口号。……要求即时释放解放运动牺牲者！打倒总督独裁政治！撤废治安维持法及匪徒刑罚令等恶法！打倒田中反动内阁！反对奴隶教育！反对帝国主义战争！反对暴压暴行！拥护中国工农革命！拥护苏联！"[②]新文协激进的行为，立即遭到日警的残酷镇压，致使新文协力量遭受严重破坏和损失。

新文协反对一切合法运动的偏向，以为凡属一切公开的组织，合法的斗争都是引导群众增加对日本殖民者的幻想，都与推翻现在统治阶级的目标相矛盾。1931年初，当台共"改革同盟派"取得文协领导权后，文协的合法活动几乎全部停止，反日活动更加激进。文协激进的做法，使文协的各级组织不断暴露在敌人面前，给敌人逮捕革命群众造成了便利的条件和机会。1931年6月，日本殖民者破获台共组织，捕获绝大多数台共党员，台共组织基本瓦解。1931年9月留在文协和农民组合中未被逮捕的台共党员建立"台湾赤色救援会"，试图重建台共党组织。1931年底，"台湾赤色救援会"被日警侦破，赤色救援会的文协与农组成员纷纷落入日警手中，被捕人数高达310人，其中150人被移送法院，有53人出庭受审，其中包括文协领袖王敏川、农组领袖简吉，以及这两个组织的主要负责人和成员，[③]随后文协正式被日本殖民者所取缔。

新文协激进的斗争方式，是否符合台湾的政治形势呢？那我们就有必要了解当时台湾的政治形势。1930年台共在给共产国际的《日本帝国主义铁蹄下的台湾》报告中，称："⑴台湾有一部《台湾治安警察法》，根据该法规定，警察得出席任何的演讲会，并得于认为必要时制止演讲或是解散演讲集会。⑵如果演讲的内容是关于'政治'或是'时事'，演讲会需于召集的6个小时之前知会警察当局。有关演讲的'讲者'、'主题'与'大纲'等需事先报备。未满20岁

① 台湾"总督府"警务局:《台湾社会运动史——文化运动》，台北：创造出版社1989年版，第324—325页。

② 台湾"总督府"警务局:《台湾社会运动史——文化运动》，台北：创造出版社1989年版，第326—327页。

③ 台湾"总督府"警务局:《台湾社会运动史——共产主义运动》，台北：创造出版社1989年版，第274页。

的男女青年不得出席这类演讲会。(3)如果是室外的集会，则需在24小时前提出申请。警察当局得于必要时拒绝核准或是解散此类集会。自1928年以来，就没有核准过这类露天的室外集会。(4)任何政治性组织结社需在成立的三天之前向警察部门报告，且需向警察机关提报领导主管与成员资料。这些组织可能随时被宣布解散。工会、农民组合和文化组织在接受警察询问组织相关问题时需据实答复。（现在的日本政府规定，工会、农民组合与文化组织必须向政府提报其会员、领导主管与对日本帝国议会的态度等资料）。”[①] “没有任何左派工会、农民组合、研究会或是演讲俱乐部等组织能够合法存在。如果被发现有左派工会存在，警察会立即进行干预，富有战斗性的工会成员很可能会被拘捕。台湾有将近20个农民组合，其中的4—5个已遭到政府强制解散。其他一些组织的积极分子也曾遭到逮捕与处罚，这些组织皆因此而分崩离析。如果你要组织一个演讲俱乐部，你必须取得政府的许可。即使是要请一位‘四书五经’的老师都很困难，想要研究社会科学更是绝对不可能。”[②]

由此可知，当时的台湾已处在日本的白色恐怖统治之下，日本警察运用《治安警察法》等法律对台湾人民进行严密监视和控制，用各种手段侦察、搜捕台共地下组织、抗日团体和抗日人士，对一切刚刚萌芽的工人、农民运动以及民主、社会主义的政治结社都给予野蛮镇压，这就使得新文协在岛内的革命活动日趋艰难。新文协任何过激的行动必然会招致日本殖民者疯狂的镇压，台共领导文化协会应采取积极稳妥的秘密斗争策略，隐蔽实力，组织队伍，积蓄力量，长期埋伏，等待时机的方针。其领导文协对敌斗争的策略，必须是利用一切可以利用的公开合法的法律、命令和社会所许可的范围，从有理、有利、有节的观点出发，一步一步地和稳扎稳打地去进行；而不应同强大的统治阶级进行毫无胜利希望的正面决战，将台共和文协的力量地暴露在敌人面前，招致无谓地牺牲。

（三）新文协在组织上实行惩办主义，打击持不同意见者。

台共渗透于新文协后，新文协内部逐渐分为两派：一是以王敏川为代表的上大派，上大派是指曾经在上海大学有过学习经历的一群人，其主要成员包括：

① 俄罗斯国立社会政治史档案馆 // 全宗495/ 目录128/ 案卷14，第126页。原件，手稿，英语。

② 俄罗斯国立社会政治史档案馆 // 全宗495/ 目录128/ 案卷14，第132页。原件，手稿，英语。

蔡孝乾、翁泽生、庄春火、洪朝宗、蔡火旺、王万得、潘钦信、陈玉瑛、周天启、庄泗川、李晓芳等；另一是以连温卿为代表的非上大派，非上大派则有：胡柳生、林清海、陈本生、黄白成枝、陈综、林朝宗、林斐芳等人。在文化协会指导思想上，两派有很大分歧：以王敏川为首的“上大派”，与日共、台共都保持密切的联系，接受日共1927年纲领中的决议和台共1928年纲领中的决议，支持阶级斗争路线。以连温卿为首的“非上大派”，则和山川均有密切的关系，以山川均主义作为自己的指导思想，主张“以合法的手段实现一般大众的、政治的、经济的、社会的解放”[①]。不仅如此，两派在组织工会问题上指导思想上也存在着很大的差异。1928年6月，为了和蒋渭水组织的台湾工友总联盟相抗衡，争夺对工人运动的领导权，连温卿召集受他领导和影响的工会代表召开会议，准备成立台湾总工会。[②]然而，王敏川派认为：工人没有左翼和右翼之分，应该团结和争取台湾工友总联盟，一起组成统一的“台湾劳动统一运动联盟”，如果现在“只是使左翼（工会）进行全岛的结成，会使左右两翼的对立尖锐化，使统一成为不可能”。[③]因此，他反对连温卿立即成立台湾总工会的主张。两派间的意见日益对立且逐渐形成互相排挤的态势。台共主张，左翼工会应与右翼工会保持统一战线，组织“统一同盟”，作为未来建立“台湾赤色总工会”的基础。[④]如果连温卿组成台湾总工会的话，那么这个工会就不可能由台共来指导。因此，只有从连温卿手中夺取文协的领导权，台共才有可能把“台湾总工会”的构想转化为“台湾赤色总工会”。于是，台共对连温卿派展开猛烈地抨击：“连温卿一派之所谓全岛左翼总工会结成，根本与吾人对立，不但有否定共产党之意味，也拒绝左右翼共同战线之意味，此为彻头彻尾分裂之合理化论。主张分裂之永久存在之必然的社会民主主义者之分裂论，彼实就以山川解党主义之主张，而假以福本之分裂主义的美好幌子。……吾人在此须扩大革命势力，是故与连温卿一派之左翼社会民主主义者之斗争，有再度强调之必要。”[⑤]在王敏川的上大派与连温卿的非上大派的斗争中，非上大派被台共定性为“左翼社会民

① 连温卿：《台湾政治运动史》，台北：稻乡出版社1988年版，第148页。

② 连温卿：《台湾政治运动史》，台北：稻乡出版社1988年版，第186页。

③ 洪朝宗：《全岛四十劳动团体代表，于3日汇集蓬莱阁努力统一全岛劳动运动！》，《台湾大众时报》第8号（1928年6月25日），第6页。

④ 俄罗斯国立社会政治史档案馆 // 全宗495/目录128/案卷6，第80页。原件，打字稿，英语。

⑤ 连温卿：《台湾政治运动史》，台北：稻乡出版社1988年版，第219页。

主团体”，并认为它是破坏左翼运动发展的毒素。[①]

1928年11月后，随着台共对新文协影响的加强，连温卿派和王敏川派的斗争更加激烈。然而，日共党内山川均主义的衰落，以山川均主义为指导思想的连温卿派也逐渐地失势。1929年，在日共对山川主义的清算、中共对陈独秀路线的清算、苏共对托洛茨基主义清算的影响下，新文协中的王敏川派在台共的领导下，对连温卿派进行了清算。1929年11月3日，新文协召开了第三次代表大会，会上，已为台共所控制的台湾农民组合提出了“对连温卿反动的抗议”的文件，并散发一项声明给大会出席代表，题为《关于排击左翼社会民主主义者连温卿一派致代表诸君檄文》，控诉连温卿一派扰乱农民组合重组、泄露组织机密、企图内部分裂等罪状，给连温卿扣上了“社会民主主义者”“分裂主义者”与“地盘主义者”帽子。[②]文协大会接受了农民组合的抗议书，决定由中央常务委员会处理。11月19至20日，新文协召开中央常务委员会议，对农民组合的抗议书进行审议。会上，郑明禄指控连温卿有“污辱文协体面”“紊乱文协体制”“滥用职权，损伤本部威信”“捏造会员资格”“搅乱战线”五大罪状，对未出席的连温卿进行了控告。最后文协中央不仅将连温卿一派开除，而且还解散了拥有140多名会员的文协台北支部。[③]文协中央解散台北支部的理由是：“台北支部不仅于我文化协会占有重要地位，且在台湾解放运动战线上，居于举足轻重的重要地位。故本部对台北特别支部，早就有意用整然的组织及强力的活动，使其推行会务，以期完成解放运动上所担负的任务。然而，不幸被连温卿、李规贞等的故意妨害所牵累，其期待完全落空了。时到如今，我们不但不能达成目的，且在现势下，台北特别支部的存在简直已等于无，不但使优秀分子离叛，导致其才能不能发挥，且反而变成连温卿、李规贞等人，企图扰乱战线的反动巢穴，有成为解放运动战线上的障碍之虑。于兹，中央委员会认定，台北特别支部如按照现状，将阻害本会的发展，也将损害本会的体面，所以，决定不得不予以解散。”[④]这就扩大了打击面，严重削弱了文协的力量。

① 台湾“总督府”警务局:《台湾社会运动史——农民运动》，台北：创造出版社1989年版，第141页。

② 台湾“总督府”警务局:《台湾社会运动史——文化运动》，台北：创造出版社1989年版，第345页。

③ 台湾“总督府”警务局:《台湾社会运动史——文化运动》，台北：创造出版社1989年版，第347—350页。

④ 台湾“总督府”警务局:《台湾社会运动史——文化运动》，台北：创造出版社1989年版，第352页。

事后，台共骨干党员苏新就指出：文协中央开除连温卿一派的做法是错误的。他说："当时，文协干部和农组干部以'密探'、'内奸'这样的罪名开除连温卿，如果证据确凿，罪有应得，因为人民最痛恨密探、内奸，但是如果没有事实根据，对于连温卿来说，是一项莫大的侮辱，而且在历史上留下永远洗不清的污点。我说'理由不充分'，是因为：'支持日本国内普选运动'的会议内容，在资产阶级报纸发表了，这件事本身并不是什么坏事，日本当时的普选运动，本来就是资产阶级的民主运动，对日本人民、台湾人民都是有利的，台湾人民表示支持这个运动，日本资产阶级是欢迎的，开这样的会，台湾当局也不会反对，所以根本就不存在'泄密'的问题，即使是连温卿告诉报纸记者的，也可以解释为'为了扩大宣传'，何来'密探'的罪名？连温卿和杨贵的意见可能是比较一致的，所以，有事，相互交换意见，为什么不可以呢？如果互相接触、交换意见，就是'勾结'，那么，文协上大派和农组干部派接触、商量问题，这叫做'什么'？互相对立的两派，感情用事，谩骂对方，这是心胸狭窄的表现，是'小人'，不是'君子'。但骂了几句话，就成了'变相的告密'吗？……极左分子以为'唯我独革'、'唯我独左'，别人都是不革命、反革命、右派，其实极左分子才是真正的反革命，不仅害革命，害别人，而且最后还是害了自己。"①

（四）解散文协

1928年台共在其党的纲领中，曾规定了对新文协的方针，即要在党的领导下强化并扩大该会，待时机成熟时，再以此为基础，建立一个合法公开的左翼政党——台湾大众党——为目标。然而，此时日本国内相继发生了逮捕日共的"三·一五事件"与"四·一六事件"。台湾也相继发生了日警逮捕文化协会干部的新竹、台南墓地等事件。台湾在日本殖民者的白色恐怖统治之下，一切公开的政党都处于不利的条件之中，若文协以大众党的形式出现的话，只会招来日警的镇压。更为重要的是，关于组织大众党问题，共产国际曾明确表示"无产阶级的党，除共产党外别无其他"的立场，指责组织大众党是错误的行为。②为此，共产国际在六大上强调："关于公开的劳农政党，共产国际不单是把日本，更把南美、印度、保加利亚的历史也搜集起来，在殖民地革命运动纲领中说明，

① 苏新：《未归的台共斗魂》，台北：时报文化出版企业有限公司1993年版，第106页。

② 台湾"总督府"警务局：《台湾社会运动史——农民运动》，台北：创造出版社1989年版，第119页。

站在工、农、小资产阶级这样两个以上的阶级融洽的基础上的党，虽然在某一定时期有革命的性质，可是那个时期一过，就容易成为小资产阶级的党，因而规定共产党决不能是这样的党。基于这样的观点，指出必须强调日本劳农党虽然多少起过些革命作用，可是共产党要对劳农党和左翼政党表明它的根本的群众性质，只有共产党才是无产阶级的党，是工农唯一的良友。"①日共领袖市川正一再次强调："只要有一点点认为共产党以外还要有另外特殊的政党这样的思想，这在阶级斗争发展中乃是和党的群众化显然相矛盾的思想。可以断言，这骨子里是小资产阶级的动摇思想。"②于是，台共打算在左翼组织间建立大众党的计划戛然而止。

既然台共不能在文协的基础上筹建大众党，于是，就有人提出了解散文协的建议。1929—1931 年，关于文协解散问题，可以说是众说纷纭，莫衷一是，但多属于解散方法论。就解散的理论根据而言，他们基本上是一致的。其主要内容如下："在列宁主义的革命理论上，殖民地解放运动应在共产党的指导下进行一切运动，而无产阶级获得指导权以后，领导权的问题自然会在解放运动的发展过程上突显出来。由此观点来看台湾，台湾的革命运动乃因文化协会的活动而发展，然后进展到马克思主义的立场，依靠初期启蒙运动进行政治指导，然后脱离民族资产阶级而渐次进展到马克思主义的运动形态。但因其所包容的阶级混杂，随着运动形态的高扬而发生动摇，且以知识分子为中心的指导体，不走大众训练或斗争路线以加深其政党色彩，遂致脱离了大众，终成为与其说斗争团体，不如说是指导团体的角色。导致领导权的阶级根据受到质疑，并蜕变为游离于大众的、纸上谈兵的团体。由于文化协会过去的功绩和民众对它的期待愈大，对台湾解放运动发展的阻碍亦越大。是故，非解散不可"。③

1929 年 2 月，虽然台共激进派提出了解散文协的建议，然而，因台共中央已把组织大众党作为当时的工作重点，所以，一时无法将其更改。1930 年 9 月，张信义为复刊《大众时报》之事而前往东京，顺便拜访了日本产业劳动调查所的高山洋吉和布施辰治等人。张信义向他们报告了台湾的左翼运动状况和文协的状态。高山洋吉等人就文协的活动方向提出忠告：如果文协像一个党那样进

① 市川正一：《日本共产党斗争小史》，北京：世界知识出版社 1954 年版，第 120 页。

② 市川正一：《日本共产党斗争小史》，北京：世界知识出版社 1954 年版，第 129 页。

③ 台湾"总督府"警务局：《台湾社会运动史——文化运动》，台北：创造出版社 1989 年版，第 357 页。

行活动，它还是解散比较好，以避免对无产阶级的成长与发展造成障碍；如果文协不是政党，那它就不应该再掌握工农运动的领导权。[①]这些忠告恰好说到文协现状的要害上，引起了台共东京特别支部和学术研究会成员间激烈的争论。当张信义返台后，将上述忠告传达给岛内左翼阵营后，农民组合正式提出了解散文协的意见：第一，文协政党化发展趋势会导致人们对合法运动的迷信，妨碍无产阶级非法革命活动的推行；第二，文协妨碍了台湾共产党的发展，并有争夺无产阶级领导权的倾向；第三，文协应将其工人、农民、小资产阶级成分分别分解到相应的工人、农民、小资产阶级团体中去以从事反对帝国主义的运动。[②]

随后，人们掀起文协解散问题的论战高潮：有人主张立即解散文协，有人认为应该先设立一个红色总工会来取代它，另外一些人则赞同成立反帝同盟组织而将文协成员吸收于其中。[③]但文协中央委员长王敏川主张：应暂时保留文协，待反帝同盟、红色总工会和其他斗争团体组成之后，才予以解散。[④]为了保留合法的斗争手段，台共中央委员谢雪红也赞成王敏川的主张。然而，对王万得等台共激进派来说，“文协已完成了它的历史使命，已经没有存在的必要。……如果仍然存在的话，它会阻碍工人运动、农民运动、租屋人运动及反帝运动，特别会阻碍台湾共产党的发展。因此，为了使台湾革命迅速获得胜利，必须尽速解散文协。”[⑤]1931 年 6 月，台共遭日警破坏后，未逮捕的台共党员为了重建台共党组织，9 月份成立“台湾赤色救援会”，将原来文协成员吸收到“台湾赤色救援会”中来，而将原来的台湾文化协会解散。这场关于文协解散与否的论战终于以文协解散而结束。

事后台共中央委员庄春火对解散文协的行为，予以猛烈地抨击：“创立当时，文化协会已由少壮派掌权，我一向主张共产党的旗帜不要那么早打出来，文化协会掌权的少壮派，虽然与共产党最终目标并不相同，但在民族解放的立场上

① 台湾“总督府”警务局：《台湾社会运动史——文化运动》，台北：创造出版社 1989 年版，第 358 页。

② 台湾“总督府”警务局：《台湾社会运动史——文化运动》，台北：创造出版社 1989 年版，第 359 页。

③ 台湾“总督府”警务局：《台湾社会运动史——文化运动》，台北：创造出版社 1989 年版，第 359 页。

④ 连温卿：《台湾政治运动史》，台北：稻乡出版社 1988 年版，第 33—34 页。

⑤ 台湾“总督府”警务局：《台湾社会运动史——文化运动》，台北：创造出版社 1989 年版，第 360 页。

是一致的，现阶段可以和他们合作，杀鸡不必用牛刀，打文化协会的招牌从事活动，牺牲比较轻微，而且共产党的招牌太激烈，拿出来可能会让大部分的台湾人畏惧，日本当局对台共已放出长线。但是我这个主张并未被接受。”[①]“我也主张文化协会既然已经由左翼分子王敏川掌权，共产党可以借文化协会之名从事活动，牺牲才不会那么惨重。我并不是怕牺牲，而是认为实干比较重要。”[②]

文协在台湾人民反日民族解放斗争中，起过团结各阶层、教育广大群众以及组织和指导反日斗争的积极作用，有其不容抹杀和忽视的功绩。然而，文协的性质、任务，从来就不是一个单一阶级的政党，而是一个多阶级联盟的政治和文化团体，虽然它也有着一定的政治性的纲领，究竟还不是一个政党组织。台共成立后，让它继续存在，不但并不妨碍台湾无产阶级党的统一性，也并不意味着在台湾存在着两个无产政党；而且利用它与台湾人民中某些特定阶层已经取得的广泛而深厚的革命联系，还能在反日战线上继续起其部分的、也是不可缺少的作用。特别是它在长期的反日斗争中，已经取得了一个“合法”存在的地位，这是极其宝贵的一个有利条件，是值得而且也必须加以利用的。何况它以屡次公开声明自己不是无产阶级政党，在台共成立后又明确规定了它的性质和任务，它也接受台共的领导，这样，在敌人实行法西斯恐怖统治的时候，台共被迫处在地下的情况下，保护它的存在并充分加以利用，以团结广大群众进行斗争，是极其有利的、适当的，也是完全正确的。然而，台共中激进派却千方百计要把它解散，这不是不顾革命的利益企图使台共放弃同敌人进行斗争的有力武器吗？这在客观上是帮助了日本殖民者。[③]

三、台共领导台湾文化协会失败的教训

台共领导文化协会这段斗争的历史，不仅对台湾社会产生了深远的影响，而且在国际共产主义运动史上也写下了重要的一页。然而，台共领导文化协会失败给我们留下了许多深刻的教训，其中有两点教训值得我们记取：

第一，无产阶级政党要善于正确处理各阶级间相互关系，分清敌我矛盾和

---

① 张炎宪采访、高淑媛记录：《一位老台共的心路历程——庄春火访问记录》，台湾史料研究第 2 号，1993 年 8 月，第 85 页。

② 张炎宪采访、高淑媛记录：《一位老台共的心路历程——庄春火访问记录》，台湾史料研究第 2 号，1993 年 8 月，第 88 页。

③ 杨克煌：《台湾人民民族解放斗争小史》，武汉：湖北人民出版社 1956 年版，第 156—157 页。

人民内部矛盾，高度重视统一战线。台湾是一个殖民地的社会。1895 年日本占领台湾后，对台湾人民实行了残酷的民族压迫和殖民掠夺，使台湾人民和日本统治者的民族矛盾，成为当时台湾社会的主要矛盾，其他的一切矛盾，如台湾人民内部各个阶级，各种政治集团之间的矛盾，都下降为次要和服从的地位。因此，台湾革命的首要任务，就是要打倒日本帝国主义，推翻它在台湾的殖民统治，达到台湾人民的民族解放。可是，日本殖民者掌握着台湾的一切权力机构，他们以总督的专制独裁权力为主，辅以无所不管的“万能”警察和严酷的保甲制度，在台湾建立了一套严密完整的统治制度。在他们的后面，又有庞大的日本帝国主义作为后盾。因此，当时敌人的力量是强大的。台共要推翻日本在台湾的殖民统治，就必须团结一切可以团结的民族力量，建立广泛的民族统一战线。

然而，以王万得为代表的“左”倾激进台共党员却看不到这一点，实行关门主义，采取“一切斗争，否认联合”的错误政策，结果丧失了利用台湾文化协会建立民族统一战线的大好时机，使台湾革命事业遭受重大损失。对此，苏新曾反省道：“当时的反日斗争的领导人（尤其是台湾共产党人）在台湾文化协会的工作上犯了不少严重的路线错误。例如文协本来就是台湾各阶层（包括地主、资本家、小资产阶级、工人、农民以及一般劳动人民）的反日统一战线的群众组织。正确的方针应该是继续巩固、发展、扩大其作为统一战线性质的群众组织，而不应该使它分裂成为三个对立的政治组织（第一次分裂）。又如，第二次分裂，文协既然不是政党，就不应该用什么马克思主义、左翼社会民主主义、右翼社会民主主义来进行什么‘理论斗争’，来分裂文协，企图给文协穿上清一色的政治外衣。……文协在后期，在群众中极端孤立，在内部开除来开除去，只剩下几个人，最后敌人把这几个人也抓起来，只好关门大吉。”[①] 由于台共新中央把台湾资产阶级作为革命的对象进行攻击，“唯我独革”，结果将自己立于孤立无援的境地，给台湾革命带来了严重地危害。这个事实告诉我们：无产阶级政党要善于正确处理各阶级间相互关系，分清敌我矛盾和人民内部矛盾，高度重视统一战线。为了积聚革命力量，并使之最终压倒反革命力量，无产阶级政党就必须采取统一战线策略，努力争取一切可以争取的力量，利用一切可以利用的矛盾，最大限度地孤立敌人，在长期的斗争中改变敌我力量的对比，

① 苏新：《未归的台共斗魂》，台北：时报文化出版企业有限公司 1993 年版，第 105—106 页。

逐步扩大革命阵地，争取革命的最后胜利。团结一切可以团结的力量，争取一切可以争取的同盟军，包括利用间接的暂时的同盟军，分化瓦解敌人的队伍，最大限度地孤立和打击当前最主要的敌人。

第二，要正确对待组织内的不同意见。在文协指导思想上，文协内部的上大派与非上大派之间有很大分歧，上大派主张采用激进的阶级斗争手段，非上大派则主张进行合法抗争。不仅如此，在组织工会问题上，上大派与非上大派也有很大差异，上大派主张：工会没有左翼和右翼之分，应当建立统一的工会组织；而非上大派则主张只建立左翼工会——台湾总工会。由于上大派忠实地按照台共的意旨来开展活动，因而获得台共和其外围团体农民组合强力支持，在他们的帮助下，文协内部以王敏川为首的上大派对连温卿等非上大派干部进行了激烈批判，并将其开除。上大派干部在组织上进行的“残酷斗争，无情打击”，势必扼杀文协的民主，破坏文协内健康和谐的政治生活，严重地削弱了文协的力量。

第二节　台共对农民运动的影响

在20世纪20年代末30年代初，台湾农民组合在台共的领导和组织下，一度掀起了台湾农民运动的高潮，给日本殖民者以沉重的打击，在近代台湾史上写下了辉煌的篇章。然而，由于台共领导农民运动相关史料缺乏的缘故，迄今笔者尚未见到学界有专题探讨，有鉴于此，笔者拟根据台湾“总督府”的档案资料，就此做一尝试性探讨，文中如有不当之处，敬请方家指正。

一、台共成立前夕，台湾农民运动概况

日本殖民统治时期，虽然台湾农民占总人口的大多数（见表4-2）[①]，但是大部分土地却被地主和自耕农所占有（见表4-3）[②]。约占农村人口70%的贫雇农因没有土地或者只有少量的土地，而依靠佃耕殖民垄断资本家和地主的土地以维持其最低限度的生活。

① 台湾省行政长官公署统计室：《台湾省五十一年来统计提要》，台北：进学书局1946年版，第513—514页。

② 台湾省行政长官公署统计室：《台湾省五十一年来统计提要》，台北：进学书局1946年版，第522—523页。

表 4-2　台湾农民人数

年份（年）	农业总人口（人）	自耕农（%）	半自耕农（%）	佃农（%）	农业人口与总人口数之比率
1910	2086955	34%	23%	43%	63%
1913	2199468	32%	26%	42%	62%
1916	2279541	31%	26%	43%	64%
1922	2220302	32%	29%	39%	58%
1926	2377047	30%	31%	39%	58%
1927	2401816	30%	31%	39%	57%
1928	2458257	30%	31%	39%	57%
1929	2489247	29%	31%	39%	56%
1930	2534404	29%	31%	39%	54%

表 4-3　土地面积拥有数（1921 年）

	大地主	中地主	富农	中农	贫农	散工
户数	196	376	20345	51688	157450	172931
与全户数之比率	0.05%	0.09%	5.03%	12.75%	38.86%	42.68%
占全台可耕地之百分比	13.06%	12.52%	24.23%	21.96%	22.55%	5.68%

区分标准：大地主：97 亩以上者，中地主：19.4 亩到 96 亩者，富农 4.85 亩到 19.3 亩者，中农：1.94 亩到 4.84 亩者，贫农：0.48 亩到 1.93 亩者，散工：0.00 亩到 0.47 亩者。

在日本侵占台湾之前，台湾是一个农业社会，主要农产品商品化的程度相对较高；土地租佃关系发达，但租佃契约却以口头契约为主，且租期较短。日本殖民统治时期日本殖民者依据所谓土地调查及林野调查规则，无确据证明所有权归属的土地均收归国有。大批台湾农民世代耕作的土地便成了所谓“无主地”而被日本殖民当局强制收夺，这无疑是一种以政权暴力机器为手段迫使劳动者与生产资料相分离的殖民地原始积累形态。同时，台湾“总督府”还将大批的公有地以所谓“官有地拂下”的名义优惠发放给日本退休官吏或日资会社。日本资本家还在警察的助力下以强迫手段收买民间土地。于是，日本殖民政府、制糖会社成了台湾最大的地主。[①] 日本殖民者对土地的巧取豪夺及对台湾农民

① ［日］浅田乔二:《日本帝国主义下的民族革命运动》，东京：未来社 1978 年版，第 51 页。

的压迫，不能不激起他们的反抗斗争。台湾农民运动正是主要围绕着反抗日本殖民者的土地收夺和经济剥削而展开的，由此赋予这一运动鲜明的民族斗争色彩。同时，台湾农民也广泛地开展着反抗本岛土著地主阶级压迫剥削的阶级斗争。下面笔者就以几个主要事件为线索做一概述。

1. 竹林事件。1915 年台湾“总督府”把嘉义、竹山等一带 15，600 甲的竹林划归为“模范竹林”，强行收归为国有地，并由日本三菱造纸株式会社掌握所有权，供其使用经营，且不准附近居民随意进入，导致原依靠山林生活的 20,000 余竹农的生计陷入困境。这就激起了当地农民的强烈抗争。文化协会成立后，也积极介入、推动和领导农民的反抗斗争，还介绍日本国会议员田川大吉郎代向日本国会陈情。1925 年，当地农民开展了拒纳租税公课、不履行保甲义务、公学校罢课、向有关当局陈情及举行反对土地放领示威等一系列抗争，一度还试图向巡游台湾的皇弟秩父宫进言，导致殖民政府神经相当紧张，最后迫使三菱制纸会社不得不做出所谓“大幅让步”，答允给予原住居民竹林利用权，在以后的事业发展中也多雇佣当地人，竹林贩卖价格大幅度降低，[①] 达成显著的效果。

2. 反对放领官地。1924 年 9 月，伊泽多喜男就任台湾总督后，对“总督府”的官僚机构进行了一番整顿，裁掉大批官吏，为了安抚他们，在 1925—1926 年间，将 3886 甲的所谓“官地”放领给 370 名退职官吏。[②] 这些土地虽然名为官地，但却是农民胼手胝足开垦的溪边荒地，是得到当地官员许可并允诺将来由他们承购才进行开垦的。现在台湾“总督府”却以荒地的名义将这些土地放领给退职官吏。辛苦耕种这些土地的农民非但得不到补偿，还被强迫向这些退职官吏交纳地租。因此，当日本退职官吏强占这些土地时，当地农民为了维护自身正当权益，就不可避免地与日本退职官吏发生了很大的矛盾。反对官地放领的浪潮，以中南部较为激烈，台中州大甲郡大肚庄有 48.5 甲土地放领给 6 名日本退休官吏，牵涉其中的 73 位农民派代表向农民组合领导人简吉、赵港求援，并组织大甲农民组合，阻止对土地的丈量，发动壮丁团全体辞职、公学校罢课三天，最终迫使日本退休官吏将土地转卖给台湾人经营，在延阻官地放领进程

---

① 台湾“总督府”警务局:《台湾社会运动史——农民运动》，台北：创造出版社 1989 年版，第 60—62 页。

② 台湾“总督府”警务局:《台湾社会运动史——农民运动》，台北：创造出版社 1989 年版，第 51 页。

上，具有积极的意义。[①]

3. 针对制糖会社的抗争。糖业是台湾殖民地经济的主干，在日本殖民政府的支持下，制糖会社强制以低价购买农民的土地，压低甘蔗收买价格，并通过资金预贷及肥料、水利灌溉等手段对原料采取区内的蔗农进行控制和盘剥，这种严重损害台湾农民利益的行为不能不激起强烈的反抗浪潮。在土地收购方面，即使是名为现金收购的农民土地，也大多是在动用警察的力量下逼迫进行的，据记载："官僚与会社想出来的名目，是廉价收买耕地，自己经营农场，不过，耕地的所有主不肯廉价出卖，那是一定的。在此情形之下，发生作用的，都是警察官吏，警察时用传票，召集耕地所有主，对于不肯出卖者，不惜予以体罚或拘留。"[②]1909 年的林本源制糖株式会社强制购买西螺、浊水溪间土地约 3000 甲，几乎酿成农民暴动。在收购甘蔗原料方面，为了扶植糖业公司的发展，日本殖民者特别建立了"制糖原料采收区域制度"，该制度规定：⑴蔗农所种植甘蔗只能卖给规定的糖厂，不得越区贩卖。⑵甘蔗收购价由厂方于每季甘蔗收成，制成糖于市场销售后，才制定甘蔗收购价，蔗农不得有异议。⑶秤量甘蔗由厂方进行，蔗农无权参与。⑷种植甘蔗所需的肥料需向所属糖厂购买，购买金额于收购价中扣除。⑸甘蔗采收由厂方雇工进行，工资由收购价中扣除。在这种奴隶式的制度下，蔗价完全由糖厂片面决定，不能有异议，邻近糖厂收购价比较高，也不得越区转卖，肥料还要向糖厂购买，价格也完全由糖厂决定，秤量甘蔗时糖厂总是偷工减两，蔗农也不得有异议！ 蔗农在长期的压迫下，不满情绪早就蔓延，因此，蔗农反抗日本糖业资本家的斗争十分激烈。

蔗农抗争以二林事件最具代表性。二林地区甘蔗面积广大，有多家糖厂生产经营，"林本源制糖株式会社"（下称林糖）的收购价长期比"明治制糖株式会社"（下称明糖）偏低，而肥料价格林糖却又比明糖高。1923 年起，明糖甘蔗每千斤 5.9 圆，林糖只有 4.7 圆；而肥料明糖每包 3.3 圆，林糖却 4.75 圆。两者一年一甲就差了 170 圆以上，这种情况已持续两三年，自然引起林糖蔗农不满，为此，蔗农一直与林糖会社交涉，但屡争无效。因此，1925 年 6 月，为争取合法权益，400 多名蔗农成立"二林蔗农组合"，准备长期与林糖会社抗争。1925 年 9 月，蔗农向林糖会社提出要求：决定收割日期、收割前先公布收割

① 台湾"总督府"警务局:《台湾社会运动史——农民运动》，台北：创造出版社 1989 年版，第 54 页。

② 矢内原忠雄:《日本帝国主义下的台湾》，台北：台湾银行 1964 年版，第 13 页。

价、肥料由蔗农自由选购、双方共同协定收割价、甘蔗过磅时由双方共同监视，但被林糖会社所拒绝。1925 年 10 月，林糖会社对蔗农组成蔗农组合不以为意，在日本警察保护下，聘用临时工人强制收割甘蔗，引发蔗农不满，由此激起暴力冲突，造成多人受伤。日本殖民者对蔗农大肆镇压，逮捕蔗农 93 人，其中 31 人被判有罪，这就是有名的“二林事件”。[①] 二林事件尽管在甘蔗收购价格上未能取得根本性的解决方案，但它标志着日本殖民统治时期台湾农民运动步入了一个新的发展阶段。

4. 凤山农民组合的抗争。1925 年 5 月，高雄大地主陈中和拥有的“物产会社”突然宣布要从佃农手中收回凤山约 70 甲的土地，将它转给姐妹公司新兴制糖会社，作为自营蔗园地。这事关佃农的生计，引起承租土地的佃农强烈不满，他们集体起来抗争。[②] 文化协会成员黄石顺决定效法二林的蔗农，召集 53 名佃农成立“小作人（佃农）组合”开始和陈中和会社斗争。“小作人（佃农）组合”向物产公司不断进行交涉，最终迫使“物产会社”同意暂缓一年收回土地。“小作人（佃农）组合”抗争的胜利，使农民体会到团结的力量。1925 年 11 月 15 日，黄石顺为了巩固佃农组合并扩大其影响力，邀请了热衷于农民运动的简吉参加这一组织，并把佃农组合改组为“凤山农民组合”（组合员 80 多人），推举简吉为组合长。凤山农民组合成立后，简吉、黄石顺、张沧海等组合干部在凤山郡仁武庄举办“农民演讲会”，启蒙农民并鼓励大家团结起来和地主进行斗争。1926 年 3 月，新兴制糖会社宣布拟收回凤山郡大寮庄 270 甲土地的租耕权，而与佃农发生纠纷。大寮庄的农民看到凤山农民组合团结有力，于是邀请简吉、黄石顺前来指导大寮庄农民抗争。待新兴制糖会社指定交租耕权期限到时，他们采取了凤山农民组合的抗争办法，330 多名佃农中，有 269 人拒绝交出土地，抗争取得成效。[③] 由于凤山农组抗争成绩斐然，因而鼓舞了各地的农民。当各地农民与地主发生争议时，简吉、黄石顺也非常热心地与该地指导者积极联系，支持其争议，提供抗争经验，援助指导各地的农民运动，于是陆续在大甲、虎尾、竹崎等地帮助农民成立农民组合。这为日后成立全岛的农民团体——“台

① 台湾“总督府”警务局：《台湾社会运动史——农民运动》，台北：创造出版社 1989 年版，第 45—46 页。

② 台湾“总督府”警务局：《台湾社会运动史——农民运动》，台北：创造出版社 1989 年版，第 48 页。

③ 台湾“总督府”警务局：《台湾社会运动史——农民运动》，台北：创造出版社 1989 年版，第 49—50 页。

湾农民组合”奠定了基础。

20世纪20年代，台湾农民与日本退职官吏、制糖会社、台湾买办地主阶级先后进行带有民族意识与阶级色彩的抗争。台湾农民在抗争过程中，先后结成二林、凤山、大甲、虎尾、竹崎、曾文等农民组合。台湾农民运动蓬勃发展，打击了在台日本资本家和部分土著地主阶级的利益，也引起了日本殖民当局的强力镇压，分散的、自发的农民运动形式已经不能适应台湾农民运动日益发展的需求。为了推动农民运动的进一步发展，简吉，赵港提议建立统一的农民组合来协调台湾农民的斗争。1926年6月，全岛性的台湾农民组合正式成立，简吉任中央委员长。1927年2月，因日本退职官吏侵占台湾农民土地，农组中央委员长简吉与争议部长赵港为“土地拂下”和“竹林争议”前往东京帝国议会请愿，简、赵的日本之行，虽然最后以“未经审议”成为悬案，[①]对解决土地及竹林争议的问题未获得具体的成果，但他俩和日本农民组合、劳农党建立了联系。简吉、赵港向他们提出请求，由他们在台湾派驻指导员，指导台湾农民运动，以借鉴日本农民运动的革命经验。日本劳农党骨干古屋贞雄即是为此一度驻留台湾，并向台湾农民组合介绍日本劳农党之意识形态、战略及战术。在日本劳农党的指导和影响下，台湾农民组合领导人的思想进一步向马列主义及革命路线倾斜，简吉在《台湾民报》上发表文章强调：日本资本主义“对于台湾露骨地进行着更强度的榨取”，为了要完成榨取，“于是用尽一切欺瞒政策、阴谋政策……等直接的行动”。为了要从“一切压迫解放出来……我们须提高我们的阶级意识，而结成广大的坚固的团结，而进攻呀！大家赶快起来斗争而获得我们的生存权。”[②]不仅如此，台湾农民组合还发表了《台湾农民组合的过去，现在与未来》的文章，呼吁：“为了完成无产阶级的历史使命”，必须以“马克思主义的变革理论为探照灯，引领我们前进。”[③]

1927年12月4至5日，台湾农民组合在台中召开第一次全岛代表大会，日本农组委员长山上武雄、劳农党骨干古屋贞雄出席并指导了这次大会。大会决议“支持无产阶级政治斗争的日本劳动农民党”和“促进工农联合”，确立了以“依照马克思主义指导支持无产阶级之方法，宜待之于解决农民问题之方

① 《台湾议会请愿审议未了》,《台湾民报》，第151号，昭和二年4月3日。

② 《大同团结而奋斗》,《台湾民报》，第166号，昭和二年7月22日。

③ 《台湾农民组合的过去、现在、未来》,《台湾民报》，第189—190号，昭和三年1月2日、昭和3年1月8日。

针”。[①] 从 1927 年起，台湾农民组合在日本农民组合和劳农党指导下，队伍日益发展壮大，1927 年底，参加会员达 24100 多人，成立的支部有 23 个，成为全岛农民的坚强战斗堡垒。1927 ～ 1928 年间，在日本劳农党指导下，台湾农组领导农民反对日本殖民掠夺和地主剥削的斗争有了进一步的发展，不仅农民抗争达 420 多件 [②]（南投郡山本农场争议、第一、二次中坜事件、辜显荣所有地争议、台湾拓殖制茶公司土地争议、大湖庄所有地抗争……），而且抗争的手段也趋于多元化及激烈化，台湾农民逐渐排除使用陈情请愿的方式，而采取直接与地主交涉、谈判、不缴租金、隐匿已收刈的稻作、窃取被扣押的物品、设定假债权等斗争手段。[③]

二、台共逐步掌握农民组合的领导权

1928 年 4 月，台共在上海建党时，就非常重视台湾的农民问题，它说：“农民问题对于无产阶级政权之获得，以其争取同盟军之意义来说极为重要。”[④] 因此，它在制定的《农民运动纲领》中就规定：“以‘解决土地问题’、‘扫荡封建势力’为基本任务，其斗争目标为打倒封建地主、没收土地、分配土地给农民”。[⑤] 要实现这个任务，台共就必须先取得农民运动的领导权，使农民成为无产阶级的可靠同盟军，并使之参加农村革命。[⑥]

由于台湾农民组合是台湾农民运动的领导中心，因此，台共想方设法要将农民组合转变为台共外围团体，进而掌握台湾农民运动的领导权。1928 年 6 月，台共领导人谢雪红积极参加农民组合的各种活动，陆续将农组中央委员简吉、陈德兴、赵港、陈昆仑等人吸收入党。台共渗透于农民组合后，农民组合干部逐渐分为两派：一派是亲台共的干部派（简吉、赵港、颜石吉、张行、陈

① 台湾“总督府”警务局：《台湾社会运动史——农民运动》，台北：创造出版社 1989 年版，第 84 页。

② 台湾“总督府”警务局：《台湾社会运动史——农民运动》，台北：创造出版社 1989 年版，第 86 页。

③ 台湾“总督府”警务局：《台湾社会运动史——农民运动》，台北：创造出版社 1989 年版，第 95 页。

④ 台湾“总督府”警务局：《台湾社会运动史——共产主义运动》，台北：创造出版社 1989 年版，第 15 页。

⑤ 台湾“总督府”警务局：《台湾社会运动史——农民运动》，台北：创造出版社 1989 年版，第 104 页。

⑥ 台湾“总督府”警务局：《台湾社会运动史——农民运动》，台北：创造出版社 1989 年版，第 104 页。

德兴、彭宇栋、庄万生、陈昆仑）；另一派是非台共的干部派（杨贵、谢进来、谢神财、陈培初、尤明哲、张沧海、吴石麟、赖通尧、叶陶）。[①] 台共派干部支持遵守《日共 1927 年基本纲领》的阶级斗争路线，相反的，非台共派干部则赞成所谓左翼社会民主主义的“山川均主义”的倾向，而注重于合法的实践运动。围绕农民运动方针，两派展开了激烈地争论。然而，由于台共派干部在农组中央占据多数，结果，非台共派干部的杨贵在 1928 年 6 月 27 日的农组中央委员会上不仅遭受批判，而且被开除出农民组合，其他非台共派干部也先后遭除名。此后，台共派力量在农民组合中迅速发展，1930 年 8 月，农组中央 3 名常任委员（简吉、赵港、陈德兴）、15 名中央委员（简吉、赵港、陈德兴、杨春松、陈结、赵钦福、陈海、张行、林新木、吕得华、蔡端旺、庄万生、黄天、陈昆仑、杨四川）全为台共党员，这就表明台共已完全掌握农民组合的领导权。[②]

为了适应农民运动发展的需要，培养农运人才，1928 年 9 月 23 日，台共在农民组合本部成立了“社会科学研究会”，对农民组合干部进行专门培训。由谢雪红、简吉、杨克培三人担任“社会科学研究会”授课老师，向他们讲授“国际无产阶级运动”“西来庵事件的批判”“目前的农民运动”“殖民政策批判”“无产阶级经济学”等问题。[③] 这对当时农民组合开展反日斗争，培养革命骨干，起了很大的作用。

在农民组合召开第二次全岛大会之前，台共东京支部代表林兑自日返台带回了台共领导人林木顺有关“农民问题对策”的指示；并先后与谢雪红、简吉会商，希望通过大会议案的方式将“农民问题对策”贯彻于农组的政策与实践运动中。“农民问题对策”，目的就是想把台湾农民组合完全置于台共的领导之下，以推动台湾农村革命运动的发展。这份对策的内容有九点：⑴发行机关报。⑵展开民族的共同斗争。⑶提倡土地问题。⑷工农的革命性同盟。⑸组织农组自卫团。⑹设置青年农民讲习所。⑺在全岛发展农组救济部。⑻唤起关心国际问题。⑼斗争左翼社会民主主义者。[④]

① 台湾“总督府”警务局:《台湾社会运动史——农民运动》，台北：创造出版社 1989 年版，第 121 页。

② 台湾“总督府”警务局:《台湾社会运动史——农民运动》，台北：创造出版社 1989 年版，第 125 页。

③ 台湾“总督府”警务局:《台湾社会运动史——农民运动》，台北：创造出版社 1989 年版，第 117 页。

④ 台湾“总督府”警务局:《台湾社会运动史——农民运动》，台北：创造出版社 1989 年版，第 130—131 页。

1928 年 12 月 30 至 31 日，台湾农民组合在台共中央秘密指导之下，在台中乐舞台戏院举行第二次全岛代表大会。这次大会全岛有 40 多个支部派代表与会，约有 1000 名农民参加，场面相当热烈。① 这次大会农民组合发表了《台湾农民组合第二次全岛大会宣言》，确立了阶级斗争与民族的反帝斗争路线，指出“濒死的帝国主义者与反动地主为了保住其狗命，正全面准备屠杀工农的第二次世界大战，对无产阶级——尤其是殖民地台湾的无产阶级——压迫与剥削更为残忍，愈来愈露骨。因此，台湾的工人、农民、小市民在政治上、经济上所受的痛苦已经达到极点”。② 因而农民组合号召：⑴农民们赶快加入农民组合，工人们赶快加入工会；⑵工人与农民团结起来；⑶确立耕作权与团结权；⑷全台湾被压迫民众团结起来；⑸台、日、鲜、中的工农阶级团结起来；⑹拥护工农祖国苏维埃；⑺支持中国工农革命；⑻打倒国际帝国主义！⑼反对新帝国主义战争；⑽被压迫民族解放万岁！⑾全世界无产阶级解放万岁③。由此体现了二次全岛大会后农民组合富于激进革命和战斗的色彩。

这次大会在台共的指导下取得了如下成果：第一，农民组合要以台共关于“农民问题的对策”的作为其指导路线。第二，为了加强农组的组织工作，谢雪红计划在农民组合中成立救援会支部、青年和妇女支部的建议，都在大会上获得通过。第三，台共党员简吉、杨春松、赵港、陈德兴、颜石吉等人，分别当选农民组合的中央委员和中央常任委员。总之，从台湾农民组合指导路线的确立、组织工作的强化、职务的调整分配上来看，它在第二次大会后，已完全置于台共的领导之下。

三、台湾农民组合在台共领导下日益激进

农民组合自 1926 年成立以来，就进行着反对日本帝国主义掠夺的侵略政策。如火如荼的农民运动深刻冲击着日本殖民统治的基础，而农民组合日趋“左”倾，并提出在政治、经济上向日本殖民统治发起进攻，因而日益成为台湾“总督府”欲剪除的心头之患。日本殖民者为了打击农民组合，也为了了解农组

---

① 台湾“总督府”警务局:《台湾社会运动史——农民运动》，台北：创造出版社 1989 年版，第 143 页。

② 台湾“总督府”警务局:《台湾社会运动史——农民运动》，台北：创造出版社 1989 年版，第 142 页。

③ 台湾“总督府”警务局:《台湾社会运动史——农民运动》，台北：创造出版社 1989 年版，第 146 页。

与台共之间的关系。1929 年 2 月 12 日拂晓，日本警察以农组分发宣传品违反出版规则及治安维持法为由，对全岛如台北、新竹、台中、台南、高雄等州各地台湾农民组合的本部、支部事务所、关系团体及主要干部住宅共 300 余处，展开全面搜查，没收各种物品 2000 余件，逮捕 59 人，以违反“台湾出版规则第 17 条”为借口，对农组领袖简吉、杨春松、陈德兴等 12 人判处 1 个月至 1 年刑期不等的有期徒刑（见表 4-4）。[①]

表 4–4 “二·一二”事件判刑表[②]

姓名	徒刑	姓名	徒刑
侯朝宗	10 个月	江赐金	10 个月
陈昆仑	10 个月	张行	10 个月
颜石吉	10 个月	陈德兴	10 个月
苏清江	10 个月	谭廷芳	10 个月
简吉	1 年	陈海	10 个月
杨春松	10 个月	黄信国	1 个月

在日警的强力镇压下，农民组合遭受重创：不仅农组主要干部被捕，而且几乎所有支部，除了南部的下营和曾文两个支部外，都遭到禁止或破坏。[③] 虽然农民组合被迫转入地下活动，但他们无视斗争环境的险恶，仍秘密地开展农民运动。结果，在农民组合的领导下，台湾农民运动在次数和激烈程度上有增无减。《新大众时报》昭和六年 3 月号刊载了 1930 年 6 月以来农民运动的实况：1930 年 7 月 30 日，曾文支部动员 300 多人包围糖厂，要求提高甘蔗价格；8 月 1 日，屏东支部召开反战纪念大会；9 月 22 日，台南州支部联合会领导 1000 多人，抗纳或要求减免嘉南大圳水租，包围学甲、佳里、麻豆、下营各庄役场；10 月，屏东方面反对起耕；11 月 4 日，屏东支部盐埔出张所成立；11 月 7 日，纪念俄国革命，南联动员 300 多人，高联动员 600 多人；11 月，打倒反动团体斗争委员会巡回演讲；11 月，桃园支部反对扣押青苗，动员农民割稻；11 月

① 台湾“总督府”警务局：《台湾社会运动史——农民运动》，台北：创造出版社 1989 年版，第 150 页。

② 台湾“总督府”警务局：《台湾社会运动史——农民运动》，台北：创造出版社 1989 年版，第 151—152 页。

③ 台湾“总督府”警务局：《台湾社会运动史——农民运动》，台北：创造出版社 1989 年版，第 153 页。

23日，南联动员民众抗租，男女老幼或抬棺材、或搬马桶、牵水牛在各庄役场示威。①

1929年世界性的经济危机逐渐蔓延到岛内，台湾劳苦大众也深受其影响，尤其是农村经济所受的祸害最为厉害。有鉴于此，1930年台湾共产党照搬共产国际“第三时期”理论，认定帝国主义已陷入了极大的危机之中，世界正进入革命的高潮期，号召台湾人民起来对殖民主义和封建势力做坚决的斗争，最后“达成武装暴动，颠覆帝国主义的统治，建设革命政权，完成革命现阶段的任务”。②这一激进主张不符合台湾的社会实际，对台共自身及台湾农民运动开展有着很大的危害性。1930年12月，台共秘密发表了《台湾农民组合当前任务的纲领》，确立农民组合“左”倾工作方针。台共在这个纲领中，批评农民组合在工作中有诸多不足:（1）对各项斗争问题的斗争激发及组织、领导的不力;（2）各同志对中央的决议与指示理解不够，因而未能贯彻于大众;（3）少数干部专制;（4）阵营内还有浓厚的合法主义与组合主义的错误倾向;（5）没提出“土地革命”口号，未能彻底宣传;（6）缺乏对杨贵、连温卿派残留影响的积极斗争;（7）缺乏提出妇女、青年的要求。③因此，台共要求农组当前的主要任务是：⑴政治方面：克服合法主义、组合主义；要经常提出“土地革命”的口号；对杨贵、连温卿展开激烈斗争；清除阵营内的机会主义及一切“右”倾倾向等。⑵组织方面：确立以贫农、小农为基础；确立各部门的指导部；准备第三次全岛大会；重建旧支部及扩大组织；倡议组织反帝大同盟；加入赤色农民国际。④根据台共的上述指示，1931年1月，台湾农民组合在嘉义郡竹崎庄召开中央委员会扩大会议。一方面，大会正式把农民组合做为在台共领导下的大众团体（外围组织），并决定向杨贵、连温卿派进行斗争，淘汰组合内部的机会主义者与中间动摇分子。⑤另一方面，大会提出了打倒日本帝国主义等斗争同时在

① 台湾“总督府”警务局:《台湾社会运动史——农民运动》，台北：创造出版社1989年版，第191—192页。

② 台湾“总督府”警务局:《台湾社会运动史——共产主义运动》，台北：创造出版社1989年版，第170页。

③ 台湾“总督府”警务局:《台湾社会运动史——农民运动》，台北：创造出版社1989年版，第210页。

④ 台湾“总督府”警务局:《台湾社会运动史——农民运动》，台北：创造出版社1989年版，第222页。

⑤ 台湾“总督府”警务局:《台湾社会运动史——农民运动》，台北：创造出版社1989年版，第223—224页。

会议上也决定了合乎新战略方针的口号：(1)反对检举；(2)争取言论、集合等自由；(3)夺回生产物处分权；(4)打倒日本帝国主义；(5)反对台湾总督的独裁政治；(6)拥护苏联；(7)支持中国革命；(8)台湾共产党万岁！[①]

1931 年 5 月 31 日，台共新中央在二次临时大会后，采用新战术，准备在第二次帝国主义战争即将爆发的局势下，采取工农武装斗争方式，以打倒日本帝国主义，建立工农苏维埃政权。然而，恰当在此时，中日间的军事情势也日趋恶化，于是，台共领导部即向农民组合及文化协会等发出指令、指示这些大众团体必须发动武装斗争。台共宣传“第二次帝国主义战争已经开始”，“此一帝国主义战争正是台湾革命成功的机会”，[②]因此，台共中央向农民组合发出指示，要求农民组合开始执行武装斗争政策。这种武装斗争是通过赤色救援会组织开展，由陈结在竹崎、吴丁炎在北港作准备工作，而郭常也领导农民组合大湖及竹南永和山两地支部，设立基地秘密训练战士。1931 年时当“九·一八”事变爆发，又在翌年 1932 年 2 月战争扩至上海，台湾共产党认为第二次帝国主义战争已近在眼前，乃向全岛各级机关发出指令，指示开始进行“国际青年纪念斗争”及“准备武装起义”。1932 年 1 月中日战争爆发，台共认为，第二次帝国主义战争即将爆发，于是，指示农组各支部准备举行武装起义。台共代表郭常对永和山农组支部干部说：“日本军因在上海遭到中国军坚强的反击而陷于苦战中。世界列强对于日本的侵略行为表示极大的反感，以致第二次帝国主义世界战争即将不可避免的爆发起来。另一方面，中共与台共具有密切的关系。以解放台湾为目标的台湾革命当然会受到中共的援助，我等必须趁此一气呵成的实现武装起义，而为台湾革命成功来献身打倒日本帝国主义，并拯救在狱中的同志们。”[③]因此，刘双鼎命令张阿艳、徐泉坤、张子登调查竹南郡役所火药库、锦水及公司寮的石油厂，并计划炸铁路、铁桥、突袭郡役所，救出被捕的同志。1932 年 2 月，他们已经开始秘密训练，准备举行武装起义。[④]但不幸事机泄露，大批农组成员被捕，暴动失败。

---

① 台湾“总督府”警务局：《台湾社会运动史——农民运动》，台北：创造出版社 1989 年版，第 226—227 页。

② 台湾“总督府”警务局：《台湾社会运动史——共产主义运动》，台北：创造出版社 1989 年版，第 278 页。

③ 台湾“总督府”警务局：《台湾社会运动史——共产主义运动》，台北：创造出版社 1989 年版，第 291 页。

④ 台湾“总督府”警务局：《台湾社会运动史——共产主义运动》，台北：创造出版社 1989 年版，第 292 页。

1932年3月6日，大湖派出所巡查陈卓乾的夫人，被亲戚钟阿煌的夫人警告说：“现在日本与中国正在战争，听说日本军在上海大败。这是因为台湾农民组合员到上海支援中国军的缘故。最近就要引导中国的大军来进攻台湾，而岛内的农民组合员会与中国军互相呼应。他们预定杀死官吏、发起暴动。此命令应该会在半夜传达，赶快把你的丈夫藏到安全的地方吧！”[①] 陈卓干从其亲戚口中得知农民组合准备暴动的计划后，立即向主管钟日红提出报告。日警以此为线索，对农组进行侦查。3月12日，大湖支部被侦破，40多人被捕。警方为了抓获农组干部，费时2个多月，警方陆续逮捕邱天送、陈盛麟、张子登等人。9月22日，日警在竹东郡宝山庄抓到刘双鼎。永和支部被捕2人，刘双鼎、郭常、邱天送3人被折磨致死，其余34人起诉，判刑如表4-5：

表4–5　大湖、永和山事件判刑表[②]

姓名	判刑	姓名	判刑
林华梅	8年	邓阿番	7年
刘俊木	8年	张阿英	6年
林章梅	4年	徐鼎坤	6年
黄阿干	3年	吕鸿增	8年
钟阿煌	4年	郭阿添	5年
韦运明	7年	张子登	7年
温洪江	6年	廖阿威	2年
邱煌炳	4年	陈阿兴	6年
陈盛麟	8年	陈德富	3年
陈天麟	8年	张仔旺	7年
黄云汉	6年	曾阿盛	2年
吴木清	5年	赖细妹	3年
叶木兴	6年	吴添文	3年
刘喜顺	3年	吴仕南	2年

① 台湾“总督府”警务局：《台湾社会运动史——共产主义运动》，台北：创造出版社1989年版，第293—294页。

② 台湾“总督府”警务局：《台湾社会运动史——共产主义运动》，台北：创造出版社1989年版，第295—296页。

续表

姓名	判刑	姓名	判刑
张为	不起诉	李阿运	2年
刘俊山	2年	江阿荣	5年
张阿艳	8年	张阿焕	4年

随后日本殖民者宣布农组为非法组织并予以解散，轰轰烈烈的台湾农民运动在日本殖民者镇压下失败了。

四、台共领导农民运动失败的教训

台共领导台湾农民这段斗争的历史，不仅对台湾社会产生了深远的影响，而且在国际共产主义运动史上也写下了重要的一页。然而，台共领导农民运动失败给我们留下了许多深刻的教训，其中有三点教训值得我们记取：

第一，要善于正确处理各阶级间相互关系，分清敌我矛盾和人民内部矛盾，高度重视统一战线。1895年日本侵占台湾后，对台湾人民实行了残酷的民族压迫和殖民掠夺，使得台湾人民和日本殖民者的民族矛盾，成为当时台湾社会的主要矛盾，因此，台湾人民开展民族运动的主要对象是日本殖民者及其帮凶或“协力者”，这是日本殖民统治时期台湾人民反抗斗争的主流。然而，除了民族矛盾之外，台湾社会同样存在着阶级矛盾，存在着地主阶级与农民阶级、资产阶级与工人阶级的矛盾，日本殖民统治时期的台湾社会阶级和阶级斗争是客观存在的事实，只不过是受民族矛盾这一主要矛盾的制约，阶级矛盾居于次要的地位，服从于民族矛盾的需要罢了。

然而，台共没有从台湾社会的实际情况出发，主观地认为：“农村内尚存在着地主的封建榨取。此等在农村内施行封建榨取的封建残存势力（地主），是援助帝国主义运动最有力的支柱。日本帝国主义占领台湾后，不但未能完全消灭封建关系，更利用它进行资本的原始积累。”[①] 由于台共只看到台湾地主阶级与日本殖民者之间的共同利益，而没有看到它们之间的矛盾。因此，台共在政治纲领中提出：“实行土地革命，消灭封建残余势力”，“没收地主的土地，分与贫农、

① 台湾“总督府”警务局:《台湾社会运动史——共产主义运动》，台北：创造出版社1989年版，第174页。

中农使用”。[1]台共的革命任务是:“排除民族资产阶级的政策——民族改良主义，在农村及工场内实行猛烈的阶级斗争与武装暴动，颠覆帝国主义统治，建立工农民主独裁的苏维埃政权”。[2]台共在政治纲领中采取民族斗争与阶级斗争并重的方针政策，在实践斗争中采取反帝反封建的革命路线，“四面出击”，“树敌过多”，结果使台湾农民运动遭受重创。

虽然台湾共产党的目标是领导台湾人民推翻封建土地剥削制度，实现耕者有其田；但是台湾在日本殖民统治之下，台、日民族矛盾成为主要矛盾的情况下，除个别的亲日派地主汉奸以外，绝大多数地主富农也会参加到抗日民族统一战线中来。台湾共产党要做的是如何领导台湾人民赶走日本殖民者，而不是如何去深化土地革命。为了把绝大多数的地主吸收到抗日民族统一战线中来，并减少地主对发动农民抗日的阻力，台湾共产党应以民族利益为重，审时度势，在坚持抗日、坚持团结、坚持进步的原则基础上，制定出一系列新的、适应抗日形势的方针和政策，来调整各阶级、阶层、政治集团之间的利益关系。在政治上做出了重大的让步，停止使用暴力没收地主土地分配给农民的政策，改用别的适当的方法（减租减息政策）去解决农民土地问题。减租减息的土地政策，既能照顾地主利益的同时，又能减轻广大农民所受的封建剥削，从而改善了人民生活，激发起各阶层人民抗日的积极性，有利于孤立日本殖民者，有利于夺取抗日的胜利。

第二，要合理、灵活的运用斗争策略。在日本殖民当局高压统治之下，在敌我力量悬殊的情况下，台共领导农民运动应采取积极稳妥的秘密斗争策略，隐蔽实力，组织队伍，积蓄力量，长期埋伏，等待时机的方针。其领导农民对敌斗争的策略，必须是利用一切可以利用的公开合法的法律、命令和社会所许可的范围，从有理、有利、有节的观点出发，一步一步地和稳扎稳打地去进行；而不应同强大的统治阶级进行毫无胜利希望的正面决战，将台共和农组的力量暴露在敌人面前，招致无谓的牺牲。

然而，台共新中央根本无视台湾革命中敌强我弱的基本事实，推行冒险主义的进攻路线，因此，台共当前的任务“应该是把握各种机会，抓住工人与资

---

① 台湾“总督府”警务局:《台湾社会运动史——共产主义运动》，台北：创造出版社 1989 年版，第 170 页。

② 台湾“总督府”警务局:《台湾社会运动史——共产主义运动》，台北：创造出版社 1989 年版，第 175 页。

本家、农民与地主、士兵与长官的大小冲突，激发群众的日常斗争，在斗争中反对民族改良主义、社会民主主义、机会主义，扩大党在群众中的政治影响，吸收群众集合在党的政治口号的周围，领导工人农民在工场与农村实行猛烈的阶级斗争，建立无产阶级在农民运动中的领导权，扩大并巩固工农的革命组织，力求革命的均衡发展，以武装暴动颠覆帝国主义的统治，树立工农民主政权。”[①] 为此，他们制定了一系列“左”的方针、政策，强化党对农民运动的领导，并组织农民武装暴动。1932 年 1 月，台共重要成员刘双鼎和林华梅以新竹州的大湖和竹南两农组支部为基础，准备举行武装暴动，建立苏维埃政权，但不幸事机泄露，大批农组成员被捕，暴动失败。[②] 他们幻想进行几次“进攻”就把敌人打倒，结果把革命堡垒暴露给敌人，造成革命力量的严重损失。

第三，要正确对待组织内不同意见。1928 年 6 月，在台共的影响，农民组合内部分为两派：一是台共派干部，包括简吉等人，另一是非台共派干部，包括杨贵、叶陶等。在农民运动问题上，两派有很大分歧：简吉等人主张采用激进的阶级斗争；杨贵等人则站在民族主义的立场进行合法抗争。由于农民组合内台共派干部占据多数，对杨贵等人进行了激烈地批判。1928 年 6 月 24 至 27 日，农民组合在台中召开中央委员会。农组中央批判杨贵为扰乱农民组合的领导，并将其开除。杨贵遂与叶陶、谢进来发表共同声明书，指出农民组合中央委员会以“反动”的帽子扣在杨贵身上，全然不符事实。声明书又特别强调，在日本殖民者加强压迫之际，台湾政治运动者更应强化统一路线。在声明书最后提出五项呼吁：（1）反对思想对立所致的除名；（2）克服斗争所带来的分裂；（3）建立批判的自由，公开的理论斗争；（4）确立民主主义，反对各种委员的官僚式任命；（5）反对闭锁主义。[③]

台共派干部在组织上搞所谓“残酷斗争，无情打击”，势必扼杀农民组合的民主，破坏农民组合内健康和谐的政治生活，使好同志蒙受冤屈，削弱农民组合的力量。因此，我们要正确对待组织内不同意见。发扬组织民主，要允许组织内成员发表不同的意见，对问题进行充分的讨论，真正做到知无不言，言无

① 台湾“总督府”警务局：《台湾社会运动史——共产主义运动》，台北：创造出版社 1989 年版，第 184 页。

② 台湾“总督府”警务局：《台湾社会运动史——共产主义运动》，台北：创造出版社 1989 年版，第 178 页。

③ 台湾“总督府”警务局：《台湾社会运动史——农民运动》，台北：创造出版社 1989 年版，第 124 页。

不尽。要严格实行不抓辫子、不扣帽子、不打棍子的“三不主义”。所谓不抓辫子、不扣帽子、不打棍子，就是禁止任意夸大一个人的错误，罗织成为罪状，并给予政治上、组织上的打击甚至迫害。组织内成员在思想认识上有不同意见和争论是正常的。组织要善于倾听各种不同意见，对于组织内成员的不同意见应当持冷静的态度正确对待。一方面，要对不同意见做科学的、实事求是的分析，对正确的合理的意见，应当积极采纳和接受；对错误的意见，可以给以解释或实事求是地提出批评，不允许任意夸大，无限上纲。另一方面，对待思想认识上的是非，不能采取压服的方法，有些思想理论上的不同认识一时解决不了，除了具有重大政治性和迫切性的问题外，一般不要匆忙下结论，可以留待以后进一步研究和经过实践来解决。禁止在组织内把不同意见成员打成敌对分子，禁止清洗反对派。

第三节　台共对工人运动的影响

在20世纪20年代末，台湾工人在台湾文化协会和民众党的领导和组织下，一度掀起了台湾工人运动的高潮，给日本殖民者以沉重的打击，在近代台湾史上写下了辉煌的篇章。然而，台共在工人运动中所起的作用怎样？所扮演的角色如何？迄今笔者尚未见到学界有专题探讨，虽然有个别学者曾从侧面涉及此事，但也是语焉不详。有鉴于此，笔者拟根据台湾“总督府”警务局主编的《台湾社会运动史——劳动运动·右翼运动》和俄罗斯国立社会政治史档案馆库存的《台湾共产党》档案资料，拟就台共对台湾工人运动的影响做一尝试性探讨，文中如有不当之处，敬请方家指正。

一、台湾工人运动概况

（一）台湾工人运动的背景

1895年日本侵略者侵占台湾后，随着日本资本的涌入，台湾制造业、运输业、矿业，特别是食品加工业中台湾产业工人队伍开始发展起来。第一次世界大战后，台湾民族资本家在工业领域投资越来越多，其下的工人队伍也随之发展壮大。据统计，1930年台湾工人总数为577752人，其中制造业工人为87351人，占总人数的15.1%；运输业工人为48862人，占总人数的8.4%；矿业工人为19562人，占总人数的3.3%；短期雇工为421976人，占总人数的73.3%。

以民族分类看，台湾汉人占93%，日本人占3%，其余为大陆劳工、台湾少数民族和朝鲜人。①

台湾无产阶级在日本资产阶级、台湾资产阶级的双重压迫下，处境十分困难。大多数台湾企业为雇工不满15人的小型工厂，其数量占台湾工厂总数的77%，并且半数以上的工厂是使用人力。在日资企业里，台湾工人经常遭到日本资本家和工头的斥骂和虐待，山川均就曾揭露："尤其企业家是日本人的场合（许多新设的制造业，就是这样），企业家常怀征服者对被征服者的心理和态度，以对待劳工：是在进行一种不可形容的虐待。彼辈心思这种无节制的，无限制的榨取，是优等民族对于劣等民族应有的权利；并且相信这才是占领殖民地的一部或全部的意义。"② 台湾本地工人不仅在恶劣的工作环境下工作，而且还深受日本统治者的压迫和歧视，即使干同种工作，平均工资只有日本工人的一半左右。据1927年的调查统计，木匠日人日工资3.5元，台湾人日工资为1.8元；石匠日人日工资4元，台湾人日工资为2元；铁工日人日工资2.5元，台湾人日工资为1.6元；苦力日人日工资2元，台湾人日工资仅为0.8元。③

在第一次世界大战期间，台湾工人由于受到大战末期的物价飞涨、日本本土及中国大陆劳工争议蓬勃发展的影响，初步、自发性的劳工争议数目显著增加，1920年台湾劳工争议已有51件。④ 为了维护自身的利益，1919年台北印刷工人结成了具有近代工会性质的台北印刷从业员组合，这为台湾近代组织工会的开端。20世纪20年代后，在台大陆劳工于1923年成立台北华侨洋服工友会等多个工会组织，带动了台湾近代工人运动的兴起。据统计，1921～1931年间，全岛共发生劳资纠纷513件，罢工293次，暴动示威10次，卷入人数达36280人。台湾的工人运动，斗争的目标主要指向日本资本家，在所有的劳动争议里，针对日本资本家的约占60%以上。⑤1927年后，台湾文化协会和台湾民众党也积极介入工人运动，并将台湾工人运动逐渐推向高潮。

① 台湾"总督府"警务局:《台湾社会运动史——劳动运动·右翼运动》，台北：创造出版社1989年版，第12页。

② 山川均著、蕉农译:《日本帝国主义铁蹄下的台湾》，《新东方》1930年第4期，第93页。

③《翁泽生关于台湾工会运动的报告》，俄罗斯国立社会政治史档案馆，档案号：全宗495/目录128/案卷10，第130页。

④ 台湾"总督府"警务局:《台湾社会运动史——劳动运动·右翼运动》，台北：创造出版社1989年版，第34页。

⑤［日］向山宽夫:《日本统治下的台湾民族运动史》，东京：中央经济研究所1987年版，第835页。

（二）新文协领导下的工人运动

1927 年 1 月台湾文化协会分裂后，以连温卿、王敏川为中心的“社会主义派”取得了文化协会领导权，文协由原来从事文化启蒙运动的团体转变成为以阶级斗争为主的社会主义团体。文协转向后，立即宣布：“台湾文化协会永远为农、工、小商人、小资产阶级的战斗团体”，① 并以建立工人组织为当务之急，支持和指导台湾工人的罢工斗争。从 1927 年 4 月起，新文协的连温卿、王敏川在台湾各地相继成立了台湾机械工友协会、台湾制材工联合会、台北印刷工会、基隆印刷工会、台湾船碳工会、台湾涂工会、通宵总工会、彰化总工会、台南总劳工同志会等左翼工会。② 在新文协的指导下，台湾工人阶级反抗资本家压迫，要求改善劳动条件，反对低工资和无理解雇的斗争，不断出现高潮。在 1927~1928 年间，文协领导的罢工斗争主要有日华纺织会社台北办事处的罢工、嘉义营林所的罢工、阿里山出张所的罢工和高雄台湾铁工所的罢工，③ 其中以高雄铁工所的罢工影响最大。1928 年 4 月 3 日，高雄台湾铁工所的工人王风在文协的帮助下，组织成立了台湾机械工友会，并吸收该所 160 多名台湾工人参加。为破坏刚成立的工友会，第二天厂方无故将王风解雇。工友会代表郭清、陈良等人向厂方交涉，一致要求王风复职，但遭到厂方无理拒绝。4 月 7 日工友会组织铁工所的工人举行罢工，文协、农民组合东港支部、台北机械工会领导人相继赶来支持，要求厂方答应罢工工人的要求。4 月 17 日，厂方又将 120 名罢工工人开除。4 月 22 日，文协、农民组合立即向全岛发出檄文，号召全岛工会举行同情罢工以及其他声援活动。当时有 21 个工人团体予以响应，他们不仅组织 1433 人罢工，而且寄来 1000 多元和食品给予援助。④ 罢工不但使铁工所也使其他工厂的资本家意识到工人团结的力量。一些台湾机械工友会会员所属工厂的资本家，开始对支持铁工所的罢工的工人施加压力；日本殖民当局更于 4 月 22 日出动警察，将在台湾机械工友会馆集会、声援铁工所罢工的工人逮捕拘留，并查封了会馆。王风由于受到警察的不断迫害，被迫流亡到大陆。在这种情况

① 台湾“总督府”警务局：《台湾社会运动史——劳动运动 · 右翼运动》，台北：创造出版社 1989 年版，第 35 页。

② 台湾“总督府”警务局：《台湾社会运动史——劳动运动 · 右翼运动》，台北：创造出版社 1989 年版，第 184—185 页。

③ 台湾“总督府”警务局：《台湾社会运动史——劳动运动 · 右翼运动》，台北：创造出版社 1989 年版，第 113 页。

④ 台湾“总督府”警务局：《台湾社会运动史——劳动运动 · 右翼运动》，台北：创造出版社 1989 年版，第 117—119 页。

下，罢工最终失败。

自 1920 年代以来，虽然台湾各地已成立了几十个大小工会，但它们不仅弱小而且还没有密切的联系，因此各次罢工斗争，都不能取得满意的结果。为了更有力地与资本家斗争，连温卿深感有必要将各个左翼工人团体联合起来，因此，他开始谋求实现成立及统一左翼工会的活动。1928 年 1 月 1 日，连温卿联合各地机械工会代表 78 人，在台北成立了“台湾机械工会联合会”，会员有 300 多人。[①]1928 年 6 月，连温卿打算在原有左翼工会的基础上，准备成立“台湾总工会”；然而，文化协会内部在有关工人运动纲领、工会组织及名称等诸问题上意见不一，无法形成强有力的领导力量，加上文协组织不久因新竹事件、台南墓地事件遭到严重破坏，台湾工人运动的主导权逐渐转移到了民众党的手中。

（三）民众党领导下的工人运动

台湾民众党十分重视对工人运动的支持和领导。1927 年 7 月，蒋渭水等人在台中成立了“台湾民众党”，就将发展工人团体和领导工人运动作为其主要任务。民众党成立后，蒋渭水等人亲自巡回全岛各地，举办演讲及座谈会，参与劳资纠纷，促进各业工人组织工会，开展工人运动。在民众党的影响下，台北各地纷纷涌现各种以“工友会”为名的工人团体，到 1927 年底民众党领导下的工人组织就有 21 个，工人 3000 多名。随着工友会创立运动的进展，蒋渭水为了统一领导工会运动，强化对党的支持，因而提倡建立一个全岛性的工会——工友总联盟。经过一番筹备，在台湾民众党的领导下，1928 年 2 月 19 日，在台北市召开台湾工友总联盟成立大会，当时加盟的一共有 29 个工人团体，其宗旨是“谋求工人、店员之利益、幸福及其生活之提升。”[②]其任务是帮助台湾工人、店员团体的发展，统一全岛工人团体，集中领导全岛的工人运动，并想办法解决工人失业问题及设置职业介绍所，以保护台湾工人、店员的利益。[③]“台湾工友总联盟”在《创立宣言》中强调“我等台湾的劳动阶级占农、工、商、学四民中第二多数，至少有百余万人，实为台湾民众中之重要部分。观察我等

① 台湾“总督府”警务局:《台湾社会运动史——劳动运动·右翼运动》，台北：创造出版社 1989 年版，第 100 页。

② 台湾“总督府”警务局:《台湾社会运动史——劳动运动·右翼运动》，台北：创造出版社 1989 年版，第 72 页。

③ 台湾“总督府”警务局:《台湾社会运动史——劳动运动·右翼运动》，台北：创造出版社 1989 年版，第 72—73 页。

台湾人之环境及地位，不得不感觉我等劳动阶级之历史使命极其重大。故我等应自我体认为民众解放运动的前锋队，非勇往迈进不可。……努力奋斗意欲成为拥护劳动阶级权利的总机关，为劳动阶级的政治、经济、社会的解放运动担任前卫队，以完成台湾劳动阶级的历史使命。”[①]

相对新文协而言，民众党领导下的工人运动更具组织性和斗争能力，规模和影响力也要大得多。工友总联盟成立之初即有团体会员 29 个，个人会员 6367 人，1928 年底猛增至团体会员 65 个，个人会员达 7816 人。[②]民众党指导工友总联盟所开展的工运也颇有成就。在工友总联盟成立后的一年多的时间，各地就进行了大小不等的罢工 19 次，其中高雄浅野水泥会社罢工事件更是将台湾工人运动推向新的高潮。1927 年底，位于高雄的浅野水泥会社借经济不景气解雇大批工人，却不给遣散费，这使工人十分愤慨。1928 年 3 月，一名原工厂的工人因被警察抓走而被工厂解雇，释放后他要求复职为厂方所拒绝。当时该水泥厂的工人多加入高雄机械工友会，工会负责人黄赐发动工人支持他，却又被厂方借此开除 41 名工人。于是黄赐组织 700 多工人在 4 月 13 日进行罢工。民众党蒋渭水等人赶到高雄进行声援，并举行演讲呼吁各界进行支持。会社反而更变本加厉，又将 178 名工人开除。蒋渭水决定在工友总联盟设立专门机构，协助浅野的工人进行长期罢工。然而，在 5 月 13 日黄赐等 31 名组织罢工的骨干被警察逮捕，工人群龙无首，罢工即告失败。[③]高雄的浅野水泥罢工，其所持续日数之长，以及罢工团体阵容之整齐，实为台湾空前所未有的大罢工。

二、台湾共产党反对连温卿组建台湾总工会

1928 年台共建党时，在“工人运动对策提纲”规定了台湾工人运动的方针，该方针主要内容如下：“台湾的左翼劳动组合在文化协会的指导下蒙受福本主义的影响而陷于宗派主义的谬误，右翼工会则被民众党干部改良主义之欺瞒所误导。故党应该派党员到劳动运动的前线，以克服左翼工会的谬误，暴露右翼工会指导者的欺瞒，使工会大众左翼化，展开左右两翼的共同战线，以促进台湾

① 台湾“总督府”警务局：《台湾社会运动史——劳动运动·右翼运动》，台北：创造出版社 1989 年版，第 76 页。

② 台湾“总督府”警务局：《台湾社会运动史——劳动运动·右翼运动》，台北：创造出版社 1989 年版，第 77 页。

③ 台湾“总督府”警务局：《台湾社会运动史——劳动运动·右翼运动》，台北：创造出版社 1989 年版，第 90—92 页。

总工会的组成，再以此为产业别、地方别组织来设置工会支部，置于党的影响下，从日常斗争中吸收优秀工人分子到党来，将所有的斗争导向无产阶级专政的方向，加盟工会国际以遂行无产阶级的国际性任务。”①该方针的实质是将台湾左、右翼工会联合起来，建立工人运动统一战线，以便将台湾的工人运动置于台共的领导之下。

1927年在文化协会发生分裂以及台湾民众党成立后，台湾工人团体分为两大阵营：一是文协领导的“左翼”工会，即由台湾文化协会组织起来的台湾机械工会联合会；另一是台湾民众党组织的“右翼”工会，即由蒋渭水所领导的台湾工友总联盟。这两个阵营在指导工人运动思想上有很大的差异。新文协主张阶级斗争：“我等致力于改善劳动条件，谋求劳工生活之提高及安定，为使劳动阶级脱离资本主义制度的支配，乃根据阶级观念，集中大众的意识与行动，以发挥最大的斗争力量，巩固组织进行斗争，对抗资本之榨取及其拥护者阶级，期以达成解放劳工阶级为原则。”②而民众党则强调阶级调和。蒋渭水在《我的主张》一文中称：“我们在政治上主张民主主义，经济上倡导劳资协调。党的运动规定为，全民运动和阶级运动同时并行。尤其不写为‘阶级斗争’而写为阶级运动，是基于劳资协调的意思。”③台湾民众党主张阶级调和的目的在于推动全民运动向前发展。民众党曾明确表示：“本党站在代表农工利益之地位，合理调节阶级间的问题，使之不致阻碍全民运动的前进。”④虽然左翼工会多次表达加入右翼工会，但右翼工会担心吸纳左翼之后会导致劳资谈判破裂，因此，“他们不顾左翼工会恳切的加入要求，以扰乱组合为理由一口拒绝”。⑤

面对工人运动的分歧以及来至民众党的威胁，连温卿担心台湾工人运动会被右翼的力量所把持，认识到统一左翼工会的重要性。为了和蒋渭水组织的台湾工友总联盟相抗衡，争夺对工人运动的领导权，1928年6月3日，连温卿召

① 台湾“总督府”警务局：《台湾社会运动史——劳动运动·右翼运动》，台北：创造出版社1989年版，第123页。

② 台湾“总督府”警务局：《台湾社会运动史——劳动运动·右翼运动》，台北：创造出版社1989年版，第101—102页。

③ 台湾“总督府”警务局：《台湾社会运动史——政治运动》，台北：创造出版社1989年版，第131页。

④ 台湾“总督府”警务局：《台湾社会运动史——政治运动》，台北：创造出版社1989年版，第157页。

⑤ 台湾“总督府”警务局：《台湾社会运动史——劳动运动·右翼运动》，台北：创造出版社1989年版，第127页。

集受他领导和影响的25个工会代表在台北召开会议，准备成立台湾总工会。[①]然而，会议期间北部和南部的工会代表对于是否要成立台湾总工会产生分歧。以王敏川为首的中南部代表认为“既然已有台湾工友总联盟的统一团体存在，却仍然进行总工会组织，乃徒然分散工会势力，妨碍劳动者的幸福，故应该促使工友总联盟的反省与合作。”但是以连温卿为首的北部工会代表则认为“工友总联盟设立当时，吾等团体虽申请参加但有被拒绝之事实。此乃表示工友总联盟并非解放无产阶级，引导幸福之统一组织，不过是民众党的傀儡而已”，[②]因此，连温卿提议“鉴于本岛现状，统一左右两派工会有相当困难，则暂时以我们的团体增加统一之实”。[③]王敏川派认为：工人没有左翼和右翼之分，应该团结和争取台湾工友总联盟，一起组成统一的“台湾劳动统一运动联盟”，如果现在“只是使左翼（工会）进行全岛的结成，会使左右两翼的对立尖锐化，使统一成为不可能”。[④]最后大会表决通过组织“台湾劳动运动统一联盟”的决议并组成筹备委员会。这样，虽然在表面上将北部代表的意向压下而暂时决议成立“统一联盟”，但这并非思想上的屈服，北部的工会代表无从谅解“台湾劳动运动统一联盟”成立的意义及目标，因此新文协逐渐发展成王敏川与连温卿两派的对立。连温卿认为在当前建立“台湾劳动运动统一联盟”几乎不可能，因此决意先组织工会临时评议会，然后逐渐扩充，以谋求全岛性左翼工会的统一。1928年7月20日，连温卿在台北召集“工会临时评议会筹备会”，试图以临时评议会的名义建立统一的工会组织，但是遭到王敏川派的反对，再加上此时台南废除墓地事件发生，连温卿等文协领导人被捕，筹备委员会的活动没有获得任何成果。

对于“连温卿试图整合左翼工会筹建台湾总工会”的主张，以谢雪红为首的台共中央也坚决反对，其理由是：“第一、劳动者没有所谓左翼、右翼之分，对资本家有同一利害关系。所以，在左翼组合的全岛性联合统一以前，只以左翼来做全岛性结成，自然使左右两翼的对立尖锐化，使统一不可能。第二、全

① 连温卿：《台湾政治运动史》，台北：稻乡出版社1988年版，第186页。

② 台湾“总督府”警务局：《台湾社会运动史——劳动运动·右翼运动》，台北：创造出版社1989年版，第109页。

③ 台湾“总督府”警务局：《台湾社会运动史——劳动运动·右翼运动》，台北：创造出版社1989年版，第111页。

④ 洪朝宗：《全岛四十劳动团体代表，于3日汇集蓬莱阁努力统一全岛劳动运动！》，《台湾大众时报》1928年6月25日，第6版。

岛单一工会的结成非经过长期斗争不可。所以，将左翼总工会即时结成，不能真正以大众为基础。结果，仅仅是干部的凑集而已。第三、双重工会主义（亦即左右翼分开），在国际上已被认定为谬误。”① 由于连温卿派筹建台湾总工会的行为背离了台共指导工人运动的路线，所以台共对连温卿派展开猛烈地抨击：“连温卿一派之所谓全岛左翼总工会结成，根本与吾人对立，不但有否定共产党之意味，也拒绝左右翼共同战线之意味，此为彻头彻尾分裂之合理化论。主张分裂之永久存在之必然的社会民主主义者之分裂论，彼实就以山川解党主义之主张，而假以福本之分裂主义的美好幌子。……吾人在此须扩大革命势力，是故与连温卿一派之左翼社会民主主义者之斗争，有再度强调之必要。”② 在台共看来，文协领导人连温卿不但应在政治上受到谴责，而且还应在组织上作根本变更，以确保台湾工人运动严格按照台共所指引的路线前进。台共在《我们对左派斗争》中强调：“在初期应扫除左派首领等的根本错误，夺取其领导机关，将左派工会置于党的影响下，建立左派工会中党的坚固基础。”③1929 年 11 月，台共掌握文协领导权后，在文协第三次全岛大会上，将连温卿视为左派社会民主主义者，而将他开除会籍。

三、台共领导下的工人运动

（一）共产国际调整了台共的工人运动指导方针

由于台共还处于幼年时期，对工人运动的规律和特点都懂得不多，当时的台共中央曾片面地认为：工人阶级是一个整体，没有左翼、右翼的区分，需团结在一起；担心左翼总工会的建立，会破坏工人运动统一战线。因此，台共竭力反对连温卿建立台湾总工会主张，这实际上就是放弃了左翼工会对工人运动的领导。连温卿被开除后，右翼工会不仅形式上有一个统一的工会组织——台湾工友总联盟，而且大部分工人都在它的领导之下；而左派工会只有地方的组织，不仅力量分散，而且还很薄弱，尤其是在重要产业方面，如大工厂、矿山、交通运输部门，还没有工人的组织，这种情况与工人群众的斗争要求是极其不相适应的。对于“台共片面地强调工人统一战线而反对组织左翼总工会”的论

① 台湾“总督府”警务局：《台湾社会运动史——劳动运动·右翼运动》，台北：创造出版社 1989 年版，第 129 页。

② 连温卿：《台湾政治运动史》，台北：稻乡出版社 1988 年版，第 219 页。

③ 台湾“总督府”警务局：《台湾社会运动史——共产主义运动》，台北：创造出版社 1989 年版，第 46 页。

调，共产国际对台共予以严厉地批评："在对工会运动战术上，台共犯下了严重的机会主义错误。在过去，台共提出过为了建立工会运动的统一战线，左翼工会不应该贸然推动组织全台总工会的主张，所宣称的理由是，组织总工会将加速与右翼之间的矛盾浮现，妨碍工会统一战线的维持。这是一项严重的错误。这种错误战术等于是让左翼工会成为一支没有指挥总部的军队，等于是宣告放弃与黄色工会战斗的根本任务。这种错误是因为台共对于工会统一战线运动，是要让更多群众参加革命斗争的战术无知所造成。这是一种和平统一工会的错误幻觉，这也表示忽略了必须了成立整体组织与建立左翼工会阵营来与黄色工会对抗的任务。事实上，这等于是与黄色工会妥协，是一种帮助黄色工会发展的机会主义错误路线。"① "其实，策略性地建立赤色总工会，不但不会带来任何损失，相反的，处于右翼影响下的工人在意识到赤色工会的革命作用之后，会发动斗争、反对自己的头领，转身投向革命的工会组织。"② 为了推动工人运动的发展，共产国际东方局要求台共重新调整工人运动指导方针，因此，台共中央书记林木顺向岛内台共发出以《劳工阶级的阶级性结成与党的任务》为题的指示，该指示要求台共团结岛内各个零散的工会左派势力，组织共同斗争委员会，以期组成左派为中心的台湾总工会。③1930 年共产国际在《致台湾共产主义者的信》中再次强调："你们面临的任务是：发展工会运动，在工会运动中巩固你们的领导作用。……你们近来大大弱化了自己在工会运动中的地位；在工会分裂以后，更是如此。你们应该采取措施，巩固业已存在的赤色工会，在没有赤色工会的行业建立新的赤色工会。这项工作不可从组织纯粹的上层机构开始，而必须从下层、从企业入手，这样就能确保我们各个工会的实际能力和稳固性。另一方面，你们应该派出专门的同志前往黄色的、有一定规模的工会，进行分化瓦解，把群众争取到我们这边。"④ 按照这一指示，台共从三个方面开展工作。一是取得左翼工会的领导权并使右翼工会"左"倾化；二是在产业工人中建立

① 《台湾共产党的政治大纲草案》，俄罗斯国立社会政治史档案馆，档案号：全宗 495/ 目录 128/ 案卷 5，第 30 页。

② 《林日高的报告》，俄罗斯国立社会政治史档案馆，档案号：全宗 495/ 目录 128/ 案卷 6，第 59 页。

③ 台湾"总督府"警务局：《台湾社会运动史——劳动运动 · 右翼运动》，台北：创造出版社 1989 年版，第 124 页。

④ 《共产国际执行委员会远东局致台湾共产主义者的信》，俄罗斯国立社会政治史档案馆，档案号：全宗 495/ 目录 128/ 案卷 1，第 4 页背面。

工会组织；三是筹建台湾赤色总工会。[①]

（二）台共不仅获取左翼工会的领导权，而且促使右翼工会“左”倾化

台共掌握文协领导权后，派出台共干部王万得、杨克培等人去最大左翼工会——台湾机械工会联合会工作，并成功地将它转化成为台共领导下的劳工团体。1930年2月10日，台湾机械工会联合会在台北召开第二次全岛代表大会，这次大会完全按照台共的指示提出了新的议案，审议的议案有“弹劾官宪的阴谋性、意识性的拘留、检举；要求言论、出版、集合、结社的自由；支持中国革命案；拥护苏联劳农政府之案；反对台湾总督专制政治案；反对产业政策、土地政策案；反对恶法案；反对帝国主义战争案”。[②]这次大会后，台湾机械工会联合会已完全置于台共的领导之下。

台共骨干王万得、杨克培潜入台湾民众党领导下的工友总联盟后，其成员逐渐受到台共的影响。[③]1931年2月2日，台湾工友总联盟在台北召开第三次代表大会，强调在开展民族运动的过程中也应进行阶级斗争，以谋求无产阶级的彻底解放，为此，工友总联盟将原来温和的规约条例修改为激进的规约。修改后的规约中提出“根据阶级意识谋求无产阶级的解放，撤废日台工人的工资差别，要求男女同工同酬，要求言论、集会、结社的自由，要求普选自治”等激进主张。[④]它还宣称：“我们最应该考虑的是：劳动阶级的解放运动不应以经济斗争为目的，终极目标应该在于政治的解放斗争这个事实。殖民地劳动阶级基于其特殊环境，当然视政治斗争为重要关键。而其政治斗争，当前的目标为获得政治的自由。”[⑤]台湾工友总联盟强烈的无产阶级革命色彩使得日本殖民者十分惊恐，他们采取了强力镇压政策，工人运动的主要领导力量民众党于1931年2月被取缔，1931年8月蒋渭水病逝，台湾工友总联盟也就随之没落。

① 台湾“总督府”警务局:《台湾社会运动史——劳动运动·右翼运动》，台北：创造出版社1989年版，第134页。

② 台湾“总督府”警务局:《台湾社会运动史——劳动运动·右翼运动》，台北：创造出版社1989年版，第106—107页。

③ 台湾“总督府”警务局:《台湾社会运动史——劳动运动·右翼运动》，台北：创造出版社1989年版，第134页。

④ 台湾“总督府”警务局:《台湾社会运动史——劳动运动·右翼运动》，台北：创造出版社1989年版，第80—81页。

⑤ 台湾“总督府”警务局:《台湾社会运动史——劳动运动·右翼运动》，台北：创造出版社1989年版，第85页。

（三）在产业工人中建立工会组织

台共以岛内主要产业部门为重点，派出干部深入到工会组织尚未开拓的领域，如北部矿山、铁路及其他主要交通机关建立工会组织。1929年，苏新、萧来福接受台共指派而致力于工人运动，他们在极其恶劣的环境下，深入林场、工矿，当过林场工人、煤矿工人，组织工会和发展党员。1930年，由于台共党员的艰苦努力，台共在各方面的工作，都取得了很大的成就。在矿工中，台共在瑞芳、猴洞、金瓜石等地煤矿和金铜矿区都发展了党的组织，也成立了有150人的工会筹备会；在铁路工人中，这时在台北至基隆一段，在宜兰线和在其他不少火车站都建立了台共领导的职工组织，甚至有几个车站的全体职工都在台共的影响之下，控制了火车站，不少革命的工人——列车长成为台共的积极支持者，为台共完成了许多重要交通任务；台共并与日本船员建立联系，经过他们的手输入了大批日本共产党的机关报、刊物；台北市的公共汽车司机，也在台共的影响下筹备了他们工会组织；在高雄铁道部所属机械厂、高雄浅野水泥厂等企业，都发展了台共的组织和工人的组织，这一年，台共领导这些工厂工人进行了反资本攻势的斗争；在发展台共的组织工作中，也吸收了宫本新太郎、津野助好等日本工人入党，加强了对在台湾的日本劳苦群众的团结，扩大了反对共同敌人的战线。①

（四）台共筹建赤色总工会

1930年10月27日，台湾共产党举行扩大中央委员会，认为“为了使台湾红色总工会组织筹备具体化，有必要设置统一指导各个红色工会组织运动的机关”，因此决议设置“临时工会运动指导部”，并决定由王万得、苏新、萧来福担任负责人。12月28日，王万得、萧来福、苏新三人进行讨论如何具体化，结果决定如下事项：1. 关于临时工会运动指导部的设置，先召集全岛各地从事工会运动者，组织台湾红色总工会组织筹备委员会，在总工会尚未成立之前，以筹备委员会为全岛的指导部。而关于工会的组织方面，先由上级组织具有意识的产业别工会，以迈向建设总工会。2. 该组织筹备委员会成立之时，须各制作矿山工会、出版工会、交通运输工会的组织方针、运动方针、会则、行动纲领等。会议结束之后，他们将决议报告给谢雪红，但谢雪红却提出反对意见，认为“现在产业别工会尚未拥有巩固的组织，却先组织总工会组织筹备委员会，

① 杨克煌:《台湾人民民族解放斗争小史》，武汉：湖北人民出版社1956年版，第144页。

这是本末倒置。应该尽全力先努力建设产业别工会，总工会在这个基础上自然会发达起来”。[①] 这番言论，自然与王万得、苏新、萧来福的方针完全相反，因此，王万得等三人认为谢雪红的意见是机会主义，所以照常进行组织筹备委员会的方针。在这之后，三人逐次起草总工会组织筹备会、矿山工会、交通运输工会与出版工会的组织及运动方针，谋求促进组织筹备委员会。然而1931年3月至6月，日本殖民者抓住线索，对台共进行全岛大检举，谢雪红、王万得等大批共产党员被捕，随着共产党组织遭到破坏，台共筹建台湾赤色总工会活动也就戛然而止。

四、台共领导工人运动失利的原因

昙花一现的台湾工人运动，最终走向没落。关于台共领导工人运动失利的原因，笔者认为主要有以下三点：

（一）推行“一切斗争，否认联合”的“左”倾关门主义错误政策

1895年日本占领台湾后，对台湾人民实行了残酷的民族压迫和殖民掠夺，使台湾人民和日本统治者的民族矛盾，成为当时台湾社会的主要矛盾，其他的一切矛盾，如台湾人民内部各个阶级，各种政治集团之间的矛盾，都下降为次要和服从的地位。因此，台湾革命的首要任务，就是要打倒日本帝国主义，推翻它在台湾的殖民统治，达到台湾人民的民族解放。可是，日本殖民者掌握着台湾的一切权力机构，他们以总督的专制独裁权力为主，辅以无所不管的“万能”警察和严酷的保甲制度，在台湾建立了一套严密完整的统治制度。在他们的后面，又有庞大的日本帝国主义作为后盾。因此，当时敌人的力量是强大的。为要战胜日本帝国主义这个强大敌人，台湾工人阶级必须团结台湾一切愿意反对帝国主义的阶级、阶层、党派、团体及个人，组织广泛的民族统一战线。然而，台共在工人运动中推行“左”倾关门主义，采取“一切斗争，否认联合”的错误政策，一味地强调阶级斗争，“阶级对立的尖锐化及阶级斗争的激烈化为目前客观情势之最大特征”[②]，“台湾资产阶级非但不属于革命的力量，相反更成

① 台湾“总督府”警务局:《台湾社会运动史——劳动运动·右翼运动》，台北：创造出版社1989年版，第142页。

② 台湾“总督府”警务局:《台湾社会运动史——劳动运动·右翼运动》，台北：创造出版社1989年版，第124页。

为革命的阻碍物”，[①]错误地将台湾的资产阶级当作敌人而加以严厉打击，使台湾的工人运动事业遭受重大损失。在民族解放的斗争中，工人运动如果不能正确地对待和资产阶级的统一战线，正确处理民族斗争与阶级斗争的关系问题，那她就不可能做到政治斗争与经济斗争的结合，经济斗争服从政治斗争，就无法做到使运动的当前利益、局部利益，与工人阶级的长远利益、整体利益统一起来。工人阶级也就无法做到最大限度地发展自己，孤立敌人。因此，台共只有在坚持抗日共同利益的基础上，协调好工人阶级和台湾资产阶级经济利益，才能够更好地开展工人运动。

（二）台湾工人集中度低，不易组织

日本占据台湾之后一直将台湾视为日本的农业基地，工业发展是相当缓慢。到 20 世纪 20 年代后期，大规模的近代工厂或矿场还很少，根据 1927 年的调查，工厂总数 3646 家，其中员工 15 人以下的占 77.5%（约 2800 家），100 人—200 人的仅 104 家，200 人以上的只有 58 家。而矿场 223 所中，矿工 200 名以上的才有 22 所（约 10%），[②]因此组织大规模的工人团体不易。另一方面，台湾的近代产业工人很少，大量的是旧式的手工业工人和季节工。根据 1930 年的调查，流动性很大的临时工、日薪工就有 421976 人，占全部劳工总数的 73.3%，而产业工人约为 15 万人左右。[③]工人队伍结构的稳定性差，工人团体不易组织。同时，工厂或矿山工人大多数还不够专业而未脱离由农村外出打工的状态，所以在劳资纷争进入僵局时，罢工的员工往往回归农村或转业谋生，导致罢工失败。

（三）日本殖民者的压制

日本殖民者始终对台湾人的工会组织抱着警惕之心，一旦发现工会有不利其统治的言论，立即对工会组织进行无情的打压。1930 年台共在给共产国际的报告中称：“没有任何左派工会、农民组合、研究会或是演讲俱乐部等组织能够合法存在。如果被发现有左派工会存在，警察会立即进行干预，富有战斗性的工会成员很可能会被拘捕。台湾有将近 20 个农民组合，其中的 4 至 5 个已遭到

① 台湾“总督府”警务局:《台湾社会运动史——共产主义运动》，台北：创造出版社 1989 年版，第 176 页。

② 台湾“总督府”警务局:《台湾社会运动史——劳动运动 · 右翼运动》，台北：创造出版社 1989 年版，第 1 页。

③ 台湾“总督府”警务局:《台湾社会运动史——劳动运动 · 右翼运动》，台北：创造出版社 1989 年版，第 11 页。

政府强制解散。其他一些组织的积极分子也曾遭到逮捕与处罚，这些组织皆因此而分崩离析。”[①] 在这种极为不利的外部环境下，台湾工人运动终走向没落。

① 《日本帝国主义铁蹄下的台湾》，俄罗斯国立社会政治史档案馆，档案号：全宗 495/ 目录 128/ 案卷 14，第 132 页。

第五章 台共与中共、共产国际、日共的关系研究

第一节 台湾共产党与中国共产党的关系研究

台共从1928年4月成立到1932年4月瓦解，历时约四年时间，台共的起落跌宕与中共有着十分密切的关系，其成立、活动、发展、失败，直至演变，均受到中共的指导和影响。虽然日本殖民统治时期台共存在的时间很短，但如果从台共的斗争及与中共的关系来看，则要延续到台湾光复后。从历史发展的角度看，台共与中共的关系大体上可分为三个阶段：中共对台共建党的帮助；中共对台共革命斗争的指导和影响；旧台共回归中共并参加反抗国民党暴政的革命斗争。本文拟就这三个阶段为线索，探讨台共与中共在特定的历史时期，其关系的发展和演化。

一、中共对台共建党的帮助

（一）中共注意把先进的台湾青年培养成共产主义者

台共建党的主要成员，绝大部分都曾在上海大学学习过。由于“红色”的上海大学对台共建党骨干参加革命产生了重大影响，因此，笔者需先对1922年至1927年的上海大学作一概述。

1. 1922年至1927年的上海大学概况

⑴学校创办

1922年春，市侩文人王理堂假陈独秀等人之名，以提倡新文化为号召，在闸北青岛路创办东南高等师范专科学校，学生160余人慕名而来。但校方借学敛财，校政腐败，学生不满。同年10月，掀起罢课风潮，要求“改造学校”，

请共产党人陈独秀或国民党元老之一于右任为校长。[①] 此时，中共二大作出同国民党建立联合战线决议，中共中央考虑，请国民党出面办校于发展有利，就告诉学生，可请于右任出任校长，改校名为上海大学。于右任此时刚交卸西北靖国军总司令职务，由陕抵沪，“双十节”发表救国必须先从教育着手之言论。在师生力邀及邵力子、杨杏佛等劝说下，应允出任校长。1922 年 10 月，上海大学成立。

上大创办时，于右任邀请知名的国民党人办学，请杨杏佛草拟招生简章，聘叶楚伧任教务长，聘张君谋、何世桢、陈德徵、杨明轩等分任文科、美术科、普通科主任及会计等职。1923 年 8 月，第一次评议会议决组成校董会，拟请孙中山任名誉校董，蔡元培、汪精卫、章太炎等国民党要人为校董。

于右任不主持日常校政。中共党员兼国民党员、副校长邵力子也忙于社会活动和《民国日报》业务，他们亟需物色办学得力人才。于右任认为：共产党员“乃吾国新起的政治活动之党。吾闻其党多青年，有主张、能奋斗之士”，“不得不寄厚望于他们”。[②]1923 年春，李大钊、陈独秀向于右任推荐中共党员邓中夏、瞿秋白到上大任职，并建议开办社会学系。4 月，邓中夏到校任校务长（即总务长），主持日常校政。7 月，瞿秋白受聘任上大教务长。中共中央总书记陈独秀和中共上海地委对上大发展极为关心，先后把中共中央、青年团中央和中共上海地委领导人安排到上大任教。邓中夏、瞿秋白锐意革新校务。邓中夏起草《上海大学概况》，拟定《上海大学章程》，制定学校发展规划；瞿秋白发表《现代中国所当有的“上海大学”》一文，立意要把上大办成“南方的新文化运动中心”特别是要在社会科学方面独树一帜。确定“养成建国人才，促进文化事业”办学宗旨和理论与实践相结合教育方针；改革学校建制，创办社会学系；聘请中共学员和学者、名流任教。

⑵机构课程

校长于右任、副校长邵力子（1924 年 4 月起代理校长），全校设“一会”“三长”“四系”（科）及附属中学。

一会：校最高会议，即评议会。1923 年 12 月，改为行政委员会，于右任

① 上海市闸北区志编纂委员会编：《闸北区志》，上海：上海社会科学院出版社 1998 年版，第 1259 页。

② 上海市闸北区志编纂委员会编：《闸北区志》，上海：上海社会科学院出版社 1998 年版，第 1260 页。

为当然评议员，评议员有邵力子、叶楚伧、邓中夏、瞿秋白等 10 人。行政委员会委员长于右任，当然委员邵力子、韩觉民，主席陈望道。

三长：校务长（总务长）先后为邓中夏、刘含初、韩觉民。教务长先后为瞿秋白、叶楚伧。学务长先后为何世帧、陈望道。

四系（科）：美术科主任洪野。文学系主任先后为张君谋、陈望道。英国文学系主任先后为何世桢、周越然。社会学系主任先后为瞿秋白、施存统、彭述之。

附中：主任先后为陈德徽、侯绍裘、张作人。[①]

课程设置中，邓中夏、瞿秋白把聘请名人学者担任教员作为整顿改革校务的重要内容。据不完全统计，上大社会学系、中国文学系、英国文学系和美术科前后共聘请教员 90 多人。

各系课程和任课教师：

社会学系：由瞿秋白讲授社会学、社会哲学，邓中夏讲授历史学，蔡和森讲授社会进化史、私有财产及家族起源，张太雷讲授政治学、政治学史，施存统讲授社会思想学、社会问题、社会运动史，郑超麟讲授社会学，萧楚女、恽代英讲授现代政治，李季讲授通俗资本论、马克思主义，李汉俊讲授社会学，任弼时讲授俄文等。

中国文学系：由陈望道讲授修辞学、美学、语法、文法学，邵力子讲授历代著名文选、散文，田汉讲授文学概论、西洋戏剧、近代戏剧，沈雁冰讲授西洋文学史、小说研究，俞平伯讲授诗歌、小说、戏剧，刘大白讲授中国大文学史、中国诗史、诗歌，谢六逸讲授日本小说史、外国文学史，徐蔚南讲授法国文学，李仲干讲授金石学，高冠吾讲授文字学等。

英国文学系：由何世桢讲授演说学、散文、小说、伦理学，虞鸿勋讲授散文及散文学，冯子恭讲授文法、作文，邵诗舟讲授小说、西方小说史等。

美术科：由洪野讲授西洋画、色彩画、远近学，丰子恺讲授乐理，陈抱一讲授西洋画，陈骧讲授油画，陈晓江讲授塑造，傅彦长讲授音乐、乐学，陈望道讲授美学等。[②]

---

① 上海市闸北区志编纂委员会编：《闸北区志》，上海：上海社会科学院出版社 1998 年版，第 1260 页。

② 上海市闸北区志编纂委员会编：《闸北区志》，上海：上海社会科学院出版社 1998 年版，第 1261 页。

⑶教师队伍

师资队伍中，中共党员甚多。校系领导人邵力子、邓中夏、瞿秋白、陈望道、施存统、彭述之等共产党员都兼任一定课程。这个时期在上海的中共中央、中共上海地委和团中央的领导人，如蔡和森、张太雷、李汉俊、恽代英、沈雁冰、郑超麟等都在上大兼课。社会学系、中国文学系所聘教授中，还有任弼时、安体诚、李季、蒋光慈、侯绍裘、杨贤江、萧楚女、田汉、萧朴生、郑振铎、高语罕、张秋人等共产党员。中学部教师中的中共党员，占教师总数1/3左右。在校任教的中共党员，在教学中讲授马克思主义，传播革命思想.培养革命干部。瞿秋白讲授《社会科学概论》和《社会哲学》，把革命理论和实际斗争相结合，深入浅出，旁征博引，帮助学生树立马克思主义观点。蔡和森教《社会进化史》，也就是社会发展史，讲解恩格斯《劳动在从猿到人转变过程中的作用》和《家庭、私有制和国家的起源》有关章节，论述人类社会发展的历史和必然趋势。安体诚教《现代经济学》，介绍马克思经济学说主要内容，阐明历史发展主要由生产力发展所决定，着重论述资本主义必亡，社会主义必胜的原理。①

教师中多系学者、名流。1923年8月，学校评议会决定“聘请有名人物充当教授”，除上述著名革命家、文学家以外，所聘教授中，胡朴安、周建人、俞平伯、赵景深、朱光潜、朱自清、刘大白、周越然、丰子恺、黄葆钺等都是学有专长、名重一时或在某一方面有突出造诣和社会影响的专家、学者。

为扩大学生知识面，邓中夏、瞿秋白在举办特别讲座时，除邀请国共两党负责人孙中山、李大钊及廖仲恺、汪精卫、刘仁静、胡汉民等来校演讲外，还请著名学者章太炎、胡适之、郭沫若、吴玉章、郑振铎等讲课，贯彻学术自由，兼容并蓄方针。

教师不计报酬。邓中夏在《上大的使命》一文中说:“教职员的薪水，有的完全尽义务，一文也不拿；有的为维持生活，亦只拿到很少的数量，还比不上一个高等机器工匠的工资；有的原有别项职务，收入已丰……都情愿多吃辛苦来上大兼课。”②

---

① 上海市闸北区志编纂委员会编:《闸北区志》，上海：上海社会科学院出版社1998年版，第1262页。

② 上海市闸北区志编纂委员会编:《闸北区志》，上海：上海社会科学院出版社1998年版，第1261页。

⑷党团组织

1923年7月，上大师生中有中共党员11人，编为中共上海地委直属第一小组，占全市43个党员总数1/4。他们是：邓中夏、瞿秋白、张春木（张太雷）、施存统、王一知（女）、许德良、黄让之、彭习梅（女）、贺昌、严信民、林蒸（组长）。沈雁冰、杨贤江在上大兼课，他们党的关系在第二组（商务印书馆），邵力子编在第三组（西门组）。上大集中众多共产党员，成为中国共产党早期在上海一个重要活动据点。同年11月22日，上大学生刘剑华（刘华）、张景曾、龙康庄、薛卓汉、王逸常、徐梦秋、许乃昌经中共上海地委批准入党。[①]1925年1月，中共四大决定中共党内建立支部一级组织，上大在全市学校系统中第一个（也是唯一的）建立中共支部，有党员25人。上大在师寿坊办学期间，中共上大支部属中共闸北部委领导，1926年初有党员31人，占闸北党员109人的1/3左右。支部书记高尔柏，组织委员韩觉民、沈观澜，宣传委员施存统、钟复光。1925年12月，上大学生欧阳继修调任中共闸北部委书记。他布置上大支部调查闸北各校状况，要求扩大党的队伍。2月，上大支部从中共闸北部委划出，成为独立支部，直属中共上海区委领导，党员发展为61人，12月增加到130人。先后担任上大独立支部书记的，还有郭伯和、韩觉民、马异等。

上大青年团员更多。1923年12月，中国社会主义青年团上海地委第一支部（上大团支部），有团员48人，占全市团员总数136人的1/3。1924年9月，全市团员增至195人，第一支部团员增至90人，占总数1/2左右。1925年11月，上大团支部从团闸北部委划出成立上大特别支部，书记欧阳继修，直属团上海区委领导。时上海市团员1074人，其中学生团员208人，上大团支部团员120人左右，占全市学生团员数1/2强。12月，欧阳继修调中共闸北部委后，马英、陈怀朴任特支书记，团员增至173人，占全校学生总数的1/3强。

根据中共三大《关于国民运动及国民党问题的决议案》规定，上大党、团员以个人身份加入国民党，校内成立国民党区分部，五卅期间有国民党员130多人。中共和青年团组织活动中心内容是发动师生参加反帝、反军阀的国民革命运动。为此，上大被人称之为“著名的党化学校”。[②]

---

① 上海市闸北区志编纂委员会编：《闸北区志》，上海：上海社会科学院出版社1998年版，第1262页。

② 上海市闸北区志编纂委员会编：《闸北区志》，上海：上海社会科学院出版社1998年版，第1262页。

⑸走向社会，参加斗争

①参加反军阀斗争

1923年“双十节”，上大联合各校在闸北开市民大会，反对曹锟贿选，举行大规模示威游行。党团员带领同学到租界热闹地段和电车上散发宣言、传单2万份。1924年“双十节”天后宫事件中，社会学系学生黄仁、郭伯和等7人，为宣传中共反帝反军阀主张而遭殴打，黄仁不幸牺牲，黄是上海大学为革命献身的第一位烈士。同年11月，欢送孙中山北上，上大师生队伍走在前面，与法租界捕房武装巡捕进行面对面说理斗争。[①]

②开办工人夜校

1924年4月，在邓中夏主持和组织下，上大附设平民夜校开学，由刘华、卜世琦、林钧、杨之华、朱义权等师生负责。同时，中共以上大师生为骨干，在上海各工人集中地区开办工人夜校，恽代英、邓中夏、萧楚女、邵力子、任弼时、沈泽民和刘华、杨之华、刘一清、薛卓江等师生轮流到闸北潭子湾、沪西小沙渡、沪东杨树浦、吴淞、南市等工人夜校、平民夜校上课，宣传革命，发动群众，组织工会，培养骨干。上大学生在工人夜校中接触工人、了解工人阶级，从中受到教育，不少人以此为起点踏上革命征途。

③参加五卅运动

1925年2月初，日商内外棉纱厂工人举行罢工。中共中央组织罢工委员会领导工人斗争，由邓中夏和李立三总负责。中共上大支部派刘华、杨之华、郭伯和等参加罢工委员会工作。2月9日，形成全市22个日本纱厂中4万多工人参加的“二月罢工”，刘华被选为罢工中成立的日商内外棉纱厂工会委员长，和罢工工人生活在一起，全部精力投入斗争，以致积劳成疾，患肺病吐血，仍忘我工作。纺织厂女工、童工居多，杨之华、张琴秋、王一知、黄胤、孔德沚等上大女学生，深入女工家庭，联系实际向她们宣传革命道理，深受欢迎。“二月罢工”后爆发的五卅运动，成为大革命时期全国反帝反封建革命高潮标志。5月30日，上大师生参加中共领导的南京路大规模反帝示威游行，抗议日本大班枪杀中国工人顾正红。恽代英、侯绍裘任这次示威游行的正、副指挥，高尔柏为联络。上大师生400多人组成38个演讲团，上午在南京路演讲时，瞿景白、方山、崔小立、梁郁华、周文在、钟复光等100多名学生被租界老闸捕房拘捕。

① 上海市闸北区志编纂委员会编:《闸北区志》，上海：上海社会科学院出版社1998年版，第1262页。

下午3时多，英国巡捕开枪，杀死工人学生10余人，打伤几十人。上大学生冲在前列，何秉彝中弹牺牲。6月4日，帝国主义武装侵占上大校舍，使师生处于栖息无所的困境。

④继续参加革命斗争

上大校舍被占，师生不屈不挠，推选施存统、侯绍裘、韩觉民、秦治安、贺威圣、朱义权、韩步先7人组成临时委员会，设立临时办事处。教职员自动减薪，维持学校，学生留沪不散，参加各项斗争并向各界宣传。6月15日，出版《上大五卅特刊》揭露、控诉帝国主义罪行，鼓动爱国反帝斗争。1925年8月，上大租闸北青云路师寿坊15幢民房为校舍，于9月10日开学上课。校舍虽极为简陋，“晨听马桶音乐，午观苍蝇跳舞”，人称“弄堂大学”，但成百上千的学生从四面八方来到这所“革命大本营”接受教育，完成学业。各地被开除的学生运动骨干刘荣简（刘披云）、匡亚明、顾作霖、张崇文等和各地中共组织推荐来的杨尚昆、秦邦宪、何洛进入上大学习，在上海学生运动中发挥重要作用。上大在师寿坊办学期间，中共上海区委在上大开办党校，团上海区委会临时地点也设在上大。五卅运动后，上海许多重大革命活动，都有上大师生参加并发挥骨干作用。1925年9月7日，上海10万人参加“九七”国耻纪念大会，追悼各地死难烈士，上大许多学生参加并组织领导。担任全国学总委员的李硕勋主持大会，林钧主祭。上大师生在救助五卅受害同胞济难会中发挥骨干作用。1926年，在声援北京“三·一八”惨案受害者，反对军阀孙传芳及奉鲁军南下等活动中也起中坚作用。[①] 上大的爱国活动深为帝国主义和军阀政府忌恨。1925—1926年，上大师生周水平、刘华、贺威圣先后被军阀政府杀害。1926年11月，中共上海区委要求全党在每次会议前起立静默1分钟，为烈士志哀。提出：“我们将奋发勇猛地踏上已死诸同志所开辟的血泊之路，更积极地准备武装斗争，更猛烈地去扑灭敌人，”1926年12月后，中共上海区委在上大召开全市党代表大会。上海区委召开支书会议、活动分子会议及各种重要会议，都在上大教室举行。

1927年4月12日，为反对蒋介石“四·一二”反革命政变，上大师生参加青云路广场集会和游行示威，要求交还工人纠察队枪械。4月13日，上大师生再次参加上海总工会召开的10万群众大会，控诉反动派屠杀总工会委员长汪

① 上海市闸北区志编纂委员会编:《闸北区志》，上海：上海社会科学院出版社1998年版，第1262页。

寿华及革命者的罪行。会后群众冒雨游行示威抗议，当游行队伍行至宝山路时，反动派开枪屠杀徒手群众，工人、学生，牺牲百余人，伤者数百人。上大学生也有伤亡。

上大在帝国主义和反动派心目中是“赤色大本营”和“共党巢穴”。“四·一二”后，蒋介石指示淞沪警备司令部杨虎、陈群对上大“严查究办”。4 月 19 日，南京国民党中央发出通缉令，通缉共产党员、革命者 197 人，其中在上大工作、学习过的有：于树德、恽代英、邓中夏、蔡和森、彭述之、侯绍裘、沈雁冰、瞿秋白、施存统、张太雷、李硕勋、高尔柏、杨贤江、杨之华、萧楚女等 25 人。

中共上大支部在白色恐怖下采取应急措施，党团员和积极分子转入地下。郭伯和、王稼祥等在重要岗位上坚持斗争。李硕勋、余泽鸿、王步文等许多上大学生在中共领导下投身土地革命战争。1927 年 5 月 2 日，反动军警借口搜查军械，闯入上大，抢走学生财物，逮捕几十人，因未抓到“要犯”，第二天被捕学生获释，但学校被封，校舍被占。

⑹输送革命人才

据不完全统计，上大师生在中共上海地委、区委担任书记、委员的有郑超麟、薛卓江、王亚璋、陈比难、杨之华、刘尊一、沈雁冰、韩步先。在中共上海各区部委担任书记、委员有 26 人（次），其中任中共闸北部委书记、委员有欧阳继修、贺威圣、郭伯和等 13 人。在中共上海各系统部委担任党团书记、委员的有全国学总党团书记李硕勋，国民党江苏省党部党团书记侯绍裘，上海学联党团书记刘峻山等 11 人。在团上海地委担任委员长、书记、委员、部长等职的有 14 人（次）。任各区团部委书记、委员 8 人，其中在闸北任书记有贺威圣、曹趾仁。在各革命团体担任主席、委员、会计等职的有 74 人（次），其中上海总工会副委员长刘华、经济斗争委员会、组织部龙大道等 8 人。上海工人第三次武装起义胜利后，成立上海市临时政府，委员、秘书长林钧，委员何洛均为上大学生。此外，输送、选派去黄埔军校有恽代英、萧楚女、安体诚、欧阳继修等 8 人。去莫斯科中山大学、东方大学学习的有卜世琦、杨尚昆、王稼祥、秦邦宪等 14 人。

2. 在上海大学注意吸收台湾进步青年入学，把他们培养成马克思主义者

日本殖民统治时期，由于殖民者在台湾实行民族歧视的差别教育制度，使得台湾青年很难接受高等教育，因此，20 世纪 20 年代前后，大批台湾进步青

年纷纷前往祖国大陆求学。在祖国大陆五四运动和国共合作的大革命影响下，他们当中有的人，在中共的培养下成长为马克思主义者，进而为台共的建立准备了干部力量。

上海大学是国共合作的产物，也是培养革命人才的摇篮。1922 年 10 月，由国共两党合办的上海大学成立后，中共非常重视上海大学的教学，曾派出党的早期领导者邓中夏担任学校总务长职务，瞿秋白任该校社会学系主任。中共诸多理论精英，如蔡和森、恽代英、张太雷、萧楚女、李汉俊、任弼时等人都先后到上海大学任教。[①] 瞿秋白等人主讲的课程，阐述革命的基本理论，切入中国社会实际，启发、教育了一批台湾进步青年，许多人接受了马列主义而走上革命道路。

为推动台湾反日革命运动的发展，以陈独秀、瞿秋白为代表的中共早期领导者开始注意吸收台湾优秀青年到上海大学学习，以期把他们培养成马克思主义者，待将来时机成熟时为台湾创建党组织做好人才准备。诸多史料表明中共在这方面所付出的努力和取得的成绩。据史料记载："1923 至 1924 年，（许乃昌）是上海大学社会学科的大学生。1923 年 9 月，加入中国共产主义青年团，该年 11 月加入中国共产党。"[②] 上海档案馆也清楚记载了许乃昌入党的史实："1923 年 11 月 22 日，中共上海地方兼区执行委员会审查并通过了第一组提出的张景曾、龙康庄、薛卓汉、王逸常、徐梦秋、许乃昌、刘剑华等七人为中共候补党员，并编入第一组（上大组）。于是，第一组即有党员 14 人。组长：陈比南，组员：瞿秋白、邓中夏、施存统、王一知、其雄、黄让之、张景曾、龙康庄、薛卓汉、王逸常、徐梦秋、许乃昌、刘剑华。"[③]"许乃昌，于 1923 年 9 月进入上海大学社会科，受陈独秀等人赏识，1924 年 8 月，经陈独秀介绍，以支那人身份赴莫斯科入中山大学（应为东方大学）学习，1925 年 6 月，返回上海"。[④] 蔡孝乾曾自述："1923 年秋转日赴沪，补习中英文，至 1924 年春考入上海大学社会学系（系主任是瞿秋白，校长是于右任先生），……1925 年即参加

① 黄美真、石源华、张云：《上海大学史料》，上海：复旦大学出版社 1984 年版，第 45—46 页。

② [俄]郭杰、白安娜：《台湾共产主义运动与共产国际（1924–1932）研究·档案》，台北："中央研究院"台湾史研究所 2010 年版，第 54 页。

③ 中央档案馆、上海市档案馆编印：《上海革命历史文件汇集——上海区委会议记录（1923.7—1926.3）》，1989 年版，第 48 页。

④ 台湾"总督府"警务局：《台湾社会运动史——文化运动》，台北：创造出版社 1989 年版，第 245 页。

五卅运动，开始阅读《资本论》、《经济学批判》《经济学大纲》等共产主义理论书籍。我的思想遂又发生了进一步的变化，是为我参加中国共产党的前一阶段。我早于1925年在上海就参加中共为正式党员。”[①]“1925年初，为了追求真理，翁泽生到上海大学读书。……翁泽生在上海大学社会系就学，较系统地学习了《社会哲学概论》《唯物史观》及《现代民族问题讲案》等十几门马克思主义理论课程，还阅读了《共产党宣言》、《向导》等书刊，在思想认识上得到很大的提高，从理论上弄懂了许多问题，从而确立了共产主义世界观。……翁泽生在‘上大’读书时，斗争很坚决，又善于团结和帮助同志，瞿秋白‘很喜欢他’。就在这一年，他光荣地加入了中国共产党。1926年秋，叶绿云（即谢玉叶，翁泽生的夫人）经翁泽生介绍，在‘上大’也加入中国共产党，并改名为谢志坚。”[②]童养媳出身的谢氏阿女（后改名谢飞英、谢雪红）冲破重重阻力投奔祖国大陆，参加革命，也在中共的引导下进入上大。谢雪红说：“黄中美又来找我，告诉我，党要我进上海大学。我吃了一惊，对他说，我没有半点文化怎能进大学。……他对我说：‘党正是要培养像你这样穷苦人出身、文化很低的党员’。……我同意了就去考试，……投考上海大学当初，我的志愿只是想考社会科的旁听生，但报纸上发表录取名单时，竟然‘谢飞英’三个大字堂堂上榜了，我自己心里有数，这完全是我按党的指示去做了工作的缘故，……于是，我正式进入上海大学社会科学习了。……他帮助我提高对共产党的认识，鼓励我争取入党，并向我了解我的家庭、出身和经历等。同年八月间，黄中美到闸北我的住处，向我宣布我已被批准加入中国共产党，介绍人就是他。”[③]除了许乃昌、翁泽生、叶绿云、谢雪红之外，还有其他的有志台湾青年在中共的帮助下，先后进入上海大学学习和加入中共党组织。对此，谢雪红回忆道：“同时和我一起考进上大的台湾青年还有林木顺、陈其昌，此外，进该校附中的还有林仲梓、林仲枫、陈水等。”[④]“我离开上海大学后……庄泗川（嘉义人）等进入上大……林木顺、林仲梓（中学部）当时都已入党；陈其昌（大学部）也是党员，

① 台湾“国防部军事情报局”：《蔡孝乾讯问笔录》，《蔡孝乾档》，档案号：0036/0410.9/44904440/2/001/0011，台湾省发展委员会档案管理局藏。

② 中共党史人物研究会：《中共党史人物传》第27卷，西安：陕西人民出版社1986年版，第144—145页。

③ 谢雪红口述、杨克煌笔录：《我的半生记》，台北：杨翠华出版1997年版，第174—176页。

④ 谢雪红口述、杨克煌笔录：《我的半生记》，台北：杨翠华出版1997年版，第176页。

党在考虑派遣人去留学的名单上也有他”。[①] 庄春火说：“台共党员中，像翁泽生、潘钦信、蔡孝乾、洪朝宗等人在台共成立前就已是中共党员。其中洪朝宗自上海大学毕业后，即回台湾与薛玉龙、薛玉虎联合搞运动。”[②] 庄泗川说：“我在上海大学念书时，大约 18 岁”，[③] “上海大学分为社会学部、英文学部和中国文学部，蔡孝乾读社会学部，跟我同一房间，……那本《资本论》就是日本最出名的作家河上肇翻译的。我一看到蔡孝乾看那本书，就知道他是共产党。”[④]

据上述资料所披露的情况统计，上海大学（创办时间为 1922 年 10 月，至 1927 年 5 月被国民党查封）在不到五年的办学时间里，先后入学的就有许乃昌（彰化人）、翁泽生（台北人）、谢雪红（彰化人）、林木顺（台中人）、蔡孝乾（彰化人，后叛变）、洪朝宗、庄泗川、陈其昌（基隆人）以及林仲梓、林仲枫、陈水等台湾学生。他们在上海大学一边学习革命理论，一边参加当地党组织和学校组织的各种革命活动，像翁泽生、谢雪红、林木顺、陈其昌等人还经受了轰轰烈烈的“五卅”运动洗礼，并在运动的后期加入了中共党组织。

3. 中共注意在其他各地吸收台湾进步青年入团、入党

1924 年国民党改组后，树起了“反对帝国主义，推翻北洋军阀”的旗帜，确立了反帝国主义的新方针。为了联合全国的反帝力量，北京学生联合会、社会主义青年团等十余团体和国会参众两院议员胡鄂公（胡南湖，共产党员）、雷殷等 155 人，联合发起组织北京反帝国主义运动大联盟（又称反帝国主义大同盟）。当时在朝阳大学求学台籍青年谢廉清不仅积极参加该组织，而且还在《帝国主义的运命》一文中抨击：“资本帝国主义，依他的历史的发展，得证明他的崩坏是一种必然的运命。帝国主义的国家那般的冲突，那样自相残杀，以促进他们的本身灭亡；他方面又有在他们的制度底下孕育起来长大起来的解放的革命运动，一天一天跟着资本帝国主义的发展而成长，到这个时候其势力已经风靡了全世界，将爆发的排置，也差不多要快排置好了。如各国都有无产阶级的革命运动。在各帝国主义压迫之下的各被压迫民族也都有民族自立的运动。如

① 谢雪红口述、杨克煌笔录：《我的半生记》，台北：杨翠华出版 1997 年版，第 182—183 页。

② 庄春火：《我与日据时期的台共》，《五月评论》1988 年第 2 期，第 84 页。

③ 庄泗川：《庄泗川先生访问记录》，许雪姬编：《戒严时期政治案件专题研讨会论文暨口述历史纪录》，台北：财团法人戒严时期不当叛乱暨匪谍审判案件补偿基金会 2003 年版，第 135—136 页。

④ 庄泗川：《庄泗川先生访问记录》，许雪姬编：《戒严时期政治案件专题研讨会论文暨口述历史纪录》，台北：财团法人戒严时期不当叛乱暨匪谍审判案件补偿基金会 2003 年版，第 139 页。

雨后的春笋，勃勃而起，这两个运动，都是要帝国主义的死命的。这两个革命势力的联合，就是帝国主义的催命符。这就是帝国主义的第四期即灭亡时期。几百年间纵横天下，榨取和残杀了无数万无产者的资本帝国主义呀！死路是你必然要跑到的。转眼的天下，一定是无产阶级的天下！”[①] 由于他表现突出，而被中共吸收为共青团员。尹才一说：“‘五卅’运动中，北京共青团有很大发展，朝大支部扩充到二十多人，其中有唐从周（四川南充人）、谢廉清（台湾人）。”[②]

在第一次国共合作期间，中共注意吸收台籍革命积极分子入党，曾先后将杨克培、林日高、杨春松、杨春锦、陈辰同、王万得等人吸收入党，相关史料如下：杨克培在北京求学期间，爱读中共中央机关报《向导》，遂共鸣共产主义。1927 年 7 月在王守椿的介绍下，加入中国共产党。[③]1925 年林日高离台赴厦，居厦期间，结识中共党员许世中，在其介绍下进入厦门海员工会及泉州人力车工会中担任事务员。1926 年 11 月，何应钦率领北伐军入闽时，投身国民革命军，从事社会运动指导工作。1927 年 1 月，在许世中的介绍下，加入中国共产党。[④]1926 年 9 月，杨春松、春荣、春锦三兄弟前往大革命的中心广州投身大革命，不久，杨春松随国民党中央和国民政府的迁移，也从广州来到了武汉，1926 年底在武汉加入中国共产党。[⑤] 关于杨春锦，杨春松在《自传》中这样写道：“我三弟春锦，参加革命后改名为杨刚。他上中学时就信奉马克思主义。留学东京时，与进步同学组织文运革新会，投入学运。他 1926 年回国后，进黄埔军校。1927 年加入我党。同年转进武汉分校。国共分裂后，编入教导团，随军南下，12 月参加广东公社战斗，后随团退至东江。1928 年参加东江起义。春锦率连队在海丰葵潭同反动派李福林军作战时，中弹身亡。”[⑥] 陈辰同，台湾台北人。1926 年 10 月考入黄埔军校，为黄埔第六期学员。1926 年 12 月参加广东台湾学生联合会。1927 年 3 月参加广东台湾革命青年团，任该组织庶务部部长。1927 年蒋介石“清党”时，离开广州到武汉。1927 年 12 月，参加中共领导的广州暴动，失败后到海陆丰继续武装斗争。1928 年 2 月到福建，被派至漳州从

---

① 反帝国主义大联盟：《反帝国主义》，武汉：武昌时中合作书社 1926 年版，第 124 页。

② 尹才一：《1923—1926 年在北京参加团的活动的回忆》，中共北京市委党史研究室：《北京革命史回忆录》第 1 辑，北京：北京出版社 1991 年版，第 242 页。

③ 《台湾共产党检举 干部略历及女主义者》，《台湾日日新报》（汉文版），1933 年 7 月 26 日第 4 版。

④ 黄师樵：《台湾共产党秘史》，台北：海峡学术出版社 1999 年版，第 32 页。

⑤ 杨国光：《一个台湾人的轨迹》，台北：人间出版社 2001 年版，第 31 页。

⑥ 杨国光：《一个台湾人的轨迹》，台北：人间出版社 2001 年版，第 36 页。

事地下工作，并加入中国共产党。“当陈祖康叛党时，曾致书与彼，想向他拉拢，但他毫不为动。嗣后任党龙溪县委员会书记。又曾一度调至永春，任永春县委员会书记。去年十月又调回漳州。此次广州暴动周年纪念日，出外分散传单，为侦探所捕去。捕去后，他因为要保守党的秘密，不愿供出是 C.Y.，但陈祖康却出来对证（走狗做得好！），硬指着他是共产党。我们的陈同志，自然，当时便给了陈祖康一顿臭骂，骂他是革命的叛逆者，骂他是为了金钱与升官卖淫的。……在白色恐怖之下，始终不屈；在张贞软化政策之前丝毫不动；对于党的一切秘密，毫术泄漏；而从容就义至死前最后的一秒钟，仍然慷慨激昂的高呼口号。”[①]

（二）选派优秀的台籍共产主义者到莫斯科东方大学深造

为了更好地培养台湾共产主义者，中共先后挑选优秀的台籍革命者赴苏联莫斯科东方大学深造。据有关史料记载，前后共有四批台湾革命者被选送到莫斯科东方大学学习。第一批是许乃昌和谢廉清。许乃昌到东方大学学习时间是在 1924 年 10 月，学习结束后他到日本东京的台湾留学生中组织“社会科学读书会”，宣传共产主义，培养台湾革命人才。[②]陈来旺、苏新、萧来福和庄守等台湾共产党的领导骨干都是该会成员。在北京读书的彰化人谢廉清则比许乃昌晚五个月到莫斯科，他学习结束后，“奔走于北京、上海、漳州、厦门和广东等地，努力纠合并组织左倾台湾学生青年，配合当时支那共产主义思想的高潮，使得在支那的台湾青年学生运动，由原来的民族主义倾向，一变而为共产主义革命运动。尤其是上海，在旅沪台湾同乡会名义下促使左倾学生组织化的蔡孝乾、陈炎田等与谢廉清共同组织‘赤星会’，发行机关报《赤星》，进行共产主义之研究与宣传。”[③]第二批是谢雪红、林木顺和林仲梓，时间是 1925 年 12 月。谢雪红在后来的回忆录中说：“1925 年 10 月间，黄中美同时向我、林木顺和林仲梓三人宣布：党命令我们赴苏联莫斯科东方大学学习。”[④]“我们终于离开上海前往莫斯科；时间是 1925 年 11 月 20 日左右的一个下午。”[⑤]“在 1925 年

---

① 中央档案馆、福建省档案馆编印：《福建革命历史文件汇集（省委文件）一九二九年》（上册），1984 年版，第 51 页。

② 台湾“总督府”警务局：《台湾社会运动史——共产主义运动》，台北：创造出版社 1989 年版，第 3 页。

③ 台湾“总督府”警务局：《台湾社会运动史——共产主义运动》，台北：创造出版社 1989 年版，第 3 页。

④ 谢雪红口述、杨克煌笔录：《我的半生记》，台北：杨翠华出版 1997 年版，第 183 页。

⑤ 谢雪红口述、杨克煌笔录：《我的半生记》，台北：杨翠华出版 1997 年版，第 187 页。

12 月 18 日，我们的火车终于抵达莫斯科站。东方大学中国共产党的‘旅莫支部’已经派人来车站接我们了”。[①] 第三批是赵清云和赵从锡[②],时间是 1929 年。赵清云在《我的自传》中说:“1928 年 6 月，我在上海加入中国共产主义青年团，……1929 年 5 月，我们的小组选拔我作为派遣到莫斯科的人选。……1929 年 9 月，我进入东方大学的一年级，第二年转入短期训练班。1931 年从东方大学毕业。”[③] 第四批是陈幸西（彰化人）等人，“时间大概在抗战中”[④]。

其中，在莫斯科东方大学学习期间，台共创始人谢雪红还受到中共早期领导人向警予很大的帮助。据谢雪红回忆:“我在学的两年间，只同三个中国同学同过房，其中同向警予一起住的时间最长，同她也比较要好。……向警予和我同一房时，她对我的帮助很大，我们两人躺在床上，她常讲了很多道理给我听。记得，她说过在资本主义社会，人同人的关系都是金钱的关系，不管是父子、兄弟等关系都是如此。因此，人的一切思想和感情都受物质经济利害关系支配，也随着物质的变化而变化。”[⑤]

（三）组织台籍青年成立各种进步社团，开展共产主义活动

由于台籍中共党员翁泽生在上海的台湾学生中有较大的亲和力和号召力，因此，中共交给他的一项特殊而重要任务是：团结组织在沪台湾青年学生，引导他们学习革命理论，参加革命实践，为成立台湾党组织准备人才。在翁泽生、洪朝宗、蔡孝乾等人的积极活动下，上海台湾学生联合会于 1925 年 2 月 20 日在上海法租界的南光中学成立，参加成立大会的台湾学生有一百多人。此后，“上海台湾学生联合会便在台籍中共党员翁泽生的领导下，随着祖国学生运动的兴衰，或向前发展，或停滞沉寂，并随着运动的进程逐渐加深其共产主义思想倾向，为台湾本岛的共产主义运动铺路。”[⑥] 值得注意的是，即使在“四·一二”反革命政变之后上海大学已被查封，国民党反动派到处杀害共产党人那样极为险恶的环境下，翁泽生仍然“按中央的指示，秘密联络一批在沪的台籍学生，在宝兴路成立‘台湾青年读书会’，指导他们学习马列主义，研究社会科学，并

① 谢雪红口述、杨克煌笔录:《我的半生记》，台北：杨翠华出版 1997 年版，第 193 页。

② 俄罗斯国立社会政治史档案馆 // 全宗 495/ 目录 280/ 案卷 230，第 5 页。

③ 俄罗斯国立社会政治史档案馆 // 全宗 495/ 目录 280/ 案卷 231，第 17—18 页。

④ 谢雪红口述、杨克煌笔录:《我的半生记》，台北：杨翠华出版 1997 年版，第 208 页。

⑤ 谢雪红口述、杨克煌笔录:《我的半生记》，台北：杨翠华出版 1997 年版，第 196 页。

⑥ 蓝博洲:《日据时期台湾学生运动》，台北：时报文化出版企业有限公司 1993 年版，第 164 页。

发展台籍青年张茂良等积极分子入党。”[①] 在翁泽生的影响下，许多台湾革命青年也纷纷加入中共党组织。据谢雪红回忆：“曾加入中共的台湾青年——当时在台的有：林大汉（即林日高，台北板桥人）、洪朝宗（台北市人）、庄春火（基隆人）、蔡孝乾（即后来的蔡乾，彰化人，上大派）、李晓芳（嘉义人，上大派）、庄泗川（嘉义人，上大派）等；在厦门的有潘钦信（台北人）等”。[②] 他所接受党中央交给的这一特殊使命和任务无疑正是我们党深切关注和坚持指导台湾革命的具体体现。上述一大批台湾青年被我们党注意培养的事实，连当时的日本台湾“总督府”也这样认为：“无可否认，他们被赋予指导台湾共产主义运动之使命”。[③]

中共的这一思想和实践产生了预期的结果：一大批台湾青年成为台湾革命运动的积极分子和领导骨干，其中翁泽生、谢雪红、林木顺、潘钦信（台北人）、洪朝宗、谢玉叶、蔡孝乾等人成为台共创建者和领导者（基本上是上海大学培养出来的）。而林木顺、谢雪红和翁泽生则是台共党组织的中坚人物。

（四）全力以赴、认真仔细地指导台共建党大会

在台共成立前夕，由于日共忙于国内选举而无暇顾及台共的成立大会，因此，日共委托中共“援助及指导”台共成立的一切事宜。既然指导台共成立的任务落到了中共肩上，中共也就义不容辞、尽心尽责地挑起这副担子。中共所做的工作主要如下：

第一，中共派台籍中共党员加入台共，充实其组织。台籍中共党员林日高、洪朝宗、蔡孝乾、李晓芳、庄春火、潘钦信等人[④]，在中共的指示下，纷纷加入台共党组织。在台共成立大会上选出的中央机构，7 人全部是中共党员，他们是林木顺（中央常委、组织部长）、林日高（中央常委、妇女部长）、蔡孝乾（中央常委、宣传部长）、庄春火（中央委员、青年部长）、洪朝宗（中央委员、农民部长）、翁泽生（候补中央委员、驻上海中共联络员）、谢雪红（候补中央委员、驻东京日共联络员）。[⑤]

第二，中共为台共的创立给予各种帮助。1927 年 11 月，林木顺与谢雪红

① 叶绿云：《叶绿云自传》，1956 年 1 月 10 日，存上海档案馆。

② 谢雪红口述、杨克煌笔录：《我的半生记》，台北：杨翠华出版 1997 年版，第 230 页。

③ 台湾“总督府”警务局：《台湾社会运动史——共产主义运动》，台北：创造出版社 1989 年版，第 3 页。

④ 谢雪红口述、杨克煌笔录：《我的半生记》，台北：杨翠华出版 1997 年版，第 230 页。

⑤ 谢雪红口述、杨克煌笔录：《我的半生记》，台北：杨翠华出版 1997 年版，第 230 页。

回到上海后，中共为台共的创立给予各种帮助。据台共创建者谢雪红说：“林木顺赴日后，于 1927 年 11 月下旬打电报回上海，说日共中央一定要我赴日；我即向中国党汇报，准备去日本了。”“记得到日本的船票是组织——中国党——替我买的。”[①]“不久,我再和中国党取得联系,他们给了我一些秘密刊物。”[②]“我们搬来法租界后，为保存党（即台共）的文件另租一间小房间，并由中国党介绍叫来一个刚生产过后的女工住在那里，又由林木顺假装是她的丈夫——先施公司的职工——到那里出入，携带文件去保存。”[③]

第三，中共派出代表指导台共成立相关事宜。中共接到共产国际和日共中央要中共负责指导台共成立大会的任务后，就立刻定好人选，并马上到位指导，这个代表中共中央的人就是“彭荣”。台湾“总督府”《警察沿革志》记载了这一情况：“昭和三年（1928 年）4 月 13 日，根据中国共产党代表之提议，并为了对组党准备会提总决算，以台湾共产主义者积极分子大会之名召开会议。据云出席者以中国共产党代表彭荣为首，包括林木顺、谢氏阿女（即谢雪红）、翁泽生、谢玉叶、陈来旺（台中人）、林日高（台北人）、潘钦信，以及上海台湾青年读书会之尖锐（即积极）分子张茂良（南投人）、刘守鸿（屏东人）、杨金泉（台北人）等十一名。”[④]关于“彭荣”，谢雪红后来回忆道：“1928 年 4 月 13 日——台共成立大会的两天前——中共联络员带我和林木顺到预定做为成立大会会址的地方，去见一个中共中央的领导人。联络员介绍他时说：‘这是彭荣同志，中共中央派来的……’接着彭荣同志说：‘中共中央派我来领导台湾共产党的成立大会’……”[⑤]

第四，中共代表听取台湾同志关于大会筹备情况的汇报，主持预备会，共同商定召开成立大会日期和选定开会地点。在台共成立大会召开之前，翁泽生、谢雪红已经把有关成立大会文件如政治纲领、组织纲领、劳工运动、农民运动、青年运动、妇女运动等纲领方针草案送交中共中央审阅。因此，在与谢、林见面时，“彭荣就对他们说：‘你们送来的纲领草案我们都看过了，原则上是没有什么问题，只是我们对台湾的情况不了解，提不出什么具体的意见。纲领可以

① 谢雪红口述、杨克煌笔录：《我的半生记》，台北：杨翠华出版 1997 年版，第 232 页。

② 谢雪红口述、杨克煌笔录：《我的半生记》，台北：杨翠华出版 1997 年版，第 242 页。

③ 谢雪红口述、杨克煌笔录：《我的半生记》，台北：杨翠华出版 1997 年版，第 255 页。

④ 台湾“总督府”警务局：《台湾社会运动史——共产主义运动》，台北：创造出版社 1989 年版，第 10 页。

⑤ 谢雪红口述、杨克煌笔录：《我的半生记》，台北：杨翠华出版 1997 年版，第 249 页。

暂时用它，待日后回台湾于实行中在加以修补。’同时，我和林木顺分别谈了我们筹建台湾共产党组织的经过情形。那天我们谈话的时间比较长，也谈得比较详细。”由于当时上海革命环境非常险恶，因此，对成立大会，彭荣指示：“会前准备要周详，开会时间要短，参加人数要少。”①4 月 14 日在翁泽生家中先行召开预备会，彭荣也出席了，在这次预备会上，“由彭荣将两个纲领（即政治、组织纲领）及诸方针宣读后付诸讨论，获无异议通过，因为组党大会须保持机密，决定出席者限为代表，且先行决定人选，大会日期定于 4 月 15 日，地点则由彭荣选定。”②会议在彭荣的指导下，用投票的方式选出了第二天参加成立大会的 7 个代表。经过彭荣认真的挑选，大会地点是“在彭荣选定的上海法租界霞飞路的横街金神父某照相馆之楼上”。③

第五，中共代表在大会上做指导性报告。1928 年 4 月 15 日，是台湾革命史上极为重要的日子，在这一天，台共成立大会在上海法租界一间两层楼的金神父照相馆楼上胜利召开，它宣告了台湾革命运动领导集体——台共的诞生。会议开了两天，“大会的领导人是中共中央代表彭荣同志”，④按大会议程，首先由大会推选林木顺为会议长、翁泽生为书记员（记录员），然后再由会议长林木顺致辞。之后，中共代表彭荣在大会上做指导性发言。他从 1919 年五四运动说起，讲述了中国无产阶级革命运动的历史，讲到了国共合作和分裂的经验教训。他说：“因为中国资产阶级具有反帝国主义力量，所以共产党在本身势力微弱时代与其合作尚属正确。但对于革命发展至某一阶段后资产阶级必然投入反动阵营之道理缺乏理解，因此将武汉的国民党误认为小资产阶级政党，与其妥协，并任其实行压制罢工和农民运动等，犯了最大错误……”⑤因此，他提醒台共应该警惕对资产阶级的妥协，避免中共曾经犯下的“右倾机会主义”错误。在他发言之后，与会成员纷纷向他请教有关革命运动中的一些问题，他一一解答。

第六，这次大会中共代表对台共各种纲领草案进行审议，并提出相应地修改意见。首先，他对台共政治大纲提出的修改意见：1. 未充分说明小资产阶级

---

① 谢雪红口述、杨克煌笔录：《我的半生记》，台北：杨翠华出版 1997 年版，第 249 页。

② 台湾“总督府”警务局：《台湾社会运动史——共产主义运动》，台北：创造出版社 1989 年版，第 10 页。

③ 台湾“总督府”警务局：《台湾社会运动史——共产主义运动》，台北：创造出版社 1989 年版，第 10 页。

④ 谢雪红口述、杨克煌笔录：《我的半生记》，台北：杨翠华出版 1997 年版，第 250 页。

⑤ 台湾“总督府”警务局：《台湾社会运动史——共产主义运动》，台北：创造出版社 1989 年版，第 12 页。

的革命性，需加以补充；2. 领导权的“确立”二字改为“争得”；3. 将“知识分子为中心”改为“先进分子为中心”；4. 对民族团体的策略，不需要草案；5. 关于党的形式的记录，今后要逐步增加；6. 关于社会主义革命的发表需充分说明。其次是中共代表对于台共组织大纲提出的修改意见：1. 共产主义青年团组织必须明记在组织大纲里；2. 必须起草章程，但并非现在提出。中央起草和审议之后，由我们来实行会比较稳妥；3. 入党手续必须通过两个月的候补期但工农无此限制。最后是他对台共的青年运动、妇女运动、济难会组织草案提出的修改意见：1. 青年运动不存在全国性的组织；2. 妇女运动也不存在全国性的组织；3. 青年运动加入代表学徒利益的口号；4. 妇女运动加入反对童养媳的口号；5. 济难会运动的会议上，派人进行宣传，并利用刊物对济难会的意义及组织的扩大进行宣传。①

第七，中共对台共成立以后的工作做了具体指示。1928 年 4 月 17 日，当选的台共领导成员谢雪红、林木顺等人按计划到大会会址去见彭荣，请求彭荣对成立后的台共今后工作给予指示，彭荣说：“台共领导成员几乎都是知识份子，真正工农出身的分子很少，这是建党初期难以避免的现象，但今后要在实际工作中注意大力吸收工农分子入党，以改变党内知识份子所占成份的比例；其次，党内和领导机构内有不少人曾信仰过无政府主义，回台后应尽快召开党的第二次代表大会，以改变这种现象。”当台共领导成员告诉他：“计划五月以前让全体党员回台湾从事实际工作，回台后主要工作重点是工运、农运和台湾文化协会。彭荣同志都同意了。”②

由上可知，中共与台共关系是非常密切的。这种密切关系，从 1928 年 4 月 20 日台共致中共中央的一封信中能更清楚地看到：“台湾共产党的构成分子大部分曾加入中国共产党，接受过中国共产党的指导训练。是故，台湾共产党成立与中国共产党颇有密切的意义（关系），台湾革命与中国革命之间亦有颇多关联。因此，恳请中国共产党对台湾共产党能多加指导与援助。这是大会全体同志对中国共产党的最热烈的要求。”③

---

① ［日］山边健太郎：《现代史资料 22：〈台湾〉（二）》，东京：みすず书房 1971 年版，第 252 页。

② 谢雪红口述、杨克煌笔录：《我的半生记》，台北：杨翠华出版 1997 年版，第 252—253 页。

③ 台湾“总督府”警务局：《台湾社会运动史——共产主义运动》，台北：创造出版社 1989 年版，第 98 页。

二、中国共产党对台湾共产党革命斗争的支持和指导

（一）中共为台共输送后备干部（台共成立—1929年底）

1928年4月上海读书会事件发生后，台共就遭受重大打击，不仅损失了几位建党骨干，而且建党大会的工作部署也被打乱。1928年6月，谢雪红由于证据不足而被无罪释放。随后，谢雪红与林日高、庄春火等人在岛内重振党的组织，在日共的指导下，不屈不挠地开展革命斗争。与此同时，中共也为台共革命斗争创造有利条件，提供有力支持。他们采取的主要办法为台共输送后备干部。台共候补中央委员翁泽生常驻上海，负责与中共和共产国际东方局的联络。在中共领导下，翁泽生、林木顺对在上海的台湾进步青年开展组织工作，为台共准备干部力量。正当台共遇到挫折时，中共伸出了援助之手。中共先后派出王万得（中共党员）、吴拱照（中共党员）、詹以昌返回台湾，[①]参加台共的重建工作。王万得重新在文化协会工作，并创办《伍人报》，作为和各地联系的工具。王万得在台湾工作成效不错，受到谢雪红的信赖。1929年10月，谢雪红、林日高和庄春火在国际书局集会，讨论当时的局势，并进行了工作分工。其中，王万得是台北市负责人，吴拱照任文化协会负责人，刘守鸿任高雄负责人。

（二）中共与台共的改革及革命路线的转变（1930年初—1932年4月）

1928年8月，共产国际坚持所谓“第三时期”理论，认为“第三时期”（1928年以后）是“各资本主义国家内部矛盾日益激烈、殖民地斗争日益发展、资本主义总危机尖锐化、开始进行大规模的阶级搏斗，即‘无产阶级直接革命’的时期。”[②]1929年7月，共产国际执委第十次全会对“第三时期”理论又有了进一步的发展，认为“第三时期”就是“资本主义总危机增长，帝国主义的内部和外部基本矛盾迅速加剧，从而必然导致帝国主义战争，导致大规模的阶级冲突，导致各主要资本主义国家新的革命高潮发展，导致殖民地伟大的反帝国主义革命的时期”。[③]由于共产国际“第三时期”理论，认定第一次世界大战后资本主义总危机已经到来，工人运动、民族解放运动出现世界性的革命高潮，是实现世界革命的有利时期。因此，共产国际不顾各国的国情一律要求各国共

① 台湾“总督府”警务局:《台湾社会运动史——共产主义运动》，台北：创造出版社1989年版，第109页。

② ［匈］贝拉·库恩:《共产国际文件汇编》第一册，北京：生活·读书·新知三联书店1965年版，第3页。

③ ［匈］贝拉·库恩:《共产国际文件汇编》第一册，北京：生活·读书·新知三联书店1965年版，第145页。

产党贯彻执行“左”倾进攻路线，结果使各国共产党的革命事业遭受严重挫折。同样，共产国际“左”倾进攻路线也严重地影响了中共和台共的革命事业。在共产国际“第三时期”错误理论的指导下，中共党内连续发生了三次“左”倾错误：瞿秋白的“左”倾盲动主义、李立三的“左”倾冒险主义和王明的“左”倾教条主义错误，这三次“左”倾错误给中共的革命事业造成了巨大损失。正是在这样的历史背景下，共产国际“第三时期”理论和中共的“左”倾路线对台共的改革及路线转变产生了直接影响。

由于日共屡遭日警的破坏，台共与日共的关系中断，因此，台共只好寻求共产国际东方局和中共的指导。1930 年 4 月，台共派遣林日高前往上海向共产国际东方局和中共汇报台共的工作，当中共得知台共工作没有多大进展时，因此，以瞿秋白为首的中共建议台共党内进行改革，以推动台湾革命运动的发展。他对台共革命工作指导工作具体内容如下：

第一，建议台共抓紧发展工人党员。在日本殖民者严密地统治之下，以谢雪红为首的台共中央，发展党员队伍非常缓慢，到 1930 年 10 月，台共党员仅有 20 人左右，而且几乎全为知识分子。对此，瞿秋白忧心如焚地说道：“台湾共产党没有支部，也没有强而有力的指挥机构；因此我们可以说，台湾还未建立一个真正的政党。”“在此必须特别指出的一点是，如果党没有以工人为基础，这样的党就不会稳固可靠。现在，台湾的群众组织成员虽然已经超过了 1 万人，不过台湾共产党的无产阶级基础却非常薄弱；如果这种情况继续下去，党的布尔什维克化就无法确保成功。关于这一点，台湾的同志必须特别注意建立党的无产阶级基础。”[①]

第二，要求台共召开紧急会议，以推动台共革命工作的发展。他说：“现在，还有许多工作需要尽早解决；因此，有必要召开一次紧急会议，来检讨第一次代表会议（即创党大会）所议决的党纲领与战术，并建立新的布尔什维克纲领与战术。”[②]

第三，提出台共召开会议的组织程序和需讨论的议程。他说：“在当前环境下，召开该会议必须根据布尔什维克的原则，也就是说需符合超过全党三分之

① 俄罗斯国立社会政治史档案馆 // 全宗 495/ 目录 128/ 案卷 10，第 57—66 页。原件，手稿，英语。

② 俄罗斯国立社会政治史档案馆 // 全宗 495/ 目录 128/ 案卷 10，第 57—66 页。原件，手稿，英语。

一以上的党员连署要求召开的条件。如果机会主义的领导人同意此种会议构想，当然就不会有问题。不然的话，问题的解决就得从基层的政治宣传工作逐步做起。”他指出该项会议需讨论的议程必须有如下三项：“首先，选举新的中央委员会；其次，通过新的党章；最后，新的纲领与战术条文：关于工会运动、农民运动、妇女运动、共青团及赤色救援等问题的相关规定。”①

第四，要求台共应采取的革命纲领和战术。他照搬共产国际第三时期理论，要求台共应采取的纲领如下：首先，“在台湾革命的一边是工人、农民与原住民大众，另一边则是帝国政府与日本资产阶级。现阶段台湾革命的目标，在于建立工农政府”；其次，“工人的要求：例如像是 8 小时工作制；工人参与产业管理；没收帝国主义者的企业与财产”，再次，“贫农要求：例如像是没收地主阶级土地。”为了推动台湾革命的发展，他要求台共应采取如下战术：首先，“坚决反对地方自治联盟的资产阶级改良主义者；台湾民众党是台湾革命最危险的敌人；我们必须与他们全力战斗，特别要与‘左派’的民族改良主义者展开战斗”，其次，“我们应该积极主动的运用由下而上建立的统一战线，将广大工人、农民与.劳动群众团结到我们的周围，由我们的党来领导他们”，最后，“需将党的发展实际面貌呈现在社会大众之前，需向社会大众公开赤色工会纲领。现在的机会主义领导将党的原则暗藏起来，在这种条件下，党怎么能够掌握广大的群众呢？”②

第五，指出当前台共革命的主要任务。他认为台共的主要任务有四点：首先，“当前党的主要危险来自于右派机会主义，机会主义将党的原则对外加以掩饰，导致工人、农民与劳动群众无法团结到党的周围来，因此，党应该全力来彻底消除机会主义，向社会大众公开宣传我们党的原则。另外，党应该发行大众刊物，这是台湾共产党最重要的任务”；其次，“领导即将兴起的各种罢工也是党的一项迫切任务。党与赤色工会应该以自己的名义出面领导这些罢工，并在斗争中发展组织并扩大影响”；再次，“支持原住民革命运动也是台湾共产党一项急迫任务。党应该尽全力让原住民了解党的民族政策纲领，让他们知道只有我们党才能领导他们的革命运动达到胜利成功的目的。党也应该激发日本与

① 俄罗斯国立社会政治史档案馆 // 全宗 495/ 目录 128/ 案卷 10，第 57—66 页。原件，手稿，英语。

② 俄罗斯国立社会政治史档案馆 // 全宗 495/ 目录 128/ 案卷 10，第 57—66 页。原件，手稿，英语。

韩国的无产阶级来支持原住民的斗争”；最后，“支持中国的苏维埃政权，反对干预中国革命；反对日本派兵前往中国；这些都是当前台湾共产党的急迫任务”。[①] 中共中央自台湾共产党成立以来，即使在十分艰难的环境中，仍然时时刻刻关注着台湾的革命斗争，仍然把指导台湾党组织和台湾革命作为自己的重要责任。

此后，台共在共产国际东方局的指示和中共的建议下，开展党的改革行动。1931 年 1 月，台共骨干分子王万得、苏新、赵港等人不顾台共旧中央领导人谢雪红的反对，成立台共“改革同盟”，决定贯彻执行共产国际的“左”倾进攻路线。1931 年 5 月底，台共的第二次临时代表大会不仅确立了新的中央领导核心，而且还表示台共要借鉴中共的革命经验。台共新中央在《接受中国党中央的提议的决议案》文件中，说道：“中国党的革命经验将提供台湾党重大的教训和参考。党的成立大会及此次大会均受到中国党的帮助与指导，此点具有重大的国际性意义。大会一方面接受中国党的提议，确立布尔什维克的组织方针与政治方针，努力于党的布尔什维克工作；同时希望，中国党时时刻刻以其丰富经验帮助台湾党的布尔什维克化，并建立与台湾党之间的密切联系。”[②] 大会采纳了新的政治纲领，指出台湾革命的性质为资产阶级民主革命，但台湾的资产阶级已经不能负担此一革命任务，必须由无产阶级担当革命的领导力量，“唯有无产阶级指导农民、小资产阶级及一般勤劳大众组织形成的势力，才是革命的唯一动力”。[③] 此时，台共开始犯“左”倾冒险主义和盲动主义的错误，他们认为帝国主义陷入了极大的危机之中，世界正进入革命的高潮期，号召人民起来对殖民主义和封建势力做坚决的斗争，最后“达成武装暴动，颠覆帝国主义的统治，建设革命政权，完成革命现阶段的任务”。[④] 这一激进主张的出现与当时自身陷于“左”倾机会主义路线下的中共的影响有着密切的关系，并且不符合台湾的社会实际，对台共自身及台湾革命的发展有着很大的危害性。进入“九·一八”

① 俄罗斯国立社会政治史档案馆 // 全宗 495/ 目录 128/ 案卷 10，第 57—66 页。原件，手稿，英语。

② 台湾“总督府”警务局：《台湾社会运动史——共产主义运动》，台北：创造出版社 1989 年版，第 167 页。

③ 台湾“总督府”警务局：《台湾社会运动史——共产主义运动》，台北：创造出版社 1989 年版，第 176 页。

④ 台湾“总督府”警务局：《台湾社会运动史——共产主义运动》，台北：创造出版社 1989 年版，第 170 页。

事变后，台共认为“帝国主义战争正是台湾革命成功的机会”①，决定依据1931年纲领中武装暴动、建立苏维埃政权的方针，在台湾策划武装暴动的具体实施，先后组织人员在嘉义的竹崎、北港进行训练。随后，台共又以大湖、竹南农民组合支部为中心，积极组织暴动准备工作，但不幸事机泄露，大批成员被捕，暴动失败。1931年下半年，日本殖民者在全台大肆搜捕台共党员，台共组织和党中央受到严重破坏，党从此陷入瘫痪状态。这种不顾岛内实情，在理论和实践上盲目照搬照套的结果，使台共羽毛未丰就过早地暴露在日本殖民者面前，终难逃脱毁灭的命运。

既然如此，我们如何看待中共与台共“左”倾错误的关系呢？我们认为，20世纪20—30年代，在整个国际共产主义运动中，把马克思主义教条化，把共产国际的决议和苏联经验神圣化的倾向十分严重，当时年幼而又缺乏独立判断能力的中共对共产国际的决议只能忠实地执行。此外，当时中共还是共产国际的一个支部，而作为共产国际的一个支部，中共有义务遵从和执行共产国际的各项指示。在大革命时期的中共不可能违背共产国际的策略方针而另搞一套，这是共产国际纪律所不允许的。共产国际规定：“所有参加共产国际的党必须服从共产国际的集中统一领导”；“共产国际代表大会及其执行委员会的一切决议，所有加入共产国际的党都必须执行”；“党员如果原则上否认共产国际所提出的义务和提纲，应该开除出党”。②因此，共产国际在指导世界革命的问题上，具有至高无上的地位。共产国际的理论观点、政策指示，对于处于幼年期的中共来说，是很难抗拒的。这样，当时的中共中央也就只能处于直接执行者的地位了。台共的“左”倾错误固然与中共的指导有关，但其根本原因是在共产国际“第三时期”错误理论指导下，所酿成的结果。

1921年7月，中共在成立之后，就牢记自己的神圣使命，在领导祖国大陆各族人民进行反帝反封建新民主主义革命的同时，也十分关注台湾同胞为摆脱日本侵略者的殖民统治、争取台湾回归祖国的斗争大业，把指导台湾反日革命运动纳入了中华民族解放事业的全局战略之中，台共的创立就是我们党努力工作的结果。在中共的指导下，台共党员组织革命团体，学习马列主义，开展反

① 台湾“总督府”警务局：《台湾社会运动史——共产主义运动》，台北：创造出版社1989年版，第278页。

② ［匈］贝拉·库恩：《共产国际文件汇编》第一册，北京：生活·读书·新知三联书店1965年版，第152页。

日斗争。台共反日革命运动已经溶入了中华民族争取独立与解放的新民主主义革命洪流之中，不仅使祖国大陆的反帝爱国运动增添了丰富的内容，而且得到了中共的全力支持。虽然台共存在的时间很短，但是中共对台湾革命前途的关心，并为此所付出的巨大心血和各种努力，是客观存在的，是不应被遗忘的。

三、旧台共回归中共并参加反抗国民党暴政的革命斗争

1945 年 8 月 15 日，日本宣布无条件投降后，台湾很快就回到了祖国怀抱。此时一批先后出狱并顽强生存下来的旧台共人员如谢雪红、杨克煌、林良才等，立即投入到反抗国民党暴政的政治运动中。台湾光复后，谢雪红不仅秘密成立中共台湾省委员会筹备会，为中共台湾地下党输送革命人才；而且在中共的领导下开展一系列的革命活动。当“二·二八”事件发生后，中共党员谢雪红立即带领广大市民同国民党政府展开一系列可歌可泣的英勇斗争，并完全占领国民党台中地方政府。然而，在中共台工委书记蔡孝乾指示下，谢雪红被迫将革命领导权让给了台中的士绅们，结果台中士绅们竭力压制台中市民的革命活动。为了扭转不利的革命形势，谢雪红毅然另行成立二七部队，要将武装斗争进行到底。虽然谢雪红领导二七部队同国民党军展开激烈战斗，但是蔡孝乾为了保存革命力量，命令二七部队中的中共党员隐蔽起来，党令如山，谢雪红等中共党员被迫离开二七部队。

（一）以谢雪红为首的旧台共为中共台湾地下党输送革命人才

1. 为开展对台工作，中共中央决定在台建立中共地方党组织

1945 年 8 月日本宣布无条件投降后，为开展对台工作，中共中央决定成立中共台湾省工作委员会（以下简称中共台工委）负责领导台湾地区革命活动，并任命台籍干部蔡孝乾为中共台工委书记。1945 年 9 月蔡孝乾从陕西延安出发，长途跋涉三个多月，于 12 月抵达江苏淮安，与当地负责同志中共华中局书记张鼎丞，组织部长曾山见面。随后，蔡孝乾从中共华中局抽调部分台籍、闽粤籍干部张志忠、洪幼樵、林英杰等人赴台工作。[①]1946 年 2 月，中共台工委正式成立，[②] 蔡孝乾为中共台工委书记，洪幼樵为委员兼宣传部长，张志忠为委

① 台湾“国家安全局”:《历年办理匪案汇编》第 1 辑，台北:“国家安全局”出版 1958 年版，第 12 页。

② 台湾“国防部军事情报局”:《蔡孝乾讯问笔录》,《蔡孝乾档》，档案号：0036/0410.9/44904440/2/001/0010，台湾省发展委员会档案管理局藏。

员兼武工部长，后增补陈泽民为中共台工委副书记兼组织部长。1946 年 4 月，张志忠率领首批赴台干部从上海搭船进入基隆，开始在台湾各地开展革命活动。1946 年 6 月蔡孝乾回到台湾，开始全面主持中共台工委的工作，地下党在台正式运作。[①] 虽然中共台工委主要领导人蔡孝乾、张志忠等都是台湾人，但他们长期在大陆从事革命活动，对战后初期台湾的政治和社会情况颇为生疏，无法有效地开展工作。因此，蔡孝乾领导的中共台工委在前期主要依靠谢雪红等旧台共成员开展具体工作。对此，蔡说道："我自从民国十七年离开台湾到现在已有十八年了，对于台湾的情形又很隔阂，一般亲戚朋友，我都不敢去找。因怕暴露身份，我只好从旧台共的关系中，先去设法联络，然后作为发展的桥梁。当我民国三十五年六月间到达台湾后，……关于旧台共份子谢雪红等的联络，我命张志忠去进行，通过谢雪红又联络到王天强、杨克煌、林良才、廖瑞发、谢富、孙古平、简吉等多人。" [②]

2. 谢雪红不仅成立中共台湾省委员会筹备会，而且主动接受中共的领导

1945 年 9 月，旧台共领导人谢雪红召集日本殖民统治时期的革命同志杨克煌、谢富、杨来传、廖瑞发、林良才、林兑、李乔松等人在台中开会，讨论如何开展群众运动的问题。会中大家一致认为："中国共产党还未到台湾来，我们不了解党的群众方针和建党方针，但我们要把群众组织起来，继续争取群众，以便今后开展斗争。于是，我们就开始酝酿组织一个群众团体。" [③] 在谢雪红的精心筹备下，1945 年 10 月 5 日，"台湾人民协会" 在台中大华酒家正式成立。[④] 台湾人民协会不仅发行该会机关报《人民公报》，对一般群众进行政治启蒙，而且还从事救济日本殖民统治时期被日寇以间谍逮捕的外省人，调解一般人民的纠纷。由于它深得人心，很快在台湾各地建立分会支部，迅速发展成全省性的人民民主统一战线组织。台湾人民协会鲜明的社会主义政治立场，很快就受到了台湾国民党政府的注意。1946 年 1 月 10 日，国民党当局认为台湾人民协会不利于它的统治，因此，国民党当局强行将它解散。

既然谢雪红要开展公开合法的斗争已不可能，那么她就决定开展秘密非合

① 台湾"国家安全局":《历年办理匪案汇编》第 1 辑，台北："国家安全局" 出版 1958 年版，第 12 页。

② 台湾"国防部军事情报局":《蔡孝乾讯问笔录》,《蔡孝乾档》，档案号：0036/0410.9/44904440/2/001/0011，台湾省发展委员会档案管理局藏。

③ 杨克煌:《我的回忆》，台北：杨翠华出版 2005 年版，第 215 页。

④ 杨克煌:《我的回忆》，台北：杨翠华出版 2005 年版，第 218 页。

法的斗争。1946 年元月初，谢雪红、杨克煌、杨来传、廖瑞发、林良才、谢富、王天强等人在原人民协会的地址秘密开会。会上大家讨论后决定：

(1)由于当时我们对中国共产党在台湾的建党方针及组织形式均不了解，决定成立“中国共产党台湾省委员会筹备会”以下简称“筹备会”；
(2)全体出席者分别去吸收筹备会成员；
(3)筹备会的任务是：为中国共产党在台湾的建党打下一个基础；
(4)不成立领导机构，指定谢雪红作对中共方面和各成员的联系；
(5)如有必要时，可加入国民党以作掩护。[①]

台湾光复后，谢雪红虽然多次主动要恢复同中共的联络，但没有成功。正当谢雪红为恢复同中共的联络而发愁的时候，1946 年 4 月，中共台工委武工部长张志忠主动找到谢雪红，商量如何开展革命活动。1946 年 6 月 17 日，中共台工委和中国共产党台湾省委员会筹备会在台北举行联席会议。出席者中代表中共台工委的仅张志忠一人，代表筹备会的有杨克煌、杨来传、廖瑞发、林良才四人，因谢雪红目标大而不便出席。大会决定（均由中共台工委提出的）：

(1)筹备会实时解散，其组织和成员均接受台工委的领导；
(2)筹备会成员今后不再发生组织上的联系，但在移交期为了移交工作暂可以联系；
(3)筹备会成员基本上均接受为中共党员，由台工委分别接受之。[②]

联席会议后，张志忠先后吸收杨克煌、王天强、廖瑞发、林良才、谢富、蔡伯勋等人为党员。[③] 此后，谢雪红各项政治活动就在张志忠领导下开展。

此时谢雪红是否具有中共党员身份呢？台湾大学陈翠莲教授认为：“谢雪红是活跃于日治与战后初期的旧台共份子，其所从事的群众工作与中共台湾省工委会未必有关，甚至战后初期谢雪红本身是否已具有中共党员身份，都是疑

① 杨克煌：《我的回忆》，台北：杨翠华出版 2005 年版，第 238 页。
② 杨克煌：《我的回忆》，台北：杨翠华出版 2005 年版，第 249—250 页。
③ 台湾“国防部军事情报局”：《张志忠讯问笔录》，《蔡孝乾档》，档案号：0036/0410.9/44904440/1/014/0005，台湾省发展委员会档案管理局藏。

问。”[①] 然而，被国民党当局逮捕的中共台工委副书记兼组织部长陈泽民供述：“与旧台共联系的经过：由张（志忠）到台中与谢雪红接洽，原则上决定个别的吸收为党员，而不是所有旧台共的党员都变成是（中共）党员。当时立即吸收的党员为廖瑞发、林良才、杨来传、杨克煌、谢雪红、王天强，后来又发生关系的是简吉。其他不是旧台共党员，而由旧台共的群众团体（人民协会）的干部中吸收的有孙古平、谢富、陈义农、李妈兜等。”[②] 杨克村也说：“张志忠是民国三十五年十月由谢雪红介绍认识的。民国三十五年十二月间虽借我台币十万元做经营被服厂的资本，三十六年二月末还他本利十三万元。二二八前他利用我的住所和共产党谢雪红、杨克煌、廖瑞发、林良才等人联络会面。二二八后谢、杨、林均逃走，仅廖瑞发来我家和他联络数次。”[③] 他们均已明确地讲明谢雪红、杨克煌、廖瑞发、林良才等人已是中共党员。

谢雪红的忠实追随者周明（古瑞云）也说：“关于谢的中共党籍问题，蔡主张：1946 年初申请入党时，谢拒绝交登记表和自传不符合手续，谢辩解说：在秘密环境下硬性规定要填表是危险而又幼稚的做法。（中共上海局领导）张执一对此表示：谢不填表是有道理的，可以理解，她于 1947 年 5 月间交代了入党经过，并补办了手续，填写为 1946 年 1 月入党，可以承认。”[④]1948 年 6 月，中共中央上海分局在香港会议上就“关于旧台共的处理问题”还专门做了如下决议：“凡旧台共党员，在日本投降后的真空期内，没有参加人民活动甚至站在敌人方面者，不能吸收为（中共）党员，假如以后有进步，只可让他参加党的外围政治活动。但旧台共党员在日本投降后，即参加党和人民活动的，则和中共其他党员一样，都是党的宝贵财富，绝对没有新共旧共之分。”[⑤] 曾任中共中央统战部干部局胡治安局长就谢雪红的中共党籍也说：“在香港正式恢复谢中共党籍，她向张执一诉说 1946 年 8 月至 9 月台工委要她写自传重新入党，而且说，像你这样的人要写一大本！谢认为，‘像我这样做公开工作的人自传放在你的皮包

---

① 陈翠莲：《重构二二八：战后美中体制、中国统治模式与台湾》，新北：卫城出版 2017 年版，第 241 页。

② 台湾“国防部军事情报局”：《陈泽民自白书》，《蔡孝乾档》，档案号：0036/0410.9/44904440/4/001/0005，台湾省发展委员会档案管理局藏。

③ 台湾“国防部军事情报局”：《杨克村讯问笔录》，《蔡孝乾档》，档案号：0036/0410.9/44904440/1/024/0001，台湾省发展委员会档案管理局藏。

④ 古瑞云：《台中的风雷》，台北：人间出版社 1990 年版，第 214 页。

⑤ 胡治安：《统战秘辛——我所认识的民主人士》，香港：天地图书有限公司 2010 年版，第 203 页。

里，带来带去，万一出了问题怎么办？’因为没有按时交出自传，蔡孝乾不承认她是中共党员，并对相关人员说，她不写自传没有入党。张执一听了谢的倾诉，觉得有理并说‘你的党籍可以从日本投降时承认，因为你是那时候即出来活动，组织人民协会等进行许多工作……’而谢雪红在解放后她自己填写的履历表均写‘1946 年 1 月重新入党。’”[①] 由此可知，台湾光复后谢雪红的中共党籍应从 1946 年 1 月开始算起。

（二）在中共台工委的领导下，谢雪红开展形式灵活多样的革命活动

1. 她派人渗透到《和平日报》，使其成为共产党的喉舌

1946 年 5 月，国民党《和平日报》报社周梦江、楼宪、王思翔外省记者找到谢雪红，邀请她协助他们筹办《和平日报》，谢雪红立即将这个情况向张志忠汇报。张说：“《和平日报》就是《扫荡报》，是终战后才改名的；该报是国民党军队系统的报纸。……他们来找你们可能是因初到台湾，人地生疏，为了找几个地方人士做靠山，以利于他们办报；但他们想利用我们，我们也可以利用他们，例如安插一些我们的人进去该报。王思翔等人也可能在该报社是比较进步的分子。”[②] 在张志忠的指示下，谢雪红先后将蔡瑞旺、吕炳森、黄玉莺、施英梧、蔡铁城等革命同志安插进去《和平日报》，并使其逐渐成为共产党的喉舌。在谢雪红的影响下，《和平日报》不仅敢于支持台湾人民反对国民党地方政府的斗争，而且还经常刊登国民党明令禁止的消息。因此，该报社就不断地和当地政府官员、警察产生磨擦。1946 年 5 月 4 日，《和平日报》刊登了一则国民党台中警察欺压群众的消息后，台中警察局马上派出大批警察冲进报社，持枪威胁社长，“谴责”报社登了上述的消息，该报社立即打电话叫驻台中的国民党军来解围。[③]1946 年 7 月，报社又刊登宋庆龄在上海发表的反对内战、主张和平的声明。[④]《和平日报》编辑周梦江说：“报社还经常召开各界座谈会，谢雪红几乎都有出席，会上揭发时弊，我们亦一一刊登。于是台中当局就认为《和平日报》所以如此，是受谢雪红影响的缘故。”[⑤] 谢雪红又将革命同志林西陆介绍给

---

① 胡治安：《统战秘辛——我所认识的民主人士》，香港：天地图书有限公司 2010 年版，第 200—201 页。

② 杨克煌：《我的回忆》，台北：杨翠华出版 2005 年版，第 238 页。

③ 杨克煌：《我的回忆》，台北：杨翠华出版 2005 年版，第 257 页。

④ 杨克煌：《我的回忆》，台北：杨翠华出版 2005 年版，第 259 页。

⑤ 周梦江：《我所知道的谢雪红》，见叶芸芸编：《证言 2·28》，台北：人间出版社 1993 年版，第 25 页。

《和平日报》李上根社长；李听到林西陆有钱，又对台中的头面人物熟悉，马上同意林西陆当总经理；因该报经营很困难，常没有钱买纸张，商家也不肯赊帐给它，林西陆到该报后，如看到有骂共产党的文章就故意刁难他们说："你们都登这样的文章，人家不爱看的。"[①] 如遇有缺纸张时，他就借故不管。台湾警备总部司令柯远芬来到和平日报，责备李上根，说他办的报纸是共产党的报纸，并指出和平日报社内有"共匪分子"。李上根也自言自语："人家说我们的报纸不是国民党的报纸，的确是这样，都没有讲国民党的好话……"[②]

2. 为了从事革命活动，谢雪红不仅加入国民党，而且与当地官员频繁接触

"在政治上为了一定的目的，甚至可以同魔鬼结成联盟，只是必须肯定是你领着魔鬼走，而不是魔鬼领着你走。"[③] 谢雪红为了掩护自己的政治活动，不仅重新申请加入国民党，而且在公开场合同国民党官员保持良好的关系。1946年上半年，谢雪红曾向张志忠请示："为了参加一些政治活动的便利和为了模糊自己的政治面目，我想要利用1925年在杭州加入国民党的历史去申请重新登记。"张志忠说："去试试看也好……，但估计他们知道你的政治历史，是不会接受你的……"[④] 于是，谢就叫杨克煌替她写信寄到台北国民党党部申请重新登记了。很快，谢雪红就被国民党重新吸收入党，入党介绍人为陈果夫。[⑤]1946年驻台中的国民党军某团团长谢懋权被调回大陆之前，本地中上层人士为他在大华酒家举行欢送，席间有人来请谢雪红出去参加。在酒宴中，谢懋权起身讲话："我们这次回大陆，一定要把共匪全部消灭……"[⑥] 不久张志忠来时，谢雪红就把这个情况向张反映。张听后对谢说："我们得到了重要的情报，反动派开始从台湾抽调匪军回大陆，准备打内战了……你以后有这样的机会，就争取去参加。"[⑦]1946年6月，国民党台湾省党部主任李翼中来台中时，谢雪红和台中士绅在台中女中礼堂为他举行"欢迎会"。[⑧] 台湾光复初期台中县长刘存忠常常在大华酒家出入，谢雪红自然与他虚与委蛇。钟逸人在其回忆录中提到："谢雪红本人，这段时间也颇勤于交际权贵，凭她的阅历、气质风姿和语言天才（她能

① 杨克煌：《我的回忆》，台北：杨翠华出版2005年版，第260页。
② 杨克煌：《我的回忆》，台北：杨翠华出版2005年版，第261页。
③ 《马克思恩格斯全集》第11卷，北京：人民出版社1995年版，第552页。
④ 杨克煌：《我的回忆》，台北：杨翠华出版2005年版，第244页。
⑤ 杨克煌：《我的回忆》，台北：杨翠华出版2005年版，第247页。
⑥ 杨克煌：《我的回忆》，台北：杨翠华出版2005年版，第246页。
⑦ 杨克煌：《我的回忆》，台北：杨翠华出版2005年版，第246页。
⑧ 杨克煌：《我的回忆》，台北：杨翠华出版2005年版，第258页。

说日语、北京语和上海语），很多来自中国的权贵、国府官员，也都无不以亲睹其风采，与她有交情为荣。”[①] 凡此种种，对她而言只是一种伪装、掩护，她在尽量扩大她的接触面，寻找再革命的机会，尽可能地做好革命的准备工作。

（三）中共党员谢雪红挺身而出，领导台中“二·二八”起义

旧台共领导人谢雪红曾长期领导台湾文化协会和农民组合等革命团体开展抗日活动，有很强的政治敏感性和组织领导群众运动的丰富经验。1947 年 2 月 28 日，台北市民武装反抗国民党的消息传到台中之后，中共党员谢雪红、杨克煌一方面积极与党组织联系，听取党的指示；另一方面马上召集原人民协会的骨干林兑、谢富、李乔松等人研究对策：多数人认为党的力量薄弱，不应介入“二·二八”事件，更不应公开露面；有人主张等待中共台工委下达指示再行动；谢雪红、杨克煌则断定事态必然发展成为全民性的武装斗争，并主张积极投入运动，带领群众斗争，最后他们被谢、杨说服。[②]

3 月 1 日上午 11 时，台中市参议会邀请彰化市和台中县参议员在台中举行联席会议，大会决议一致支持台北市民的要求，并坚决“以武装斗争来响应台北市民的斗争”。会中还提出两项政治要求：⑴即刻改组行政长官公署；⑵即刻实施省县市长民选。倘若台湾行政长官公署不接受要求，马上推动全岛性的罢工、罢课、罢市。联席会议一致推荐林连宗为代表，去台北传达中部地方人民的斗争决意。[③] 会后，杨逵、钟逸人四处散发传单，号召台中市民在台中戏院参加 3 月 2 日 9 时的市民大会。[④]

为了声援、支持台北市民反抗活动，3 月 2 日上午 9 时，台中民众齐聚台中戏院举行市民大会。在 1000 多人的大会里，由杨克煌宣布开会，并报告台北市民起义原因、经过，进而提出大会运动方针；大会还一致推选谢雪红为大会主席。[⑤] 谢雪红号召市民：“为解放台湾人民的痛苦，全省人民必须团结起来，打倒蒋贼政府的统治，实现台湾人民的民主政治。”“所以必须响应这次台北市民的英勇起义，不怕牺牲，斗争到底，争取彻底的胜利。”[⑥] 会后，她率领几千群

---

① 钟逸人：《辛酸六十年》，台北：自由时代出版社 1988 年版，第 457 页。

② 古瑞云：《台中的风雷》，台北：人间出版社 1990 年版，第 52 页。

③ 国民党台中市党部：《台中暴动情形综合报告》，中国第二历史档案馆：《台湾“二二八”事件档案史料》，南京：档案出版社 1991 年版，第 416 页。

④ 钟逸人：《辛酸六十年》，台北：自由时代出版社 1988 年版，第 435 页。

⑤ 杨克煌：《我的回忆》，杨翠华出版 2005 年版，第 282 页。

⑥ 杨克煌：《回忆“二二八”起义》，武汉：湖北人民出版社 1955 年版，第 31 页。

众开始示威游行，并围攻台中市警察局。游行民众因见警局警察手携武器、严阵以待，曾一度散开，谢雪红冲在前面振臂高呼："要获得自由解放，不可怕流血牺牲"，[①]民众一拥而上，势不可挡。为了分化、瓦解警察，谢雪红呼吁台湾本省籍警察应放下武器、一致对外，不要为外省人利用，于是本省籍警察纷纷脱掉制服、抛弃武器，而剩下的外省籍警察为数很少，警察局长见势不妙，立即接受谢雪红解除该局警察全体武装的要求，封存了该局所有武器。[②]"二·二八"事件的直接起因是由专卖局的缉私员肇祸惹出来的，因此，游行群众立即冲到专卖局台中分局，提出三点要求：(1)废除专卖制度；(2)查封专卖局内的一切武器；(3)专卖局物质，暂由市民管理。代理局长见人多势众，被迫当场承诺市民的要求，并移交一切文书给谢雪红。[③]随后市民大举围攻台中县长刘存忠公馆，逮捕刘存忠等官员，并将他们监禁在警察局拘留所。[④]

3月2日下午，台中各界人士获悉台北已成立了"处委会"的消息，于是他们齐聚台中市参议会，成立"台中地区时局处理委员会"（以下简称"台中处委会"），设置各部门，并编组青年学生为"治安队"，以维持治安和准备有组织的斗争。国民党台中地方政府害怕人民反抗活动愈演愈烈，当即散布国军已抵达台中近郊准备镇压台中人民起义的谣言，以威胁台中市民。然而，台中市参议会议长黄朝清等卑怯的绅士们对这一谣言竟然信以为真，非常恐惧，立即宣布解散台中处委会和治安队。[⑤]失去领导中心的青年学生，转而要求谢雪红挺身领导抵抗运动。谢雪红答应青年学生的要求后，随即向市民宣布："我们六百五十万台湾人民，为了在台湾实现真正人民的民主政治，推翻蒋贼政府的血腥统治……现在全省人民已决意武装起来，向这个蒋贼独裁政府宣战，我们为了这个正义的目标，愿团结起来作彻底地斗争，希望大家努力奋斗。"[⑥]但务须遵守以下三原则："(1)不要杀伤外省人。(2)不要损毁物资房屋。(3)一切武器尽把握人民手里。"[⑦]当晚，起义青年在谢雪红的领导下，紧张地开展一系列武装斗争：第一，为了应对国民党军围攻台中，谢雪红把青年学生临时编制起来，以没收

① 《台中市政府等关于"二二八"事件的报告》，中国第二历史档案馆：《台湾"二二八"事件档案史料》，南京：档案出版社1991年版，第387页。

② 杨克煌：《我的回忆》，台北：杨翠华出版2005年版，第286页。

③ 杨克煌：《我的回忆》，台北：杨翠华出版2005年版，第289页。

④ 杨克煌：《我的回忆》，台北：杨翠华出版2005年版，第290~291页。

⑤ 杨克煌：《回忆"二二八"起义》，武汉：湖北人民出版社1955年版，第35页。

⑥ 杨克煌：《回忆"二二八"起义》，武汉：湖北人民出版社1955年版，第35页。

⑦ 杨克煌：《回忆"二二八"起义》，武汉：湖北人民出版社1955年版，第35页。

的警察局二十八支步枪和一百多把军刀武装他们，派赴市内各交通要道站岗，做好同国民党军交战的准备。第二，派出几队武装青年分别袭击市内及邻近国民党军小据点，以便抢夺武器，扩大武装力量。经过一夜的战斗，青年们的武装斗争很成功，基本消灭了市内及近郊小据点的国民党军，到天亮时，已收缴国民党军一百多支步枪，三挺机关枪、许多军刀和手榴弹，人民武装也随之发展壮大。[①]第三，派一队武装青年占领中部广播电台，不停地向台中地区广播各地起义的实况与国民党军的动静，并号召台中人民武装起义，占领市、区、镇、乡的国民党政、军、警、党团的所有机关和派出武装队伍到台中来支持台中人民的武装斗争。[②]

3月3日上午8点，由台中市民组成的武装队伍在台中市参议会成立“台中地区治安委员会作战本部”，并公推谢雪红为“作战本部”总指挥，由她负责领导全台中的武装斗争。她率领民军合力围攻在第三飞机厂仓库的国民党军，不仅俘虏30多名军官和300多名士兵和文职官吏，而且还获得100多支步枪和不计其数的军粮弹药。[③]胜利的人民武装没有休息，继续向驻在原日军第八部队兵营的国民党军、台中宪兵队和驻守第三飞机厂的国军发动进攻，3月4日完全占领敌军阵营。[④]不仅如此，“作战本部”还完全占领了台中市国民党军、政、党、团全部机构，[⑤]推翻了国民党在台中的反动统治，其军政人员均被关进台中监狱，台中市第一次成为人民的城市。

（四）在中共台工委的指示下，谢雪红被迫让出革命领导权

1947年3月4日13时，中共台工委通过李乔松联系上谢雪红，第一个命令就是要求他们立刻放弃作战本部的指挥权，转交给和平派的“台中地区时局处理委员会”士绅。原因是：中共台工委的意见认为“武装斗争已基本结束了，要进入政治斗争的阶段，如我们再掌握武装斗争的领导权，这对于团结各阶层人士、搞好统一战线的工作不利；而且，要作公开的政治斗争除了你们两人可以出面以外，没有适当的人可以做……。”谢雪红表示不同意，她征询杨克煌的

① 杨克煌:《回忆“二二八”起义》，武汉：湖北人民出版社1955年版，第35—36页。

② 杨克煌:《我的回忆》，台北：杨翠华出版2005年版，第292页。

③ 国民党台中市党部:《台中暴动情形综合报告》，中国第二历史档案馆:《台湾“二二八”事件档案史料》，南京：档案出版社1991年版，第417页。

④ 杨克煌:《回忆“二二八”起义》，武汉：湖北人民出版社1955年版，第37页。

⑤ 国民党台中市党部:《台中暴动情形综合报告》，中国第二历史档案馆:《台湾“二二八”事件档案史料》，南京：档案出版社1991年版，第418页。

意见，杨也坚决反对："这怎么成！"过一会儿，谢富也来传达同样的命令，林兑也来说服谢、杨。至15时许，李乔松又来找谢雪红，李乔松甚至流着泪对谢雪红说："这是蔡乾的命令啊！不服从就要犯错误……我不能眼睁睁地看着老同志犯错误啊！"谢雪红对杨说："这是蔡乾的命令！"杨很无奈地说："服从就服从吧！"谢这时也只好同意了。杨克煌在回忆录中愤怒地写下："自从2月28日听到台北事变起，我们几次努力想办法要取得党的领导和联系，均得不到响应；蔡乾他人早就在台中，但却不同我们联络，也不给我们协助，而第一次来联系就是要我们把武装领导权交出去。"[①] 与此同时，负责嘉义地区武装工作的张志忠也劝说谢雪红与台中处委会合作，"对处委会，谢原想不理，可是张劝她与之合作。理由是处委会中有一些人有声望，有影响力。可借助他们的社会地位筹粮筹款。她同意张的规劝，参加了处委会，但后来她埋怨张志忠'对台湾资产阶级的软弱性、投机性估计不足'。"[②] 事后，1948年7月中共上海局领导人张执一在"香港会议"的报告中对"二·二八"斗争做了系统地总结，其中就讲道："谢雪红等人抓住有利条件，组织领导群众展开坚决的武装斗争，表现是不错的；蔡孝乾不积极争取并坚持武装领导权——让谢雪红将台中武装指挥权移交处委会——是错误的决定"。[③]

3月4日下午4点，林献堂、黄朝清等士绅们又再次恢复了"台中地区时局处理委员会"。其下组织分成总务、政务、保安、宣传、执行等委员会。处委会下各委员会以保安会最重要，负责军事作战和防卫任务。[④] 台中处委会士绅们主张用和平方式同国民党政府争取台湾自治权，坚决反对革命乃至推翻政府以获得自治权；而谢雪红主张：要实现台湾人民的自治，用和平的方法是不可能实现，不能指望国民党当局会发善心，必须用武装斗争的方式争取民主自治。谢雪红被迫服从了中共台工委书记蔡孝乾的指示，把武装队伍的指挥权移交给处委会。为了避免谢雪红再制造麻烦，台中士绅所把持的处委会竭力阻止谢雪红掌握军权，立即决定下设保安委员会以代替人民军作战本部，要将原有人民军改编，而以前海军陆战队海军大尉吴振武为保安会总指挥，谢雪红为参谋。林献堂说："谢雪红是共产分子，让她抓住武斗下去，非把地方搞得糜烂不可。

① 杨克煌:《我的回忆》，台北：杨翠华出版2005年版，第301页。

② 古瑞云:《台中的风雷》，台北：人间出版社1990年版，第55—56页。

③ 徐康、吴艺煤:《台湾共产党抗日史实》，台北：华品文创出版股份有限公司2015年版，第357页。

④ 林木顺:《台湾二月革命》，台北：前卫出版社1990年版，第68页。

我们应该请师范学校的体育教员吴振武出来，抢她一部分武力，加以牵制。因为吴振武出身东京高等师范学校，是个田径选手，曾经参加日本的选手队，到柏林出席奥林匹克大会，得到奖牌，又被征往海南岛，率领过台湾兵，人品极好，他一出面，一定有很大的号召力。”[①] 吴振武掌握军权后，忠实地执行林献堂的策略，而消极应付谢雪红的要求，拒绝支援人民的武装力量，企图和平解决事变。不仅如此，吴振武还暗中接受国民党特务刺杀台中起义领袖任务：“应即乘机将台中二、三奸党主首及不良之叛徒捕杀，以安民心，而巩固政府威严。”[②] 对此杨克煌也说道：“他（台中师范学生吕焕章）在司令部时被命令参加一个小组。这个小组成员有吴振武、一个特务和吕本人。他们的任务是要暗杀谢雪红。吕说他可以暗中保护谢，但要求谢自己行动要小心。”[③]3 月 7 日上午，谢雪红与吴振武等人到第三飞机厂办理集中该厂官兵及封存武器等事项。当时“他对谢还不认识、不了解；后来，同谢接触以后，知道谢并不是坏人，而且做事有魄力，使他手软了，拒绝执行任务了。”[④] 当晚吴振武回到住宅，用手枪自打其脚，然后对部下说，在修理手枪时误发中弹，吩咐严守秘密，不得将此事向外界告知，以免动摇人心。[⑤] 但因受国民党特务的严命不得推诿，受了良心的谴责，于是，他用手枪打伤自己的脚，以逃避责任。

（五）中共台工委要求谢雪红等中共党员从二七部队中撤退

谢雪红在武装领导权被台中处委会夺去后，武装斗争的发展受到严重阻碍。3 月 4 日晚，高雄左营海军要塞的两位士兵专程来找谢雪红，要求台中派一支武装队伍到左营围攻要塞，届时他们台籍士兵会由内部响应起来，即可占领该要塞，打开该要塞的军械库，那里的武器可以装备几百个人；这样一来就可以联合高雄的武装人民进攻寿山国民党军要塞，但此时谢雪红的武装指挥权已交出去了而错失良机。[⑥]3 月 5 日上午 10 点，当张志忠来找杨克煌时，杨难以掩饰心中的怒火，以埋怨的口气对张说：“你们要我们交出指挥权，看以后怎么办？”张说：“不要灰心，我们以后还要组织……” 杨说：“现成的东西都不要了，以后

---

① 洪炎秋：《怀益友庄垂胜兄》，《传记文学》1976 年第 29 卷 4 期，第 84 页。

② 《王孝顺致电台北林先生建议趁机捕杀奸党主首及叛徒》，见许雪姬编：《保密局台湾站二二八史料汇编（三）》，台北：“中央研究院”台湾史研究所 2016 年版，第 454 页。

③ 杨克煌：《我的回忆》，台北：杨翠华出版 2005 年版，第 310 页。

④ 杨克煌：《我的回忆》，台北：杨翠华出版 2005 年版，第 308 页。

⑤ 杨克煌：《我的回忆》，台北：杨翠华出版 2005 年版，第 310 页。

⑥ 杨克煌：《我的回忆》，台北：杨翠华出版 2005 年版，第 302 页。

怎么组织？”[①] 为扭转这一不利处境，谢雪红决定另行组织武装力量，以武力为后盾争取台湾民主自治。3 月 6 日下午，谢雪红将手中原有 400 多人的武装部队重新编整，取名为“二七部队”（以纪念缉烟血案发生于 2 月 27 日），由谢雪红任总指挥，钟逸人为队长，古瑞云为副队长。二七部队主要由埔里队（以黄信卿为首）、中商队（以何集淮、蔡伯勋为首）、中师队（以吕焕章为首）、警备队（以黄金岛为首）、建国工艺学校学生队（以李炳昆为首）等组成。[②] 二七部队仍然斗志昂扬，他们一边镇压特务捣乱，破获特务组织，扣禁台籍军统特务蔡志昌等 40 余名；另一方面单独拨出大量弹药，编成援军，驰援中南部各战场，修理日军留弃的旧战车、步兵炮等，准备应战。[③]3 月 8 日晚 8 时，中共台工委书记蔡孝乾通过林良才突然找到谢雪红，[④] 谢就蔡要求她们移交领导权之事进行质问，蔡说此事已经过去了，现在不要再提起了。蔡接着说：“我们决定最近要召开一个全省武装力量的会议，成立一个全省的武装领导机构，你们也要准备参加……”谢又同蔡孝乾谈起二七部队的问题，蔡说：“局势变化时，二七部队就转移到埔里山里去。”[⑤]

3 月 10 日谢雪红获悉国民党大批援军赶赴台中后，二七部队为突破困局，召开紧急会议，讨论市街战和山地游击战的战略战术问题，经过一番讨论，认为如果展开市街战，守住台中市的可能性很小，且必定牺牲相当多的无辜市民，基于上述理由，二七部队决定 3 月 12 日撤守埔里。二七部队退守埔里后，立刻展开军事行动：一方面在埔里派出宣传队分乘两辆卡车到镇内各地宣传该队迁入埔里的任务，并呼吁镇民协力二七部队抵抗暴政；另一方面，派出部队勘察附近地形，并侦察国民党援军的动静。[⑥]3 月 14 日，国民党第 21 师第 436 团约 800 人进驻草屯，企图袭击埔里二七部队，但被二七部队击退。随后二七部队派人分别占领能高区署及该地警察所，缴获机枪三挺、步枪三百余枝、子弹几千发。国民党军在首战失利后，改变战术，采用迂回战术。他们先攻占二水、集集、水里坑、日月潭、门牌潭等地，图谋由鱼池包围埔里。[⑦]

① 杨克煌：《我的回忆》，台北：杨翠华出版 2005 年版，第 310 页。
② 古瑞云：《台中的风雷》，台北：人间出版社 1990 年版，第 56—57 页。
③ 杨克煌：《我的回忆》，台北：杨翠华出版 2005 年版，第 307 页。
④ 蔡孝乾：《对谢雪红指名广播》，《“中央” 日报》，1958 年 2 月 18 日第 4 版。
⑤ 杨克煌：《我的回忆》，台北：杨翠华出版 2005 年版，第 310 页。
⑥ 林木顺：《台湾二月革命》，台北：前卫出版社 1990 年版，第 76 页。
⑦ 苏新：《愤怒的台湾》，台北：时报文化出版企业有限公司 1993 年版，第 132 页。

3月14日晚，谢富到埔里向谢雪红传达蔡孝乾的命令，要求二七部队“党员立刻停止一切活动，隐蔽起来，以保持组织的力量。”① 谢富对谢雪红、杨克煌等人说：“情况急遽变化，蒋匪军已开到台中。党本来打算争取埔里镇长廖××（党员廖得意的哥哥）协助我们，但廖××不肯，他已跑到台中去；这个计划失败了。说我们暴露在群众面前有危险，叫我们立即隐藏起来。又说二七部队组织不巩固、人少，难以抵抗，叫我们在适当的时候把它解散。并告诉队员解散后，可以自愿到小梅地方参加在该地的‘台湾民主联军’。”② 谢接到中共台工委要求撤退的命令后，又被迫第二次和自己的抵抗战斗意志相左，但无奈党令如山！当古瑞云向谢雪红汇报二七部队夜袭日月潭的作战计划，谢雪红内心异常痛苦和矛盾，对此不置可否。古瑞云马上觉察到谢一反常态的行为，他说：“（谢雪红）那表情很复杂，欲言又止，似冷漠而非冷漠真叫人百思不解，但又不便追问。”③ 谢雪红低声对古瑞云说：“我们有急事要出去，三言两语说不清，以后你会知道的。我离队的事，千万别张扬出去。”④ “我们的行动，以后你会理解的。”⑤3月15日，谢雪红、杨克煌等中共党员被迫离开埔里。关于谢、杨离开二七部队的真相，事后谢雪红告诉耿耿于怀的古瑞云：“指令说，局势突变，变得非常险恶，所有共产党员必须停止一切公开活动，隐蔽起来以保组织力量。”他当即反驳道：“这种指令显然是错误的。你不是说过，革命者应该始终走在群众前头，带领群众吗？这条指令岂不是叫同志们自缚待擒！”谢雪红答道：“我也知道这是错误，可是共产党有一条铁的纪律，要绝对服从上级的命令，那怕错误的也得服从。……如果没有铁的纪律，就会使组织松散，甚至造成党的分裂。”⑥ “二·二八”事件后，为了免遭国民党军的毒手，在中共台工委的指示和保护下，谢雪红等人秘密离开台湾前往祖国大陆。对此，当事人李韶东说：“谢雪红为了逃脱国民党的捕杀，和杨克煌、周明一起接受党的指示（联络人谢富），从台湾南部的左营乘国民党的巡逻艇到厦门转到上海，受到地下党员李伟光的掩护。”⑦

---

① 古瑞云：《台中的风雷》，台北：人间出版社1990年版，第75页。

② 杨克煌：《我的回忆》，台北：杨翠华出版2005年版，第314页。

③ 古瑞云：《台中的风雷》，台北：人间出版社1990年版，第76页。

④ 古瑞云：《台中的风雷》，台北：人间出版社1990年版，第74页。

⑤ 古瑞云：《台中的风雷》，台北：人间出版社1990年版，第74页。

⑥ 古瑞云：《台中的风雷》，台北：人间出版社1990年版，第116页。

⑦ 李韶东：《缅怀巾帼英雄谢雪红》，台盟中央宣传部编：《二·二八纪念文集》，北京：台海出版社2007年版，第38页。

"二·二八"事件后，为躲避国民党当局迫害，谢雪红、杨克煌、林良才等旧台共人员，先后投奔大陆，从此，他们在中共的领导下，为人民的解放和社会主义现代化建设事业而奋斗终身。

第二节　台湾共产党与共产国际的关系研究

共产国际对于台湾共产党，既有援助的一面，也有损害的一面，有功有过，毁誉并存。目前学术界对台共与共产国际的关系研究甚少，虽然有个别学者曾从侧面涉及此事，但也是语焉不详。有鉴于此，笔者拟就这一问题，进行尝试性探讨，文中如有不当之处，敬请方家指正。

一、共产国际对台湾共产党的帮助及正面影响

（一）共产国际对台共建党成员的培养和建党工作的准备

共产国际为帮助东方各国人民先后创办了各类学校，培养出一批有觉悟的共产主义战士。其中最典型的是东方劳动者共产主义大学（即东方大学），它是根据巴库东方各民族代表大会的决定，于 1921 年 4 月设立的。在课程设置方面，它不开自然课，而专开社会课。即语言课（主要学俄语，兼学英语或德语），历史课（学社会发展史、俄共党史、东方革命史、西方革命史）、哲学课（学辩证唯物主义和历史唯物主义）、政治经济学课（学资本论）、列宁民族和殖民地问题、农民问题、共产国际的战略和策略、军事课等。①

从课程的性质可见，东方大学就是从最基本的方法论和世界观入手，改造学员的思想，有效地训练高度熟练的政治工作人员。其目的在于，帮助学员提高马克思主义理论水平，掌握马克思主义学说方法论，用以指导东方民族殖民地国家的革命。

1925 年 12 月至 1927 年 11 月，谢雪红、林木顺在莫斯科学习期间，共产国际十分关注台湾革命青年的培养。在留苏期间，共产国际曾多次安排他们去克里姆林宫，现场聆听斯大林、托洛茨基、布哈林、加米涅夫等苏共领导人的演讲。②不仅如此，共产国际还让他们列席参加各种重大国际会议。如 1926 年

① 谢雪红口述、杨克煌笔录:《我的半生记》，台北：杨翠华出版 1997 年版，第 194—195 页。

② 谢雪红口述、杨克煌笔录:《我的半生记》，台北：杨翠华出版 1997 年版，第 206 页。

秋冬之间，共产国际就通知他们列席参加共产国际执行委员会第六次扩大会议。[①]他们还受到了共产国际执委会委员的片山潜在政治上和生活上的支持和照顾。片山潜送给他们一本《日本帝国主义铁蹄下的台湾》，为他们订阅《台湾日日新闻》，为他们收集台湾资料，以备将来在台湾建党需要。[②]谢雪红说："因为我胃不好，吃不下东西，身体渐渐衰弱。片山同志知道后，偶尔给我一点钱，叫我买白米做饭吃。……片山同志一次有时给我十卢布，有时给我二十卢布。"[③]"有一天，我去拜访片山同志，他又问起我胃肠的病况，我说还是老样子，没有什么好转。他说过几天带我去医院彻底检查。几天后，他来宿舍接我，坐他的小汽车一起到一所医院，他告诉我：'这是莫斯科最高级的医院，共产国际的要员、家属都在这里看病。'……看完病，片山同志又送我回宿舍。""过了一段时期，片山同志又来带我上医院复查；我告诉医生喝矿水虽然有些效果，但很难喝。他说不喝也成，只要一天吃一磅的葡萄和两个苹果来代替之。当天，片山同志送我回宿舍，他知道我需要多吃水果，以后就更经常给我零用钱了。"[④]当谢雪红与林木顺在莫斯科东方大学日本班学习时，经常受到本班日籍学生的歧视，于是，谢雪红向共产国际反映此事，共产国际马上派指导员告诫日本学生："我本人被共产国际派来日本班负责政治领导，几年间和同学接触中却没有发现这个问题，辜负了共产国际的委托，……这个问题现在被谢飞英同志提出来，她的意见是好的、是正确的。先进国家的无产阶级应当帮助落后国家被压迫的人民和被压迫的民族的革命；革命成功的国家之无产阶级更应该帮助正在革命斗争中的人民，这正是东方大学的主要任务。帝国主义国家的无产阶级必须帮助殖民地人民的民族解放斗争；反之殖民地人民必须支援帝国主义国家的无产阶级之社会主义革命，这样世界革命才能获得胜利。……日本班同学对殖民地、半殖民地人民的资产阶级民主革命的错误看法和对它们的代表人物的歧视态度"。[⑤]

针对台共建党时，缺少革命干部，为此，共产国际要求其下属单位日共和中共分别向台共输送革命干部。在共产国际的指示下，中共先后输送了翁泽生、林日高、蔡孝乾等，而日共也输送了陈来旺、林兑等，这在一定程度上帮助了

① 谢雪红口述、杨克煌笔录：《我的半生记》，台北：杨翠华出版1997年版，第215页。
② 谢雪红口述、杨克煌笔录：《我的半生记》，台北：杨翠华出版1997年版，第204页。
③ 谢雪红口述、杨克煌笔录：《我的半生记》，台北：杨翠华出版1997年版，第214页。
④ 谢雪红口述、杨克煌笔录：《我的半生记》，台北：杨翠华出版1997年版，第218页。
⑤ 谢雪红口述、杨克煌笔录：《我的半生记》，台北：杨翠华出版1997年版，第213页。

台共建党。台共成立时，日共正受到日警的缉捕与镇压，许多重要领导者纷纷入狱，无法派代表出席台共成立大会。在此情况下，共产国际东方局便派出中共代表和朝共代表共同协助台共的成立。

（二）共产国际帮助台湾共产主义者筹建台湾共产党

1920 年 7 月，在共产国际第二次大会上，大会通过了列宁起草的《关于民族与殖民地的纲领》，把被压迫民族与殖民地的解放运动列为共产国际一项重要任务。列宁说："所有共产党必须给予其国内革命解放运动实际的援助；如果该国已成立共产党的话，不管采取何种形式的援助，都必须要与该国共产党协商。殖民地母国的工人，有义务积极援助那些财政上无法自主的落后殖民地的革命运动。"[①] 同时大会还责成"各国共产党必须直接帮助附属国或不平等民族和殖民地的革命运动"。[②]1922 年 1 月，东方民族大会特别强调必须重视在亚洲的被压迫民族与殖民地的革命运动。1922 年 7 月，由布哈林起草日本共产党成立大会上讨论通过的《日本共产党纲领草案》之中，明文规定："把日本军队从朝鲜、中国、台湾及库页岛撤退。"[③]1922 年 11 月在共产国际第四次大会上，大会通过了一项《东方问题的纲领》。纲领规定："殖民地母国的各国共产党必须担负起殖民地无产阶级革命运动，在组织上、精神上、物质上给予各种援助的任务。"[④]1926 年 3 月共产国际进一步指示，"殖民地母国与殖民地的工人运动必须结合起来，同时对于遭受民族的与阶级的双重压迫的解放斗争，必须给予充分的、无条件的支持。"[⑤]1926 年 12 月日本共产党第三次代表大会通过了《日本共产党纲领》当中，明文规定："以促进日本统治下的殖民地独立为党的任务"。[⑥]正因为共产国际要把民族问题与阶级问题结合起来讨论，所以 1927 年 7 月，共产国际通过了由布哈林起草的《关于日本问题的纲领》，该任务纲领共 13 项，其中一项是"推动殖民地的完全独立"，并且规定"日共应对日本殖民地的解放

① 《列宁全集》第 31 卷，北京：人民出版社 1959 年版，第 127 页。

② 《列宁全集》第 31 卷，北京：人民出版社 1959 年版，第 128 页。

③ ［日］日本共产党中央委员会：《日本共产党的六十年》上册，北京：人民出版社 1986 年版，第 16 页。

④ ［日］市川正一著、田舍译：《日本共产党斗争小史》，北京：世界知识社 1954 年版，第 41 页。

⑤ 史明：《台湾人四百年史》，台北：蓬莱岛文化公司 1980 年版，第 574 页。

⑥ 史明：《台湾人四百年史》，台北：蓬莱岛文化公司 1980 年版，第 575 页。

运动保持密切联系，在思想上、组织上给予支援”。[①] 按照这一纲领，日本共产党负有指导台湾共产主义运动的使命。同年 10 月，共产国际指示日本共产党组织“台湾民族支部”。日本共产党就是接受这个命令，担负起了指导、支持台共的责任。于是，组建台湾共产党的议题浮出水面。

日本殖民统治时期，由于日本殖民者在台湾实行民族歧视的差别教育制度，使得台湾青年很难接受高等教育，因此，20 世纪 20 年代前后，大批台湾进步青年纷纷前往祖国大陆求学。台共建党的主要成员，大部分都与上海大学有着深厚的渊源关系。从 1922 年起，曾先后有一批台湾青年就读于中国共产党和国民党左派联合创办的红色大学——上海大学。中国共产党早期许多著名领导人、理论家，如瞿秋白、邓中夏、蔡和森、恽代英、任弼时等人都在上海大学任教。[②] 在中国共产党的指导和影响下，台湾进步青年谢雪红、林木顺、林仲梓、蔡孝乾等人先后加入中国共产党。为推动台湾反日革命运动的发展，中共中央专门从上海大学选出几名台籍中共党员赴苏联莫斯科东方大学学习，有意识地培养台湾革命运动骨干分子，为中共在台湾创立地方党组织作准备。当时谢雪红等人都被赋予这一神圣使命，她说：“1925 年 10 月间，黄中美同时向我、林木顺和林仲梓三人宣布：党命令我们赴苏联莫斯科东方大学学习；他说党派我们赴苏学习是为了培养干部，考虑将来帮助台湾的同志在台建党。”[③]

1925 年 11 月 20 日，在中共的推荐下，林木顺与谢雪红由上海赴苏联莫斯科东方大学留学，为中共在台建立地方党组织作准备。然而，共产国际就在此时也注意到殖民地台湾的革命问题，“为培养台湾革命运动的未来骨干，决定把中国共产党派赴东方大学学习的学员中的几个台籍青年，有意识的从中国班调到日本班参加学习。”[④] 共产国际为什么这样做？对此，当事人谢雪红起初也迷惑不解，后来才知道：“第三国际考虑到我们以后的任务是要回台湾建党，又因台湾是日本帝国主义统治下的殖民地，所以，决定把我们转到日本班学习，对以后党的筹备方便有利。”[⑤] 根据共产国际第五次大会的决议，世界共产主义运动

① ［日］日本共产党史资料委员会编、林放译：《共产国际关于日本问题方针、决议集》，北京：世界知识出版社 1960 年版，第 25 页。

② 黄美真、石源华、张云：《上海大学史料》，上海：复旦大学出版社 1984 年版，第 45—46 页。

③ 谢雪红口述、杨克煌笔录：《我的半生记》，台北：杨翠华出版 1997 年版，第 183 页。

④ 杨克煌：《台湾人民民族解放斗争小史》，武汉：湖北人民出版社 1956 年版，第 129—130 页。

⑤ 谢雪红口述、杨克煌笔录：《我的半生记》，台北：杨翠华出版 1997 年版，第 200 页。

的划分，以“一国一组织”为原则，而台湾当时是日本的殖民地，所以共产国际决定由日共中央负责领导筹建台湾共产党的工作。[①]既然共产国际已对此作出了布置，那么作为共产国际一个下属支部的中国共产党，也只好服从这一安排。

1927年5月，在莫斯科学习的林木顺、谢雪红被共产国际介绍给日共领袖渡边政之辅等人，与日共建立直接联系。1927年10月，谢雪红、林木顺在莫斯科被共产国际执委片山潜召见，片山潜正式代表共产国际向他俩传达了筹建台湾共产党的决定。为了完成这一历史使命，1927年11月，林木顺与谢雪红回到上海之后，开始与祖国各地以及台湾、日本的革命同志（其中包括一部分中共党员和日共党员）联系，准备建党。针对台共建党时，缺少革命干部，共产国际要求其下属单位中共和日共分别向台共输送革命干部。在台共成立前夕，日共遭到日警毁灭性打击，日共党组织处于瘫痪状态，无法派代表出席台共建党大会。在此情况下，共产国际东方局便派出中共代表彭荣和朝共代表吕运亨共同协助台共的成立。

二、共产国际对台共的负面影响

台共成立之初，是在日共的领导下开展工作，然而，由于日共屡遭日本政府镇压，尤其是“四·一六”事件发生后，日共遭到彻底地破坏，结果使得台共与日共关系中断。从1930年12月起，台共开始在共产国际东方局的领导下开展活动。1931年6月，共产国际又进一步将台共归为它的一个直属支部，直接受它领导。然而，共产国际在指导台共的工作中犯了诸多错误，在这里，笔者要着重谈谈共产国际对台共的负面影响。

（一）台共“左”倾错误的根源：共产国际“第三时期”理论

1928年8月，布哈林根据斯大林在联共（布）第十五次代表大会上的报告精神，在共产国际六大作的《国际形势和共产国际任务的提纲》报告中提出了战后资本主义总危机发展的“第三时期”理论。这一理论，把第一次世界大战后的世界革命形势划分为三个特定时期：第一时期从1918年到1923年，是资本主义制度陷于严重危机，无产阶级采取直接革命行动的时期；第二时期从1923年至1928年，是资本主义制度渐趋稳定、资本主义经济“复兴”时期，也是无产阶级继续进行自卫斗争的时期；第三时期从1928年起，是各资本主义

① 杨克煌：《台湾人民民族解放斗争小史》，武汉：湖北人民出版社1956年版，第130页。

国家内部矛盾日益激烈、殖民地斗争日益发展、资本主义总危机不断尖锐化，无产阶级开始进行直接革命的时期。[①]

1929年7月，共产国际执委会第十次全会的政治决议案，又进一步发展和完善了“第三时期”理论。这次全会通过了《国际形势和共产国际的当前任务提纲》，强调“第三时期”：“这个时期是资本主义总危机增长，帝国主义的内部和外部基本矛盾迅速加剧，从而必然导致帝国主义战争，导致大规模的阶级冲突，导致各主要资本主义国家新的革命高潮发展，导致殖民地伟大的反帝国主义革命的时期。”[②]

由于共产国际“第三时期”理论，认定第一次世界大战后资本主义总危机已经到来，工人运动、民族解放运动出现世界性的革命高潮，是实现世界革命的有利时期。因此，共产国际向各国共产党提出三项基本任务：（1）在各国无产阶级反对资产阶级、殖民地反对帝国主义的斗争中，实行坚决的“进攻路线”；（2）在反帝、反封建的斗争中，各国无产阶级政党采取“阶级反对阶级”和“下层统一战线”的策略方针，在资本主义国家坚决地反对社会民主党，在殖民地半殖民地国家反对民族资产阶级；[③]（3）为了保证上述战略和策略的切实执行，共产国际对抵制和反对“第三时期”理论而被认为是“右派”“调和派”的头面人物，采取了严厉制裁的组织措施，曾先后把洛夫斯顿（美共）、伊列克（捷共）、斯皮克托尔（加拿大共）等清除出共产国际执委会和主席团，[④]并增补了一批拥护共产国际新政策的执行委员。共产国际做出了“反右倾”是党内斗争的不可调和的方针，要求各国共产党必须坚决反对“右倾机会主义”。这三项任务和要求，在“第三时期”错误理论的指导下构成了共产国际“左”倾错误的基本内容。“反右倾”作为推行“左”倾冒险主义，压制和打击不同意见的一根大棒。共产国际从六大至七大的七年中，正是根据这个理论来规定自己的基本任务和制定方针政策，并把这个理论作为决定各国共产党和共产国际的实际任务的依据，要各国共产党人全盘采纳和接受，从而形成了一条“左”倾的进

① ［匈］贝拉·库恩：《共产国际文件汇编》第三册，北京：生活·读书·新知三联书店1965年版，第7—8页。

② ［匈］贝拉·库恩：《共产国际文件汇编》第三册，北京：生活·读书·新知三联书店1965年版，第145页。

③ ［匈］贝拉·库恩：《共产国际文件汇编》第三册，北京：生活·读书·新知三联书店1965年版，第164页。

④ ［匈］贝拉·库恩：《共产国际文件汇编》第三册，北京：生活·读书·新知三联书店1965年版，第193—194页。

攻路线。

由于共产国际是一个世界统一性的共产党组织，各国党是其一个支部，它的决议、理论必须无条件贯彻，而台共又是共产国际日共支部的一个民族支部，所以台共自然也要遵守共产国际各项指示。（1928 年 4 月 15 日，台共在成立时，是作为日共的一个民族支部，在组织上属于日共，然而，后来由于日共党组织屡遭日本政府的破坏，台共和日共的关系中断，所以台共更多地是在共产国际东方局和中共指导下开展活动的。）正是在这样的历史条件下，共产国际"第三时期"理论和相应制定的进攻战略，以及开展的"反右倾"斗争的决议，就不可避免地为台共"左"倾错误的产生提供了指导思想和行动纲领。

（二）台共领导人谢雪红对共产国际"左"倾指示的抵制

1928 年 11 月，台共中央在谢雪红的领导下，在台湾岛内积极地开展活动。由于日本殖民者三十多年来已在台湾建立了严密的殖民统治体系，对一切政治活动防范甚严，台共又是日本殖民者心中的非法组织，无法公开号召，所以，谢雪红便采取了台共借助合法组织（如农民组合、文化协会）以掩护党的力量成长的策略路线。虽然谢雪红的合法斗争路线在台湾的革命实践中取得了显著的成效：在农民组合和文化协会中发展了一批新党员并建立了台共支部，成功地将农民组合、文化协会转化为台共的外围组织；但是，对共产国际来说，谢雪红的做法是属于"关门主义"，过于保守，背离了共产国际"左"倾的进攻路线。这样，以谢雪红为首的台共中央就激起了共产国际的强烈不满，被共产国际斥责为机会主义。为了确保共产国际路线在台湾的贯彻，因此，共产国际要求台共中央进行党的改革工作。

1930 年 12 月，共产国际执委、中共中央领导人瞿秋白在召见在上海的台共"中坚人物"翁泽生时，转达共产国际东方局对谢雪红领导的台共的"机会主义"路线的批评，他说："依据东方局最近所提，台湾党陷入了机会主义的错误，党员欠缺积极性，党组织非常幼稚，与成立当时无甚差别。而党的活动迟滞，呈现出无法遂行革命指导任务的状态"。[①] 瞿秋白依据共产国际"第三时期"理论，向台共指出：台湾已经出现了革命高涨的形势。他说："因为资本主义经济组织日见深刻化，将全世界卷入于经济恐慌（危机）里，资本主义国家在经济性危机深刻化的同时，政治危机亦增大，革命运动的潮流已见高涨，日本帝

① 台湾"总督府"警务局：《台湾社会运动史——共产主义运动》，台北：创造出版社 1989 年版，第 114 页。

国主义亦不能免于这种倾向而陷入大的经济恐慌”。“日本帝国主义为巩固对台湾的统治，势必更残酷地榨取工农。因此，台湾的工农群众在政治上、经济上的痛苦亦必加剧升高，在台湾工农群众之间也必然地会激发出革命的斗争。……伟大的革命斗争显然即将爆发。”[①] 为了迎接台湾革命高潮的到来，因此，他要求“台湾的党应召集临时大会，检讨党过去的方针，确立正确的新方针，而在大会之前应促使一般党员由机会主义的谬误中觉醒，在实践斗争的过程中克服机会主义的谬误”。[②]

稍后，共产国际东方局负责人不仅表示“完全同意瞿秋白对台湾问题的意见”，而且还指出当前的形势是：“帝国主义国家与殖民地国家之间的矛盾在增强。在这里，世界经济危机迫使资产阶级进行疯狂的压迫、并加强对殖民地国家的剥削。当然，这不能不导致殖民地国家、附属国的劳动群众进一步反抗所有的帝国主义压迫者、进一步发展自己的革命运动。正是在近些年里，在被压迫的东方各国，革命运动出现了未曾有过的、轰轰烈烈的发展。”“为了准备新的帝国主义战争，日本帝国主义在榨取台湾巨额财富的同时，又运用这些财富把台湾建设成为战争基地。自然而然，日本帝国主义施加的这场凶猛的掠夺和剥削，将唤起台湾劳动大众奋起斗争，并将导致革命不可避免地爆发。”[③] 因此，共产国际东方局要求台共：“以最大的积极性，动员和组织最广泛的台湾工农群众，使之处于你们的领导之下。你们应该组织群众，去反对威胁全世界的帝国主义战争。你们应该阻止日本帝国主义准备未来战争的步伐。你们应该宣传苏联社会主义建设的成功，应该组织台湾的劳动群众，去反对武装干涉苏联的帝国主义企图。你们应该组织群众保卫中国的苏维埃运动，保卫印度革命，保卫中国革命。你们应该团结台湾劳动群众，为消灭帝国主义对你们国家进行的压迫和剥削而斗争。复杂的极其紧张的国际环境现在把这样的任务置于你们面前，你们应该发挥出你们最大的能量和积极性，以便胜任这些任务。只要这样做，你们与世界革命运动将步调一致，你们的斗争将国际无产阶级、殖民地被压迫

① 台湾“总督府”警务局：《台湾社会运动史——共产主义运动》，台北：创造出版社 1989 年版，第 115 页。

② 台湾“总督府”警务局：《台湾社会运动史——共产主义运动》，台北：创造出版社 1989 年版，第 115 页。

③ 第 45 号文件：《共产国际执行委员会远东局致台湾共产主义者的信》，俄罗斯国立社会政治史档案馆 // 全宗 495/ 目录 128/ 案卷 1，第 2 页。原件，打字稿，俄语。

群众的斗争联合在一起。”[①]

当时，正好台湾农民组合中央委员陈德兴路过上海，准备赴海参崴参加第五次太平洋劳动会议，因故错过此次会议，因此，他不能前往海参崴，只好返台，翁泽生就委托他顺手带回共产国际东方局的一项指示——要台共加以整顿，停止关门主义的做法。翁泽生交代陈德兴：“先将（共产国际东方局的）意旨传达予谢氏阿女（谢雪红）并怂恿党的改革，倘阿女（谢雪红）不表同意或持反对意见时，则向王万得、赵港等报告，令他们准备党的改革。”[②]

1930 年 12 月 20 日，陈德兴回到台湾后，遵照翁泽生的交代，在国际书局找到谢雪红，向她传达共产国际东方局的指示。然而，谢雪红认为，陈德兴传达的这项指示是“对台湾情况无知者的妄论，令人无法肯定其为共产国际东方局的指令，恐系翁泽生等人分裂主义的阴谋”，[③] 因此，她拒绝接受。她拒绝的理由主要有：第一，台湾正处于革命低潮，在白色恐怖的环境下，对党员的质量要求要高，要党实行门户开放，是错误的。第二，应该巩固现有组织，然后发展，而且利用资本主义宪法进行合法斗争，要团结一切可以团结的力量，包括资产阶级在内，组成民族统一战线，反对共同敌人。要派人到右派工会里工作，工人本身没有左右之分。应该重视文化协会的工作，文协受中国五四运动影响而成立，对台湾启蒙运动有过重大贡献，威信很高，它是城市小资产阶级及知识分子团体。而少壮派激进分子则认为文协的存在“将阻碍台湾共产党的精神影响”“阻碍台共的发展”，必须尽快解散；对工会也要立场鲜明，主张成立全台赤色总工会，与谢发生了根本性的意见分歧；第三，关于高山族暴动问题，谢雪红认为松山会议的决定是正确的，肯定暴动的正义性，表示声援，但台共的主观力量不可能去发动全台人民响应暴动，一起起义。否则将遭到更大的损失；而激进者认为，“野蛮、原始的高山族”，今天既然有这样革命斗争的行动，可见文明进步的台湾人民革命要求有多高，不领导他们行动起来是错误的。[④]

事后陈德兴在给翁泽生的信中说：

① 第 45 号文件：《共产国际执行委员会远东局致台湾共产主义者的信》，俄罗斯国立社会政治史档案馆 // 全宗 495/ 目录 128/ 案卷 1，第 2 页。原件，打字稿，俄语。

② 台湾“总督府”警务局：《台湾社会运动史——共产主义运动》，台北：创造出版社 1989 年版，第 115 页。

③ 台湾“总督府”警务局：《台湾社会运动史——共产主义运动》，台北：创造出版社 1989 年版，第 116 页。

④ 胡治安：《统战秘辛——我所认识的民主人士》，香港：天地图书有限公司 2010 年版，第 185—186 页。

我在返抵台湾后会见此人，并根据我们在上海讨论后所获得的决定，尽我的能力来尝试说服她。不过她不只不承认犯有错误，还宣称到中国去的同志所提出的报告有误。之后，我举出许多事实来证实党在当前所犯的机会主义错误，并追问“原住民”暴动后党做了些什么？以及党在6月17日到8月1日广东起义周年纪念日期间，又做了些什么？

她说各种周年纪念日都举办游行，而且由农民组合与文化协会联合委员会举办多场公共演说会。确实是办了一些演讲会，不过那不是根本问题所在，因为演讲会是在党不出面的情况下，由两个群众组织所举办的。问题在于党本身的政治活动。在各种斗争活动及各个革命纪念日期间，党未曾对下级的党同志发出任何的活动指示。在原住民暴动之后，部分同志有意发布声明表示支持，但此一构想遭机会主义领导人阻止，这些领导人当时还宣称由于党的力量薄弱，如果贸然发布声明，会让组织与同志遭破获逮捕。最后这些机会主义领导还说，当时不应发布支援声明，而应透过类似公共演说或读书会的不同机会，来进行口头宣传。关于这个问题，我说：“我们的党应该领导工人、农民与劳动群众来支持原住民的革命起义，并且大胆明确的将党的政策与原则向群众说明。”不过她却说：“这些讲法是人在中国的同志所说，他们根本不了解台湾的情况。”还说“我们可不是成天睡觉不做事！”这些事实表明她不只无意承认错误，还试图为她的这些错误进行合理化。

此种结果只能让我对她感到彻底失望，我与她的那次沟通也就到此告一个段落。

我原要去会见从事农民运动的赵港同志，不过她不让我去见他，而且为了阻止我进行活动，她还特别将我派到矿场工作。我到矿场时碰到苏新同志，他很赞同我们的意见，在听过我的报告之后，苏新开始与机会主义展开战斗。陈德兴万般无奈，只好照预定计划向王万得等人传达该项指示，从而引发了台共党内激烈的斗争。

在经过苏新、王万得与我相互商讨之后，我们做成如下决定：

⑴为彻底消除右派机会主义，由支部与（其他组织的）党团负责人联合要求召开一次代表会议。

⑵由这次代表会议选出临时领导机构，由这个临时领导机构取代机会主义的原领导机构，直到正式的全岛代表会议召开为止。

⑶临时领导机构将被视为是召集全岛代表会议的筹备委员会。[①]

（三）在共产国际“第三时期”理论的指导下，台共出现严重的“左”倾错误

由于当时台共还处于幼年时期，在政治上、思想上还很不成熟，台共党内都普遍存在着对共产国际的盲目崇拜和对共产国际指示神圣化的错误倾向，所以他们对共产国际指示奉若神明，对其指示教条地、不加分析地、忠实地去执行。1930 年底，当陈德兴前往台北《五人报》报社向王万得传达共产国际指示时，王万得当即表示遵照共产国际东方局指示，进行党的改革。

1931 年 1 月 27 日，王万得认为谢雪红在党的改革问题上无法合作，便错误地避开了持不同意见的谢雪红台共中央，召集赵港、苏新、陈德兴、庄守、吴拱照等人在台北召开“改革同盟”成立大会。大会决定贯彻共产国际指示，结束谢雪红的“关门主义”路线，确定了台共要更加积极地开展各项活动的“激进主义”路线；大会还指责以谢雪红为首的台共中央存在“政治上的不动主义”“组织上的封闭主义”“上级机关对于下级机关与党团工作的领导不足”等“机会主义”错误，[②]决定与原有的党中央领导机关断绝关系，自行成立了台共新的中央领导机构——“改革同盟”，并选出了由王万得、苏新、赵港、陈德兴、萧来福 5 人组成的临时中央委员会。[③]这样，台共就正式分裂为以王万得为首的“改革同盟”和以谢雪红为首的“旧中央”两派。这次大会以后，以王万得为首的“改革同盟”不仅掌握了台共大权，而且积极地推行共产国际“左”倾进攻路线，从而使得台共的“左”倾错误开始泛滥开来。

针对陈德兴、王万得等人分裂台共中央的行为，谢雪红通过正常渠道向共产国际反映，她在致共产国际执行委员会的信中申诉：“回到台湾时，他（陈德兴）并没有为党带回任何重要的任务。不过当他开始工作时，他的阴谋就显露出来了。那个时候他说，台湾（共产）党犯了机会主义的错误。他开始煽动同志们进行党内斗争，企图来分裂党与摧毁党。另外他还说，从中国共产党委员

① 第 29 号文件:《陈德兴的信》，俄罗斯国立社会政治史档案馆 // 全宗 495/ 目录 128/ 案卷 10，第 36 页。原件，手稿，英语。

② 台湾“总督府”警务局:《台湾社会运动史——共产主义运动》，《台湾共产党改革同盟的成立》，台北：创造出版社 1989 年版，第 119 页。

③ 台湾“总督府”警务局:《台湾社会运动史——共产主义运动》，《台湾共产党改革同盟的成立》，台北：创造出版社 1989 年版，第 122 页。

会那里得知，如果能获得全体党员三分之一以上同志的支持，就可以召开紧急会议。他说他是根据第三国际的意思来执行反机会主义的斗争。不过当他在会议中被同志问到时，则又说不是共产国际派他回台湾，只说他是根据同志们的同意与支持而召开会议。他到上海之后究竟做了些什么事情？现在的这些事情是否与你有关？中国共产党与共产国际对这件事的看法如何？为何你没有在来信中提到此事？请尽快答复我。"①

"党内的右派机会主义已经在去年召开的扩大全会中被消除。现在的问题不在于反对机会主义的斗争，而是反对有人要摧毁党的行动。在不同的信件里，你要我们与机会主义战斗，这是错误的指示。""最近（1931年1月27日）7名小资产阶级召开了一项会议。根据我的看法，他们在会议上所获得的结论全是错误的，请不要被他们所骗。"②"关于这件事情，工人与农民方面的人不是很清楚。不过这件事已让党陷入极度不安的状态，甚至使一些工人与农民开始离开我们的组织。这使我不得不对未来的展望悲观起来。""不过我认为陈德兴的行为以及其他人的行为完全是错误的，我将和他们战斗到底。现在的事情迫使我们必须恳求群众的批判。虽然他们把我当成间谍嫌疑犯，但我并不在乎。"③"你寄给王同志与陈同志的信仍在我这里，而且我也不会将信交给他们，因为你在信中支持他们的错误行动。同时，我要求你做一次慎重的思考，并将你的意见写信告诉我们。""共产国际对这件事的看法如何？请就此问题与他们讨论并尽快找出解决之道。我们希望你能谨慎思考这个问题，千万不要受骗！"④

然而，由于谢雪红领导的台共"旧中央"对共产国际指示的拒不执行，因此，在共产国际看来，台共"旧中央"不但应在政治上受到谴责，而且应在组织上作根本变更，以确保台湾革命严格按照共产国际所指引的路线前进。为此，共产国际东方局专门派潘钦信为代表回台指导台共二大的召开。

1931年5月31日至6月2日，台共二大在共产国际东方局代表潘钦信的

① 第34号文件：《翁泽生致远东局的信》，俄罗斯国立社会政治史档案馆 // 全宗495/目录128/案卷10，第86页。原件，手稿，英语。

② 第34号文件：《翁泽生致远东局的信》，俄罗斯国立社会政治史档案馆 // 全宗495/目录128/案卷10，第87页。原件，手稿，英语。

③ 第34号文件：《翁泽生致远东局的信》，俄罗斯国立社会政治史档案馆 // 全宗495/目录128/案卷10，第88页。原件，手稿，英语。

④ 第34号文件：《翁泽生致远东局的信》，俄罗斯国立社会政治史档案馆 // 全宗495/目录128/案卷10，第89页。原件，手稿，英语。

主持下，在台北淡水郡八里庄观音山麓正式召开。[①]这次大会秉承共产国际东方局的意旨，一方面把忠实于共产国际的台共“改革同盟”领导人王万得等人扶植上台，而将不听从共产国际指示的台共“旧中央”领导人谢雪红等人开除出党；另一方面还照搬共产国际“第三时期”理论，通过了台共新的政治纲领，将共产国际“第三时期”理论及相关指示进一步目标化、具体化和行动化。台共二大以后，台共在共产国际“第三时期”理论直接指导和影响下，出现严重的“左”倾错误，其主要表现如下：

1. 过高地估计了台湾的革命形势

台共新中央不顾台湾革命的实际情况，盲目地依据共产国际关于“第三时期”理论和对于资本主义经济危机的夸大估计，教条地认为“资本主义的第三期业已使全世界资本主义体系急剧地趋向崩溃之途，主要的资本主义诸国家已陷入绝大的经济恐慌下，失业者如洪水般澎湃，工农大众坠入困苦贫穷中，更将全世界卷入于世界革命第三期的怒潮中，资本主义诸国家的无产阶级运动及殖民地、半殖民地的工农革命正急速地发展开来。”[②]“在台湾，日本帝国主义利用其独享的统治，系统地恶化工人阶级的状况，增加劳动群众的纳税压力，放肆地把原住民从他们耕作的土地上赶走，使之陷入饥馑而死绝。日本帝国主义公开地、无耻地掠夺台湾的农民，逼迫他们把自己的劳动产品出售给日本资本家，其售价甚至不能抵偿农民在这些劳动产品上付出的最小花费。与此同时，日本帝国主义把灌溉日本资本家的种植园所花费的开销，转嫁到农民的头上。在追逐新的利润源泉的时候，日本帝国主义加强了对台湾劳动群众的剥削，要他们补偿自己在经济危机的过程中遭受的损失。另一方面，为了准备新的帝国主义战争，日本帝国主义在榨取台湾巨额财富的同时，又运用这些财富把台湾建设成为战争基地。自然而然，日本帝国主义施加的这场凶猛的掠夺和剥削，将唤起台湾劳动大众奋起斗争，并将导致革命不可避免地爆发。”因此，“台湾革命运动即将继续地爆发与大发展。毫无疑问，革命的高潮将在无可避免的情势下来临。”[③]

---

① 台湾“总督府”警务局:《台湾社会运动史——共产主义运动》,《台湾共产党第二次临时大会》，台北：创造出版社 1989 年版，第 163 页。

② 台湾“总督府”警务局:《台湾社会运动史——共产主义运动》,《1931 年台湾共产党政治大纲》，台北：创造出版社 1989 年版，第 182 页。

③ 台湾“总督府”警务局:《台湾社会运动史——共产主义运动》,《1931 年台湾共产党政治大纲》，台北：创造出版社 1989 年版，第 183 页。

然而，台湾的实际情况是，日本殖民者对台湾实行残酷的殖民统治。日本警察、特务组织，层层叠叠，密如蛛网，运用《治安维持法》等法律对台湾人民进行严密监视和控制，用各种手段侦察、搜捕台共地下组织、抗日团体和抗日人士，对一切刚刚萌芽的工人、农民运动以及民主、社会主义的政治结社都给予野蛮镇压。这就使得台共在岛内的革命活动日趋艰难。不仅如此，日本殖民者为了消灭台共和各种抗日力量，还于1929年2月12日出动大批警察，在台湾进行所谓“大检举”运动，逮捕了台湾各地文协、工会、农民协会及反日团体的干部和积极分子、各界反日爱国进步人士1000多人，农组领袖简吉、杨春松、陈德兴等台共重要成员被判处刑期不等的有期徒刑，这便是台湾史上的“二·一二”事件。[①]“二·一二”事件，日警虽然未能破坏台共党组织，但是，这个大规模的逮捕行动却给台湾工农革命运动以沉重的打击。林日高也指出：“台湾革命之所以陷于停顿，主要原因有以下几项：⑴相对于革命力量，日本帝国主义统治力量太过强大，白色恐怖手段太过激烈；⑵我们在台湾的政党本身不够强大，没有力量来领导社会群众进行斗争；⑶群众欠缺斗争经验，白色恐怖太过严苛。”“为了压制台湾的革命运动，以及准备新的世界大战并剥削工人与农民，日本帝国主义正运用一切力量来镇压所有的群众斗争。工人与农民的组织纷纷遭警方解散，革命战士更是被依各种罪名逮捕入狱。”[②]由此可见，当时的台湾在日本的高压统治之下，革命形势处于低潮是显而易见的。

2. 推行冒险主义的进攻路线

台共新中央根本无视台湾革命中敌强我弱的基本事实，主观地认为，日本帝国主义已陷于大恐慌之际，台湾革命高潮已经到来，现在应该是主动出击的时候。因此，台共当前的任务“应该是把握各种机会，抓住工人与资本家、农民与地主、士兵与长官的大小冲突，激发群众的日常斗争，在斗争中反对民族改良主义、社会民主主义、机会主义，扩大党在群众中的政治影响，吸收群众集合在党的政治口号的周围，领导工人农民在工场与农村实行猛烈的阶级斗争，建立无产阶级在农民运动中的领导权，扩大并巩固工农的革命组织，力求革命的均衡发展，以武装暴动颠覆帝国主义的统治，树立工农民主政权”。[③]为此，

① 杨克煌:《台湾人民民族解放斗争小史》，武汉：湖北人民出版社1956年版，第138页。

② 第4号文件:《林日高的报告》，俄罗斯国立社会政治史档案馆 // 全宗495/ 目录128/ 案卷6，第72页。原件，打字稿，英语。

③ 台湾“总督府”警务局:《台湾社会运动史——共产主义运动》，台北：创造出版社1989年版，第184页。

他们制定了一系列“左”的方针、政策，强化党对工农运动的领导，并组织工农武装暴动和加强纪念日对敌的斗争。1932 年 1 月，台共重要成员刘双鼎和林华梅以新竹州的大湖和竹南两农组支部为基础，准备举行武装暴动，建立苏维埃政权，但不幸事机泄露，大批农组和文协成员被捕，暴动失败，[①] 随后，日本殖民者宣布农组和文协为非法组织并予以解散，从而使得台共外围组织（农组、文协）破坏殆尽。他们幻想进行几次“进攻”就把敌人打倒，结果把革命堡垒暴露给敌人，造成革命力量的严重损失。

3. 实行打击民族资产阶级的“左”倾策略

在台湾革命依靠力量问题上，台共内部产生了重大分歧。谢雪红等人认为：台湾资产阶级分为两个部分：一部分是带有民主倾向的、具有革命性的、拥有独立的民族资本的资产阶级左派；另一部分为其资本已融合于日本金融资本，且以地主身份实行封建榨取的、反动的资产阶级右派。因此，她主张台湾所有被压迫的各个阶级，包括民族资产阶级、小资产阶级，都可以用联合战线的方式团结起来，对日本殖民统治进行反抗。[②]

然而，王万得等人置台湾实际情况于不顾，不加区分地将共产国际反对民族资产阶级的方针照搬到台湾，看不到台湾资产阶级有两个部分这一特殊性和复杂性，错误地将整个台湾资产阶级视为革命的对象。他们认为“目前的台湾资产阶级明显地违背了民族利益，并且公然与帝国主义妥协。他们不仅不再成为一股革命力量，相反地，他们却构成革命的障碍”。[③] “（台湾资产阶级利益代表）台湾民众党已经表露出它的反动性格，台湾岛内的革命斗争经历也证明它并不是反抗帝国主义的推动力量，反而是革命的障碍。”[④] 因此，“我们应向民族改良主义与社会民主主义施以坚强的斗争，排除民族改良主义与社会民主主义在群众中的影响。”[⑤] “当前台湾革命运动最急迫的任务，是尽一切力量攻击民众

① 台湾“总督府”警务局:《台湾社会运动史——共产主义运动》，台北：创造出版社 1989 年版，第 178 页。

② 台湾“总督府”警务局:《台湾社会运动史——共产主义运动》，台北：创造出版社 1989 年版，第 178 页。

③ 台湾“总督府”警务局:《台湾社会运动史——共产主义运动》，台北：创造出版社 1989 年版，第 176 页。

④ 第 4 号文件:《林日高的报告》，俄罗斯国立社会政治史档案馆 // 全宗 495/ 目录 128/ 案卷 6，第 78 页。原件，打字稿，英语。

⑤ 台湾“总督府”警务局:《台湾社会运动史——共产主义运动》，台北：创造出版社 1989 年版，第 159 页。

党，并以‘打倒民众党’与‘反对民族改良主义’为口号，将被欺骗的群众带回到革命阵线上来。”[①] 为此，他们还提出了在无产阶级领导下“建立工农民主专政的苏维埃政权”的口号。[②]

王万得等人只看到台湾资产阶级同日本殖民者之间的共同利益，而没有看到它们之间的矛盾，也就没有看到共产党可以充分利用它们之间的这一矛盾，寻找突破口，团结、争取民族资产阶级，最大限度地孤立极少数敌人，建立更广泛的统一战线，使革命得以顺利发展。由于台共从纲领的高度做了这样的规定，在实践斗争中台共就不得不把民族资产阶级作为革命的对象进行攻击，“唯我独革”，结果将自己立于孤立无援的境地，给台湾革命带来了严重地危害。

4. 在台共党内推行“反右倾”斗争

在共产国际强大的“反右倾”政治空气冲击下，王万得等人在台共党内也盲目照搬共产国际指示大反“右倾”。他们指责谢雪红联合台湾民族资产阶级，放弃了对社会民主主义的斗争，这是“右倾”“调和”的表现。他们还进一步强调:“党过去犯了太大的右倾机会主义谬误。为要把党从右倾机会主义挽回，必须努力除去右倾机会主义在组织工作基础。当前的党漂流在右倾机会主义的危险线上。反对右倾机会主义乃党目前的紧急任务。”[③] 因此,他们集中火力去反对党内“主要的危险——右倾机会主义倾向”和“对于不正确倾向采取调和态度的调和倾向”。然而，当时，“左”倾是台共党内的主要危险，而他们却把“反右倾”“反调和”作为一根大棒，到处打人，以实现其所谓“根本改造党的领导”的目的。1931 年 6 月初，台共二大错误地将持不同意见的台共领导人谢雪红、杨克培、杨克煌开除出党。党内反倾向斗争，就其性质来说，主要是思想斗争。而王万得等人在组织上搞所谓“残酷斗争，无情打击”，势必扼杀党内民主，破坏党内健康和谐的政治生活，使好同志蒙受冤屈，给革命事业带来破坏性的后果。

（四）台共的“左”倾错误酿成了台共的覆灭

随着谢雪红的旧中央的失势和王万得的新中央的崛起，台共出现了新的形

① 第 4 号文件:《林日高的报告》，俄罗斯国立社会政治史档案馆 // 全宗 495/ 目录 128/ 案卷 6，第 78 页。原件，打字稿，英语。

② 台湾“总督府”警务局:《台湾社会运动史——共产主义运动》，台北：创造出版社 1989 年版，第 175 页。

③ 台湾“总督府”警务局:《台湾社会运动史——共产主义运动》，台北：创造出版社 1989 年版，第 184 页。

势。台共在以王万得为代表的激进派主持下，由“关门机会主义”转向“开门激进主义”。台共二大以后，在台共激进派的努力下，台共活动的确开创了新的局面：不仅台共党组织发展很快，党员遍布全台各劳工部门，控制了各群众组织的领导权，而且群众性运动、群众性斗争，迅速而普遍地展开：在台北发动了印刷工人的罢工，并且采取了“占领工厂”的激烈行为；在罗东发动了蔗农对日人制糖公司的斗争，及罗东街房屋租借人对日人地产公司的斗争；又在高雄铁工厂、水泥工厂、铁道部工人之间，散发传单，公开进行工会组织工作等等。①

表面上看来，台湾抗日斗争形势一片大好，但台共这些激进的做法，使台共的各级组织和进步团体不断暴露在敌人面前，给敌人逮捕革命群众造成了便利的条件和机会。1931 年 3 月 10 日——日本陆军纪念日，日本殖民者在台湾举行首次防空演习，青年读书会成员王日荣趁机在台北散发“反对帝国主义战争”的传单，结果遭到日本警察的逮捕。日本警察抓住线索，又先后逮捕林式镕、张朝基、林殿烈等人，并在台共党员张朝基家搜获大量“改革同盟”文件和台共二大文件，至此日本警察已掌握了台共党组织的全部情况。

从 1931 年 6 月起，日本殖民者开始展开了对台共的大搜捕行动：6 月 26 日，谢雪红、杨克培首先在国际书局被捕；到 9 月底，许多重要的台共党员如王万得、苏新、潘钦信、萧来福、简娥、颜石吉、刘守鸿等人也都陆续被捕；1932 年 5 月，翁泽生在上海被租界工部局警察逮捕，1933 年 3 月，翁泽生被引渡回台。这样，日警逮捕台共党员的行动就告一段落。这次大逮捕行动，一共逮捕 107 人，其中有 49 人被判处 2 至 15 年有期徒刑。② 具体情况见表 5-1：

台共党员被判徒刑年限表③

姓名	刑期	求刑期	姓名	刑期	求刑期	缓刑
谢雪红	13 年	15 年	杨克煌	4 年	4 年	
潘钦信	15 年	15 年	林式镕	2 年	2 年	

① 苏新：《未归的台共斗魂》，台北：时报文化出版企业有限公司 1993 年版，第 49 页。

② 台湾“总督府”警务局：《台湾社会运动史——共产主义运动》，台北：创造出版社 1989 年版，第 195 页。

③ 台湾“总督府”警务局：《台湾社会运动史——共产主义运动》，创造出版社 1989 年版，第 195—197 页。

续表

姓名	刑期	求刑期	姓名	刑期	求刑期	缓刑
林日高	5年	7年	简娥	5年	5年	
苏新	12年	12年	简吉	10年	8年	
王万得	12年	13年	张茂良	7年	7年	
赵港	12年	12年	郭德金	4年	4年	
萧来福	10年	10年	施茂松	2年	2年	5年
陈德兴	10年	10年	吉松喜清	4年	4年	
刘守鸿	10年	10年	李妈喜	2年	2年	5年
庄春火	7年	7年	吴锦清	2年	3年	
吴拱照	7年	7年	廖瑞发	2年	3年	
颜石吉	10年	10年	陈朝阳	2年	2年	5年
庄守	8年	8年	张栏梅	2年	2年	5年
詹以昌	7年	7年	詹木枝	2年	2年	5年
卢新发	4年	4年	陈振声	2年	2年	5年
张道福	3年	4年	杨克培	5年	5年	
林朝宗	2年	2年	宫本新太郎	2年	2年	
高甘露	3年	3年	翁泽生	13年	折磨致死	
林梁材	2年	2年	洪朝宗	3年	4年	
陈义农	2年	2年	王日荣	2年	2年	5年
翁由	2年	2年	朱阿辉	2年	2年	5年
林文评	2年	2年	张朝基	3年	4年	
周坤棋	2年	2年	津野助好	2年	2年	5年
林殿烈	2年	2年				

与此同时，一时未被捕的台共党员仍在斗争，秘密集会成立“赤色救援会”，发行《真理》杂志和《二字集》《三字集》等宣传品。日本警察见了甚为愤怒，又再行搜捕。这样经过多次镇压后，1932年4月，台共党组织遭到彻底破坏，台共终告失败。

总之，共产国际“第三时期”理论的提出从一开始就是错误的，它完全地脱离了台湾革命的客观实际，而在指导台湾革命实践的过程中又不加思索地强制推行，必然会造成无法挽回的损失。因此，对于台共党内的“左”倾错误给台共和台湾革命所造成的严重后果，作为“第三时期”理论制定者和指导者的共产国际是要负主要责任的。

（五）共产国际组织制度对台共的负面影响

虽然共产国际在组织上实行民主集中制原则，但共产国际的民主集中制在实践过程中却过分强调了集中的一面。共产国际二大通过的《共产国际章程》规定，执委会：“有权向所有参加共产国际的政党和组织下达具有约束力的指示，有权要求属于共产国际的政党开除那些违反国际纪律的集团和个人，有权将违反代表大会决议的政党从共产国际中开除出去。”[①] 这些规定和纪律约束成为以后共产国际和苏联干涉台湾共产党和台湾革命（包括其他共产党）内部事务的合法手段。也正因为这种对集中的强调，使民主被忽视，集中得到加强，从而导致了共产国际组织内部的专断甚至独裁的产生。

20 世纪 20 年代末 30 年代初，斯大林在一系列党内斗争中取得节节胜利，斯大林个人的绝对权威得以确立，联共（布）开始系统地宣传个人崇拜。受此影响，共产国际的权力不仅集中于执委会，而且集中于一个领导党和一个领导人手中。1928 年 8 月，共产国际六大通过的共产国际章程，更进一步强化了共产国际对各国支部的领导权威。章程规定：“共产国际执委会及其主席团有权设立常设局（共产国际执委会西欧局、南美局、东方局和其它各局），以便同共产国际各支部建立更密切的联系，并更好地指导它们的工作”。[②] “共产国际执委会及其主席团有权向共产国际各支部派遣特派员。特派员接受共产国际执委会的指示，他们的活动向共产国际执委会负责。共产国际执委会的全权代表有权参加他们派驻的支部的党中央机关以及地方组织的会议。……如该支部中央委员会在某一问题上的政策违背共产国际执委会的指示时，他们可以在该支部的代表大会和代表会议上对该支部中央委员会表示反对。”[③] 这些特派员成为共产国际领导各国党的“钦差大臣”，监督各国党是否“无条件”地执行共产国际领导机关的一切决定。20 世纪 30 年代初，共产国际高度集中的领导体制已经发展到登峰造极的地步，共产国际执委会已经不是负责共产国际工作的执行机关，

① ［英］珍妮·德格拉斯：《共产国际文件》第一卷，北京：世界知识出版社 1963 年版，第 207 页。

② ［英］珍妮·德格拉斯：《共产国际文件》第二卷，北京：世界知识出版社 1964 年版，第 644 页。

③ ［英］珍妮·德格拉斯：《共产国际文件》第二卷，北京：世界知识出版社 1964 年版，第 644—645 页。

而变成了具有至高无上的领导共产国际各国党的权力机关。作为共产国际内部第一大党的联共（布），也变成了凌驾于其他各国党乃至共产国际之上的领导党。共产国际通过执委会的决议、地区常设局的指示和特派员的监督及其他各种措施，从思想上、组织上和行动上全面控制了共产国际各支部。

随着共产国际领导体制的日益集权，使得参加共产国际的各国共产党的大小事务都必须听从于几千里之外的莫斯科发号施令。1930 年 12 月，当共产国际要求台共中央推行“第三时期”理论的方针政策时，由于这些指示脱离了台湾的革命实际，结果遭到了以谢雪红为首台共旧中央的抵制。然而，共产国际的“政治纪律”是非常严厉的，对于谢雪红公然违抗共产国际指示的行为，共产国际给谢雪红处以最严厉的惩罚——开除出党。从 1931 年起，共产国际与台共的领导与被领导关系被完全神圣化了，以王万得为首的台共新中央以共产国际的革命思路为思路，以共产国际的斗争策略为策略，对共产国际的指示、决定、决议，无论是正确的，还是错误的，照搬照抄，均一一贯彻，而不能根据台湾的实际情况进行有分别地运用这些决议和指示，结果对形势判断失误，在策略上也就不可避免的产生教条主义错误。共产国际的独断专行，压制了台共的主动性、创造性，打击了以谢雪红为首台共旧中央的不同意见，严重地束缚了台共独立自主地解决台湾革命的实际问题，扼杀了台共的生机和活力。

第三节　台湾共产党与日本共产党关系研究

1928 年 4 月 15 日，台湾共产党在上海成立，其正式名称为“日本共产党台湾民族支部”，在组织上隶属于日本共产党。然而，台湾共产党存在的时间很短，1932 年 4 月，台共党组织便遭到了日本殖民者彻底地破坏。日本殖民统治时期台湾共产党与日本共产党有怎样的关系？对此，迄今笔者尚未见到学界有专题论述，本文拟就此做一尝试性探讨。

一、日共为台共成立准备了思想条件和干部力量

（一）台湾先进知识青年在日本的共产主义活动

日本殖民统治时期，由于日本殖民者在台湾实行歧视性的民族差别教育制度，使得台湾知识青年很难接受高等教育，因此，20 世纪初期，台湾知识青年

开始前往日本求学，到 1922 年，台湾在日本的留学生达 2400 多名。[①] 俄国十月革命取得胜利后，马克思主义在日本广泛传播，社会主义运动在日本方兴未艾。1918 年 11 月，东京大学热衷于马克思主义的学生成立"新人会"，专门学习和研究马克思主义。1920 年 11 月，山川均、堺利彦等人发起组织了日本社会主义者同盟，宣传社会主义思想和领导工人运动。从 1921 年起，日本马克思主义者相继成立了一批共产主义小组，如山川均、渡边政之辅、德田球一等创立的"水曜会"，堺利彦领导的"无产社"，市川正一等发起的"无产阶级社"，高津正道、近藤荣藏等成立的"晓民会"。[②] 这些共产主义小组的成立为日共的诞生做了组织上的准备，1922 年 7 月 15 日，山川均、堺利彦、近藤荣藏等人在东京秘密创立日本共产党。在日本共产主义运动的影响下，在日本的台湾留学生当中，涌现了一批从事共产主义活动的先进青年。

在留日的台湾学生当中，彭华英是最先接受社会主义思潮的人。1921 年，他在日本明治大学就读期间，就与著名的社会主义者山川均、堺利彦、高津正道等人密切接触，并加入高津正道创立的"晓民会"组织，参加各种演讲会或研究会的宣传活动，同时登记为"日本社会主义同盟"的盟员。[③] 他曾在《台湾青年》上发表讨论社会主义的文章——《社会主义之概说》，在留日的台湾学生中广泛宣传社会主义思想。在日本社会主义思潮的冲击下，东京台湾青年会中台湾留学生许乃昌、杨云萍、杨贵、高天成、商满生、林朝宗和林聪等人逐渐倾向共产主义。1926 年 1 月，他们在东京台湾青年会之下，另行组成台湾新文化社，宣传共产主义。1927 年 4 月底，这批人在许乃昌的倡导下在东京台湾青年会之下秘密成立了"社会科学研究部"，采取类似共产党的活动方式，每周举行一次秘密会议，研究和讨论有关共产主义的书籍和文献。一方面，他们接受东京大学研究马克思主义的团体——"新人会"和"无产青年同盟"的指导，并和日本共产党建立联系；另一方面，他们又与台湾岛内的进步组织文化协会、农民组合取得联系，利用假期返回台湾，组织演讲会，宣传马克思主义。[④] 后来

① 蓝博洲:《日据时期台湾学生运动》，台北：时报文化出版企业有限公司 1993 年版，第 85 页。

② [日] 日本共产党中央委员会编:《日本共产党六十年》上册，北京：人民出版社 1986 年版，第 12 页。

③ 台湾"总督府"警务局:《台湾社会运动史——共产主义运动》，台北：创造出版社 1989 年版，第 2 页。

④ 台湾"总督府"警务局:《台湾社会运动史——共产主义运动》，台北：创造出版社 1989 年版，第 3 页。

东京台湾青年会的一些成员如林兑、林添进、陈来旺、萧来福等都成为台共的领导骨干。在日本众多从事共产主义活动台湾知识青年当中，苏新也是其中突出的一位。1924年苏新在日本大成中学就读时，即因阅读进步书籍而与日共学生运动干部藤田勇和广濑氏结成好友，并在他们的影响下加入日本共产党外围组织“学生联合会”。1928年初，他因表现突出，被日共吸收入党，并参加了台湾共产党的筹建工作，成为台共最早的党员之一。[①]庄春火在留日期间曾受到日共的影响，他说：“当时日本左翼思想很普遍，我思想上主要受堺利彦影响。堺利彦是日本共产党著名人物，创立“无产社”，我常去“无产社”走动，阅读河上肇《贫乏物语》等，由于思想接近，往后常到堺利彦家中走动，堺利彦住赤阪见附，与下町紧邻。在日本参与过的左翼运动有国际性的五一劳动节游行，也参加过罢工示威。”[②]

（二）台湾先进分子在台湾岛内的共产主义活动

20世纪20年代，台湾文化协会成立后，在日本从事共产主义活动的台湾留学生经常与这个组织保持联系，这批学生通过文化协会把马克思主义传回台湾。社会主义思潮刺激着文化协会的激进干部，使得当时台湾岛内的先进分子开始学习和研究马克思主义，台湾的共产主义活动开始高涨起来。

1924年5月，文化协会干部连温卿参加在东京举行的世界语大赛时，认识了激进的日本社会主义者山川均。在山川均的指导和影响下，连温卿逐渐成为一名坚定的共产主义者。返台后，他召集文化协会指导下的台北和彰化“无产青年”，极力分发日共支持的刊物《无产者新闻》和《前进》，宣传马克思主义。[③]1923年7月，连温卿、蒋渭水、石焕长、谢文达等人发起成立“社会问题研究会”，研究苏联革命和劳工、农民问题，特别是“研究无产阶级解放运动之理论及战术，以此对其领导下的青年加以宣传、煽动”。[④]1924年11月和1925年1月，“台北无产青年”先后两次举办“打破陋习大演讲会”，宣传反帝反封建和社会主义思想，翁泽生、洪朝宗因抗拒日本警察入场，以“妨碍执行

① 苏新：《未归的台共斗魂》，台北：时报文化出版企业有限公司1993年版，第363页。

② 张炎宪高淑媛采访，高淑媛记录：《一位老台共的心路历程——庄春火访问记录》《台湾史料研究》第2号，1993年8月20日，第85页。

③ 台湾“总督府”警务局：《台湾社会运动史——文化运动》，台北：创造出版社1989年版，第244—245页。

④ 台湾“总督府”警务局：《台湾社会运动史——文化运动》，台北：创造出版社1989年版，第244页。

公务罪"，而遭日本警察逮捕，拘留 3 个月。[①] 因此，台湾"总督府"称其"对于当时的民族主义统一运动战线，逐渐的酿成了无产阶级运动抬头的机运。"[②]

台湾文化协会成立之初，原本是保持完整统一的反日民族运动战线。后来，由于文化协会内部在民族运动发展方针路线上有所分歧，就逐渐分化成三派。这三派分别是：以林献堂、蔡培火为中心的所谓"改良主义派"，受日本国内民主运动的影响，主张通过文化启蒙来合法地实现民族自决；以蒋渭水为中心的所谓"民族主义派"，受孙中山民族主义思想的影响，主张结合工农大众来达成民族自决；以连温卿为中心的所谓"社会主义派"，主要受日本共产主义运动的影响，主张阶级斗争，以期争取台湾的民族解放，最后达到阶级解放。[③] 到了 1926—1927 年间，随着加入台湾文化协会无产青年的日益增加，文化协会内部结构的天平已经开始偏向激进派的一边，文化协会的宗旨，成了争论的问题。文化协会的"社会主义派"都主张台湾文化协会的"方向转换"，把"文化协会的主要任务，从改良主义或民族主义的启蒙运动转为社会主义的政治斗争，即台湾文化协会不仅是文化团体，而且是一个政治团体。"[④] 连温卿公开提出"如欲解放台湾人民，必须主张阶级斗争"。1926 年 10 月，王万得等人面见林献堂，直截了当地申明："台湾议会设置请愿运动乃毫无实现可能的妄动，即使它实现了亦非增进台湾人幸福之途。此一运动承认资本主义、帝国主义且强调其存在。我们无产阶级政党反对如此不彻底的妄动，主张应即刻中止。"[⑤] 在 1927 年 1 月 3 日召开的文化协会临时总会上，以连温卿为代表的"社会主义派"掌握了文化协会的领导权，林献堂、蔡培火等人退出文化协会。这标志着文化协会已转变成为社会主义团体，此后，文化协会在台湾大力推动共产主义活动。因此，台湾"总督府"说："由连温卿领导的台北、彰化无产青年派，在山川均（日本共产党创始人之一，1880—1958）指导下，夺去了文化协会主导权。其主张遂被

① 台湾"总督府"警务局：《台湾社会运动史——文化运动》，台北：创造出版社 1989 年版，第 253 页。

② 台湾"总督府"警务局：《台湾社会运动史——文化运动》，台北：创造出版社 1989 年版，第 244 页。

③ 苏新：《未归的台共斗魂》，台北：时报文化出版企业有限公司 1993 年版，第 101 页。

④ 苏新：《未归的台共斗魂》，台北：时报文化出版企业有限公司 1993 年版，第 101 页。

⑤ 台湾"总督府"警务局：《台湾社会运动史——无政府主义运动》，台北：创造出版社 1989 年版，第 15 页。

岛内社会运动战线所采纳，以致共产主义之影响逐步扩大”[①]。

二、在日共外围团体（日本农民组合和劳农党）的影响下，台湾的农民运动日益高涨，进而为台共的成立奠定了阶级基础

在日本侵占台湾之前，台湾是一个农业社会，农产品商品化的程度相对较高；土地租佃关系发达，然而，租佃契约却以口头契约为主，且租期较短。在日本侵占台湾后，日本殖民者颁布所谓的土地调查和林野调查条例，规定无确据证明所有权归属的土地均收归“国有”。这样，大批台湾农民世代耕作的土地便成了所谓“无主地”而被日本殖民者强制地无偿剥夺。与此同时，日本资本家还在警察的帮助下以强迫的手段收买民间土地。于是，日本殖民政府和制糖会社成了台湾最大的地主。日本殖民者还将大批的公有地以所谓“官有地拂下”的名义优惠发放给日本退休官吏或日资会社。据统计，日本殖民统治末期日本人拥有的耕地面积占台湾耕地总面积的21%。[②]日本殖民者对土地的巧取豪夺和对台湾农民的压迫，激起了他们的强烈反抗。台湾农民运动正是围绕着反抗日本殖民者的土地收夺和经济剥削而展开的。

从1923年起，台湾农民反抗活动日益频繁，打击了在台的日本资本家和部分土著地主阶级的利益，引起了日本殖民者的强力镇压，这样，分散的、自发的农民运动形式已经不能适应台湾农民运动日益发展的需求。在这一背景下，1926年6月，台湾农民组合正式成立，简吉任农民组合中央委员长。1927年2月，因日本退职官吏侵占台湾农民土地，农组中央委员长简吉与争议部长赵港为“土地拂下”和“竹林争议”问题前往东京帝国议会请愿，简、赵的日本之行，虽然最后以“未经审议”成为悬案，[③]对解决土地及竹林争议的问题未获得具体的成果，但他俩滞留日本期间，不仅目睹了当时正如火如荼进行的日本农民运动，同时拜访了日共外围团体——日本农民组合和劳动农民党，并和日本农民组合、劳农党建立了联系。为推动台湾农民运动的发展，布施辰治、古屋贞雄等13名日本社会运动健将允诺担任台湾农民组合的顾问。[④]简吉、赵港向他们提出请求，由他们在台湾派驻指导员，指导台湾农民组合运动，以借鉴日

① 台湾“总督府”警务局:《台湾社会运动史——共产主义运动》，台北：创造出版社1989年版，第1页。

② [日]浅田乔二:《日本帝国主义下的民族革命运动》，东京：未来社1978年版，第51页。

③ 《台湾议会请愿审议未了》,《台湾民报》，第151号，昭和二年4月3日。

④ 《台湾农民组合的顾问》,《台湾民报》，第151号，昭和二年4月3日。

本农民运动的革命经验。日本劳农党骨干古屋贞雄即是为此一度驻留台湾，并向台湾农民组合介绍日本劳农党之意识形态、战略及战术。在日本劳农党的指导和影响下，台湾农民组合领导人的思想进一步向马列主义及革命路线倾斜，简吉在《台湾民报》上发表文章指出：日本资本主义“对于台湾露骨地进行着更强度的榨取”，为了要完成榨取，“于是用尽一切欺瞒政策、阴谋政策……等直接的行动”。该文一针见血地指出台湾农村濒于破产是源于日本资本主义的高度剥削。为了要从“一切压迫解放出来”，所以“被否定的阶级呀！我们须正确地认识一切事物，不可看见片面的现象，而没却了事物的本质”，不可只“看见树木，而忘了森林”。“我们须提高我们的阶级意识，而结成广大的坚固的团结，而进攻呀！大家赶快起来斗争而获得我们的生存权。”①不仅如此，台湾农民组合还发表了《台湾农民组合的过去，现在与未来》的文章，指出：“为了完成无产阶级的历史使命”，必须以“马克思主义的变革理论为探照灯，引领我们前进”。②

台湾农民运动兴起后，当时日共外围团体劳农党积极支援台湾农民的各项斗争。1927年2月简吉、赵港为反对日本退职官员放领土地问题到东京寻求“劳农党”和“日本农民组合”的帮助，“劳动农民党干事麻生久、布施辰治二人，接受文化协会左派干部邀请，为了辩护二林事件而来台，在农民组合干部简吉、赵港等的安排之下巡回岛内，召开农民演讲会，对本岛农民煽动阶级自觉与针对资本家地主的团结与斗争。”③1927年5月，日本劳农党派遣进步辩护士（律师）古屋贞雄（日本劳农党中央委员）来台帮助农民的法庭斗争。1927年7月，他在台湾台中设立了法律事务所帮助解决与农民组合及其会员有关的民事、刑事纠纷，并出庭为台共案辩护等。④谢雪红说：“当时农民的诉讼案件如由农组本部介绍去请古屋办案时，一个案件从头到尾只收五块钱律师费。”“古屋来台湾后，一直到1930年间是进步的，基本上他是为农民服务。”⑤

日本劳农党还将它的政策主张和斗争艺术及战略战术给农组干部提供咨询

① 简吉：《大同团结而奋斗》，《台湾民报》，第166号，昭和二年7月22日。

② 《台湾农民组合的过去、现在、未来》，《台湾民报》，第189—190号，昭和三年1月2日、昭和三年1月8日。

③ 台湾“总督府”警务局：《台湾社会运动史——农民运动》，台北：创造出版社1989年版，第75页。

④ 杨国光：《一个台湾人的轨迹》，台北：人间出版社2001年版，第74页。

⑤ 谢雪红口述、杨克煌笔录：《我的半生记》，台北：杨翠华出版1997年版，第280页。

和服务。台湾农运领袖简吉、赵港为了推动农民运动的发展，请求日本劳动农民党、日本农民组合对台湾农民运动予以指导。[①]1927年12月4至5日，台湾农民组合在台中召开第一次全岛代表大会，日本农组委员长山上武雄、劳农党骨干古屋贞雄出席并指导了这次大会。大会决议“支持无产阶级政治斗争的日本劳动农民党”和“促进工农联合”，确立了以“依照马克思主义指导支持无产阶级之方法，宜待之于解决农民问题之方针”。[②]这次大会确定了台湾农民运动将追随马克思主义革命路线。从1927年起，台湾农民组合在日本农民组合和劳农党指导下，队伍日益发展壮大，到1927年底，参加会员达24000多名，成立的支部有23个，成为全岛农民的坚强战斗堡垒。简吉、赵港、陈德兴、杨春松等很多农民组合干部后来都成为台共的骨干分子。1927至1928年间，在日本劳农党指导下，台湾农组领导农民反对日本殖民掠夺和地主剥削的斗争有了进一步的发展，不仅农民抗争达420多件[③]（第一、二次中坜事件、辜显荣所有地争议、台湾拓殖制茶会社所有地争议、大湖庄所有地抗争……），而且抗争的手段也趋于多元化及激烈化，台湾农民逐渐排除使用陈情请愿的方式，而采取直接与地主交涉、谈判、不缴租金、隐匿已收刈的稻作、窃取被扣押的物品……等斗争手段。1928年12月的第二次台湾农民组合全岛大会发表的大会宣言号召：“全岛工农大众团结起来，拥护工农苏维埃，支持中国工农革命，打倒国际帝国主义，全世界无产阶级解放万岁”，[④]表现出强烈的革命和战斗色彩。

三、日本共产党帮助和指导台湾共产主义者筹建台湾共产党

俄国十月革命胜利以后，列宁及其领导的共产国际十分关注东方各国民族解放运动。为了摧毁帝国主义的殖民体系，组成国际反帝统一战线，列宁站在世界无产阶级革命的战略高度，提出了殖民地民族解放运动是世界无产阶级革命的同盟军，共产国际和无产阶级政党应当支持殖民地人民的民族解放运动等重要内容的民族殖民地理论。共产国际就是运用这一理论来指导东方被压迫民

① 台湾“总督府”警务局:《台湾社会运动史——共产主义运动》，台北：创造出版社1989年版，第6页。

② 台湾“总督府”警务局:《台湾社会运动史——农民运动》，台北：创造出版社1989年版，第84页。

③ 台湾“总督府”警务局:《台湾社会运动史——农民运动》，台北：创造出版社1989年版，第86页。

④ 台湾“总督府”警务局:《台湾社会运动史——农民运动》，台北：创造出版社1989年版，第146页。

族的革命运动。

1920 年 7 月，在共产国际第二次大会上，大会通过了《关于共产国际第二次代表大会的基本任务的提纲》，决定将被压迫民族与殖民地的解放运动作为共产国际一项重要任务。因此，大会不仅要求“各国共产党必须直接帮助附属的或没有平等权利的民族和殖民地的革命运动”①；而且还要求各殖民宗主国的共产党，“都必须无情地揭露‘本国的’帝国主义者在殖民地所干的勾当，不是在口头上而是在行动上支持殖民地的一切解放运动，要求把本国的帝国主义者从这些殖民地赶出去，教育本国工人真心实意地以兄弟般的态度来对待殖民地和被压迫民族的劳动人民，不断地鼓励本国军队反对对殖民地人民的任何压迫。”②1922 年 7 月，由布哈林起草日本共产党成立大会上讨论通过的《日本共产党纲领草案》之中，明文规定：“把日本军队从朝鲜、中国、台湾及库页岛撤退。”③1922 年 11 月，在共产国际第四次大会上，大会通过了《东方问题纲领》。该纲领规定：“殖民地母国的各国共产党必须担负起殖民地无产阶级革命运动，在组织上、精神上、物质上给予各种援助的任务。”④1927 年 7 月，共产国际通过了由布哈林起草的《关于日本问题的纲领》，该任务纲领共 13 项，其中一项是“推动殖民地的完全独立”，并且规定“(日本)共产党必须与日本的殖民地的解放运动建立紧密的联系，并给予他们一切思想上和组织上的支持”。⑤根据这一纲领，日本共产党负有指导台湾共产主义运动的使命。随后共产国际强调：“从中国与日本返回的共产主义青年已经展开了工作，不过他们欠缺组织。为了达到成功的目标，有绝对必要应该立即成立共产党。”“日本的无产阶级，首先当然就是日本共产党，被要求必须来协助民族解放运动，并与当地的工人运动密切合作。首先需进行自决观念的理论宣传，最终是要对那里的军队与日本工人进行工作，并协助在那里组织共产党，日本共产党在这里被赋予重要的任

① 《列宁全集》第 39 卷，北京：人民出版社 1986 年版，第 163 页。

② 《列宁全集》第 39 卷，北京：人民出版社 1986 年版，第 201 页。

③ [日]日本共产党中央委员会：《日本共产党的六十年》上册，北京：人民出版社 1986 年版，第 16 页。

④ [匈]贝拉·库恩：《共产国际文件汇编》第一册，北京：生活·读书·新知三联书店，1965 年版，第 451 页。

⑤ [日]日本共产党史资料委员会编、林放译：《共产国际关于日本问题方针、决议集》，北京：世界知识出版社 1960 年版，第 24 页。

务需要完成。”[①]1927年10月，共产国际指示日本共产党组织“台湾民族支部”。日本共产党就是接受这个命令，担负起了组建、指导台湾共产党的责任。片山潜同志还告诉日本班的委员说：“会议在彻底清算福本主义后作出决议；该决议中提到日本无产阶级必须援助在日本帝国主义统治下的殖民地人民的革命斗争，要帮助台湾无产阶级建立共产党。”[②]过了几天，片山同志叫我和林木顺到他住所和渡边政之辅见面认识，这是组织有意的安排。虽然，当时已决定由渡边负责领导组织台湾共产党。

1927年12月，日共中央就台共成立之事，专门召集台共建党骨干谢雪红和林木顺前往东京，对台共各项建党工作进行指导。1928年1月，日共领导人渡边政之辅、德田球一以谢雪红、林木顺提供的资料为基础，撰写了经日共中央通过的台共“政治大纲”与“组织大纲”。与此同时，在日共中央委员井口氏帮助下，林木顺与台籍日共党员苏新取得联系，向他了解台籍留日学生的情况，商量成立“马克思主义小组”，准备为台共的成立输送人才。1928年1月中旬，林木顺与在东京的部分台湾共产主义者苏新、陈来旺、林添进、林兑、何火炎组成马克思主义小组，积极筹备台共建党工作。[③]谢雪红讲述这一史实：“林木顺自从到日本后，就一直住在国领五一郎同志家；我到东京后，他来无产者新闻社宿舍看我，向我报告他到日本以后的情形，我也向他报告在上海发生的事情。林木顺来日本后即通告日共组织，透过它知道在东京的几个台湾进步青年（是否已经入党就不清楚），林木顺就对他们进行接触和了解，有下列几个人：陈来旺 林添进 林众生（即林兑）苏新 何火炎。”[④]1928年1月底，谢雪红、林木顺在日本的各项工作完成后，日共派台籍日共党员陈来旺与谢雪红、林木顺一起返回上海参与台共的建党工作。

1928年2月初，谢雪红和林木顺自东京返回上海后，日共中央也非常重视台共的建党工作，并派日共中央委员锅山贞亲前往上海准备指导台共的成立大会。然而，因为此时日共正全力准备1928年国内的大选，而没有时间和精力指导台共建党大会，所以日共委托中共援助及指导台共成立的一切事宜。当事人谢雪红讲：“在我们回上海的第三天，锅山贞亲也来到上海，他是代表日共中央

① 第2号文件：《日本帝国主义枷锁下的台湾》，俄罗斯国立社会政治史档案馆 // 全宗495/目录128/案卷14，第103—104页。副本，打字稿，英语。

② 谢雪红口述、杨克煌笔录：《我的半生记》，台北：杨翠华出版1997年版，第219页。

③ 苏新：《未归的台共斗魂》，台北：时报文化出版企业有限公司1993年版，第141页。

④ 谢雪红口述、杨克煌笔录：《我的半生记》，台北：杨翠华出版1997年版，第236页。

准备来领导台共的成立大会。又过了三、四天，国领同志也从日本来上海。他的任务是要立即赴苏联，顺道来向锅山传达日共中央的决定，要锅山把台共成立大会的领导任务委托给中共中央，然后即时回日本去，因为，日共正要全部投入日本第一次普选的政治斗争。当时，锅山了解台共党的具体纲领需要做很多修正，建党的筹备也还需相当长的时间，因此，他把这些情形告诉中共中央，并把成立大会的任务委托给中共中央后，于 1928 年 2 月 15 日左右回国了。”[①] 为为此，日共中央专门交待谢雪红、林木顺：“台湾共产党暂时以‘日本共产党台湾民族支部’之名义组党；日本共产党目前因为选举斗争而忙碌，有关组党事宜应请求中国共产党的援助及指导。”[②]1928 年 2 月下旬，中共受日共之托，派出代表彭荣对台共的建党工作积极地进行指导。[③]

四、日共对台共革命经验的传授及帮助

共产党组织被日本政府视为非法团体，为了安全起见，日共领袖渡边政之辅曾多次向谢雪红传授革命经验。她说：“渡边同志在东京街头和我谈了几个钟头，他向我打听许多有关台湾的情况，最后对我说，做秘密工作的人经常不许带许多文件在身，必要时才许带一点点；如发现有敌人时要沉着，不可慌张，不要想把文件一下子咽下去，要先把文件扭成几个小丸，然后一个个慢慢咽下去。”“另一次，也是叫我到某地方去，和渡边同志保持一定的距离跟着他走。他到饭馆后，等他坐下来，看他拿出香烟要抽的时候，我才前去和他坐同一桌子，那回他只交给我文件。”[④]

不仅如此，日共也在生活上给台共力所能及地帮助。谢雪红曾感激地说：“将离开日本时，我最后一次去见德田球一同志。他说我走后不久还须再来日本，要我不必带那些行李回上海，只带一些日用的衣服就成了。于是，德田同志借给我一只小皮箱，并吩咐我把行李收拾好装在我的大皮箱交给丹野同志保管。那里料到 1928 年 3 月 15 日，日共遭到大破坏，那只大皮箱辗转落到林添进等人的手中，1929 年夏，庄守把皮箱带回台北，才被我认出来。”[⑤]“1928 年 1

① 谢雪红口述、杨克煌笔录:《我的半生记》，台北：杨翠华出版 1997 年版，第 243 页。

② 台湾“总督府”警务局:《台湾社会运动史——共产主义运动》，台北：创造出版社 1989 年版，第 9 页。

③ 谢雪红口述、杨克煌笔录:《我的半生记》，台北：杨翠华出版 1997 年版，第 224 页。

④ 谢雪红口述、杨克煌笔录:《我的半生记》，台北：杨翠华出版 1997 年版，第 238 页。

⑤ 谢雪红口述、杨克煌笔录:《我的半生记》，台北：杨翠华出版 1997 年版，第 240 页。

月底或2月初，我、林木顺和陈来旺三人一起离开东京，这回是日共组织给我们买车票和船票。”① “我介绍张茂良去见锅山，他看到张茂良身上衣服破烂，鞋底都磨出了几个窟窿，就拿钱叫张茂良去买一套衣服和一双皮鞋（鞋子是六元多大洋）。起先，张茂良表示不好意思花这么多钱，锅山说：‘工作需要嘛！’张才去买。”②

1934年6月，古屋贞雄对台共案件全体被告作辩护的。他的辩护内容可分为两大部分：“第一个部分：是对被告总体部分的辩护。他说日本社会存在着许多缺陷，贫富悬殊，失业众多；尤其日本在台湾的殖民地统治，对台湾人民的压迫、剥削，致使台湾人民陷于贫困的苦境，而社会主义运动乃是世界的思潮，因此，台共案件的被告，组织台湾共产党，主要应由不合理的社会制度来负这个责任，要求法庭对全体被告从宽处理。”古屋的辩护基本上是从改良主义的观点来看的。“第二部分：是分别对被告人进行辩护。记得他对谢雪红的辩护，他说谢雪红出生于极贫苦的家庭，少年时被卖身葬母，到青年时一直遭受封建制度的压迫，因而被迫出来参加政治活动。古屋对我辩护，他说杨克煌刚由学校毕业，还不了解社会情况，是跟着别人参加了政治活动的。”“当时，在日本内地的‘革命律师’（例如布施辰治律师）他们对共产党案件进行辩护时，是以否认日帝一切压迫人民的法律——包括‘治安维持法’的观点——主张被告的政治活动是正当的，因而以一律无罪作为诉求的。”③

五、在日警的镇压下，日共对台共的工作指导非常有限

虽然台共作为日共的一个下属支部，在组织上应该接受日共的领导，但是，在日警的高压下，日共从一开始对台共的指导就不充分。在台共建党前夕，当谢雪红和林木顺抵达东京，想从日共那里听取有关台共成立的建议时，日共当时正为即将于1928年2月举行的议会选举工作而忙碌，他们只取回台共建党的两项大纲草案。不久，日共又遭到日警大规模的逮捕，史称“三·一五”事件（1928年3月15日，日本政府在全国范围内对日共发动了一次大规模逮捕，逮捕日共党员及支持者达1600多人，使日共遭到了严重的破坏）。“三·一五”事

① 谢雪红口述、杨克煌笔录：《我的半生记》，台北：杨翠华出版1997年版，第240页。

② 谢雪红口述、杨克煌笔录：《我的半生记》，台北：杨翠华出版1997年版，第243—244页。

③ 杨克煌遗稿，杨翠华整理：《我的回忆》，台北：杨翠华出版2005年版，第150页。

件后，日共中央干部多遭逮捕，组织陷于瓦解，以致台共与日共的联络管道暂时中断。1928 年 10 月，日共中央委员长渡边政之辅带着资金和指令，秘密抵达基隆港，准备与台共取得联系，然而，由于行李箱上的姓名与买船票的姓名不同，在码头引起日警的注意及盘查，日警要求他到水上警察署接受调查，渡边政之辅试图逃跑，射杀了一名警察，因无法突围，为了保守党的秘密，最后被迫举枪自尽。[①] 渡边政之辅的牺牲，不仅是日本共产党的一大损失，而且使得刚刚成立即遭重创的台共组织失去了一次重要的接受日共中央指导的机会。

台共在上海建党时，曾经做出“要建立由陈来旺负责的台共东京特别支部”的决定，以加强台共与日共的联系。1928 年 4 月 23 日，陈来旺返回东京后，立即同在东京的台湾共产主义者联系，为建立台共东京特别支部做准备。经过一段时间的筹备，1928 年 9 月 23 日，由陈来旺、林添进、林兑三人组成的台共东京特别支部正式成立，陈来旺任该组织负责人。当台共东京特别支部成立后，日共通过陈来旺对台共的指导就变得具体而明确。一方面，陈来旺与台湾岛内的台共党员保持联系，将收到关于台共的各种报告与消息传达给日共中央。另一方面，日共中央则通过他向台共下达指示，并交给他关于台共的各种重要文件以及日共机关报纸《赤旗》，然后，再把其转达给岛内台共党员。[②]

1928 年 11 月，当日共中央得知台共处于涣散无力的状态时，为了推动台共工作的开展，它立刻对台共做了相应的重要指示：第一，将谢雪红增补为中央委员；第二，开除机会主义的逃跑者蔡孝乾、潘钦信、谢玉叶、洪朝宗四人的台共党籍；第三，将农民组合干部杨春松、杨克培吸收为党员；第四，对台共中央委员的工作进行了分工：林日高任书记长兼组织部长，庄春火任劳动运动部长兼宣传部长，谢雪红负责林日高、庄春火以外的工作。[③]

这样，日共通过台共东京特别支部对台共中央进行了短暂而有效地指导。然而，好景不长，1929 年 4 月 16 日，日本政府对日共又再次进行全国大逮捕，以市川正一、高桥贞树、锅山贞亲为首的几乎全体日共中央委员都遭逮捕，被

① 台湾“总督府”警务局:《台湾社会运动史——共产主义运动》，台北：创造出版社 1989 年版，第 108—109 页。

② 台湾“总督府”警务局:《台湾社会运动史——共产主义运动》，台北：创造出版社 1989 年版，第 102 页。

③ 台湾“总督府”警务局:《台湾社会运动史——共产主义运动》，台北：创造出版社 1989 年版，第 107 页。

捕的日共党员及日共的支持者达一千多人，史称“四·一六”事件。[①]“四·一六”事件使得日共组织再次遭到毁灭性打击。更为糟糕的是日警在搜查到的日共党员名单上发现了3名台湾人，于是，日警立即发动对由台湾人组成的左翼团体“东京台湾学术研究会”的搜查，逮捕会员43人，从中查出并逮捕了这3名台共党员即是台共东京特别支部成员陈来旺、林添进、林兑，于是，刚成立六个月的“台共东京特别支部”也遭到日警彻底地摧毁。1929年6月16日，日共驻共产国际东方局代表佐野学在上海也遭逮捕。这样，对于台湾共产党比较熟悉的日共干部均已被捕，台共与日共的联系完全中断。这种状况就迫使台共转而寻求共产国际东方局和中共的指导与支持。

“四·一六”事件之后，因为台共恢复与日共的联系非常困难，所以台共转而通过在上海的联络员翁泽生来寻求共产国际东方局和中共的指导。1930年6月，台共与共产国际东方局取得联系后，就一直在共产国际东方局和中共的指导下开展工作，直到败亡。1931年6月，根据共产国际东方局的指示，台共二大做出重要决定：将台共由日共台湾民族支部改为共产国际的一个直属支部，直接受共产国际东方局领导。然而，在共产国际东方局错误指导下，台共内部围绕着是否执行共产国际“左”倾进攻的指示而展开了激烈的斗争，结果，在共产国际东方局的支持下，以王万得为首的“改革同盟”取得了台共的领导权，而将不接受共产国际“左”倾进攻指示的谢雪红等台共领导人开除出党。

遭到除名的谢雪红，不甘示弱，于1931年6月初派刘缵周前往日本，托他带去报告书给重建后的日共中央，并请求日共中央对台共工作进行指导。该报告书具体内容如下：“一、报告改革同盟一派的阴谋真相，请求日共中央的批判及指令。二、为实行党的全面整理，要求日共中央派遣代表。若不可能，则由台湾派遣正式代表。三、台共原以日共的民族支部成立，联络断绝以后乃缺少明显的关系。因此，请明示其关系。四、共产国际东方局是否知悉改革同盟的阴谋，请日共中央予以调查。五、改革同盟一派宣传共产国际东方局曾致送台共三千圆，有无此项事实，倘若确有此事，倾照会受领者的姓名、交付场所及时间。六、请批判对文化协会解消论的是非。”[②]

① ［日］日本共产党中央委员会编：《日本共产党六十年》上册，北京：人民出版社1986年版，第39—42页。

② 台湾“总督府”警务局：《台湾社会运动史——共产主义运动》，台北：创造出版社1989年版，第198—199页。

1931年6月26日，刘缵周到达日本神户后，立即与日共中央的联络员白川某、中村某取得联系，并将谢雪红的报告书交给他们。7月上旬，日共中央针对谢雪红提出的问题，做了相应的回答："一、对改革同盟一派的批判。改革同盟一派未通过党的正式机关向党员策动而另行结成改革同盟，实是重大的错误。如干部犯了机会主义的谬误应召集大会解决。二、对台湾文化协会的意见。台湾文化协会只要不反动就不必要解消，现在台湾如尚未有反帝同盟、救援会等团体，则有续存的必要。三、改革同盟一派的行动与国际的态度。此次分派斗争，对于台湾党是重大问题，所以无法即刻回答，向国际东方局照会获致回答后再通告。国际东方局没有理由做如此错误的指导。"①

然而，此时日警对台共已采取了大搜捕行动，大多数台共党员已遭逮捕。尚未被捕的台共党员杨克煌立即写信，将台共党组织遭破坏的消息告诉刘缵周，请日共指导台共下一步的工作。于是，刘缵周将这一发生的新情况向日共中央委员山本悬藏报告，山本悬藏马上向刘缵周下达了重建台共的指示。他说："既然大部分党员被捕了，党组织分裂的问题暂搁下来，待以后有机会再解决；当前台共党的紧急任务是党组织的重建。"②1931年8月16日，刘缵周返台后，立即联系廖瑞发、张栏梅等尚未被捕的同志，展开了艰苦的台共党组织的重建工作。然而，在敌人疯狂镇压中，刘缵周也在同年底和其他同志一起被捕了，台共再建工作终告失败。③

总之，台共在成立之初，在组织上属于日共，日共也想给台共各种帮助和指导，然而，由于日共屡遭日警的破坏，日共党组织长期处于瘫痪状态，这使得日共对台共的各项革命活动难以进行有效地帮助和指导。实际上，日共遭破坏后，台共更多地是在共产国际东方局和中共的指导下开展工作。

---

① 台湾"总督府"警务局:《台湾社会运动史——共产主义运动》，台北：创造出版社1989年版，第199页。

② 杨克煌遗稿，杨翠华整理:《我的回忆》，台北：杨翠华出版2005年版，第132页。

③ 杨克煌遗稿，杨翠华整理:《我的回忆》，台北：杨翠华出版2005年版，第161页。

第六章　台共组织结构剖析

第一节　台共党员简介

如要对台共组织结构有清楚地认识，那么就需要先对台共组织中每个成员有所了解，因为日本殖民统治时期台共党员人数少，所以笔者拟就对已有相关资料的台共党员做一简要阐述。

一、台共建党时的党员简介

1. 林木顺（1904—1934），又名林木森，台湾南投草屯人；1922 年 4 月至 1924 年 3 月，在台北师范学校读书期间加入台湾文化协会，并积极参加抗日爱国运动；1924 年 3 月，因与李友邦、林添进等同学，袭击台北新起街派出所，受到开除处分，而与李友邦等离台赴沪；1924 年夏前往杭州大学读书，并接受中共党组织的领导；1925 年 6 月，在中共党员安存真、宣中宣的介绍下，加入中国共产主义青年团；8 月，加入中国共产党；9 月入上海大学读书；1925 年 11 月，在中共的推荐下，与谢雪红一起赴苏留学；1927 年 11 月与谢雪红一起回国负责筹建台湾共产党的工作；[①]1928 年 4 月 15 日在上海领导成立了台湾共产党（即日本共产党台湾民族支部），并当选为台共一大总书记；1932 年，台共遭到日警彻底破坏后，便进入中央苏区参加红军；1934 年，林木顺在瑞金的中央苏区保卫战中壮烈牺牲。[②]

2. 林日高（1904—1955），笔名大汉，台湾台北人。自板桥公学校毕业后，

① 谢雪红口述、杨克煌笔录:《我的半生记》，台北：杨翠华出版 1997 年版，第 145—227 页。

② 古瑞云:《台中的风雷》，台北：人间出版社 1990 年版，第 137 页。

考入台湾商工学校，1922 年自台湾商工学校毕业后，接触到共产主义思想，思想逐渐“左”倾，兼以对日本殖民统治渐生不满，在对中国心生向往的情况下，于 1925 年离台赴厦。居厦期间，结识中共党员许世中，在其介绍下进入厦门海员工会及泉州人力车工会中担任事务员。1926 年 11 月，何应钦率领北伐军入闽时，投身国民革命军，从事社会运动指导工作。1927 年 1 月，在许世中的介绍下，加入中国共产党。1927 年 7 月，林日高因父丧返回台湾。1928 年 4 月，在上海参与台共筹建工作，被选为台共中央常任委员。上海读书会事件使得台共党组织被打散，1928 年 10 月，林日高与谢雪红、庄春火重建中央党部，以《新高新报》记者之名开展革命活动。因日警的严密监控，使得台共活动进展缓慢，所以他遭到共产国际东方局的严厉批评，再加上台共经费奇缺，于是，1930 年 10 月，他宣布退出台湾共产党。1931 年 9 月 4 日，林日高由于参与共产党活动被检举，被判处有期徒刑 6 年。[①]1937 年出狱后，至宜兰太平山经营樟脑油。1945 年抗战胜利后，台湾为国民党政府接收，林日高曾担任三民主义青年团股长、台湾水利会海山分会主任委员，并且于 1946 年当选台湾省参议会议员。1947 年林日高由于参与“二·二八”事件遭军警拘押，由于李友邦保释，1948 年 9 月以“自新”开释，后当选第一届台北县板桥镇镇长。1949 年 12 月林日高出任台湾省政府委员，1950 年当选台北县农会理事长，同时加入中国国民党。1953 年 4 月，由于台湾省政府改组，林日高辞省府委员一职。但是 1954 年 12 月，林日高被控 1949 年曾与中共台湾省工委会所领导的外围组织“民主革命联盟”有所联系而遭逮捕，并于 1955 年 9 月被国民党当局枪杀。[②]

3. 蔡孝乾（1908—1982），台湾彰化人。毕业于台湾彰化公学校，1923 年曾入上海大学社会科学系学习，受到瞿秋白、任弼时等人的思想影响，1925 年加入中国共产党。1927 年任台湾大众时报社记者，1928 年 4 月被选为台共中央委员兼宣传部长。1928 年 8 月因害怕被日警逮捕而脱岗逃到福建厦门，9 月抵达漳州，并在漳州女中和石码中学先后工作了三年。[③]1932 年 4 月随红军离开漳州进入江西中央苏区，担任红军第一军团政治部战士报编辑，1933 年当选为中华苏维埃临时中央政府委员，1935 年任中华苏维埃临时中央政府内务部长。

① 黄师樵：《台湾共产党秘史》，台北：海峡学术出版社 1999 年版，第 32—33 页。

② 张炎宪、许芳庭编：《战后台湾政治案件：林日高案史料汇编》，台北：“国史馆”“文建会”2008 年版，第 20 页。

③ 台湾“国防部军事情报局”：《蔡孝乾讯问笔录》，《蔡孝乾档》，档案号：0036/0410.9/44904440/2/001/0011，台湾省发展委员会档案管理局藏。

1937年任中共中央白军工作部北线工作委员会书记，1940年任解放区野战军政治部敌工部长，1946年任中共台湾省工作委员会书记。1949年被选为中国人民政治协商会议第一届全国委员会委员。[①]1950年1月他被国民党逮捕入狱，后寻机逃脱。同年4月再次被捕，很快就投敌叛变，使得中共台湾地下党遭受毁灭性打击。他叛变后加入国民党，任台湾当局“国防部”保密局设计委员会委员。1956年任台湾当局“国防部情报部”研究室少将衔副主任兼“司法行政部”调查局副局长。1982年10月在台湾病死。

4. 洪朝宗，1908年生，台北人，曾在集美中学、中华中学、上海大学学习。1921年，在厦门集美中学读书时期，与同校同学翁泽生、郑石蛋等人经常参与台北市各学校举行之活动，用闽南语演说，主张学生应有自治权，以及“排斥国语（日语）、反对总督政治”等，参加文化协会和台湾工友共助会，从事社会运动。1927年2月，寒假回台时加入无政府主义组织——台湾黑色联盟，因而被捕入狱四个月，后在上海受翁泽生、潘钦信等人的影响而加入中国共产党。1928年4月台共成立时，当选为台共中央委员，因上海读书会事件，恐被逮捕，遂放弃一切运动，逃往福建，结果被谢雪红开除党籍。[②]曾担任台湾文化协会中央委员，因台共案被捕后数年，宿疾肺结核恶化，保释返家不久身故。[③]

5. 庄春火，1906年生，基隆人，父为基隆水产公司的大盘商，家富，1922年12月台北二中半途退学，1923年4月入学日本大学专门部社会科，同年末退学，1925年2月前往厦门，入集美中学，同年7月归台，1926年8月经日本再渡厦门，参加当地工人团体，1927年夏归台，开业基隆书店。在日期间受左翼分子及日共的影响，参加五一劳动节游行、罢工示威。也曾到福州与林日高相识，在漳州时从事组织工会与翁泽生组织的学生会并肩工作。1928年4月台共建党时，庄春火人在台湾但仍被选为中央委员，负责青年部，后负责工人运动。上海读书会事件使得台共党组织被打散，1928年10月，他与林日高、谢雪红组成“党中央”，担任台共中央劳动部长。[④]1930年10月，当台共革命活动处于困难之际，他自行宣布脱党。

6. 谢雪红（1901—1970）女，台湾彰化人。因家境困难，1914年（13岁）

---

① 张大山主编：《另一个战场的胜利》，北京：中国新闻出版社1953年版，第169页。

② 《台湾共产党 续开公判 审理洪朝宗》，《台湾日日新报》（汉文版），1934年3月31日第4版。

③ 王诗琅：《台湾社会运动史——文化运动》，台北：稻乡出版社1988年，第374页。

④ 庄春火：《我与日据时期的台共》，《五月评论》1988年第2期，第84页。

被迫为台中商人洪喜的儿子做童养媳，因不堪受其公婆的虐待，张树敏以其嫁给他为条件，将其赎出。1919 年下半年与张树敏到日本神户，受到日本左翼思想的影响。1923 年（22 岁）回台湾后加入文化协会。1924 年 6 月 17 日，与自治协会成员在上海务本英文专门学校集会，反对日本对台湾始政纪念，发表关于妇女解放的言论。1925 年（24 岁）5 月 30 日，上海发生五卅运动，全国响应。谢雪红在运动中表现活跃，提出反抗日本、“收回台湾”的口号。同年 8 月进入上海大学社会学系学习，并加入中国共产党，同年 10 月底被派到苏联莫斯科东方大学学习。1928 年 4 月，在上海参加建立“台湾共产党”，任候补中央委员，上海读书会事件发生后，她被押解回台进行审判。1928 年 6 月，因证据不足，而被无罪释放。她在台中秘密与台湾左翼团体文化协会、农民组合干部密切往来，指导他们开展革命运动。1928 年底与杨克培在台北市合伙开办国际书局，不仅贩卖左翼书籍，宣传马克思主义，而且还使国际书局成为日本、祖国大陆和台湾本地的台籍党员秘密集会联络处，实际是台共秘密领导机关。[①]1931 年因抵制共产国际“左”倾指示而惨遭开除党籍的处分。1931 年 6 月，台共组织受到破坏而被捕，1939 年出狱后经商。1945 年抗日战争胜利后，曾发起组织人民协会、农民协会，任中央委员。1947 年，参加台湾“二·二八”事件，参与中部地区人民武装斗争的领导工作。起义失败后到香港。同年 11 月，发起组织台湾民主自治同盟，任主席。1948 年号召台盟成员以实际行动响应中共“五一”号召，拥护召开政治协商会议，成立民主联合政府。1949 年，参加新政治协商会议筹备，并代表台盟出席中国人民政治协商会议第一届全体会议，被选为第一届全国政协委员。新中国成立后，历任台盟总部理事会主席，全国妇女联合会执行委员，全国青年联合会副主席，政务院政治委员会委员，华东军政委员会委员，中国红十字总会理事，抗美援朝总会理事，是第一届全国人大代表。1970 年 11 月因病在北京逝世。[②]

7. 翁泽生（1903—1939），曾化名翁振华、翁定川、翁国生、李国梁、陈祥麟等，台湾台北人，祖籍福建同安，是中共漳州地方党组织和台湾共产党主要创建者和领导者之一。1921 年因参加各种反日爱国运动而遭受日警的迫害，遂

① 《台湾共产党检举 干部略历及女主义者》，《台湾日日新报》（汉文版），1933 年 7 月 26 日第 4 版。

② 谢雪红口述、杨克煌笔录：《我的半生记》，台北：杨翠华出版 1997 年版，第 310—312 页。

被其父送回厦门集美中学读书。在校时进一步接受了马克思主义和反帝反封建的进步思想。寒暑假返回台北时，常参与反帝反封建和社会主义思想的宣传活动。1924 年从厦门集美中学毕业后考入厦门大学。1925 年春，转入上海大学社会学系继续学习，曾受到其老师瞿秋白、恽代英等人的关怀，并于同年在上海大学加入中国共产党。北伐军入闽时，1926 年 12 月受中共江浙区委派遣，参加旅沪福建（包括台湾）籍学生回乡工作团，与妻谢志坚到福建漳州工作，并担任汀漳龙政治监察署青运指导员、驻漳北伐军炮兵学校政治教官，公开从事学生与青年运动，秘密进行建党建团活动。到漳州后，立即与厦门的罗扬才和漳州季竹安等取得联系，吸收曾宗乾、王占春、林汝民等入团，建立共青团漳州支部。1927 年 1 月又吸收曾宗乾、王占春、许土森等入党，建立了中共漳州支部，并任支部书记。1927 年中共闽南特委在漳州成立时，被选为特委常委、宣传委员，兼任漳州工农运动讲习所教务主任，亲自讲授“帝国主义论”“青年运动”“中国革命史”等课程，培养工农运动骨干。在蒋介石发动反革命政变前夕，翻译台湾日文报纸中有关蒋的阴谋，及时报告特委，由此采取应变措施，避免了党组织的重大损失。1927 年“四·一二”反革命政变后，返回上海继续为党工作。1928 年 4 月，与谢雪红、林木顺等人在上海创立台湾共产党，任候补中央委员，留在上海负责与共产国际东方局、中共中央联络。1930 年底受中共中央委派到两广巡视时，当时两广省委遭受敌人破坏，机关转至香港，他即由广州乘船到香港，在香港因叛徒出卖不幸被港英当局被捕，后因证据不足而被遣送回上海。从 1932 年起，担任中华全国总工会党团秘书长，负责指导各地工人运动。1933 年 3 月，在上海法租界被捕，由上海警察部门将其引渡给日本警察而押回台湾，被判处 13 年徒刑，监禁于台北监狱，在狱中受尽折磨始终未屈服，1939 年 3 月因病重不治去世。①

8. 陈来旺（1908—1932），新竹人，1926 年就读台中师范时被迫退学，后转入东京成城高等学校寻常科，接触到马克思主义，而成为坚定的共产主义者。1928 年 2 月，他与林木顺、谢雪红一同前往上海，共同参加台共的创建工作。1928 年 8 月，他领导成立了台共东京特别支部。1929 年 4 月 16 日，日警严重破坏了日共中央党部，并在东京发现了三名台共党员即陈来旺、林兑、林添进。陈来旺被判刑六年。陈来旺随即被捕入狱，不久被折磨致死。

① 中共福建省委组织部、中共福建省委党史研究室、福建省档案局编:《中国共产党福建省组织史资料》，福州：福建人民出版社 1992 年版，第 13 页。

9. 潘钦信（1907—1952），台北人，太平公学校毕业后，曾在《台湾日日新报》为植字练习生，1922 年 7 月辞职到福建厦门南国公司任职，不久后返台，入《台湾民报》社为事务员，常与台湾文化协会骨干往来。1926 年 10 月前往上海大学中学部求学，与当地中国共产主义者交往而信奉共产主义，进而加入中国共产党。1928 年 4 月，参加了台共创建工作，其职责是在岛内开展革命工作。1928 年 8 月，他害怕被日警抓捕，脱岗逃到福建厦门，并在当地一所小学任教。因此，1928 年 11 月，他被谢雪红开除党籍。后来，在翁泽生的帮助下，他又重新坚定革命信念。1930 年共产国际东方局提议台共改革从来的观望主义，潘欲完成使命于 1931 年 4 月 15 日返台，与王万得、苏新等人会晤商量台共改革事宜。1931 年 6 月台共二大召开时，当选为台共中央常任委员，努力党之扩大及强化。[①] 因忠实执行共产国际“左”倾进攻路线，从而暴露了党组织。1931 年下半年他遭日警逮捕，判刑十五年。

10. 谢志坚（1908—1968），又名叶绿云、谢玉叶、谢玉娟等，女，台湾台北人，是闽南和福建早期妇运领导人之一。1917 年谢志坚开始上学，1922 年高小毕业时，她的母亲逼她嫁给一个富人当小老婆。就在这时，在台北的一个同学家里，她认识了在厦门集美中学读书的翁泽生和洪朝宗。在翁泽生的启迪和帮助下，谢志坚同包办婚姻进行了斗争，并且取得了胜利。随后进入台北第三高等女校继续读书，受进步思潮的影响，参加了台湾文化协会的演讲活动，并走上街头散发传单。因在台北从事反日活动，1925 年台北三高女校竟无理责令谢志坚退学。在翁泽生的帮助下，转学到上海中华艺术专科学校。“五卅”运动后，上海大学师生继续进行反帝反封建斗争，他们成立非基督教同盟，开展反对利用基督教进行文化侵略的运动。谢志坚受到革命思想的熏陶，满怀爱国的热忱，参加了上海大学的学生运动。1926 年 3 月 18 日的“北京惨案”发生后，激起了全国人民对北洋军阀的极大愤怒。谢志坚参加了上海大学北京惨案后援会的请愿活动。她和翁泽生一起深入工厂、码头进行演讲，宣传反帝反封建军阀。1926 年秋加入中国共产党，同年 12 月受中共江浙区委派遣，参加旅沪福建（包括台湾）籍学生回乡工作团，随翁泽生到福建漳州工作，担任汀漳龙政治监察署妇运指导员。期间，在漳码等地开展革命宣传活动，积极参加领导反对帝国主义侵略的“非基”运动，并协助翁泽生在漳州建立第一个党支

---

① 《台湾共产党检举 干部略历及女主义者》，《台湾日日新报》（汉文版），1933 年 7 月 26 日第 4 版。

部。1927年1月，被选为中共闽南特委妇运委员，负责妇运工作；后兼任漳州妇女解放协会主任。同年2月，参加中共闽南特委创办的工农运动讲习所工作。1927年“四·一二”反革命政变后，她与翁泽生一起返回上海，继续从事革命工作。[①]她参加台共成立的筹备工作并起草了《妇女运动提纲》，“台共”一大结束后，她根据会议的决定，于1928年6月回台湾开展革命斗争。1928年8月，因害怕被日警逮捕，她与蔡孝乾、洪朝宗、潘钦信脱岗逃到厦门，所以她们被日共中央开除台共党籍。新中国成立后，谢志坚定居上海，1968年10月在上海病逝。

11. 庄泗川（1905—2004），嘉义人，台南商业专门学校预科因阅读上海《申报》被迫退学，故16岁即远赴中国，先入厦门集美中学，后保送厦门大学，参加示威游行，高呼“打倒日本帝国主义”而受日本警探监视，转入上海大学中文系。暑假中返台为文化协会演讲会之辩士，因而被捕入狱11个月，后任《台湾新民报》记者、支局长、中文版主编。台共成立时，虽然他是台共成员之一，但蔡孝乾没有向他传达台共建党的消息，以致后来他同台共失去了联系。1937年受日本军方征用派往汉口，接办汉文《武汉报》并任总编辑。[②]

12. 刘守鸿（1907—），台湾高雄人，1922年毕业于高雄潮州公学校，此后在家务农。1927年9月，与同乡江水得，一起赴上海继续求学，在共产主义者翁泽生的影响下，专心研究社会科学，遂共鸣共产主义。1927年12月，在翁泽生的领导下，组织共产主义团体，不仅研究马克思主义理论，而且在实践中从事共产主义活动。1928年4月参加台共的筹建工作，因上海读书会事件而遭日本驻上海总领事馆逮捕，1929年8月释放。1929年10月，前往台北谢雪红经营的国际书店工作，实际上在台共中央委员谢雪红的领导下，暗中从事革命活动。1930年4月，奉谢雪红之令，前往高雄发动工人组织赤色工会，以发展台共党组织。他与吉松喜清、庄守等台共党员在铁道部高雄工场劳动，不仅发展宫本新太郎、津野助好为党员，而且还组织社会科学研究会，学习与宣传马克思主义。1931年5月31日至6月2日，台共二大召开，当选为台共中央委

① 中共漳州市芗城区组织部、党史研究室、档案局编：《中国共产党福建省漳州市芗城区组织史资料》，厦门：鹭江出版社1993年版，第10页。

② 庄泗川：《庄泗川先生访问记录》，许雪姬编：《戒严时期政治案件专题研讨会论文暨口述历史纪录》，台北：财团法人戒严时期不当叛乱暨匪谍审判案件补偿基金会2003年版，第131页。

员，努力发展台共党组织。[①]

13. 林兑，1906 年生，台中人，原本就读台北师范学校，在 1924 年底抗日斗争事件中被退学，后赴日本就读日本大学，在东京时加入“社会科学研究部”，放假期间林兑等返台支持岛内的“台湾农民组合”，1928 年 9 月 23 日他与林木顺、陈来旺、林添进共四人成立了“台共东京特别支部”。1928 年 11 月 29 日，林兑携“农业问题对策”返台，与谢雪红打通联络线，并协助了农民组合及文化协会进行共产主义化运动。1928 年 12 月 30 日、31 日台湾农民组合在台湾共产党岛内党中央、谢雪红及海外党中央特派员、林兑的幕后指导之下，在台中市乐舞台召开“台湾农民组合第二届全岛大会”。在 1930 年春林兑、吴坤煌、叶秋木、张丽旭等组织一个“台湾左翼文化联盟”。林兑到 1931 年 3 月才被保释出来。

14. 杨金泉（1908—），台北人，为台北一师之退学生，1925 年 7 月入东京名教中学，1927 年赴广东，更航上海。[②]

15. 张茂良（1905—1934），台湾台中人，1927 年毕业嘉义农林学校，11 月赴上海。

16. 林松水（1908—），台湾南投人，当地公学校毕业后赴上海。[③]

二、台共建党后新吸收的党员简介

1. 王万得（1903—1985），台北人，1918 年他毕业于台北大稻埕公学校，后又入日本台湾“总督府”交通局递信部通信练习所甲科进修，1919 年毕业，先后在新营、淡水、台北等地邮政局工作，后辞职。1922 年参加台湾文化协会并为《台湾民报》事务员，投身反日活动。1927 年文化协会分裂后，从事共产主义启蒙运动。同年赴武汉，加入中国共产党。1928 年底返台参加台共组织，任台北地方党组负责人。1929 年 6 月撰写反日檄文《反对始政纪念日》，高举反日旗帜。1930 年 12 月共产国际东方局命台共革去观望主义，王接受共产国际指示，遂成为台共改革派领袖。1931 年 6 月在台共第二次大会中被选

① 《台湾共产党检举 干部略历及女主义者》，《台湾日日新报》（汉文版），1933 年 7 月 26 日第 4 版。

② 《台湾共产党事件 预审终结六名有罪》，《台湾日日新报》（汉文版），1928 年 12 月 26 日第 4 版。

③ 《台湾共产党事件 预审终结六名有罪》，《台湾日日新报》（汉文版），1928 年 12 月 26 日第 4 版。

为常务委员兼书记长，7月被日警逮捕入狱，判处有期徒刑12年。[①]台湾光复后，1946年任台湾政治建设协会常务理事、台湾革命先烈遗属救济委员会常委。1947年参加了台湾"二·二八"事件，反对国民党政府的暴政，"二·二八"事件后，遭台湾当局通缉，逃往大陆，加入台湾民主自治同盟，并任台盟华东总支部委员。中华人民共和国成立后，历任台盟总部理事、顾问。1983年，当选第六届全国政协委员。1985年7月在北京逝世。[②]

2. 苏新（1907—1981），台南人，1921年苏新考入台南师范学校后，积极参加台湾文化协会组织的抗日演讲等活动，因此，被日本殖民当局勒令退学。1925年4月他赴日先在东京大成中学求学，1927年4月考入东京外国语学校继续学习。曾任台湾文化协会驻东京代表、《台湾大众时报》主编，组织留日台籍学生成立社会科学研究会，研究和宣传马克思主义。1928年参加日本共产党，并参与台共筹建工作，台共东京特别支部成立后，为该部候补党员。1929年4月返回台湾开展工人运动。1931年台共二大召开时，被选为台共中央宣传部长。[③]同年9月被日本殖民当局逮捕，入狱达12年之久。1945年台湾光复后，他拥护中国共产党领导的新民主主义革命，曾任《政经报》《人民导报》《台湾文化》《自由报》《台湾评论》等报刊主编、总编辑等职，发表大量文章，宣传祖国的爱国民主运动。1947年，他参加台湾人民"二·二八"起义，受到国民党当局的通缉。同年，他离开台湾，流亡香港，参与台湾民主自治同盟的组建工作，主编《新台湾丛刊》，发表大量文章，反对帝国主义、封建主义、官僚资本主义，反对"台湾独立"。1948年，他加入中国共产党。1949年3月，返回祖国大陆，先后在中共中央统战部、中共中央华东局、中央人民广播电台工作。曾任全国政协委员、全国台湾同胞联谊会筹备委员会委员、台盟总部常务理事兼研究室主任。为摆脱台湾殖民地地位和争取台湾人民的民主权利，为实现祖国的和平统一大业献出了毕生精力。1981年去世。[④]

3. 简娥（1909—2005），女，台南人。高雄公学校毕业后，考入了高雄高等女学校。在高雄高等女校三年级时，与农民组合委员长简吉密切往来，在他的

---

① 《台湾共产党检举 干部略历及女主义者》，《台湾日日新报》（汉文版），1933年7月26日第4版。

② 张厚恺：《回忆大革命时期在武汉的王万得》，武汉文史资料1997年第3辑，第76页。

③ 《台湾共产党检举 干部略历及女主义者》，《台湾日日新报》（汉文版），1933年7月26日第4版。

④ 杨毅周：《台湾抗日人物传》，台北：华夏出版社2015年版，第282页。

影响下，渐趋于“左”倾思想。1928 年 6 月 4 日，因参加反日革命活动，而被日本殖民者勒令退学。随即加入台湾农民组合成为革命女斗士，经常来往于高雄支部、台中本部、大甲二林、中坜、桃园各支部，从事农民运动。1930 年初，与赵港、肖来福、陈德兴等密切往来，遂共鸣共产主义。1930 年 11 月，在颜石吉的介绍下，加入台湾共产党。[①] 台共二大召开时，她当选为中央候补委员。台湾光复后，在国民党白色恐怖统治的年代里，曾经和简娥一起反抗日本帝国主义的一大批农组及台共的同志不是被杀就是被关，或逃亡或失踪。国民党还要求日本殖民统治时期因抗日而参加台共的人去自首与自新。简娥虽然自认自己没干什么，而没有去自首，却不知道警察何时会找上门？她精神上非常痛苦。因此，在 20 世纪 70 年代初期离开台湾，移民到美国，2005 年病逝。

4. 肖来福（1907—1992），又名肖友山，台南人，台南市宝舒学校毕业后，赴日本东京神田正则英语学校学习，后入台湾文化协会的《大众时报》做校正。在东京时研究社会科学，在东京为台湾学生广泛宣传共产主义。受到台共东京特别支部陈来旺的影响而成为该支部的候补党员。在 1929 年返台与谢雪红交换对劳动者农民之意见后，化名进入基隆猴硐炭坑，为劳动者。同时与台共领导人庄春火、苏新秘密保持联络，组织矿山劳动者成立工会。1929 年 10 月，在苏新的介绍下，加入台湾共产党。随后他在基隆、台北宣传共产主义，号召工人起来罢工，并吸收积极分子入党。台共二大召开时，当选为台共中央候补委员，负责组织赤色工会，策划工人运动。[②]1947 年台湾“二·二八”事件后，经香港前往祖国大陆。其后，专心研究中医，直至晚年。1992 年 2 月，在北京逝世。

5. 简吉（1903—1951），高雄人，自台南师范学校毕业后，先后任教于凤山及高雄第三公学校。1925 年 11 月由于地方有农作争议，于是辞教职为此奔走，并且组织凤山农民组合，1926 年为结合全岛农民的团结，进一步成立全岛性的农民团体“台湾农民组合”，任台湾农民组合任中央常务委员。1927 年与赵港为台湾代表，出席日本农民组合第六回大会，并上京向日本众议院递交抗议书。1928 年 6 月他与台共领导人谢雪红结识，同年 8 月台湾农民组合通过支持台湾共产党的决议。不久后他开设社会科学研究会，以谢雪红、杨克培为讲师，

① 《台共公判 简氏娥悔过 誓欲转向》，《台湾日日新报》（汉文版），1934 年 5 月 3 日第 8 版。

② 《台湾共产党检举 干部略历及女主义者》，《台湾日日新报》（汉文版），1933 年 7 月 26 日第 4 版。

1931年的台共大检举乃系对岛内进步势力团体、台共、文协及农组成员的大整肃行动。在大整肃中，简吉依旧锲而不舍地与少数未被捕的同志王敏川、詹以昌等人筹组了“赤色救援会”，以期再建党的组织及活动，虽然最后在日本警网天罗密布的安排下，难逃遭劫的命运。这次大逮捕中简吉以台共党员的罪名被判刑十年，1945年台湾光复后，事变中简吉与张志忠在嘉义组织“自治联军”，联络当地群众进行武装斗争。1949年出任“台湾省工作委员会”的山地书记一职，积极参与解放台湾的工作。1951年3月7日简吉在国民党大肆肃清进步分子的白色恐怖下遭到了枪杀的命运。

6. 赵港（1901—1935），台中人，为台湾农民运动的核心人物。公学校毕业后，就职大肚信用组合为书记，约二年就转奉职于台中东竹物产信托株式会社，约三年。1921年3月入台中市中学会，至1924年毕业，当时发生无断土地（无法定的所有权证，但有耕种者之土地）给与日本之退职官员所引起的争纷，农民请求赵港协助，赵港便率农民向台中宪兵队、台湾“总督府”陈情无效。后访简吉组织大甲农民组合，以团体的力量对抗统治者。1926年台湾农民组合成立，即被选为常务委员兼争议部长，奔走全台，指导各地的争议团。自此赵港开展农民运动，1927—1928年间，因日本拓殖会社税金过高，率领中坜地区农民群起抗争，遭日本殖民者逮捕。台湾农民运动受到谢雪红的支持及指导，在她的影响下，他遂认同共产主义，1929年12月加入台湾共产党，成为台共在农民组合中的党团代表，努力共产党的扩大及强化，为台共的重要领袖。[①]1931年的台共大检举中，赵港被判处12年徒刑。1935年，他被日警折磨致死。[②]

7. 杨克培，1897年生，彰化人，1913年3月彰化公学校毕业后，经营油车业。1922年9月赴日本东京神田正则英语学校求学，同年底又前往北京高等师范学校继续学习，1924年3月再入东京明治大学专门部法科，同年9月转入政治科，1927年3月毕业。在北京求学期间，爱读中共中央机关报《向导》，遂共鸣共产主义。1927年7月在王守椿的介绍下，加入中国共产党，同年8月初归台，参加台湾农民组合运动。1928年12月，在台共领导人谢雪红的介绍下加入台共，并与她合伙办国际书局，一面领导文化协会、农民组合开展革命活动，另一面利用机会组织马克思主义团体并担任该团体讲师，向劳苦大众教授

① 《台湾共产党检举 干部略历及女主义者》，《台湾日日新报》（汉文版），1933年7月26日第4版。

② 谢雪红口述、杨克煌笔录：《我的半生记》，台北：杨翠华出版1997年版，第276页。

共产主义，吸收台籍革命积极分子入党，积极地发展台共党组织。[①]

8. 杨春松（1900—1962），台湾桃园人，1926年杨氏兄弟三人均参加了“广东台湾革命青年团”。在国民党清党反共时，遭逮捕入狱，因证据不足而被释放。1927年他出狱后，立即离开广州到武汉加入中国共产党。1927年5月“赤色国际劳动组合”第一届太平洋劳动组合代表会议在武汉举行，他奉命潜往日本，带领日共领袖山本悬藏等10人组成的代表团到武汉。1927年底返乡加入农民组合，与简吉、赵港等人带领农民，对抗日本拓殖会社，是“第一、二次中坜事件”的核心人物。1928年他在谢雪红的介绍下，加入台共。1929年，他因“二·一二”事件被判10个月徒刑。1931年不幸被捕，押回台湾，被判6年徒刑。出狱后，继续为革命事业而奋斗。1962年他因患肝癌而与世长辞。[②]

9. 陈德兴（1907—1936），屏东人，早年毕业于潮州公学校，以优秀成绩考入台南师范学校，因日籍教师歧视台湾学生，愤而罢课抗议，遭校方退学。1924年赴日本东京正则英语学校求学。1926年12月返台后，积极参加台湾文化协会各种活动，陈德兴发觉文化协会只是开会、演讲而没有组织行动，他认为这样下去是没有前途的，遂1927年2月加入了台湾农民组合，投身农民运动，指导农组潮州支部。后担任农组中央常任委员，曾将农工生活惨状及社会主义理念编成《三字集》，培养和提高台湾农民的革命觉悟。1930年4月，由赵港介绍加入台湾共产党，1930年7月，谢雪红安排他去上海向共产国际东方局汇报台共革命活动概况。共产国际东方局批评台共的观望主义，要求台共更加积极地从事革命活动。返台后，他将共产国际指示传达给谢雪红，而她拒绝接受，因此，他向王万得、苏新等人传达上述指示，于是，他们成立台共“改革同盟”，当选为“改革同盟”委员。[③]1931年因日本殖民者取缔台共而被捕，1936年在狱中被折磨致死。

10. 陈昆仑（1905—1991），屏东人，潮州公学校毕业后，考入台北工业学校建筑科。他不满于温和的改革运动，不久他加入无产青年的行列，1926年他与无产青年王万得一起以“扰乱治安”的罪名，被关在东港派出所，1927年1月加入台湾文化协会，同年底与薛步梯等人协力设分部于潮州，并当选文协中

① 《台湾共产党检举 干部略历及女主义者》,《台湾日日新报》(汉文版)，1933年7月26日第4版。

② 杨国光:《一个台湾人的轨迹》，台北：人间出版社2001年版，第1—4页。

③ 《台湾共产党检举 干部略历及女主义者》,《台湾日日新报》(汉文版)，1933年7月26日第4版。

央委员。1927年12月台中召开农民组合全岛大会时，受日共的指示，演讲过激言论，决定农组将来活动方针及具体的工作。后因“二·一二”事件而遭日警逮捕，被判处10个月监禁。1931年4月加入台湾共产党，努力发展壮大台共党组织。1931年9月台共几乎被破坏殆尽，于是陈昆仑与简吉、王敏川等人组织了“赤色救援会”，1931年11月，他再次被逮捕，判处6年徒刑。[①]1937年陈昆仑出狱后与农民组合的女斗士张玉兰结为夫妇，婚后育有六子二女。1950年他参加高雄州参议员选举，成为光复后第一任民选市议长，1954年白色恐怖时期，他因为资助昔日同志，而以“资匪”的罪名被判处六年徒期，就这样，陈昆仑一而再、再而三地遭遇牢狱之灾，1960年他刑满出狱后，便远离政治圈，转向金融界，先后任高雄区合会（中小企银）潮州分公司经理、屏东分公司经理、总公司协理等职。1991年他因心脏病突发，逝世于屏东，享年86岁。

11. 庄守（1906—1995），彰化人，先在台中商业学校读书，后在日本早稻田大学政治经济科学习。他对社会科学十分投入，不仅加入东京的“社会科学研究部”，而且1929年他加入台共东京特别支部。1929年4月16日，日共领导人间庭末吉被捕，日本警察发动了“四·一六”大搜捕，他也以“违反出版法”的罪名而遭日警逮捕，但无证据后被释放。返台后他与苏新、萧来福等协助台共开展革命工作。为了台湾文化协会转变为台共的外围团体，他加入文协，1929年11月，文化协会召开中央委员会修改会则，通过了“彰化支部案”（吴拱照、庄守提案），这样台湾文化协会的领导权就落入了台共中央手中。文化协会召开第三届全岛大会后，庄守与吴拱照负责在台湾文化协会党团工作。与此同时，他也负责高雄地区的工会组织。1931年被捕入狱判刑八年。[②]台湾光复后，经过1950年代白色恐怖的整肃，庄守远离政治，在生计的重担下遁入寻常百姓忙碌生活中。他虽然受过高等教育，又是反抗日本帝国主义的抗日英雄，然而他曾是共产党员的“红色标签”，却使得他不易谋得一份稳定的职业。他的后半生一直在为生活奔波，潦倒而不得志。

12. 吴拱照（1907—1940），新竹人，1927年入广东中央大学求学，后转入上海暨南大学，因该校是共产主义的大本营，立受影响，共鸣共产主义。1928

① 《共产党再建目的 组台湾赤色救援会 一部实行中受大检举 斗士略历》，《台湾日日新报》（汉文版），1934年6月14日第4版。

② 黄师樵：《台湾共产党秘史》，台北：海峡学术出版社1999年版，第44页。

年4月，加入中国共产党，同年5月，在上海经翁泽生的介绍加入台湾共产党，同年9月参加上海英租界的示威游行运动而遭租界工部局逮捕，被引渡给驻上海的日本领事馆，因参与“广东台湾革命青年团”反日活动而被押回台湾。[①]1928年11月，被保释出狱后，谢雪红交付任务，命他以个人名义加入文化协会，很快，他就担任文化协会台南支部书记，与庄守一起向文化协会提出共产党案，在会内的共产党员与农民组合员合力下，使得台湾文化协会的领导权台共中央手中；曾任第四届文化协会中央常任委员，1931年被日警逮捕，判刑七年，后被折磨致死。

13. 杨克煌（1908—1978），彰化人，1924年进入台中商业学校学习，1929年2月进“国际书局”工作，1929年5月加入台湾共产党。1931年被日本殖民当局逮捕，1935年12月出狱。1945年抗战胜利后参与组织台湾人民协会，当选为中央委员。1946年加入中国共产党。1947年参加台中的“二·二八”起义。起义失败后，与谢雪红撤离到上海、香港。1947年与谢雪红等人一起组织台湾民主自治同盟，并任台盟总部理事兼第一任秘书长，是台盟筹建人之一。1949年9月，出席了中国人民政治协商会议第一届全体会议。中华人民共和国成立后，先后担任中国新民主主义青年团中央委员，台盟总部理事兼秘书长。1954年任安徽省图书馆副馆长，1957年被打成右派分子，1978年在北京逝世。[②]

14. 林朝宗，1903年生，新庄人，在台北第二师范时因校长排斥事件受退学处分。于是到东京入神田正则预备校，1926年转入专修大学专门部经济科，1928年1月再入私立东京独逸语（德语）学校。1928年7月在东京加入台湾青年会、社会科学研究会等，专心研究共产主义。返台后在郭德金介绍下，成为台湾机械工会基隆支部书记，不仅支持台湾文化协会各种活动，而且还为工人开设劳动问题讲座，宣传共产主义。1930年4月，加入苏新的矿山工会组织者会，促进工会组织发展。1930年7月12日，在谢雪红的介绍下，加入台湾共产党。1931年9月15日被日警逮捕。[③]

15. 曾明如（1907—1995）原名詹以昌、曾昌明，1907年生于台湾省彰化县。1927年赴厦门集美师范学校学习，并参加闽南台湾联合会。1930年返回台

① 《党员吴拱照 许与家族面会 立誓决心转向》，《台湾日日新报》（汉文版），1934年4月27日第8版。

② 杨克煌：《我的回忆》，台北：杨翠华出版2005年版，第353—356页。

③ 黄师樵：《台湾共产党秘史》，台北：海峡学术出版社1999年版，第40页。

湾，参加台湾文化协会。1931 年参加日本共产党台湾民族支部，任台中地区负责人，从事反日活动，同年被捕入狱。1940 年获释后赴日本，在东京“欧文社”任职。1941 年回国，任北京大学医学院日语讲师。1945 年在中共北京市委领导下，进行地下工作，曾组织台湾同乡会，反对国民党镇压“二·二八”起义的斗争。1948 年参加创建台盟工作。1949 年参加中国共产党。先后在北平平津铁路局总医院、中共河北省委、天津医学院、天津工艺品进出口公司、中共天津市委政法研究室、天津市人民政府经济研究室等单位工作，历任助理员、科长、主任、研究员、专员等职务，曾任第六届全国政协委员，台盟总部理事、顾问，第四、五届台盟中央评议委员会副主席，台盟天津市委、天津市台联顾问。1995 年 12 月 17 日在津病逝。

16. 林殿烈（1906—1988），又名林田烈，台北人，他出身台北近郊一个中农的家庭。中学毕业后去了大陆，边做临时工边读书，后来进了汕头商业专科学校。毕业回台北先后在商行和木炭商店工作。他勤奋好学，利用业余时间跟着当时文化协会的薛玉龙学中文。薛玉龙也是工友协会的组织者，他和薛玉虎兄弟俩还组织了木材工会、茶工会、邮电工会。林殿烈利用业余时间；边读书边帮助薛玉龙刻印蜡纸，印发宣传材料，这使他常有机会阅读进步书刊，逐步接受新思想和新文化，并积极参加反日爱国宣传活动。这期间他先后认识了王万得、张朝基、肖来福（原名萧友山）、洪朝宗、张道福、庄春火、林日高及赵港、简吉等人。1931 年春，林殿烈由张朝基、肖来福介绍加入了台湾共产党；他一方面在工友协会内部物色积极分子秘密学习有关党的文件，另一方面刻印宣传材料去工厂、农村散发，领导胶版印刷工人罢工。林殿烈是 1931 年 9 月 5 日被捕的。[①] 他是台湾“二·二八”起义的参加者，1947 年在香港创建台湾民主自治同盟的组织者之一。1988 年 6 月 26 日在上海去世。

17. 颜石吉，1905 年生，屏东人，屏东公学校毕业后，在屏东街组织研究汉文的砺社。1926 年从事精米行业，经营失败后负债高达 2000 元，并无处求职，因而对现行的社会制度发生疑问而渐“左”倾。1927 年 9 月 1 日创立农民组合屏东支部时，当选为支部争议部长，后任本部中央常任委员。与台共骨干赵港、陈德兴密切往来，遂共鸣共产主义，1930 年 3 月在赵港的介绍下，加入台湾共产党。台共二大召开时，当选为台共中央委员。在台湾中南部宣传马克

① 林友彦：《我与我的父亲林殿烈》，台北：时报文化出版企业股份有限公司 2013 年版，第 21—23 页。

思主义，吸收革命积极分子入党，努力发展壮大台共党组织。[①]

18. 卢新发，台湾南投人，公学校毕业后受雇于林本源等制糖公司，愤恨日人在台之欺压。喜读左翼出版物，憧憬列宁的主义。1931 年 2 月，在宜兰郡员山庄的苏新的影响，加入台湾共产党。积极努力于台湾的劳工运动、政治运动，组织三百名受欺压的蔗农，组织台湾农民组合兰阳支部，也鼓动在罗东二结某工业研究所员工罢工。[②]1931 年 7 月 21 日，被捕，判刑四年。

19. 吉松喜清，1904 年生，日本鹿儿岛人，为宜兰车站之配属车长，常往来于高雄、台北、基隆。与刘守鸿、庄守等共同担任铁道部为中心的工会组织，并先后吸收较年青的日本佐贺县东松浦人宫本新太郎及宫崎人津野助好等加入台湾共产党。1931 年被捕，判刑四年。[③]

20. 张朝基，台北人，台北老松公学校毕业后，再入该校的简易商业学校，1920 年在银行工作。1927 年与好友薛玉龙共同组织左翼团体“台湾工友协助会”，被推为该会的教育部长。1930 年 1 月，加入台湾文化协会，因参加社会运动而被银行免职。其后成台湾文化协会台北支部委员，支持创办左翼文艺杂志社《新台湾战线》社。受文协中央常任委员王万得的指导，产生对共产主义之认同，开设社会科学研究会，讲解共产主义。1931 年 2 月经萧来福之推荐加入台湾共产党，6 月就被捕，判刑三年。[④]

21. 陈结（1907—1932），嘉义人，1927 年 3 月毕业嘉义农林学校后，参加台湾农民运动，与庄万生积极奔走并设立农民组合大屯支部，担任该支部书记，1927 年 10 月任常任书记。1929 年末，在台中召开农组第二次全岛代表大会时，被选任农组中央委员，其后活动于台南、高雄两地，图党扩大强化。又农组第一次扩大中央委员会时，提出同农组支持台湾共产党之件，使一同可决。然后活动于党再建运动。组赤色救援会中，闻当局之检举，走避于阿里山，1931 年 12 月，被捕入狱，在台南狱中因患脚气病冲心死亡。[⑤]

22. 颜锦华（1908—），台湾台中人，台共党员，农民组合本部书记，1926

---

① 《台湾共产党检举 干部略历及女主义者》，《台湾日日新报》（汉文版），1933 年 7 月 26 日第 4 版。

② 黄师樵：《台湾共产党秘史》，台北：海峡学术出版社 1999 年版，第 48 页。

③ 黄师樵：《台湾共产党秘史》，台北：海峡学术出版社 1999 年版，第 51 页。

④ 黄师樵：《台湾共产党秘史》，台北：海峡学术出版社 1999 年版，第 46 页。

⑤ 《共产党再建目的 组台湾赤色救援会 一部实行中受大检举 斗士略历》，《台湾日日新报》（汉文版），1934 年 6 月 14 日第 4 版。

年6月赴日本东京电气学校学习，中途退学。1928年8月，与学生何火炎、苏新、林添进等设无产者新闻台湾支局，为吸收读者，设无产者新闻台湾版，1928年底，农民组合召开第二次全岛大会时，发表声明书。1929年返台，加入农组，努力发展党员，1931年11月在屏东被捕。①

23. 刘缵周（1907—1932），又名彭金土，台湾新竹人，出海船员，透过日共路线出席1930年8月15日的国际红色劳动工会第五届大会，1931年5月从莫斯科返台后，他得知谢雪红与王万得的冲突，他知道第三国际的战略概况，因此判断王万得等的行动是违背了“第三国际”组织系统的反革命行动，指出“改革同盟”的错误，并表明支持谢雪红。于是谢雪红即派遣刘缵周前往日本，托他带去报告书给予日共中央。1931年6月26日刘缵周到达神户，完成谢雪红所交代使命，并领取日共中央给予谢雪红的指令。1931年8月16日刘缵周返台时，谢雪红等已被捕在狱中。于是刘缵周即承担起台共重建的任务，积极与同志廖瑞发、张栏梅等协议党的重建，以台共的名义制作成反对逮捕台共党员的宣传单300多张传单，在台北南区的艋舺、古亭等地散发传单“同志们！应坚守铁的纪律和秘密”“祝工农报的发行”“苏维埃同盟第十四周年革命纪念日已届”。然而，1931年11月4日他被捕后，竟被拷打死于狱中。②

24. 郭德金，台湾南投人，1922年前往祖国大陆，先后在泉州培元中学、厦门中学、上海国语师范学校、南洋医科大学、广东中山大学医学院等肄业，后转入中山大学法学院学习法律，1927年积极参加广东台湾革命青年团反日活动而遭日警逮捕，押解回台并判处2年有期徒刑。刑满释放后，在谢雪红经营的国际书局内创设左翼杂志台湾战线社（后改名新台湾战线社），与谢雪红、王万得频繁接触，遂共鸣共产主义。1931年3月，在台共骨干肖来福的介绍下加入台共。他四处奔走，积极筹建赤色总工会台北支部。1931年7月21日，遭日警逮捕。③

25. 林梁才（1908—1979年），又名林良才，台北人，台北公学校毕业后，进入淡江中学，1927年转入京都同志社中学部，1930年3月毕业，继续进入同志社专科学校高等商业部，中途辍学。1930年5月返台，与杨克培、谢雪红

① 《共产党再建目的 组台湾赤色救援会 一部实行中受大检举 斗士略历》，《台湾日日新报》（汉文版），1934年6月14日第4版。

② 黄师樵：《台湾共产党秘史》，台北：海峡学术出版社1999年版，第27页。

③ 黄师樵：《台湾共产党秘史》，台北：海峡学术出版社1999年版，第49页。

密切接触，并受其领导，共鸣共产主义。1931 年 1 月，在淡江中学散发宣传共产主义的传单，积极参加台共各项革命活动。当台共党组织遭破坏后，与刘赞周屡次会面商量，想办法解救被逮捕的台共党员，1931 年 8 月 23 日，在台北市四处散发“绝对反对捕缚共产党员”等宣传单。1931 年 11 月，遭日警逮捕。①1948 年在香港加入台盟，曾任台盟总部理事，1949 年 5 月由台盟总部转入台盟华北支部。

26. 吴锦清，台湾彰化人，彰化一公毕业后，入教员养成所。1926 年在台中下竹塘公学校任教，后被调到偏远的路土厝分教场，因环境艰苦，于是辞职经商。先办养鸡场，因经营不善而倒闭。此后虽到处求职，但都无功而返，最后前往基隆猴硐为煤炭矿工和铁道线路的工人，从事繁重的体力劳动。②

27. 谢祈年，台湾文化协会中央委员，台北市太平公学校二年退学，入台北觉奋夜学会，修学一年，后为铁工厂见习职工、镀金商外交员等。1929 年 4 月加入台湾民众党，参加该党主办的演讲会，宣传阶级斗争。1930 年 5 月，与蒋渭水发生争论，随后脱党，进入文化协会。1931 年 1 月，当选为文协中央委员，共鸣共产主义。1931 年 3 月，在苏新的介绍下，参加台湾共产党，组织石底的矿山工会，1931 年 7 月 19 日被捕，在狱中被折磨致死。③

28. 周坤祺毕业于高雄第二公学校，曾为公共浴场的雇员。1926 年入铁道部检车练习生，后升为检气士，再升为雇员，到 1931 年 7 月，因涉读一些社会运动著作，颇有感触，又与农民组合干部频繁接触，于是思想日益倾向共产主义，尤其是与刘守鸿来往甚密，在刘的介绍下，加入台湾共产党。其入党动机是在 1930 年 11 月台北的透印版职工争议发生时，刘守鸿在高雄与庄守等会同讲究援助对策，遂谋周坤祺、宫本、津野助好等人，召集高雄区的工会为之后援。故为此等后援关系益使周等多把握社会运动的意义，于是入党。为要提出台共二大政治纲领的问题，在寿山顶上，他们召开秘密会议商讨政治纲领。④

29. 津野助好，日本宫崎县人，台北市末广小学校毕业，曾为台湾日日新报社的给仕。到 1928 年入铁道部高雄工场职工，与吉松、宫本往来密切，屡召革命同志在高雄第二小学校校庭开会。1931 年 4 月正式加入台湾共产党。⑤

① 黄师樵:《台湾共产党秘史》，台北：海峡学术出版社 1999 年版，第 50 页。
② 黄师樵:《台湾共产党秘史》，台北：海峡学术出版社 1999 年版，第 41 页。
③ 黄师樵:《台湾共产党秘史》，台北：海峡学术出版社 1999 年版，第 54 页。
④ 黄师樵:《台湾共产党秘史》，台北：海峡学术出版社 1999 年版，第 53 页。
⑤ 黄师樵:《台湾共产党秘史》，台北：海峡学术出版社 1999 年版，第 52 页。

30. 宫本新太郎，日本佐贺县人，高雄第一小学校毕业。1926 年为铁道部职工，经常阅读改造及社会改造等书籍，与吉松、津野助好交友，思想日益倾向共产主义。其运动部门与吉松同样。①

31. 陈义农，台湾台北人，因家境贫困而没有接受公学校教育，11 岁开始成为台北市制盐工场的搬运工，13 岁时为市新公园的清洁工，因与左翼分子接触，于是在他们的影响下，而成为共产主义者。②

32. 王日荣（1914—），台北人，毕业公学校后，15 岁就被民众党雇为给仕，先在蒋渭水的影响，成为一名反日民族主义者，后与共产主义者亲友研究社会科学，于是转而信仰共产主义，并多次为台共散发革命传单。③

33. 陈朝扬（1912—）台湾台北人，父业海产物商，1930 年毕业同志社中学部，返台后应试台北医专失败，在朋友的劝说下，研究社会科学，共鸣共产主义。在台共的领导下，多次誊写标语和宣传单。④

34. 林文评（1914—）台湾屏东人，家境贫困，毕业屏东公学校，为屏东制糖工厂工人，与台共党员频繁往来，遂加入台湾共产党。⑤

35. 张玉兰（1909—1967），台湾屏东人，高雄高女学校三年级学生时，从事农民运动，1928 年 1 月被日本殖民者强迫退学。很快就加入农民组合，与农组干部蔡清江合作，在高雄高女学校里印刷、散发“诉同胞姐妹”“全台学生诸君”等传单，宣传反日革命思想、阶级斗争。因此被日警逮捕，处禁锢三个月。1930 年 4 月，任农组台南支部书记。不久加入台湾共产党，努力发展台共党组织。1931 年底因参加赤色救援会而被捕，判刑 4 年。⑥释放后，从事助产士工作。

36. 张行（1898—），台湾台南人，1916 年毕业于台南麻豆公学校，1926 年 6 月与杨顺利设立下营、曾文农民组合，自己为组合长，后合并于台湾农组，任农组台南支部调查部长兼争议部长，努力指导农民运动，不久就加入台湾共

---

① 黄师樵：《台湾共产党秘史》，台北：海峡学术出版社 1999 年版，第 52 页。

② 《台共事件 继续开庭》，《台湾日日新报》（汉文版），1934 年 3 月 31 日第 8 版。

③ 《台共事件 继续开庭》，《台湾日日新报》（汉文版），1934 年 3 月 31 日第 8 版。

④ 《共产党第三日公判 审判陈朝扬、林文评两被告 皆有悔悟前非》，《台湾日日新报》（汉文版），1934 年 3 月 29 日第 8 版。

⑤ 《共产党第三日公判 审判陈朝扬、林文评两被告 皆有悔悟前非》，《台湾日日新报》（汉文版），1934 年 3 月 29 日第 8 版。

⑥ 《共产党再建目的 组台湾赤色救援会 一部实行中受大检举 斗士略历》，《台湾日日新报》（汉文版），1934 年 6 月 14 日第 4 版。

产党。[①]

37. 李明德（1907—），台湾嘉义人，台共党员，台湾文化协会中央委员。1923年毕业嘉义市第一公学校，后为邮递员。1927年加入文协，增设嘉义支部并任委员。1930年11月，帮助文协成立高雄支部，1931年1月，文协全岛大会在彰化召开时，当选为中央委员，没多久便加入台共，为发展台共党组织尽心竭力，并组织赤色救援会，1931年底，在嘉义被日警逮捕。[②]

38. 黄石顺（1907—），台湾高雄人，台共党员，农组中央委员。1919年7月毕业府工业传习所，起初在桃园经营米谷茶商。失败后便迁往凤山从事农业生产。1925年10月，组织成立凤山贌耕人组合，被推为委员长，而后号召农民抗纳地租。1926年该组合被合并到台湾农民组合，改凤山支部，负责该支部各项事务。1927年11月，当中坜庄石头日拓会社与贌耕人发生争议时，便前去指导农民运动。结果遭日警逮捕，判处两年半有期徒刑。1930年5月，刑满释放后，仍从事农民运动，并加入台共，筹措资金准备成立赤色救援会。1931年底在凤山又遭日警逮捕。[③]

39. 王细松（1907—1931），台湾台中人，台中商校毕业后，为台湾铁路彰化站职工，业余时间喜欢读马克思主义书籍，1931年底遭日警逮捕，患肺病死亡。[④]

40. 高甘露，台湾台北人，1920年为基隆五堵驿驿夫，1922年3月升转辙手，转勤猴硐驿。在工作中与台共党员苏新、吉松喜清、肖来福等交往，遂共鸣共产主义。1929年3月，在林日高的介绍下，加入台湾共产党。受谢雪红、肖来福的指示，计划建立台湾交通运输工会，并在基隆驿员宿舍召开筹备会，1931年7月被日警逮捕。[⑤]

41. 张道福，台湾台北人，台北公学校中途退学，1927年加入台湾文化协会和农民组合，积极投身于台湾的社会运动。后在谢雪红、王万得的影响下，转而信仰共产主义，竭尽全力开展对革命运动牺牲者的救援等，联络台湾各地

① 《共产党再建目的 组台湾赤色救援会 一部实行中受大检举 斗士略历》，《台湾日日新报》（汉文版），1934年6月14日第4版。

② 《共产党再建目的 组台湾赤色救援会 一部实行中受大检举 斗士略历》，《台湾日日新报》（汉文版），1934年6月14日第4版。

③ 《共产党再建目的 组台湾赤色救援会 一部实行中受大检举 斗士略历》，《台湾日日新报》（汉文版），1934年6月14日第4版。

④ 黄师樵：《台湾共产党秘史》，台北：海峡学术出版社1999年版，第50页。

⑤ 黄师樵：《台湾共产党秘史》，台北：海峡学术出版社1999年版，第51页。

党员，努力发展台共党组织。1931 年 9 月被逮捕。[①]

42. 吕和布，1904 年生，台南市人，台湾借家人组合常任委员，台南市二公学校毕业。1923 年 9 月，担任高雄州巡查，1929 年 6 月辞职。1930 年 8 月与工友总联盟干部陈九、简娥、颜吉等为友，于是组织台湾借家人同盟会，自己担任庶务财务，尔来奔走于借家问题。1931 年 9 月，加入台湾共产党，从事募集被逮捕者救济金和组织救援班，1932 年 3 月，在高雄被日警逮捕。[②]

43. 吴丁炎，台南人，文化协会中央委员。毕业于北港公学校，1924 年加入文协，专门从事无产阶级解放运动。1929 年 2 月，任文协北港支部常任委员妇女部员，后积极从事赤色救援会工作，当得知日警大肆逮捕台共时，准备由基隆秘密前往祖国大陆，但被日警逮捕。[③]

第二节　台共组织结构

一、台共拟定的组织结构

根据《1928 年台湾共产党组织大纲》，对台共拟定的组织结构作一阐述。

（一）台共建党的相关基本条件

以往台湾没有共产党组织。惟如政治大纲所示，处于现今政治情势下，建立共产党组织实为当务之急。若无党则无产阶级之组织为不可能，必将永远在日本帝国主义压迫下受苦，并无法解放全台湾多数劳动人民。现在台湾的无产阶级占全人口的 69%，这就是建立共产党的基本条件。不过，此外尚有在日本金融大资产阶级厚颜无耻的掠夺下喘息的多数工商小资产阶级，虽然只是突发性形态，仍然顽强地进行对抗。而共产党绝非大众日常斗争下的自然产生物，毋宁说，劳动者农民大众的循序组织乃为建党的至佳条件。目前的大众性组织仅有工会的一万、农会的三万，及为了民族斗争而组织的文化协会 1500 人和民众党的 600 人而已。是以，我们必须将上述大众吸收在党的周围，勇敢的斗争，将党的影响逐步扩大。[④]

① 黄师樵:《台湾共产党秘史》，台北：海峡学术出版社 1999 年版，第 45 页。

② 林炳炎:《林木顺与台湾共产党的创立》，台北：林炳炎出版 2013 年版，第 244 页。

③ 林炳炎:《林木顺与台湾共产党的创立》，台北：林炳炎出版 2013 年版，第 244 页。

④ 台湾“总督府”警务局:《台湾社会运动史——共产主义运动》，台北：海峡学术出版社 2006 年版，第 17 页。

（二）在组织上隶属于日本共产党

根据共产国际第五次大会的决议，世界共产党组织的划分，以“一国一党”为原则，日本当时已有共产党组织，而台湾又是日本的殖民地，因此，共产国际决定台湾共产党在组织上隶属于日本共产党。

台湾共产党在相当期间内组成共产国际一支部的日本共产党的民族支部。因而必须遵守日本共产党执行委员会的指令。此即台湾共产党将通过日本共产党去完成世界无产阶级革命的一支队的任务。①

（三）中央委员会、中央常务委员会及其部门

中央委员会、中央常务委员会应依据全体党员的意志，经由选举而产生。然而，在大会尚未召集前和各部门组成人员，由日本共产党中央执行委员会任命而负中央指导的责任。中央常务委员会是党的理论性、政治性指导核心，领导党的经常性全部活动。在中央常务委员会之下设有组织部、工会委员会宣传部、煽动部等，其他尚有特别委员会——农民政策委员会、妇女运动对策委员会、青年运动对策委员会等。党的事务属于常务委员会下面的事务局处理，党的会计则应属于常务委员会。②

（四）地方委员会

地方委员会应在支部组织扩大后始宜组织。党虽建立在民主中央集权的基础上，但在目前由中央派遣的地方组织者负责统辖之任务。③

（五）党的基层组织——支部的建设

党组织之根本必须建立在工厂支部的基础之上。工厂支部虽以工厂为单位，如工厂支部无法容纳的党员密集于小地域时，得组织街庄支部。党员分散于广阔地域时，成立街头支部的准备会，但不应成为街头支部。船舶支部与工厂支部保持同样的组织，交通产业支部与工厂支部亦同。车库、机关库组织工厂支部，驾驶系统以铁路为单位。此外支部必须注意如下两点：

1. 凡支部存在的地方，若有农村妇女及劳动者妇女分散情形时，支部应有计划地针对妇女工作在一定期限内设置妇女部。将妇女从奴隶性地位解放出来，

---

① 台湾“总督府”警务局：《台湾社会运动史——共产主义运动》，台北：海峡学术出版社2006年版，第18页。

② 台湾“总督府”警务局：《台湾社会运动史——共产主义运动》，台北：海峡学术出版社2006年版，第23页。

③ 台湾“总督府”警务局：《台湾社会运动史——共产主义运动》，台北：海峡学术出版社2006年版，第22—23页。

结合于无产阶级与全阶级的解放运动，成为一支部队进行活动。不仅要倡导自由，更要高倡妇女的参政权，对于劳动妇女则促使其要求妇女运动之指导权。同时要预防反男性倾向，引导其发展成为阶级性运动。

2. 各支部不仅维持一切进步性的民族运动，而且必须站在队伍前头指导奋斗。只有这样，才能使大众信赖我们的指导，才能将民族运动的指导权掌握在无产阶级手中。①

工厂支部的具体责任如下：

1. 工厂支部用合法性活动与非法性活动两种手段，两者方式相结合组织大众，集中全力使非法性活动通过大众斗争获得合法性。

2. 工厂支部应竭尽全力从事经济性日常斗争，尤其是工会的斗争，支部员必须站在队伍前头取得大众的信任，进而确保指导的地位。

3. 工厂支部当然不限于经济上的斗争，即对日常斗争也应加以指导。

4. 工厂支部应在没有工会的工厂中组织工会，并建立其组织，做为大众斗争的舞台。

5. 在党组织的影响下，有组织地将新党员吸收进党的组织，实际上甚为容易。因此，工厂支部不仅对自己的工厂应努力吸收新党员，而且对其他工厂的劳动者也应该如此。此外，为了我们的斗争，对于根本性重要产业与大工厂，更要有计划地努力吸收新党员。

6. 工厂支部对于农村贫农的革命性斗争的具体发展，应唤起工厂工人的注意。譬如实际上的宣传、煽动，建立工农联盟等的行动。

7. 工厂支部对于国际无产阶级革命运动的具体进行，也同样应唤起工人的集中注意。

8. 工厂支部应与民族斗争的小资产阶级化趋势力争，应努力将阶级意识转向民族性连带意识。

9. 工厂支部不应单靠上级机关的命令活动，在党所决定的根本方针范围内，支部应能独立决定其活动。不然党将无法建立在民主中央集权主义之上，而导致官僚化以至使党本身趋向颓废。

10. 工厂支部应不断向上级提出报告，且充分地将支部的意见反应上级机关。

11. 工厂支部对于具有宣传煽动特殊能力的党员，要给与能够充分发挥的舞

① 台湾“总督府”警务局:《台湾社会运动史——共产主义运动》，台北：海峡学术出版社2006年版，第22页。

台（譬如研究会、讨论会、演说会等）。

12. 工厂支部应发现大众团体中的密探，将他们暴露于大众之前，在斗争发展过程中征服他们。

13. 工厂支部为了对抗警察的镇压及反动暴力团，维护劳动者的利益，应立即在可能范围内，建立合法的劳动者自卫团。如无法建立合法组织时，不得不建立非法的劳动者自卫团，而这种团体必得持有武器。当然，这种团体并不是以个人恐怖行为为目的，其基础应建立在工厂内的大众性组织上。再者，这种团体必须以阶级为基础。

14. 工厂支部员不能光靠口头或意识，必须勇敢、热诚，并富有行动力；做为无产阶级革命政治家，必须保持明确的态度，在行动中使其具体化。不然将无法站在阶级斗争的前头指导大众，且更应巩固意志克己忍耐，不可陷入小资产阶级以标新立异吸引人的神经衰弱症。

15. 赤色救济会（社会运动牺牲者救济运动）的组织在工厂支部应以工厂为单位组织。我们应觉悟在新斗争中必将产生为数不少的牺牲者。这些牺牲者及其遗族的救济已成为重要的事情，但是这种救济会不仅是单纯的救济性机关，更应是大众动员的组织。①

（六）党的民主集权制原则

党是无产阶级的先锋队，因而无产阶级的一切要求必须集中于党内，否则，党将与无产阶级分离。因此，党的组织必须建立在中央集权制的原则上。散布于大众中间作为党一份子的一般党员的意见及要求，必须正确地反映、集中到党的中央机关。而党中央的意见必须贯彻到党的基层组织，且经由党员传播到大众之间，这就是民主集权制的原则。民主集权制原则具体内容如下：

1. 党的根本方针及党的一切生活，由全体党员意志、党员大会或总会决定。

2. 有关党生活的一切必要机关皆由全体党员意志依选举形式成之。

3. 被选举机关对选举者应负责任。

4. 在工厂支部之上设有地方性组织体机关，地方性组织体机关之上设有中央机关。

5. 下级机关必须服从上级机关，须在党的领导下行动。

6. 党内的争论在尚未由机关决定前应被允许充分讨论；唯一旦由机关决定

① 台湾“总督府”警务局:《台湾社会运动史——共产主义运动》，台北：海峡学术出版社2006年版，第20—22页。

后必须服从其决定而行动。①

（七）党建设的一般任务

党必须建立在劳动者大众的现实斗争中。离开大众的现实斗争，单靠个人间的相熟关系，或以机械性劝诱法，或藉现时尚残留于台湾的理论斗争方法而组织，殊无成功之可能。在党组织建设之期间，其根本任务之一创办党的机关杂志。集合性组织必须有中心机关报。藉由机关报将党的政治政策传达于大众的现实斗争之间，赋予大众斗争一定的方针，从而促使大众自觉到，若无共产党则无法进行无产阶级的革命斗争。如此，则容易促成具有革命性的劳动者及贫农大众成为党的一份子，献身于革命的战士，要求其投身于积极地活动。通过中心机关报的发行，由大众及党外大众团体中争取能依据党的政策行动的份子，将其吸收进党的组织中。此种方法乃将党建设为大众性组织之唯一途径。尤以时下台湾所有政治性运动之特征为个别性的、地方性的、小组织性的运动趋势颇为浓厚，加上对于运动，几乎从来没有共产主义者的实质指导，因此机关报之发行有绝对性的必要。②

1. 共产党的独立性与独立的活动

党乃为实现无产阶级历史性使命的先锋队，故不论在政治方面、组织方面，都必须是一切纳入组织体下的政治结社，且必须是以列宁主义的理论为武装，在共产国际政纲下结合的政治结社。因此，党与工会或大众党并不相同。台湾共产党应是由承认党的政纲，服从党的纪律及指示，且能积极活动者所组织。这个党的构成员——党员——普遍存在于工会中、农会中、民众团体中，甚至一般大众之中。唯存在于各地各处的党员，是在党一定的政纲下结合，一定的组织下活动，故党保有独立的组织与活动。由于党具有独立的组织与活动，所以党能把广泛的一般大众及大众团体争取到它的指导下。但党的独立组织与活动，绝不是将大众团体内的党与大众团体割离出来，也不是党的活动与大众团体活动分离存在。③

① 台湾“总督府”警务局：《台湾社会运动史——共产主义运动》，台北：海峡学术出版社2006年版，第19页。

② 台湾“总督府”警务局：《台湾社会运动史——共产主义运动》，台北：海峡学术出版社2006年版，第18页。

③ 台湾“总督府”警务局：《台湾社会运动史——共产主义运动》，台北：海峡学术出版社2006年版，第18—19页。

2. 非法性活动与合法性活动

共产党不仅在台湾，于世界各国除了已经打倒资产阶级统治的国家外，只要世界资本主义未被废除，则其非法性部分是不可能不存在的。但是这种非法性部分必须在党本身的组织中与合法性活动部分严密结合。在党组织中，断不可能将非法性活动与合法性活动分裂行事。也不可将工会及其他大众团体的合法性斗争，放任由其他团体自行推动，而党仅实行非法性活动。工会、农会及其他大众团体的合法性活动亦为党的活动。但是党必须以独立性组织与活动，引导为建设当面利益而推动的合法性大众斗争，突破其合法界限，指导彼等向革命性斗争的地步。这唯有在党组织中，合法性活动与非法性活动能够团结始有可能。另一方面，处于现今台湾政治情况下，仅有非法性活动的可能；为能进行合法性活动，尚有待党的扩充及大众斗争的发展。再者，亦要使彼等敢于无视法律，突破其规约。凡此者皆有赖于党组织中非法性活动与合法性活动的结合始有可能。①

（八）共产党的纪律

共产党的纪律系全体党员的意志，破坏党的纪律就是破坏党的组织。是故各党员对上层指导机关之命令有绝对遵守的义务。若无故不交党费，不出席党会，不服从党令，破坏党规，泄露党内秘密者，立刻无条件开除其党籍。

党员必须依规则定期缴纳党费。做为党的一份子而活动，党员交纳党费是绝对性义务。党的财政基础之确立，端赖党员按规则缴纳党费始有可能。因此，无故滞纳党费必将紊乱党的财政基础，得予以除名处分。②

（九）入党手续

凡承认党的纲领及其一切政策，服从党的命令，遵守党的规律，希望在党的组织内加入党指导下的积极活动者，使其加入于台湾共产党。

（十）候补期

党必须预防密探及一切投机的不良分子侵入党内。是故必须订定一定的候补期间。现在农工分子不需经过候补期间，可以直接入党，惟知识阶级分子等

① 台湾“总督府”警务局：《台湾社会运动史——共产主义运动》，台北：海峡学术出版社2006年版，第19页。

② 台湾“总督府”警务局：《台湾社会运动史——共产主义运动》，台北：海峡学术出版社2006年版，第24页。

必须经过二个月的候补期间。候补者在党的会议中有发言权，但没有议决权。[①]

（十一）中心机关报的分发组织

在建立党的大众性组织之际，工厂支部、农村支部也将经此设立。因此，确立机关报的分发组织是组织上的重要任务。在都市依据地域区分，以具有一定战斗性的劳动者及贫农来组织分发团体，使工厂劳动者、住宅、农场等发生密切接触，把机关报及一切党的文书有秩序地搬进工厂、农村中，并将其推广状况及文件颁布效果等，有规则地向指导机关呈报。从事于此种分发工作者，必须给予相当地训练，且须有组织地参与宣传煽动等活动。经此活动而从他们当中获得党员，藉以建设支部的基础。[②]

（十二）共产主义党团的构成及其任务

共产主义党团的构成方式如下：首先，目前存在而与各阶级不相对应的全体性组织的党团，应予废止。其次，大众团体的组织于工场已有基础时，或于工场及地域均有基础时，由地域各个大众团体的末端开始组织，逐渐向上部扩大组织。此种组织必须由大众团体的全体组织发起。最后是党团与党的关系。党团系党的从属性组织，从而党团的全部活动应经常向党提出报告，尤以党的命令或领导下的活动更须如此。

为了扩大党的势力，当党员存在于大众团体内时，需要组织共产主义的党团。共产主义党团地任务是在大众团体内部通过大众斗争，站在前头，扩大共产党的影响，使其团体确保共产党的政策。[③]

二、台共组织结构实际情况

（一）历届台共中央组织结构

1. 台共第一届中央委员会

1928 年 4 月，当台共建党大会在选举台共中央委员会时，翁泽生提出一点建议：“中央委员——特别是主任委员——应该是能够回台领导工作的人。”[④] 大

① 台湾“总督府”警务局:《台湾社会运动史——共产主义运动》，台北：海峡学术出版社 2006 年版，第 24 页。

② 台湾“总督府”警务局:《台湾社会运动史——共产主义运动》，台北：海峡学术出版社 2006 年版，第 20 页。

③ 台湾“总督府”警务局:《台湾社会运动史——共产主义运动》，台北：海峡学术出版社 2006 年版，第 19 页。

④ 谢雪红口述、杨克煌笔录:《我的半生记》，台北：杨翠华出版 1997 年版，第 251 页。

家一致同意他的建议。随后就进行无记名投票选举，当时翁泽生和谢雪红分别负责同中共和日共中央联络工作，所以，他俩得票较少而当选为台共中央候补委员，而林木顺、蔡孝乾、林日高、洪朝宗、庄春火得票较高而当选为台共中央委员。第一次中央委员会会议中，决定了职务分配与内部的组织体系[①]：

中央委员会常务委员：林木顺、林日高、蔡孝乾
中央委员的职务分配：书记长——林木顺
组织部负责人——林木顺
农民运动部负责人——洪朝宗
青年运动部负责人——庄春火
宣传煽动部负责人——蔡孝乾
妇女部负责人——林日高
东京特别支部负责人——陈来旺
东京与日共联络人——谢雪红（候补中委）
上海与中共联络人——翁泽生（候补中委）

会中同时决定林木顺、林日高、潘钦信和谢玉叶等四人应该返回台湾工作。现将第一届台共中央委员（含候补委员）的基本情况列表6-1：

表6-1　第一届台共中央委员（含候补委员）的基本情况

姓名	出生年份	籍贯	求学经历	入党前的党籍	职务	备注
林木顺	1904	南投	上海大学、莫斯科东方大学	中共党员	书记、组织部长	
林日高	1904	台北	台湾商工学校	中共党员	妇女部长	
蔡孝乾	1908	彰化	上海大学	中共党员	宣传部长	无政府主义经历
洪朝宗	1908	台北	上海大学	中共党员	农运部长	无政府主义经历
庄春火	1906	基隆	集美中学	中共党员	青运部长	

① 台湾“总督府”警务局：《台湾社会运动史——共产主义运动》，《台湾共产党的组织、纲领及诸政策》，台北：创造出版社1989年版，第92页。

续表

姓名	出生年份	籍贯	求学经历	入党前的党籍	职务	备注
谢雪红	1901	彰化	上海大学、莫斯科东方大学	中共党员	日共联络员	女
翁泽生	1903	台北	上海大学	中共党员	中共联络员	

由上表可知：这7名台共中央委员平均年龄约为23岁，最大者27岁，最小者20岁，女性为1人，约占14%。台共中央委员林木顺、蔡孝乾、洪朝宗、谢雪红、翁泽生都受过高等教育且都是上海大学毕业，其中林木顺和谢雪红还有留苏的经历。他们全部是中共党员。根据翁泽生的介绍，蔡孝乾、洪朝宗曾受过无政府主义的洗礼。[①] 虽然台共是一个负有解放无产阶级任务的无产阶级政党，但台共中央都是来自中国大陆和台湾的台籍知识分子，并无一人是工农阶级，也就是说台共中央是一支非常年轻的知识分子队伍。

2. 台共第二届中央委员会

台共建党后，因各种主客观原因，台共领导层变动较大。首先是上海读书会事件，台共中央委员蔡孝乾、洪朝宗因擅自脱岗逃到祖国大陆而被开除党籍，林木顺因身份暴露（留苏相片落入日警手中）而无法回台主持工作，实际上这时台共领导层是处于瘫痪状态。1928年11月，根据日共中央的指示，林日高、庄春火和谢雪红重新组成台共中央。1929年4月，因日共中央和台共东京特别支部遭到日警彻底地破坏，导致台共与日共联络完全中断。1929年11月，台共中央决定通过驻上海的联络员翁泽生和中共或共产国际东方局联系。1930年5月，台共中央领导人林日高抵达上海，通过翁泽生向中共和共产国际东方局汇报工作。当他们得知台共在岛内革命工作几乎没有进展，而对台共中央予以严厉批评。林日高既自掏腰包和冒着危险干革命工作，又受到上级批评和指责。于是，1930年10月，他和庄春火陆续退党。到1931年5月底，台共中央只有谢雪红1人。然而，谢雪红保守的革命工作路线与共产国际“左”倾进攻路线相左，因此，共产国际要求谢雪红对台共进行改革，以确保台共沿着共产国际所指引的革命路线前进，但遭到谢的严词拒绝。于是，共产国际将不听命于上级指示的谢雪红开除党籍，而将忠实执行共产国际指示的台共骨干王万得、苏新等人扶植上台。1931年5月31日至6月2日，台共二大在共产国际东方局

① 谢雪红口述、杨克煌笔录：《我的半生记》，台北：杨翠华出版1997年版，第249页。

代表潘钦信的主持下，在台北淡水郡八里庄观音山麓正式召开。这次大会选出新的中央委员会，中央委员有：王万得、潘钦信、苏新、刘守鸿、颜石吉五人；候补委员有：肖来福、简娥二人，大会结束后，再由中委之中选出王万得、潘钦信、苏新三人为常委，构成“书记局”，以王万得为书记，下面设组织部和宣传部，以潘钦信为组织部长，苏新为宣传部长。工人运动负责人：肖来福，农民运动负责人：颜石吉，南部地区负责人：刘守鸿。现将第二届台共中央委员（含候补委员）的基本情况列表 6-2：

表 6-2　第二届台共中央委员（含候补委员）的基本情况

姓名	出生年份	籍贯	求学经历	入党前的党籍	党内职务	备注
王万得	1903	台北	大稻埕公学校	中共党员	书记	无政府主义经历
潘钦信	1907	台北	上海大学中学部	中共党员	组织部长	
苏新	1907	台南	东京外国语学校	日共党员	宣传部长	
颜石吉	1905	屏东	屏东公学校	无	农运部长	农组干部
刘守鸿	1907	高雄	潮州公学校	共青团员	南部地区负责人	
肖来福	1907	台南	东京神田正则英语学校	无	工运部长	
简娥	1909	台南	高雄公学校	无		女

由上表可知：这 7 名台共中央委员平均年龄约为 24.6 岁，最大者 28 岁，最小者 22 岁，女性为 1 人，约占 14%。台共中央委员苏新、肖来福受过日本的高等教育，其他 5 人则是初等教育。王万得和潘钦信是中共党员，其中王还受过无政府主义的洗礼。虽然台共非常重视吸纳工农党员，其中苏新、肖来福、颜石吉、简娥还是工运、农运干部，但他们都不是工人和农民出身，基本上都是知识分子，并无一人是真正来自工农阶级，也就是说这届台共中央仍是一支非常年轻的知识分子队伍。

（二）台共党员群体性结构

1. 台共建党时党员群体性结构

根据谢雪红的回忆，台共成立时，共有 18 名党员，具体名单如下：谢雪红、林木顺；林日高（代表在台的蔡孝乾、庄春火、洪朝宗、李晓芳、庄泗川等人，他们都曾经到大陆加入中国共产党）；陈来旺（代表在日本的日共党员林添进、林兑）；翁泽生、谢玉叶、潘钦信；张茂良（代表台湾青年读书会的刘守鸿、杨金泉、林松水）。①

表 6-3　台共成立时党员的基本情况

姓名	出生年份	籍贯	求学经历	入党前的党籍	党内职务	备注
林木顺	1904	南投	上海大学、莫斯科东方大学	中共党员	书记、组织部长	
林日高	1904	台北	台湾商工学校	中共党员	妇女部长	
蔡孝乾	1908	彰化	上海大学	中共党员	宣传部长	无政府主义经历
洪朝宗	1908	台北	上海大学	中共党员	农运部长	无政府主义经历
庄春火	1906	基隆	集美中学	中共党员	青运部长	
谢雪红	1901	彰化	上海大学、莫斯科东方大学	中共党员	日共联络员	女
翁泽生	1903	台北	上海大学	中共党员	中共联络员	
陈来旺	1908	台中	东京成城高等学校	日共党员		
潘钦信	1907	台北	上海大学中学部	中共党员		
谢玉叶	1908	台北	上海中华艺术专科学校	中共党员		女
庄泗川	1905	嘉义	上海大学	中共党员		无政府主义经历
张茂良	1906	台中	嘉义农林学校			
刘守鸿	1907	高雄	潮州公学校			
杨金泉	1908	台北	台北第一师范 东京名教中学			
林松水	1908	南投	南投公学校			
李晓芳	1903	嘉义	上海大学	中共党员		无政府主义经历
林兑	1906	台中	日本大学	日共党员		
林添进	1906	台中	台北师范学校、日本大学	日共党员		

由表 6-3 可知：这 18 名台共党员平均年龄约为 22 岁，最大者 27 岁，最小者 20 岁，女性为 2 人，约占 11%。这 18 名台共党员中，其中有 11 名是中共党

① 谢雪红口述、杨克煌笔录：《我的半生记》，台北：杨翠华出版 1997 年版，第 250 页。

员，约占61%，有3名日共党员，约占17%。这说明中共为台共建党输送了大量人才，而日共为台共建党输送的人才少。台共党员接受高等教育有11人，其中毕业于上海大学有9人，中等教育有4人，初等教育有3人。台共党员中有4人曾受过无政府主义的洗礼。这些台共党员主要是来自留日台籍学生和在大陆学习的台籍学生，并无一人是来自工农阶级，这说明刚诞生的台共是一支非常年轻的知识分子队伍。

针对台共党员群体性结构的不足之处，彭荣给台共中央的指示是："台共党员几乎是知识分子，真正工农出身的分子很少，这是建党初期难以避免的现象，但今后应该在实际工作中注意大力吸收工农分子入党，以改变党内知识分子所占成分的比例；其次，党内和领导机构内有不少人曾信仰过无政府主义，回台后应尽快召开党的第二次代表大会，以改变这种现象。"① 他说："历史上证明信奉过无政府主义的人，组织性、纪律性往往很差，经验还告诉我们，这种人容易起破坏作用。"② 台共中央在《致中国共产党中央的信》中说："台湾共产党虽然成立，惟当前甚缺工农同志的参加。但我们敢断言，此后台湾的无产阶级已有他们的先锋队。大会全体同志今后将努力为建立工农为基础的组织而负起责任。"③ 林日高指出："台湾共产党是由知识分子所组织成立的，其中许多成员在中国时曾是中国共产党的党员。他们未曾经历革命生活的洗礼，也未曾受过严格的党训练，特别是那些离开中国共产党后返回台湾的党员，多已离开党的生活一段长的时间。不论是从思想或政治角度而言，党的整体党员都还不具备列宁主义者的条件。由于党是由这样的成员组织，而不是由群众斗争中组织成立，党员对党的向心力自然就非常的薄弱，也因此，他们几乎不能了解应该如何来实践党的任务，或是如何来推展党的独立活动。"④

为了确保台共是名副其实的无产阶级政党，台共在其政治大纲中强调："劳动阶级的先锋分子既作为无产阶级的前卫，若无法使之结合，则在当前革命条件下，绝对无法使无产阶级成为革命斗争的基本阶级。"⑤ 因此，台共将以知识分

① 谢雪红口述、杨克煌笔录：《我的半生记》，台北：杨翠华出版1997年版，第252页。

② 谢雪红口述、杨克煌笔录：《我的半生记》，台北：杨翠华出版1997年版，第253页。

③ 台湾"总督府"警务局：《台湾社会运动史——共产主义运动》，台北：创造出版社1989年版，第98页。

④ 第4号文件：《林日高的报告》，俄罗斯国立社会政治史档案馆 // 全宗495/目录128/案卷6，第80页。原件，打字稿，英语。

⑤ 台湾"总督府"警务局：《台湾社会运动史——共产主义运动》，台北：创造出版社1989年版，第32页。

子为中心，要大力吸收工农分子入党，以巩固党的阶级基础。“台湾共产党的当前紧急任务乃急速地扩散至台湾各地方，吸收参与实际运动的共产主义者，以这些革命的先进知识分子为中心，先着手于预备组织的召集。此种预备会议之后，再努力吸收担任战斗员的劳动者与农民党员，然后以劳动阶级及贫农做为基础，如此始克建设成一个严密而巩固的共产党。”①

2. 台共“改革同盟”成立前党员群体性结构

虽然台共成立时有18名党员，但由于突然发生上海读书会事件，党员人数锐减到8人，其中蔡孝乾没有向李晓芳和庄泗川传达台共建党的消息，以致他们和台共失去了联系；②蔡孝乾、洪朝宗、潘钦信、谢玉叶因擅自脱岗逃到福建而被开除党籍；张茂良、刘守鸿、林松水和杨金泉因上海读书会事件而被关进监狱。1928年6月，谢雪红无罪释放后，先后吸收赵港、杨春松、杨克培、陈德兴、简吉入党，林日高介绍了1个老矿工和高甘露入党。③台共成立后不久，翁泽生介绍王万得入党。④1929年5月，谢雪红又介绍杨克煌入党。⑤这个时候，苏新、肖来福、林朝宗和庄守陆续从日本回到台湾，刘守鸿、吴拱照和詹以昌也陆续从大陆回到台湾，他们均从事台共的革命事业。⑥1930年4月前后，谢雪红和杨克煌介绍廖瑞发、李妈喜、林良才、廖九穹入党，⑦农运领导人颜石吉和简娥也相继入党。1930年5月，林日高在给共产国际东方局的报告中说：“如果不包括海外党员，党目前只有25人，其中除了3名工人与2名农民之外，其他党员全是群众组织的活跃成员。”⑧据笔者分析，这3名工人是指庄春火、高甘露和1个老矿工，2名农民是指赵港和陈德兴。苏新、肖来福、林朝宗为工运的领导人，简吉、杨春松为农运领导人，王万得、吴拱照、庄守为文化协会的领导人。

由上可知，台共成立后，不仅发展的党员人数少，而且吸收的工人和农民

① 台湾“总督府”警务局:《台湾社会运动史——共产主义运动》，台北：创造出版社1989年版，第32页。

② 谢雪红口述、杨克煌笔录:《我的半生记》，台北：杨翠华出版1997年版，第269页。

③ 谢雪红口述、杨克煌笔录:《我的半生记》，台北：杨翠华出版1997年版，第278页。

④ 谢雪红口述、杨克煌笔录:《我的半生记》，台北：杨翠华出版1997年版，第293页。

⑤ 杨克煌:《我的回忆》，台北：杨翠华出版2005年版，第56页。

⑥ 杨克煌:《我的回忆》，台北：杨翠华出版2005年版，第63页。

⑦ 杨克煌:《我的回忆》，台北：杨翠华出版2005年版，第77页。

⑧ 第4号文件:《林日高的报告》，俄罗斯国立社会政治史档案馆//全宗495/目录128/案卷6，第80页。原件，打字稿，英语。

党员仍然很少，知识分子党员仍居绝大多数。林日高分析了这一现象的原因，他说："台湾共产党内为害最大的一个偏差是在招募新党员时条件过于严苛，结果导致在争取一些正直、勇敢、有纪律又具有革命热情的人入党时，都显得踌躇不决。党曾犯下一项特别重大的过失，就是要求工人在入党前需具备一定的革命理论水平，这种错误必然妨碍共产党成为一个群众政党。"① "在组织扩大问题方面，党犯了与社会群众脱离的错误。因此，那段期间的活动只争取到极少数的人入党。多数党员来自知识分子，他们多是不同群众组织的活跃成员，目前党在工厂没有组织基础。虽然像农民组合和文化协会等群众组织，是有党的党团组织，不过这些党团只能对这些群众组织的上层核心人员产生政治影响，党的影响未能扩及到下层群众。"② "党没有自己的独立活动，而且又犯了一个错误，就是只通过外围的合法群众组织来间接宣传理念，而没有直接公开的来宣传党的政治信念。这是妨碍党发展并使党的独立活动停滞不前的主要原因。""党在解决特定问题时并不通过全部党员的讨论，而是经由命令系统传达指令给党员。结果导致下层党员意见无法传达给上层组织，上层组织的意见也无法让下层党员理解。"③

1930 年 5 月，林日高还指出台共发展组织上存在一些问题，主要如下：

1. 党没有无产阶级基础

自从建党以来，台湾共产党一直没有能在无产阶级上建立党的基础。无产阶级基础薄弱，是党最大的缺失。特别是上层的指挥系统都是由知识分子所领导，导致党宛如变成一个奸诈狡猾的知识分子的派系组织。除非上述情况被彻底打破并努力推动对无产阶级的工作，否则党的阶级基础将永远无法获得强化。

2. 没有建立党组织生活

部分党员没有被纳入党的基层组织，而且组织生活也不活跃积极。党员不了解党组织的工作任务，也不知道建立组织生活的重要性。很显然，党的组织变成了和平讨论或研究的组织。在这些组织里，根本没有强化组织与影响力的

① 第 4 号文件:《林日高的报告》，俄罗斯国立社会政治史档案馆 // 全宗 495/ 目录 128/ 案卷 6，第 81 页。原件，打字稿，英语。

② 第 4 号文件:《林日高的报告》，俄罗斯国立社会政治史档案馆 // 全宗 495/ 目录 128/ 案卷 6，第 81 页。原件，打字稿，英语。

③ 第 4 号文件:《林日高的报告》，俄罗斯国立社会政治史档案馆 // 全宗 495/ 目录 128/ 案卷 6，第 82 页。原件，打字稿，英语。

活动。

3. 党陷入行动方法的泥沼

为了扩大并提升党的质与量，党在农民组合及其他组织中成立了一些秘密或是非合法的“研究会”，其目的是要团结并训练这些未来将被吸收入党的同志。不过，想以这种方式来强化党的组织不只是一大错误，而且是非常危险。因为我们应当由工会与农民组合等的日常斗争行动中去吸收党员，而不是经由“研究会”的组织或方法。首先，“研究会”是脱离群众斗争的组织；其次，它让党与群众脱离，导致党无法直接影响群众；第三，通过这种“研究会”来吸收党员，将使党的和平主义与无斗争行动错误更加严重。这显示党还未能理解工会与农民组合是训练共产主义者的学校、新党员的储备库，也不知道最重要的一件事，是要通过群众斗争来吸收新党员与扩大党组织。[①]

4. 党欠缺独立活动

在各种斗争活动中，党未曾独立向群众发动政治宣传或展示政治纲领，也没有力量独立发动斗争行动，党只是将它的意见转达给在其他群众组织活动的党员同志而已。如果党没有独立的组织与行动，如果党没有独立向群众展示政策的能力，这种党当然无法巩固强化基础，由它领导的群众力量，当然就不可能扩大。

5. 党所犯的和平主义错误

党内存在一种强烈的和平主义，这个事实严重影响了党对民众党与右派工会的战术。在各群众组织里的党员同志都未曾以斗争方法来促进或指导群众斗争。如果这种和平主义没有被克服消除的话，党将永远不能获得发展。[②]

针对台共存在上述问题，林日高提出了应对之策，主要如下：

1. 消除机会主义

为确保台共成为一个列宁主义政党与遵循布尔什维克路线发展，党必须消除党内的机会主义，而为了避免党遭到机会主义的腐蚀破坏，必须与合法主义

① 第4号文件：《林日高的报告》，俄罗斯国立社会政治史档案馆 // 全宗495/ 目录128/ 案卷6，第83页。原件，打字稿，英语。

② 第4号文件：《林日高的报告》，俄罗斯国立社会政治史档案馆 // 全宗495/ 目录128/ 案卷6，第83页。原件，打字稿，英语。

展开斗争。除非机会主义遭到完全摧毁，否则台共将永无发展的机会。

2. 打破和平主义

党内和平主义的产生与机会主义及合法主义有密切关系。和平主义将使党走向错误的无斗争路线，并因而沦入合法主义的困境。为确保成为一个斗争性、组织性、有计划及有纪律的政党，党必须与和平主义展开严肃的斗争。

3. 将党的基础建立在无产阶级上

为了消除机会主义，党必须全力强化它在无产阶级的基础。为建立党在无产阶级的基础，党需努力吸收具有革命热诚且正直、勇敢的工人入党。如果没有实际的工人作为党的基础，党就不可能茁壮，也不可能成为阶级政党。尤其重要的是，工人同志必须被引进党的指导组织，来参与领导运动。

4. 确立党的独立行动

党的纲领与政策须向社会群众公开宣示解释，且须由党来独立推动实施。通过“研究会”吸收新党员的方法必须取消，党也需努力克服因为运用社会群众组织而导致党丧失独立组织与行动的错误。工厂与农村的党支部必须建立起来，这是当前最急迫的问题。如果党在工厂没有强而有力的基础，无产阶级斗争就无从推展。

5. 建立党支部

没有建立党支部是台共的一大缺失。未曾进入党支部的党员，需立即被安排到党支部过组织生活。尤其重要的是，党支部成员需全力主动参与重要工业工厂的活动。党支部会议需定期召开，每名党员都应该认真执行党费的收取以及任务分工。①

3. 台共遭破坏前的党员群体性结构

1930 年 12 月，中共领导人瞿秋白从台共干部翁泽生、陈德兴那里得知台共党员仅有 20 多人，于是说:“(台共)党组织非常幼稚，与成立当时无甚差别，而党的活动迟滞，呈现出无法遂行革命运动指导任务的状态。因此，中国党中央基于友谊立场，拟向台湾的党员诸君提议台湾党的改革。”②1931 年 1 月底，

① 第 4 号文件:《林日高的报告》，俄罗斯国立社会政治史档案馆 // 全宗 495/ 目录 128/ 案卷 6，第 83 页。原件，打字稿，英语。

② 台湾“总督府”警务局:《台湾社会运动史——共产主义运动》，台北：创造出版社 1989 年版，第 114 页。

台共"改革同盟"成立后，党中央面目一新，在少壮激进党员的领导下，工作路线急速转变，由过去的"关门机会主义"转变为"开门急进主义"。以王万得为首的台共中央为了吸收更多的党员尤其工农党员，开始放宽入党的条件，并特别制定了《关于吸收党员的指令》。该指令主要内容如下："在群众中扩大党的影响，将工农群众集结在党的政治口号的周围，指导工农群众斗争，将其活动份子吸收为同志，确立党的无产阶级基础。而有关吸收党员，同志们应注意的事项如下。第一，同志应抛弃以往吸收党员的机会主义态度，勇敢而大胆地开始党员吸收运动。第二，对劳动者不能附带高度条件。即他们只要勇敢认真而严守党的秘密已足，不可要求理论的把握。第三，我们吸收同志的目标在于从事重要产业的工人，使他们建设产业支部，但在贫农与街头份子（小市民阶级）中具备认真、勇敢、严守秘密各条件者，不妨也大胆去吸收。第四，劳动者不必设立候补期间。但农民及街头份子必须设有相当的期间。且街头份子的候补期间必须比农民更长，其期间的长短依人而定。第五，对候补党员不可令其知悉组织上的问题。但将文书分发，并加以训练使其参加党的工作，是重要的。"①

在他们积极努力下，台共党员数目在原有的基础上又急剧增加近40人，具体情况如下：通过农民组合先后吸收了陈昆仑、颜锦华、张玉兰、陈结、黄石顺、张火生、张行、姜林小、陈文质、吕和布、汤接枝入党；通过文化协会先后吸收了张道福、李明德、吴丁炎、张朝基、张庚申入党；台共先后吸收了工人出身的卢新发、林式镕、王日荣、吉松喜清、津野助好、宫木新太郎、谢祈年、朱阿辉、林殿烈、刘缵周、周坤棋、吴锦清、施茂松、陈朝扬、陈义农等人入党；吸收其他党员有郭德金、张栏梅、林文评、翁由、詹木枝、陈振声等人。这次吸收工农党员比重急剧增加，工人阶层中普遍建立了党支部，文化协会和农民组合最后也落入党的控制中。这个阶段可以称为台共的"黄金时代"，只是为期并不长久。

1933年日本警察对台共党员结构曾做了概括的小结，具体内容如下：

第一关于教育，文盲仅2名，大约有一半人数受过中等以上教育，与台湾大约有2/3未接受过教育的人相比，而台共的构成可谓是知识阶级，其最高干

① 台湾"总督府"警务局：《台湾社会运动史——共产主义运动》，台北：创造出版社1989年版，第190—191页。

部全部都是，在日本或中国大陆学习，并接受共产主义教育。二、借口为台湾工人、农民谋利益，从事宣传，其实不基于工人、农民而是知识阶级的政党。三、指导者盲从共产国际之言，并不为台湾考虑，又不知日本与俄国的区别，擅谋革命结局。暴露其为苏俄东洋赤化政策之先驱，且受其指导者之驱使，而受检举对此多数人，实则可怜亦复可笑。四、党员知识阶级之多，在教育方面亦要考虑。

其二，由职业别观之。52%人是无职业者，属于有教育的游民。又彼等以社会运动家自任。所谓职业的革命分子与实际农工缘远。即由此点，足以窥知该党，为他动的之组织，台湾人被苏俄东洋政策所利用者。

其三，由岛内各种团体观之，台湾文化协会会员21名，台湾农民组合12名，多属于其团体干部是以标榜岛民文化向上或伸张农民利益为目的之团体，亦受共产党利用。此真相希社会洞察，协力于今后之取缔。

其四，国际的标语有谓“殖民地解放”。台湾共产党即中毒于其标语，非为台湾人谋幸福，盖欲依此吸收殖民地人民，实行赤化政策。俄国称中华为半殖民地。①

第三节　台共的经费状况管窥

台共经费的来源主要有：一是共产国际提供经费，二是台共干部利用家庭关系自筹经费。当台共与共产国际能保持联系时，台共经费就比较充裕；而台共与日共、共产国际中断联系时，那台共经费就由台共干部利用家庭关系自筹且数额不能满足台共革命工作的需要。

一、共产国际为台共提供经费，巩固和发展其组织力量

20世纪20年代，台湾共产主义者是靠共产国际提供的经费作为生存和活动的基础。据日警档案史料记载：“大正十年（1921年）9月，（早期的台湾共产主义者彭华英、蔡惠如）透过朝鲜共产主义者金立，由苏联邦支给三千圆的

① 《台湾共产党　诸检举谈　友部局长所谈》，《台湾日日新报》（汉文版），1933年7月26日第8版。

运动资金云。”[①]“许乃昌于大正十三年十月，谢廉清于翌年三月前后进入苏俄，于同年七月左右归返北京。有关此中经过虽不甚明了，但不可否认，该两人被赋予指导台湾共产主义运动之使命。根据情报所示，他们曾经领受了三万圆运动资金。”[②]不仅林木顺和谢雪红在留苏期间所有费用都是共产国际提供的，而且1927年当他们从莫斯科东方大学快要毕业的时候，共产国际还提供他们返程的路费和生活费，对此，谢雪红说：“（共产国际执委）片山同志给了我和林木顺每人一包路费，是他预先算好并封起来的；记得当时是发给了25天的旅费，一天5个卢布，一共领到了100多卢布（包括途中伙食费；至于，由莫斯科到上海的车费、船费，组织又另外给钱买票）。”[③]

由于大多数台湾共产主义者都是没有职业，经济上主要是靠个人家庭的资助。然而，有的人家庭在经济上没有能力资助，因此，他们只好向共产国际赤色救援会申请资助。当时，台湾共产主义者翁泽生、张茂良经济上很困难，于是向共产国际申请资助。对此，谢雪红说：“前不久，谢玉娟生了一个孩子，目前生活穷苦，连买给小孩子的牛奶钱都没有。他说得很可怜，于是，在第一次和他见面时我就给了他一点钱，让他们支持下去，当时翁的孩子已经快饿死了。”[④]“我负责翁泽生一家的生活费外，他又对我诉苦生活上的许多问题，我只好拿出在苏联时省吃俭用积下来的钱给他们解决困难。想想这也不是长久之计，于是，我向组织汇报翁等情况，就此事组织介绍一个朝鲜人名叫‘吕运亨’同志给我。”[⑤]“我两次去找吕运亨谈话后，他带我到法租界一个较偏僻地方的一栋洋楼（在复兴公园附近），去找一个高、瘦个子的美国人同志。据吕同志说他是第三国际东方局的代表，并负责国际赤色救援会的。”[⑥]“我去找吕运亨同志，请他帮忙找台共党成立大会的会场，并向他询问过去他对翁泽生经济上帮助的情况。他告诉我，翁请求了很多钱，后来，调查结果发现他请求补助翁泽生夫妻、孩子和张茂良四人，每个月60元。吕同志说国际救援会补助的原则只限于流亡者、及少数破产的革命家等。当时在法西斯统治下，需要救济的人很多，救援

① 台湾“总督府”警务局：《台湾社会运动史——共产主义运动》，台北：创造出版社1989年版，第2页。

② 台湾“总督府”警务局：《台湾社会运动史——共产主义运动》，台北：创造出版社1989年版，第3页。

③ 谢雪红口述、杨克煌笔录：《我的半生记》，台北：杨翠华出版1997年版，第223页。

④ 谢雪红口述、杨克煌笔录：《我的半生记》，台北：杨翠华出版1997年版，第228页。

⑤ 谢雪红口述、杨克煌笔录：《我的半生记》，台北：杨翠华出版1997年版，第229页。

⑥ 谢雪红口述、杨克煌笔录：《我的半生记》，台北：杨翠华出版1997年版，第229页。

会对翁等的帮助已不能再多了；而张茂良是因家境贫苦不能给他汇钱来，所以，才补助他。”[①]

台共成立后，经济上非常困窘。为解决台共经费短缺问题，负责与共产国际东方局、中共联络的常驻上海台共代表翁泽生曾多次写信要求共产国际向台共提供活动经费。他在致共产国际东方局的信中说：“致远东局：……派一名同志返台所需的旅费大约是 20 圆，但王同志由台湾到此地的旅费却约需要 80 圆，原因是他必须由其他地方以秘密方式到上海。如果你们同意我的上述建议，请尽快回复，并请将所需的经费一并寄过来。……由于中国农历春节将近，我需要购置约 20 元的必要设备，请速将款项寄给我。……我现在穿的衣服是向朋友借来的，对方已经要求拿回，不知能否寄约 15 元给我添购一套衣服？”[②]“由于还没有拿到参考资料，你们上次所要的资料还要过些时日才能送给你们。请尽快将购置参考资料所需的钱寄给我。……她的身体很弱，有必要为她买一些东西，好让她的身体在寒冬中能够保暖。因此，我在此以她的名义向你们提出要求，给她一些钱来购买药品与其他东西。”[③]“派一名同志返台所需的旅费大约是 20 元，但王同志由台湾到此地的旅费却约需要 80 元，原因是他必须经由其他地方以秘密方式到上海。如果你们同意我的上述建议，请尽快回复，并请将所需的经费一并寄过来。”[④]“(6)请提供她在这里 1 月与 2 月的生活费用。上次，我曾提出要求给她 28 元购置衣物，但至今都还未收到任何钱。在刘同志提醒建议下，我已经从书籍费中拨出 30 元作为她这两个月的生活费，另外还拨了 28 元供她购置衣物，请速将这些垫款寄给我（58 元）[⑤]

共产国际对台共创立过程中以及创立后物质上的援助，是对台共起了很大的作用。共产国际的援助，让几乎全身心投入到革命事业中的共产党人，不用再去考虑住房办公、发行杂志、印刷宣传品、召开会议、组织工会、举办夜校以及维持自己作为职业革命家的日常生活等这项目繁琐而且又是革命中及生活中必不可少的开支。可以说没有了这些资金的救济，革命家们生活就无法得到

① 谢雪红口述、杨克煌笔录：《我的半生记》，台北：杨翠华出版 1997 年版，第 242 页。

② 俄罗斯国立社会政治史档案馆 // 全宗 495/ 目录 128/ 案卷 10，第 75—77 页。

③ 第 15 号文件：《翁泽生致远东局的信》，俄罗斯国立社会政治史档案馆 // 全宗 495/ 目录 128/ 案卷 10，第 20—21 页。原件，手稿，英语。

④ 第 31 号文件：《翁泽生致远东局的信》，俄罗斯国立社会政治史档案馆 // 全宗 495/ 目录 128/ 案卷 10，第 74—77 页。原件，手稿，英语。

⑤ 第 31 号文件：《翁泽生致远东局的信》，俄罗斯国立社会政治史档案馆 // 全宗 495/ 目录 128/ 案卷 10，第 74—77 页。原件，手稿，英语。

保障，更无从谈论开创台湾的革命事业了。共产国际的这种援助，对于台共特别是其后期的生存和发展，曾经起至关重要的作用。其经费援助的多少，与党的活跃程度及发展的快慢，明显是成正比的。援助的力度大、数额多，台共开展的活动范围就大，影响也就随之增加；一旦援助中断，哪怕只是暂时减少，都不可避免地会妨碍台共许多工作的开展。

1931 年 1 月，当台共的“改革同盟”派与共产国际恢复联系后，就反复地请求共产国际给予台共各种活动经费，以推动台湾革命事业顺利发展，否则，将会严重地影响台共的革命事业。现将相关史料陈述如下：“⑵他返回台湾所需的费用大约是 90 元，详细的费用如下：①从上海到门司 20 元；②从门司到神户 4.5 元；③从神户到台湾 20 元；④神户停留一星期 17.50 元；⑤北台湾十天的生活费用 15 元；⑥购置毯子等用品 13 元；总计 90 元。⑶他在与我的谈话中曾表示，如果他不能将所有的时间都投注在工作上，工作效率将会很低；但如果将所有时间都用在工作上，他将无法维持生活。这是因为他的家人无法供给他生活所需的费用，而向朋友借支也无法长期维持。因此，他要求我与太平洋劳工会议秘书处或是在上海的红色工会国际代表讨论这件事，但因为我与这两个组织都没有联系，故将他的意见转给你们。根据我的看法，他应该每一个月获得最低生活费用的支持。同时，今后当我们派遣同志到台湾时，如果他们无法自力维持生活且又必须将全部时间投入工作的话，这些同志是否都能获得最低生活的支援？请让我知道今后对这种情况的做法。关于这件事，我现在要给你们一些例子作为参考。在台湾，很少有同志把他们所有的时间都投入工作，而由党费与农民提供的稻米来维持生活。他们都得要借一些钱或压缩其他经费等方式，来应付实际情况的需要。在工会工作的同志们也有类似的情况。不过这种‘借用’或是‘压缩其他开支’的方法，不只不能长久维持，而且最终也势必对工作产生不良的副作用。因此这个问题值得我们慎重思考。”①

“黄同志（潘钦信）所要求的钱需尽快寄过去，他是我们先前从这里派去的人，我希望你们能寄给他 60 元，做为三个月的生活费，另外再寄 100 元作为工作费，这些钱不只关系他的安全，而且也关系到整个党在台湾的工作。”②“经济

① 第 35 号文件：《翁泽生致远东局的信》，俄罗斯国立社会政治史档案馆 // 全宗 495/ 目录 128/ 案卷 10，第 92—96 页。原件，手稿，英语。

② 第 57 号文件：《翁泽生致远东局的信》，俄罗斯国立社会政治史档案馆 // 全宗 495/ 目录 128/ 案卷 10，第 153—154 页。原件，手稿，英语。

情况一天比一天差，现在台湾共产党内的同志必须秘密工作，因此需要生活费与秘密工作费的支援。不过我们并没有这样的钱，因此一些重要同志必须自己张罗经费。（但现在已经无法再弄到其他的钱！）当然，我们的工作受到这种经济情况的极度影响。因此，我在此将所需经费的预估资料列于下面，请将它转给局里，并请你与局协商解决之道。预估（每一个月）：⑴建立秘密组织所需费用（中央 3 个、北部 1 个、中部 1 个、南部 1 个）70 元。⑵生活费用（中央 3 个同志、北、中、南与东部各 1 个）140 元；⑶通信费用（中央 30 元，地方 4×8 = 32 元）62 元；⑷出版等费用 36 元；⑸紧急备用款 40 元；合计 348 元。除此之外，代表会议需 150 元。如果我们计划派往各重要产业的组织者（总数可能达 20 人）开始进行，则我们所需的经费势必会更多，相关的所需以后再精算呈报。我希望你们在收到信后能尽快将这些（钱）寄给我们，至少也要立刻将其中的半数寄过来！”[①]“现在我们的工作与技术正处于危险的状态。你负责我们与局之间重要的政治与经济联系工作，请你迅速将局的意见告诉我们，并请快寄钱给我们。这两个月我们已借支了 200 元，而且也从几位朋友处借调了相当多的钱，今后很难再借调到钱，请在这个月先寄 500 元，下个月请再寄 500 元过来！”[②]

二、台共干部利用社会关系自筹经费严重不足

当台共与上级组织失去联系后，其党务经费主要依靠台共领导人自筹。由于缺乏经费，党内的一些日常工作也举步维艰，党的组织工作和其他各项工作就无法顺利开展。

1928 年 8 月台共一届第三次中委会决定由谢雪红、杨克培出资，在台北开设“国际书局”，一方面销售马克思主义等左翼书籍，另一方面将它作为台共中央机关的秘密驻地。然而，台共领导人基本上都是职业革命家，经济上主要靠家庭的资助。开办“国际书局”需要大量的资金，而谢雪红、杨克煌、杨克培和林日高都是依靠家庭的资助才勉强使它运转。经营国际书局的艰辛，谢雪红和杨克煌体会最深。谢雪红说：“关于经营国际书局的计划进行得相当顺利，张

① 第 62 号文件：《潘钦信致翁泽生的信》，俄罗斯国立社会政治史档案馆 // 全宗 495/ 目录 128/ 案卷 10，第 162—166 页。原件，手稿，英语。

② 第 63 号文件：《潘钦信致翁泽生的信》，俄罗斯国立社会政治史档案馆 // 全宗 495/ 目录 128/ 案卷 10，第 161 页及其背面。原件，手稿，英语。

克敏答应拿出大部分的资金，我和杨克培各负担凑出一部分资金。我负担的资金来源只有依赖二姐，此时她虽然已有钱了，但她不赞成我上台北开书店，因为，她知道我一离开她就会去搞反日运动。最后，二姐不吭一声地扔出几百块给我，我也不作声地把它拿走了；因我与杨克培各须负责 500 元，要不是此时此刻为了这个目的需要这笔钱的话，我是绝对不会要的。”① “因张克敏不能提供资金使开书店的计划遇到了挫折。但是，事情决定了，碰到困难也要坚持下去；大家商讨的结果，最后林日高答应回去向家人借一点钱来。”② “当时除了我和杨克培各拿出四、五百元作资金外，就是由林日高借来近 1000 元。扣除付给房东 2 个月的押金和支付 2 个月的房租共 300 元之外，又花掉约 500 元的设备费、什费等，剩下 1000 多元要在台北这个最繁华地区之一的地方开书店，说来实在有点寒酸的。”③

1929 年秋以后，国际书局经营困难，谢雪红几次叫杨克煌去太平町三丁目参行找林日高要钱，也曾一两次到板桥林的老家。这时，林日高刚结婚不久，他表示已经没有能力再拿钱出来了。④1929 年 11 月，谢雪红、杨克培叫杨克煌回彰化动员他父亲拿钱来国际书局“投资”。据杨克煌回忆：“父亲首次卖掉一部分土地，先汇了 2000 多元来，后因家中生活困难，又抽了几百元回去，剩下约 2000 元；用这笔钱我们就解决了国际书局一时的困难。”⑤ 到了 1930 年 4 月，国际书局经营困难常常不能按期缴每个月七八十元的房租。房东颜龙光有 3 个女儿，一家人大概就是靠收房租过活的。因他们交不起房租，当壮丁团长的房东大女婿，就和日寇“北警察署”勾结，借着房东老婆几次来店里取闹。4 月 20 日又来大闹，一定要他们搬家，又动手要拉他们，事后竟假装受伤说是他们打了她，跑到北警察署去告我们“伤害罪”。于是，4 月 25 日该署即来国际书局逮捕杨克培、谢雪红和杨克煌三人。⑥

由于台共自筹的经费很少，所以他们经常为衣食住行而发愁，这就严重影响台共革命事业的发展。台共领导人庄春火说：“台共的经费当时又已非常拮据，林日高把家中分得的土地变卖殆尽，出了不少钱，台共党员又不比文化协会的

① 谢雪红口述、杨克煌笔录：《我的半生记》，台北：杨翠华出版 1997 年版，第 282 页。
② 谢雪红口述、杨克煌笔录：《我的半生记》，台北：杨翠华出版 1997 年版，第 284 页。
③ 谢雪红口述、杨克煌笔录：《我的半生记》，台北：杨翠华出版 1997 年版，第 291 页。
④ 杨克煌遗稿，杨翠华整理：《我的回忆》，台北：杨翠华出版 2005 年版，第 70 页。
⑤ 杨克煌遗稿，杨翠华整理：《我的回忆》，台北：杨翠华出版 2005 年版，第 70 页。
⑥ 杨克煌遗稿，杨翠华整理：《我的回忆》，台北：杨翠华出版 2005 年版，第 72 页。

林献堂、罗万阵等资产阶级有万贯家财，故对党的资金难有挹注，台共已至罗掘俱穷的地步，……这都对台共的发展不利。”[①]“当时台共经费短缺，去日本赴上海都是林日高自掏腰包，林日高祖上有一块地在祖师庙附近，由他弟弟经营，大部分所得被林日高用来支援台共经费。谢雪红因屡次联络不上东方局，加上经费短缺，心里很急。”[②]据杨克煌回忆：“当时也没钱啊！书局几个人的伙食费有时还得向林良才要。”[③]“我们的生活真苦啊！要买几分钱的‘烧白薯’来吃，都要大家来开会决定啊！”[④]

一旦台共经费严重短缺，都不可避免地会妨碍台共许多工作的开展。1930年初，正是台共处于极端困难时期，一方面是日共党组织遭到日警的彻底破坏，使得台共与其上级组织日共中央完全失去联系；另一方面是谢雪红、杨克培等人经营的“国际书局”生意清淡，营业日益困难，台共已没有什么活动经费。在困难面前，台共领导人林日高、庄春火革命信念发生动摇，相继退党。对此，杨克煌对他们退党过程作了很清楚的陈述。他说：“十月间，有一天谢雪红叫我去找林日高，我到太平町参行找他。他见我来和我谈了一会儿，即从他办公桌的抽屉取出一封写好的信给我，要我带回去给谢雪红。我把信带回来给谢，信的内容是：‘台共党长期找不到上级的领导关系，党的组织和工作已有发展，我做为领导人之一，能力差应付不了形势发展的需要；而且，党的财政困难，自己再没有力量维持下去，因此，声明要脱离党的组织。’谢雪红看了这封信后大吃一惊，把信交给我，并立即叫我到基隆找庄春火来，庄来国际书局时，谢雪红把林日高的信给他看，征求他的意见。他看信后，沉默了一会儿，即说他也和林日高有同样的看法。他说矿山的下级干部需要有推动力来帮忙他们，而他实在没有能力可以应付；他们不但要求领导出主意，而且要求经费。目前，他只能开‘空支票’，一拖再拖，而今实在再负担不起了，于是，庄也表示退党。”[⑤]他们的退党，一度使得台共的工作陷于停滞的状态，严重影响了台共的发展。

---

① 庄春火：《我与日据时期的台共》，《五月评论》1988年第2期，第86页。

② 庄春火：《我与日据时期的台共》，《五月评论》1988年第2期，第88页。

③ 杨克煌遗稿，杨翠华整理：《我的回忆》，台北：杨翠华出版2005年版，第107页。

④ 杨克煌遗稿，杨翠华整理：《我的回忆》，台北：杨翠华出版2005年版，第72页。

⑤ 杨克煌遗稿，杨翠华整理：《我的回忆》，台北：杨翠华出版2005年版，第82—83页。

结　语

日本殖民统治时期日本在台湾实行了一整套殖民统治制度，其残暴和苛酷程度为世界殖民史所罕见。日本人在政治、经济、教育及社会生活各个方面都享有特权，而台湾人则是被统治、被奴役者，政治上没有发言权，经济上受尽剥削，社会生活上受尽歧视，完全沦为当时台湾社会的“劣等公民”。日本殖民者在方方面面压制台湾人，台湾人与日本人之间的矛盾，成为整个台湾社会的主要矛盾，并日益尖锐。自1895年以来，台湾人民为反抗殖民压迫、争取民族的解放与日本帝国主义进行了不屈不挠的斗争。1895—1915年，台湾人民进行的武装斗争，一一遭到失败，这样就使得他们意识到在敌我力量对比悬殊的情况下，依靠死拼的武装斗争是无法取得胜利的，迫使台湾先进分子开始寻求新的反抗日本殖民统治的道路。

1915年前后，日本在台湾的殖民统治渐趋稳定，台湾的民族资产阶级、无产阶级等新的社会力量逐渐兴起，加上全球性民族解放运动的国际声浪，台湾人民的反日斗争进入了民族解放运动时期。以林献堂为代表的台湾地主资产阶级试图通过体制内的合法斗争的方式，来争取参政权，以减轻台湾人民所受的专制统治的痛苦。然而，日本殖民者是不会给台湾人民以任何政治权利的，20世纪20年代前后台湾资产阶级领导的“‘六三法’撤废运动”和“台湾议会设置运动”，相继失败。因此，台湾人民要获得当家作主的权利，只有用革命斗争的手段，推翻日本的殖民统治。台共的成立，恰好适应了台湾人民反日抗殖斗争不断发展的形势和时代的要求。

1928年11月，台共中央在谢雪红的领导下，在台湾岛内积极地开展活动。由于日本殖民者三十多年来已在台湾建立了严密的殖民统治体系，对一切政治活动防范甚严，台共又是日本殖民者心中的非法组织，无法公开号召，所以，谢雪红便采取了台共借助合法组织（如农民组合、文化协会）以掩护党的力量

成长的策略路线。虽然谢雪红的合法斗争路线在台湾的革命实践中取得了显著的成效：在农民组合和文化协会中发展了一批新党员并建立了台共支部，成功地将农民组合、文化协会转化为台共的外围组织；但是，对共产国际来说，谢雪红的做法是属于“关门主义”，过于保守，背离了共产国际“左”倾的进攻路线。这样，以谢雪红为首的台共中央就激起了共产国际的强烈不满，被共产国际斥责为机会主义。为了确保共产国际路线在台湾的贯彻，一方面把忠实于共产国际的台共“改革同盟”领导人王万得等人扶植上台，而将不听从共产国际指示的台共“旧中央”领导人谢雪红等人开除出党；另一方面还照搬共产国际“第三时期”理论，通过了台共新的政治纲领，将共产国际“第三时期”理论及相关指示进一步目标化、具体化和行动化。台共二大以后，台共在共产国际“第三时期”理论直接指导和影响下，出现严重的“左”倾错误，结果导致台共党组织遭到日警的完全破坏。

台共失败给我们留下了许多深刻的经验教训，其中有两点经验值得我们记取：

第一，无产阶级政党必须坚持实事求是和独立自主原则。1931 年，以王万得为首的台共新中央置台湾实际情况于不顾，把苏联经验和共产国际决议神圣化，机械地照搬共产国际“第三时期”理论，教条地、忠实地执行共产国际“左”倾指示，结果招来日本殖民者疯狂地镇压，酿成了台共失败的悲剧。这一惨重的后果说明：无产阶级政党要想革命取得成功，就必须把马克思主义的基本理论与当地实际相结合，坚持实事求是原则，坚持独立自主原则。注意学习和借鉴外国经验是必要的，但是把马克思主义教条化，把外国经验神圣化，则从来不能获得成功。无产阶级政党要加强自身的思想建设和组织建设，坚决反对教条主义和把别国经验神圣化。

第二，无产阶级政党要善于正确处理各阶级间相互关系，分清敌我矛盾和人民内部矛盾，高度重视统一战线。台湾是一个殖民地的社会。1895 年日本占领台湾后，对台湾人民实行了残酷的民族压迫和殖民掠夺，使台湾人民和日本统治者的民族矛盾，成为当时台湾社会的主要矛盾，其他的一切矛盾，如台湾人民内部各个阶级，各种政治集团之间的矛盾，都下降为次要和服从的地位。因此，台湾革命的首要任务，就是要打倒日本帝国主义，推翻它在台湾的殖民统治，达到台湾人民的民族解放。可是，日本殖民者掌握着台湾的一切权力机构，他们以总督的专制独裁权力为主，辅以无所不管的“万能”警察和严酷的

保甲制度，在台湾建立了一套严密完整的统治制度。在他们的后面，又有庞大的日本帝国主义作为后盾。因此，当时敌人的力量是强大的。台共要推翻日本在台湾的殖民统治，就必须团结一切可以团结的民族力量，建立广泛的民族统一战线。

为了使台湾人民彻底摆脱日本的殖民统治，孙中山曾提出了联合世界被压迫民族反对压迫者的革命主张，号召台湾同胞应在世界范围内建立广泛的抗日统一战线，以打倒强大的日本帝国主义。戴季陶在《孙中山与台湾》的演讲稿中说："为脱离日本帝国主义的压迫，台湾民众倡议'台湾议会'，说来也不过是一时的权宜之计而已。那么，我们台湾民族运动究竟要如何才能击垮世界的帝国主义者呢？答案只有一个，就是团结所有帝国主义下的被压迫民族及一切弱小民族，组成一条坚强的联合阵线，为打倒帝国主义而共同奋斗。此外别无他策。换言之，如果我们台湾、印度、菲律宾及全世界弱小民族不能联合、扩大战线、积极向我们的敌人进攻的话，全世界的革命便没有成功的指望。"① 不仅如此，孙中山还根据台湾人民反日革命斗争的需要，提出"联俄"的主张，其目的是旨在通过联合苏联来达到联合世界被压迫民族和无产阶级，建立国际反帝统一战线，以共同打倒帝国主义。戴季陶讲："总理孙中山先生曾对我们说：不要让日本阻挡苏联跟台湾及朝鲜相互间的联络交通。这就是指明我们台湾应和苏联交往的意思。这是我们的目标。"②"这种（东西两洋被压迫阶级的）运动如能以同一种精神结合，为打倒帝国主义者而努力的话，我们的希望、我们的成功、亦即我们最后的胜利是可以肯定的。所以，我们必须联合起来从事斗争。……我中国民族同志要和台湾同胞和朝鲜联合起来，共同奋斗，时时刻刻都朝这个目标努力前进，以实行我们总理的遗训。我们要求解放，要求全世界的解放，要求全世界被压迫民族的解放！这是我们一刻不可或忘的。"③

孙中山对台湾民族运动的主张，使台湾青年产生了共鸣。"广东台湾革命青年团"认为："四面环海的小台湾，绝对不能单以自己的力量，争取到最后的胜利，所以复改变方针，实行'善战者不怒，善胜敌者不与'的革命方式，尽量利用外力去进攻敌人，使敌人内叛外乱，令其分崩离析，而至于灭亡。这种革命策略，可以说是由我们的革命同志共同决定，而实践到日本颠覆为止

① 戴季陶：《孙中山与台湾》，《台湾先锋》（创刊号）1927年4月1日，第8—9页。
② 戴季陶：《孙中山与台湾》，《台湾先锋》（创刊号）1927年4月1日，第9页。
③ 戴季陶：《孙中山与台湾》，《台湾先锋》（创刊号）1927年4月1日，第9页。

的。”[①]1927 年 3 月 5 日“广东台湾革命青年团”领袖张深切在《台湾要怎样革命》一文中，明确地提出反日革命的方向：“就是全世界的弱小民族，被压迫阶级共同合作起来，打碎全世界的帝国主义的铁锁，完全享受民族解放”，“四百万的台湾同胞！起来吧！全世界十二万万五千万的被压迫民族和被压迫阶级，在看、伸手招呼我们好久了。我们应该要同他们携手联合起来，……造成巩固的战线，向我们的敌人帝国主义者进攻。”[②]1927 年 5 月 1 日，广东台湾革命青年团参加了由祖国大陆发起纪念国际劳动节活动，并发出《告中国同胞宣言》，庄严地向祖国人民宣告：“五一劳动节是劳工阶级向压迫阶级的帝国主义者宣战的日子，同时也是我们台湾……被压迫的弱小民族向日本帝国主义表决宣战的日子，所以我们被压迫的民族都要联合站在同一的战线[③]。”为此，他们高呼：“世界被压迫民族联合起来！打倒日本帝国主义！ ……援助日本被压迫阶级的革命！援助东方弱小民族革命！台湾革命成功万岁！中国革命成功万岁！东方弱小民族解放万岁！世界革命成功万岁！”[④]

孙中山在临终前把台湾人民的解放事业与世界被压迫民族、无产阶级的解放事业看作一个不可分割的整体，提出了联合世界被压迫民族和无产阶级共同打倒帝国主义的建议，进而为台湾人民的解放事业指明了方向。

然而，以王万得为代表的“左”倾激进台共党员却看不到这一点，实行关门主义，采取“一切斗争，否认联合”的错误政策，结果丧失了利用台湾文化协会建立民族统一战线的大好时机，使台湾革命事业遭受重大损失。由于台共新中央把台湾资产阶级作为革命的对象进行攻击，“唯我独革”，结果将自己立于孤立无援的境地，给台湾革命带来了严重地危害。这个事实告诉我们：无产阶级政党要善于正确处理各阶级间相互关系，分清敌我矛盾和人民内部矛盾，高度重视统一战线。为了积聚革命力量，并使之最终压倒反革命力量，无产阶级政党就必须采取统一战线策略，努力争取一切可以争取的力量，利用一切可以利用的矛盾，最大限度地孤立敌人，在长期的斗争中改变敌我力量的对比，逐步扩大革命阵地，争取革命的最后胜利。团结一切可以团结的力量，争取一切可以争取的同盟军，包括利用间接的暂时的同盟军，分化瓦解敌人的队伍，

① 张深切：《张深切全集》卷 4，台北：文经出版社 1998 年版，第 86 页。
② 张深切：《张深切全集》卷 4，台北：文经出版社 1998 年版，第 354 页。
③ 张秀哲：《“勿忘台湾”落花梦》，新北：卫城出版社 2013 年版，第 71 页。
④ 张深切：《张深切全集》卷 1，台北：文经出版社 1998 年版，第 337 页。

最大限度地孤立和打击当前最主要地敌人。

总结这些历史教训，对于我们坚持实事求是和独立自主原则，巩固和发展广泛的爱国统一战线，仍然有着很大的现实意义。

参考文献

一、中文文献

● 著作

1. 徐康、吴艺煤:《台湾共产党抗日史实》，北京：台海出版社 2015 年版。

2. 李稚甫:《台湾人民革命斗争简史》，广州：华南人民出版社 1955 年版。

3. 徐康:《台湾同胞抗日人物集（第 1 集）》，北京：台海出版社 2015 年版。

4. 卢修一:《日据时代台湾共产党史》，台北：前卫出版社 1989 年版。

5. 陈孔立:《台湾历史纲要》，北京：九洲图书出版社 1996 年版。

6. 陈小冲:《日本殖民统治台湾五十年史》，北京：社会科学文献出版社 2005 年版。

7. 史明:《台湾人四百年史》，台北：蓬岛文化公司 1980 年版。

8. 苏新:《未归的台共斗魂》，台北：时报文化出版企业有限公司 1993 年版。

9. 杨渡:《简吉——台湾农民运动史诗》，台北：南方家园文化事业有限公司 2009 年版。

10. 安然:《台湾民众抗日史》，北京：台海出版社 2003 年版。

11. 张春英:《海峡两岸关系史（第二卷）》，福州：福建人民教育出版社 2004 年版。

12. 何池:《翁泽生传（修订本）》，福州：海风出版社 2009 年版。

13. 谢雪红口述，杨克煌笔录:《我的半生记》，台北：杨翠华出版 1997 年版。

14. 杨克煌遗稿，杨翠华整理:《我的回忆》，台北：杨翠华出版 2005 年版。

15. 杨克煌:《台湾人民民族解放斗争小史》，武汉：湖北人民出版社 1956 年版。

16. 黄师樵:《台湾共产党秘史：台湾历史上的第一面红旗》，台北：海峡学术出版社 1999 年版。

17. 简炯仁:《台湾共产主义运动史》，台北：前卫出版社 1997 年版。

18. 陈芳明:《殖民地台湾：左翼政治运动史论》，台北：麦田出版股份有限公司 1998 年版。

19. 杨碧川:《日据时代台湾人反抗史》，台北：稻乡出版社 1988 年版。

20. 陈芳明:《谢雪红评传》，台北：前卫出版社 1991 年版。

21. 叶荣钟:《台湾人物群像》，台北：时报文化出版企业有限公司 1995 年版。

22. 林国章:《民族主义与台湾抗日运动（1895—1945）》，台北：海峡学术出版社 2004 年版。

23. 林炳炎:《林木顺与台湾共产党的创立》，台北：林炳炎出版 2013 年版。

24. 杨克煌:《回忆“二二八”起义》，武汉：湖北人民出版社 1955 年版。

25. “国防部总政治部”:《谢雪红的悲剧》，台北:“国防部总政治部”1958 年版。

26. 苏新:《愤怒的台湾》，台北：时报文化出版企业有限公司 1993 年版。

27. 简吉:《简吉狱中日记》，台北:“中央研究院”台湾史研究所 2001 年版。

28. 萧友山、徐琼二:《台湾光复后的回顾与现状》，台北：海峡学术出版社 2002 年版。

29. 王万得:《王万得回忆录》，北京：台盟中央资料室 1982 年版。

30. 廖咸浩、简明仁:《漫漫牛车路》，台北：台北市政府文化局、大众教育基金会 2004 年版。

31. 涂照彦:《日本帝国主义下的台湾》，台北：人间出版社 1993 年版。

32. 台湾省行政长官公署统计室:《台湾省五十一年来统计提要》，台北：进学书局 1946 年版。

33. 王晓波:《台湾的殖民地伤痕》，台北：帕米尔书店 1985 年版。

34. 叶荣钟:《台湾近代民族运动史》，台北：学海出版社 1979 年版。

35. 蔡文辉:《不悔集：日治时代台湾社会与农民运动》，台北：简吉陈何基金会 1997 年版。

36. 蔡石山:《沧桑十年：简吉与台湾农民运动（1924—1934）》，台北：远流出版事业股份有限公司 2012 年版。

37. 韩嘉玲:《播种集：日据时期台湾农民运动人物志》，台北：简吉陈何基金会 1996 年版。

38. 张深切:《张深切全集（卷 4）》，台北：文经出版社 1998 年版。

39. 蓝博洲:《日据时期台湾学生运动》，台北：时报文化出版企业有限公司 1993 年版。

40. 柳书琴:《荆棘之道：旅日青年的文学活动与文化抗争》，台北：联经出版事业股份有限公司 2009 年版。

41. 王诗琅:《台湾社会运动史——文化运动》，台北：稻乡出版社 1988 年版。

42. 中共党史人物研究会:《中共党史人物传（第 27 卷）》，西安：陕西人民出版社 1986 年版。

43. 张炎宪、许芳庭编:《战后台湾政治案件：林日高案史料汇编》，台北："国史馆""文建会" 2008 年版。

44. 张炎宪、许芳庭编:《战后台湾政治案件：简吉案史料汇编》，台北："国史馆""文建会" 2008 年版。

45. 黄颂显:《台湾文化协会的思想与运动》，台北：海峡学术出版社 2008 年版。

46. 杨国光:《一个台湾人的轨迹》，台北：人间出版社 2001 年版。

47. 李克世:《谢雪红的真面目》，台北：凌零出版社 2014 年版。

48. 蔡子民:《台湾史志》，北京：台海出版社 1997 年版。

49. 黄美真、石源华、张云:《上海大学史料》，上海：复旦大学出版社 1984 年版。

50. 林柏维:《台湾文化协会沧桑》，台北：台原出版社 1993 年版。

51. 徐鲁航:《台湾人民抗日斗争史》，北京：燕山出版社 1997 年版。

52. 胡治安:《统战秘辛——我所认识的民主人士》，香港：天地图书有限公司 2010 年版。

53. 杨肇嘉:《杨肇嘉回忆录》，台北：三民书局股份有限公司 2007 年版。

54. 陈福成:《奴婢妾匪到革命家之路：复兴广播电台谢雪红访谈录》，台北：文史哲出版社 2014 年版。

55. 马建离、谭克绳、肖德才:《海峡两岸关系 40 年》，武汉：湖北教育出版社 1995 年版。

56. 陈映真:《陈映真文集——杂文卷》，北京：中国友谊出版公司 1998 年版。

57. 王凡西:《双山回忆录》，北京：东方出版社 2004 年版。

58. 张秀哲:《“勿忘台湾”落花梦》，新北：卫城出版社 2013 年版。

59. 张深切:《张深切全集（卷 1）》，台北：文经出版社 1998 年版。

60. 中共中央文献研究室编:《任弼时年谱》，北京：中央文献出版社 2004 年版。

61. 叶佐能:《彭湃与海陆丰根据地》，北京：中共中央党校出版社 2011 年版。

62. 郭德宏编:《彭湃年谱》，北京：中共中央党校出版社 2007 年版。

63. 裴可权:《台共叛乱及覆亡经过纪实》，台北：台湾商务印书馆 1986 年版。

64. 中华全国台湾同胞联谊会:《台湾同胞抗日五十年纪实》，北京：中国妇女出版社 1998 年版。

65. 古瑞云:《台中的风雷——跟谢雪红在一起的日子里》，台北：人间出版社 1990 年版。

66. 蔡孝乾:《台湾人的长征纪录—江西苏区·红军西窜回忆台北：中共研究杂志社，1970 年》，台北：海峡学术出版社 2002 年版。

67. 张传仁:《谢雪红与台湾民主自治同盟》，广州：广东人民出版社 2004 年版。

68. 陈俐甫:《日据时期台湾政治运动之研究》，台北：稻乡出版社 1996 年版。

69. 张炎宪、李筱峰、庄永明编:《台湾近代名人志（二、三、四）》，台北：自立晚报 1987 年版。

70. 杨翠:《日据时期台湾妇女解放运动》，台北：时报文化出版公司 1993 年版。

71. 中华全国台湾同胞联谊会:《抗日烽火中的台湾儿女》，北京：中国妇女出版社 1998 年版。

72. 杨子烈:《张国焘夫人回忆录》，香港：自联出版社 1970 年版。

73. 李理:《日据台湾时期警察制度研究》，台北：海峡学术出版社 2003 年版。

74. 连温卿:《台湾政治运动史》，台北：稻乡出版社 1988 年版。

75. 叶荣钟:《日据下台湾政治社会运动史（上下）》，台中：晨星出版有限公司 2000 年版。

76. 叶佐能编:《彭湃研究史料（上）》，北京：中共中央党校出版社 2007 年版。

77. 中华全国台湾同胞联谊会:《不能遗忘的名单——台湾抗日英雄榜》，台北：海峡学术出版社 2001 年版。

78. 何池:《中国共产党指导台湾革命研究》，北京：中国文史出版社 2009 年版。

79. 鲁迅:《鲁迅全集（第 3 卷）》，北京：人民文学出版社 1981 年版。

80. 台湾省文献委员会:《台湾省通志稿——抗日志·革命篇》，台北：海峡学术出版社 2002 年版。

81. 杜康传、李景治:《国际共产主义运动概论》，北京：中国人民大学出版社 2002 年版。

82. 中国社会科学院近代史研究所编:《日本侵华七十年史》，北京：中国社会科学出版社 1992 年版。

83. 高放:《国际共产主义运动通史教程（上册）》，北京：北京师范大学出版社 1986 年版。

84. 高放:《三个国际的历史》，北京：中国青年出版社 1999 年版。

85. 杜继平:《阶级、民族与统独争议——统独左右的上下求索》，台北：人间出版社 2002 年版。

86. 王礼训、陈再凡:《共产国际历史新编》，济南：山东人民出版社 1988 年版。

87. 许极炖:《台湾近代发展史》，台北：前卫出版社 1996 年版。

88. 黄颂显:《台湾与日本关系史新论》，台北：海峡学术出版社 2003 年版。

89. 张秋实:《瞿秋白与共产国际》，北京：中共党史出版社 2004 年版。

90. 杨云若:《共产国际和中国革命关系纪事》，北京：中国社会科学出版社 1983 年版。

91. 蔡培火、林柏寿等:《台湾民族运动史》，台北：自立晚报业书编辑委员会 1971 年版。

92. 简炯仁:《台湾民众党》，台北：稻乡出版社 1991 年版。

93. 上海市闸北区志编纂委员会编:《闸北区志》，上海：上海社会科学院出

版社 1998 年版。

94. 上海市委党史资料征集委员会:《上海大学》，上海：上海市社会科学院出版社 1986 年版。

95. 林献堂先生纪念集编纂委员会:《林献堂先生纪念集：年谱·追思录》，台北：海峡学术出版社 2005 年版。

96. 黄煌雄:《两个太阳的台湾——非武装抗日史论》，台北：时报文化出版企业股份有限公司 2006 年版。

●论文：

97. 徐康:《论第一次国共合作时期黄埔军校的台湾人》,《重庆大学学报（社会科学版）》2013 年第 2 期。

98. 徐康:《论日据时期中共与台共之关系》,《重庆大学学报（社会科学版）》2014 年第 5 期。

99. 王键:《出席台共成立大会的中共代表“彭荣”身份辨析》,《北京社会科学》2013 年第 4 期。

100. 易难:《瞿秋白指导建立台湾共产党考辨》,《党的文献》2016 年第 5 期。

101. 刘雪芹:《翁泽生在上海》,《上海党史与党建》2006 年第 3 期。

102. 黄新宪:《日据时期台湾学生求学大陆考》,《教育评论》2004 年第 2 期。

103. 黄新宪:《日据时期台湾学生留学日本考》,《教育科学》2004 年第 5 期。

104. 黄新宪:《日据时期台湾学生在大陆的爱国活动探略》,《徐州师范大学学报（哲社版）》2004 年第 5 期。

105. 张春英:《民主革命时期台湾共产党与中国共产党关系之研究》,《中共党史研究》2008 年第 5 期。

106. 张春英:《共产国际“左”倾错误与日据时期台湾共产党的解体》,《党史研究与教学》2010 年第 1 期。

107. 张春英、蒋宗伟:《“彭荣”是谁仍待探究》,《党的文献》2010 年第 4 期。

108. 梁化奎:《指导台湾共产党创建者详考》,《中共党史研究》2013 年第 6 期。

109. 陈小冲:《一个台湾变节者的“革命”前史——蔡孝乾早期历史探微》,《台湾研究集刊》2017 年第 6 期。

110. 陈小冲、周雨琪:《台共成立大会之中共指导者彭荣其人补论》,台湾研究集刊 2016 年第 5 期。

111. 李随安:《相同的局面,不同的结局——对中国共产党、台湾共产党历史进程的比较》,《温州大学学报(社会科学版)》2014 年第 5 期。

112. 钟健英:《中国革命运动的发展与台湾共产党的成立》,《现代台湾研究》2001 年第 4 期。

113. 黄英湖:《试论台湾文化协会的分裂》,1985 年厦门大学硕士论文。

114. 陈小冲:《日据时期台湾与大陆的文化联系》,《台湾研究》1997 年第 2 期。

115. 海贝:《历史上的台湾共产党》,《福建党史月刊》1991 年第 6 期。

116. 林其泉:《台共的兴亡及其与共产国际、日共、中共的关系》,《台湾研究》1992 年第 2 期。

117. 陈小冲:《“台湾民族论”不能成立——1928 年台湾共产党政治大纲拟定过程剖析》,《当代世界与社会主义》1993 年第 2 期。

118. 王晋源:《台湾共产党成立始末》,《四川党史》1994 年第 5 期。

119. 林浣芬:《历史上的台湾共产党》,《福建师范大学学报(哲社版)》1995 年第 2 期。

120. 张春英:《共产国际与台湾共产党的创立》,《湖北行政学院学报》2007 年第 1 期。

121. 肖彪、杨锦和、王炳南、许伟平:《台共先烈翁泽生》,《党史研究与教学》1985 年第 3 期。

122. 王炳南:《台籍女党员谢志坚》,《福建党史月刊》1986 年第 3 期。

123. 冯海燕:《谢雪红与台共、台盟》,《济宁师专学报》1999 年第 2 期。

124. 陈宗海:《中国共产党与台湾社会党团早期关系探析》,《湖北大学成人教育学院学报》2003 年第 3 期。

125. 王玉:《台湾抗日运动的左翼:从“上海纲领”看台湾共产党的建党本质》,《逢甲人文社会学报》2002 年第 4 期。

126. 杨世名:《工会运动与共产主义运动》,2004 年台湾政治大学硕士论文。

127. 张炎宪采访、高淑媛记录整理:《一位老台共的心路历程——庄春火访问记录》,《台湾史料研究》1993年第8期。

128. 陈小冲:《日据时期台湾民族运动若干问题的分析》,《台湾研究集刊》1993年第2期。

129. 郑新河:《少时驰正义,老来话沧桑——访旅美台胞郭德钦先生》,《台声》1986年第6期。

130. 房建昌:《蔡孝乾与台湾共产党》,《文史精华》1998年第10期。

131. 夏明星、苏振兰:《首任台盟中央主席谢雪红》,《党史文苑(学术版)》2006年第5期。

132. 何池:《1920至1930年代的上海:台湾爱国青年反日活动的大舞台》,《上海党史与党建》2006年第5期。

133. 张厚恺:《回忆大革命时期在武汉的王万得》,《武汉文史资料》1997年第3期。

134. 郭晓平:《台湾文化协会与抗日民族解放运动》,《文史杂志》1989年第1期。

135. 谢国兴:《中国往何处去:1930年前后台湾的左右论辩》,《近代史研究》2003年第2期。

136. 王国君:《情系祖国 铁骨忠心——翁泽生同志生平述略》,《松辽学刊》2000年第6期。

137. 林江:《回忆父亲翁泽生烈士》,《台声》1985年第1期。

138. 詹以昌:《怀念王敏川先生》,《台声》1984年第6期。

139. 许淑真:《政治与传记书写:谢雪红形象的变迁》,2000年东海大学硕士论文。

140. 曾明如:《曾明如回忆录》,《天津台讯》1989年第1—6期。

141. 乔莉:《日据时期的台湾共产党》,2009年厦门大学硕士论文。

142. 陈琛:《浅析日据时期台湾共产党的内部矛盾与斗争》,2012年厦门大学硕士论文。

143. 孙亚光:《日据时代台共活动始末(1920-1932)》,《共党问题研究》1983年第9期。

144. 张旭山、吴爱南:《论共产国际在社会主义运动中的重大作用》,《北京农学院学报》2001年第2期。

145. 褚家渊:《殖民地的曙光——论共产国际的“东方政策”》,《党史纵横》

1994 年第 11 期。

146. 肖乾利:《共产国际“第三时期”理论述评》,《四川师范大学学报(社科版)》1994 年第 1 期。

147. 赵万江:《从共产国际与中国革命的关系看无产阶级政党的独立自主》,《马克思主义研究》2001 年第 4 期。

148. 董闻迪:《台共党员翁泽生与共产国际(1928—1931 年)》, 2013 年黑龙江社会科学院硕士论文。

149. 邱士杰:《台湾社会主义运动的起源及其资本主义论(1920-1924)》, 2008 年台湾大学硕士论文。

150. 郭晓平:《台湾文化协会与抗日民族解放运动》,《文史杂志》1989 年第 1 期。

151. 叶纪东:《我所认识的台湾共产党领导人谢雪红》,《批判与再造》2005 年第 4 期。

152. 周青:《评〈谢雪红评传〉——别有用心的歪曲》,《台湾研究》1994 年第 1 期。

153. 王津平:《台湾人心目中的世纪旗手》,《统一论坛》1995 年第 2 期。

154. 佟建寅:《略论台湾近代工人运动》,《中国劳动关系学院学报》1993 年第 2 期。

155. 欧阳杰、曾晓梅:《试析列宁阐发“民族自决权”原则的缘由及过程》,《井冈山学院学报(哲学社会科学版)》2006 年第 1 期。

156. 陈国新:《论列宁对马克思主义民族和殖民地理论的贡献》,《玉溪师范高等专科学校学报》2000 年第 4 期。

157. 蒋宗伟:《日据时期台湾青年赴大陆求学探略》,《台湾研究集刊》2007 年第 4 期。

158. 黄文源:《苏新的革命道路——一位台共在东亚共产运动的矛盾与困境》, 2010 年台湾成功大学硕士论文。

159. 张献堂:《论简吉与农民运动》, 2013 年台北市立教育大学硕士论文。

二、外文文献及译文文献

●著作

160. [日]山边健太郎:《现代史资料 20:〈社会主义运动〉》, 東京:みすず書房 1968 年版。

161. [日] 山边健太郎:《现代史资料 21:〈台湾〉(一)》，东京：みすず书房 1971 年版。

162.《斯大林全集》第 2 卷，北京：人民出版社 1953 年版。

163.《列宁全集》第 23 卷，北京：人民出版社 1990 年版。

164.《列宁全集》第 25 卷，北京：人民出版社 1988 年版。

165.《列宁全集》第 26 卷，北京：人民出版社 1988 年版。

166.《列宁全集》第 27 卷，北京：人民出版社 1990 年版。

167.《列宁全集》第 28 卷，北京：人民出版社 1990 年版。

168.《列宁全集》第 31 卷，北京：人民出版社 1959 年版。

169.《列宁全集》第 39 卷，北京：人民出版社 1986 年版。

170. [日] 若林正丈著，台湾史日文史料典籍研读会译:《台湾抗日运动史研究》，台北：播种者出版有限公司 2007 年版。

171. [日] 台湾“总督府”警务局著，王乃信等译:《台湾社会运动史——文化运动》，台北：创造出版社 1989 年版。

172. [日] 台湾“总督府”警务局著，王乃信等译:《台湾社会运动史——共产主义运动》，台北：创造出版社 1989 年版。

173. [日] 台湾“总督府”警务局著，王乃信等译:《台湾社会运动史——无政府主义运动 · 民族革命运动 · 农民运动》，台北：创造出版社 1989 年版。

175. [日] 台湾“总督府”警务局著，王乃信等译:《台湾社会运动史——劳动运动 · 右翼运动》，台北：创造出版社 1989 年版。

175. [日] 矢内原忠雄著，周宪文译:《日本帝国主义下之台湾》，台北：帕米尔书店 1985 年版。

176. [日] 向山宽夫著，杨鸿儒等译:《日本统治下的台湾民族运动史》，台北：福禄寿兴业股份有限公司 1999 年版。

177. [日] 井出季和太著，郭辉译:《日据下之台政（第一册）》，台北：海峡学术出版社 2003 年版。

178. [日] 许世楷:《日本统治下的台湾》. 东京：东京大学出版会 1973 年版。

179. [匈] 贝拉 · 库恩:《共产国际文件汇编（第一册）》，北京：生活、读书、新知三联书店 1956 年版。

180. [日] 日本共产党中央委员会:《日本共产党六十年（上册）》，北京：人民出版社 1986 年版。

181. [日] 浅田乔二:《日本帝国主义下的民族革命运动》，东京：未来社 1978 年版。

182. [日] 向山宽夫:《日本统治下的台湾民族运动史》，东京：中央经济研究所 1987 年版。

183. [日] 市川正一著，田舍译:《日本共产党斗争小史》，北京：世界知识社 1954 年版。

184. [日] 喜安幸夫:《日本统治台湾秘史》，台北：武陵出版社 1983 年版。

185. [日] 台湾总督官房调查课:《台湾在籍汉民族乡贯别调查》，台北：台湾时报发行所 1928 年版。

186. [日] 日本共产党史资料委员会编，林放译:《共产国际关于日本问题方针、决议集》，北京：世界知识出版社 1960 年版。

187. [日] 伊藤干彦:《日治时代后期台湾政治思想之研究》，台北：鸿儒堂出版社 2005 年版。

188. [美] 盛岳著，奚博铨等译:《莫斯科中山大学和中国革命》，北京：东方出版社 2004 年版。

189. [日] 东乡实、伊藤四郎:《台湾殖民发达史》，台北：晃文馆 1916 年版。

190. [日] 风间丈吉:《莫斯科共产大学的回忆》，东京：三元社 1949 年版。

191. [日] 宿利重一:《儿玉源太郎》，东京：国际日本协会 1943 年版。

192. [英] 珍妮·德格拉斯:《共产国际文件（第一卷）》，北京：世界知识出版社 1963 年版。

193. [英] 珍妮·德格拉斯:《共产国际文件（第二卷）》，北京：世界知识出版社 1964 年版。

194. [俄] 郭杰、白安娜著，李随安、陈进盛译:《台湾共产主义运动与共产国际（1924–1932）研究·档案》，台北：“中央研究院”台湾史研究所出版 2010 年版。

●论文：

195. [俄]Belogurova，Anna（白安娜）.*The Taiwanese Communist Party and the Comintern*（1928—1931），2002 年台湾政治大学硕士论文。

196. [美] 弗朗克 ·S.T. 萧、劳伦斯 ·R. 沙里文:《台湾共产党的政治历史(1928—1931 年)》,《台湾研究集刊》1986 年第 2、3 期。

197. [俄] A· 格里戈里耶夫著，范晓春译，王福曾校:《共产国际远东局在中国的活动(1929—1931)》,《中共党史研究》1999 年第 6 期。

198. [日] 山川均著，蕉农译:《日本帝国主义铁蹄下的台湾》,《新东方》1930 年第 3 期。